Physica-Lehrbuch

Physica-Lehrbuch

Basler, Herbert
Aufgabensammlung zur statistischen Methodenlehre und Wahrscheinlichkeitsrechnung
4. Aufl. 1991. 190 S.

Basler, Herbert
Grundbegriffe der Wahrscheinlichkeitsrechnung und Statistischen Methodenlehre
11. Aufl. 1994. X, 292 S.

Bloech, Jürgen u.a.
Einführung in die Produktion
3. Aufl. 1998. XX, 410 S.

Bossert, Rainer und Manz, Ulrich L.
Externe Unternehmensrechnung
Grundlagen der Einzelrechnungslegung, Konzernrechnungslegung und internationalen Rechnungslegung
1997. XVIII, 407 S.

Dillmann, Roland
Statistik II
1990. XIII, 253 S.

Endres, Alfred
Ökonomische Grundlagen des Haftungsrechts
1991. XIX, 216 S.

Farmer, Karl und Wendner, Ronald
Wachstum und Außenhandel
Eine Einführung in die Gleichgewichtstheorie der Wachstums- und Außenhandelsdynamik
1997. XX, 334 S.

Ferschl, Franz
Deskriptive Statistik
3. Aufl. 1985. 308 S.

Gabriel, Roland/Begau, Klaus/Knittel, Friedrich/Taday, Holger
Büroinformations- und -kommunikationssysteme
Aufgaben, Systeme, Anwendungen
1994. X, 148 S.

Gaube, Thomas u. a.
Arbeitsbuch Finanzwissenschaft
1996. X, 282 S.

Gemper, Bodo B.
Wirtschaftspolitik
1994. XVIII, 196 S.

Graf, Gerhard
Grundlagen der Volkswirtschaftslehre
1997. VII, 324 S.

Graf, Gerhard
Grundlagen der Finanzwissenschaft
1999, X, 319 S.

Hax, Herbert
Investitionstheorie
5. Aufl. korrigierter Nachdruck 1993. 208 S.

Heno, Rudolf
Jahresabschluß nach Handels- und Steuerrecht
2. Aufl. 1998. XVI, 408 S.

Huch, Burkhard u.a.
Rechnungswesen-orientiertes Controlling
Ein Leitfaden für Studium und Praxis
3. Aufl. 1998. XVII, 504 S.

Kistner, Klaus-Peter
Produktions- und Kostentheorie
2. Aufl. 1993. XII, 293 S.

Kistner, Klaus-Peter
Optimierungsmethoden
Einführung in die Unternehmensforschung für Wirtschaftswissenschaftler
2. Aufl. 1993. XII, 222 S.

Kistner, Klaus-Peter und Steven, Marion
Produktionsplanung
2. Aufl. 1993. XII, 361 S.

Kistner, Klaus-Peter und Steven, Marion
Betriebswirtschaftslehre im Grundstudium
Band 1: Produktion, Absatz, Finanzierung
2. Aufl. 1996. XVI, 475 S.
Band 2: Buchführung, Kostenrechnung, Bilanzen, 1997. XVI, 451 S.

Kortmann, Walter
Mikroökonomik
Eine anwendungsbezogene Einführung in das Grundmodell
1997. XVI, 494 S.

Kraft, Manfred und Landes, Thomas
Statistische Methoden
3. Aufl. 1996. X, 236 S.

Michaelis, Peter
Ökonomische Instrumente in der Umweltpolitik
Eine anwendungsorientierte Einführung
1996. XII, 190 S.

Nissen, Hans Peter
Makroökonomie I
3. Aufl. 1995. XXII, 331 S.

Schäfer, Henry
Unternehmensfinanzen
Grundzüge in Theorie und Management
1998. XVI, 404 S.

Sesselmeier, Werner
Blauermel, Gregor
Arbeitsmarkttheorien
2. Aufl. 1998. XIV, 308 S.

Steven, Marion
Hierarchische Produktionsplanung
2. Aufl. 1994. X, 262 S.

Swoboda, Peter
Betriebliche Finanzierung
3. Aufl. 1994. 305 S.

Weise, Peter u.a.
Neue Mikroökonomie
3. Aufl. 1993. X, 506 S.

Zweifel, Peter und Heller, Robert H.
Internationaler Handel
Theorie und Empirie
3. Aufl. 1997. XXII, 418 S.

Gerhard Graf

Grundlagen der Finanzwissenschaft

Mit 13 Abbildungen
und 33 Tabellen

Physica-Verlag

Ein Unternehmen
des Springer-Verlags

Prof. Dr. Gerhard Graf
Weinbergstraße 32
D-55268 Nieder-Olm
und Privatdozent an der
Johannes Gutenberg-Universität Mainz

ISBN 3-7908-1176-9 Physica-Verlag Heidelberg

Die Deutsche Bibliothek – CIP-Einheitsaufnahme
Graf, Gerhard: Grundlagen der Finanzwissenschaft / Gerhard Graf. – Heidelberg: Physica-Verl., 1999
(Physica-Lehrbuch)
ISBN 3-7908-1176-9

Umschlaggestaltung: Erich Kirchner, Heidelberg

SPIN 10698546 88/2202-5 4 3 2 1 0 – Gedruckt auf säurefreiem Papier

Vorwort

Das vorliegende Lehrbuch „Grundlagen der Finanzwissenschaft" richtet sich an Studenten und Finanzpolitiker, die sich mit den ökonomischen Konsequenzen des staatlichen Handelns befassen und insbesondere den Sachverhalten Aufmerksamkeit widmen wollen, die gemeinhin als Finanzpolitik bezeichnet werden. Das Lehrbuch beschränkt sich auf die „Grundlagen" und damit eine Auswahl in zweierlei Hinsicht. Zum einen sollen nur ausgewählte Fragestellungen aus dem größeren Bereich der Finanzwissenschaft aufgegriffen werden. Die Auswahl orientiert sich dabei an der Bedeutung der Fragen für die Disziplin Finanzwissenschaft und an der Aktualität, die diese Fragen in der wirtschafts- und finanzpolitischen Diskussion besitzen. Zum anderen liegt der Sinn der Grundlagen darin, daß die Disziplin Finanzwissenschaft als Teildisziplin der Volkswirtschaftslehre vorzustellen ist und daß hierbei die grundlegenden methodischen Ansatzpunkte anhand einer begrenzten Anzahl von analytischen Instrumenten zu vermitteln sind. Die erschöpfende Behandlung einzelner modelltheoretischer Ansätze steht deshalb nicht im Vordergrund. Vielmehr geht es um eine Konzentration auf ausgewählte ökonomische Ansätze und die daraus zu gewinnenden Ergebnisse.

Die Auswahl von Fragestellungen und Methoden soll allerdings hinreichend anwendungsbezogen und beispielhaft sein, um die Bedeutung der Disziplin für das Verständnis eines wesentlichen Teils des gesellschaftlichen Lebens, das durch das Staatshandeln geprägt wird, offenkundig werden zu lassen. So sind u.a. die gegenwärtig diskutierten Problembereiche vorrangig behandelt, wie z.B. das Neue Steuerungsmodell, das Konzept des Schlanken Staats, die Globalisierung der Wirtschaft und die Verteilung von Einkommen und Lasten zwischen den Generationen. Selbstverständlich findet der Leser aber auch Antworten auf Fragen, die sich im Zusammenhang mit der Umweltpolitik, der Strukturpolitik, den Wirkungen von Steuern, von Staatsausgaben, von staatlichen Kreditaufnahmen und der Stabilisierungspolitik ergeben. In jedem Fall geht es bei der Analyse darum, das Ergebnis staatlichen Handelns immer vor dem Hintergrund des ökonomischen Anpassungsverhaltens oder Substitutionsverhaltens der Wirtschaftssubjekte zu erläutern und die zu erwartenden weiteren ökonomischen Reaktionen aus dem Kreislaufzusammenhang der Volkswirtschaft einzubeziehen. Die Wirksamkeit vieler finanzpolitischer Maßnahmen läßt sich bei einem solchen breiteren Ansatz nicht immer leicht feststellen, vielmehr ergibt sich nicht selten eine Beschränkung der Handlungsmöglichkeiten des Staates.

Die Darstellung der ökonomischen Wirkungsabläufe erfolgt weitgehend auf der Basis von Modellformulierungen, die keine besonderen formalen Kenntnisse voraussetzen. Im übrigen werden die Modelle vornehmlich nur mit ihren wesentlichen ökonomischen Ansatzpunkten und Aussagen erläutert. Das Lehrbuch möchte insoweit zwar die Erkenntnisse der aktuellen Wirtschaftstheorie mit einbeziehen, ohne jedoch an dieser Stelle deren Komplexität vollständig zu vermitteln.

Das Staatshandeln ist in einem Rechtsstaat schließlich immer nur verständlich, wenn grundlegende rechtliche Vorschriften bekannt sind. Daher greift der Text häufig auf Einzelnormen, spezielle Gesetze und einschlägige Paragraphen zurück, die keinesfalls vollständig sein können, dem Leser aber einen Einstieg in weitere Details erleichtern sollen. Dabei wird vorausgesetzt, daß der Leser bereits einige Kenntnisse des deutschen Staatsaufbaus, der Rechtsordnung der Bundesrepublik Deutschland sowie der Staatsfinanzierung im allgemeinen besitzt. Soweit nicht näher erläutert, beziehen sich die im Lehrbuch genannten Rechtsnormen und finanzpolitischen Handlungsmöglichkeiten jeweils auf die Bundesrepublik Deutschland.

Ein Lehrbuch wie das vorliegende ist niemals nur Ergebnis eigener Bemühungen, sondern beruht auf vielfältigen Erfahrungen, die der Autor im Rahmen seiner Forschungstätigkeit, seiner finanzwirtschaftlichen Praxis und der langjährigen Lehre an Universitäten und Hochschulen gemacht hat. Allen, die mich dabei mit Kritik und Anregungen unterstützten, gilt daher mein Dank.

Nieder-Olm, im August 1998 Gerhard Graf

Inhaltsverzeichnis

1. Gegenstand der Finanzwissenschaft 1

1.1 Aufgabenstellung der Finanzwissenschaft 1
1.2 Abgrenzung und Erfassung des Staates 2
1.2.1 Abgrenzung des Staates 2
1.2.2 Der Staat im Wirtschaftskreislauf 6
1.2.3 Der Staat in der Volkswirtschaftlichen Gesamtrechnung 8
1.2.4 Die Erfassung der Staatstätigkeit mit Hilfe von Quoten 10
1.3 Ziele der Finanzpolitik 16
1.3.1 Finanzpolitik als Teilbereich staatlicher Politik 16
1.3.2 Das Allokationsziel 17
1.3.3 Das Distributionsziel 18
1.3.4 Das Stabilisierungsziel 19
1.3.5 Das Ziel der rationalen Finanzpolitik 20
1.4 Finanzwirtschaftliche Ziele 22
1.4.1 Das fiskalische Ziel 22
1.4.2 Das Gebot der Sparsamkeit und Wirtschaftlichkeit 23
1.4.3 Effizienz der öffentlichen Verwaltung als Maxime des Neuen Steuerungsmodells (NSM) 25
1.4.4 Privatisierung 29
1.5 Öffentliche Güter 32

2. Ökonomische Theorie der Politik 41

2.1 Erklärungsansätze des Staatshandelns 41
2.1.1 Der Staat als Wirtschaftssubjekt 41
2.1.2 Nutzenmaximierung in alternativen Staatsformen 42
2.1.3 Frühere Erklärungsansätze des Staatshandelns 47
2.2 Wahlen in der Demokratie 50
2.2.1 Wesentliche Rechtsgrundlagen für Wahlen in der Bundesrepublik Deutschland 50
2.2.1 Parteienkonkurrenz 52
2.2.2 Kollektives Handeln in Gruppen 56
2.3 Das Verhalten von Bürokratien 61
2.3.1 Normative Vorgaben für das Handeln von Bürokratien 61
2.3.2 Das Eigeninteresse von Bürokratien 62
2.3.3 Der Principal-Agent-Ansatz 67

3. Allokationspolitik 69

3.1 Allgemeine Aufgabenbereiche des Staatshandelns 69
- 3.1.1 Die Entwicklung des öffentlichen Sektors in langfristiger Sicht 69
- 3.1.2 Aufgabenbereiche des Staates und der damit verbundene Ressourceneinsatz 72
- 3.1.3 Die Wahrnehmung von Aufgaben des Staates durch Normen, Einnahmengestaltung und Verwaltungshandeln 86

3.2 Strukturpolitik 97
- 3.2.1 Sektorale Strukturpolitik 97
- 3.2.2 Regionale Strukturpolitik 100

3.3 Umweltpolitik 103
- 3.3.1 Ökonomische Grundüberlegungen zur Umweltpolitik 103
- 3.3.2 Prinzipien der Umweltpolitik 106
- 3.3.3 Finanzpolitische Instrumente der Umweltpolitik 110

4. Verteilungspolitik 122

4.1 Verteilungswirkungen staatlicher Einnahmen und Ausgaben 122
- 4.1.1 Inzidenzanalyse 122
- 4.1.2 Reaktionen auf eine Steuererhebung 128
- 4.1.3 Reaktionen auf staatliche Ausgaben 140

4.2 Maßnahmen und Ergebnisse der Einkommensverteilungspolitik 143
- 4.2.1 Einfluß auf die Primärverteilung 143
- 4.2.2 Transferausgaben 144
- 4.2.3 Steuern auf Einkommenszufluß und Einkommensverwendung 145
- 4.2.1 Staatliche Ausgaben 147
- 4.2.2 Schichtung der privaten Haushalte nach Einkommensklassen und sozialer Stellung 148
- 4.2.3 Erfassung der Verteilungsergebnisse 153

4.3 Maßnahmen und Ergebnisse der Vermögensverteilungspolitik 155
- 4.3.1 Ansatzpunkte der Vermögensverteilungspolitik 155
- 4.3.2 Ausgewählte Maßnahmen der Vermögensverteilungspolitik 156
- 4.3.3 Erfassungsmöglichkeiten der Vermögensverteilung 161

4.4 Die Verteilung zwischen den Generationen 168
- 4.4.1 Steuern als Instrument der intergenerationellen Verteilung 168
- 4.4.2 Das Sozialsystem als Instrument der intergenerationellen Verteilung 171
- 4.4.3 Das Konzept des „Generational Accounting“ 175

4.5 Sozialpolitik 181
- 4.5.1 Aufgabenstellungen der Sozialpolitik 181

4.5.2 Die Sozialhilfe 184
4.5.3 Die Sozialversicherung 188
4.5.4 Die finanzielle Entwicklung des Sozialbudgets 202

5. Staatliche Einflußnahme auf die globale Wirtschaftstätigkeit 206

5.1 Stabilisierungspolitik 206
5.1.1 Stabilisierungspolitik als Aufgabe der staatlichen Finanzpolitik 206
5.1.2 Wirtschaftstheoretische Fundierung der Stabilisierungspolitik 212
5.2 Wachstumspolitik 219
5.2.1 Wirtschaftswachstum als Ziel staatlicher Politik 219
5.2.2 Beeinflussungsmöglichkeiten des Wirtschaftswachstums 220
5.3 Staatliche Steuerungsmöglichkeiten bei globalisierten Märkten 224
5.3.1 Wirtschaftliche Auswirkungen der Globalisierung auf eine Volkswirtschaft 224
5.3.2 Der Einfluß der Globalisierung auf die Steuerungsmöglichkeiten der Finanzpolitik 225

6. Alternativen der Staatsfinanzen 229

6.1 Erwerbseinkünfte 229
6.1.1 Grundüberlegungen zur Erzielung von Erwerbseinkünften durch den Staat 229
6.1.2 Finanzielle Bedeutung der Erwerbseinkünfte 231
6.2 Gebühren und Beiträge 232
6.2.1 Rechtliche Grundlagen für Einnahmen aus Gebühren und Beiträgen 232
6.2.2 Finanzielle Bedeutung der Gebühren und Beiträge 234
6.3 Steuern 234
6.3.1 Besteuerungsprinzipien 234
6.3.2 Steuerliche Tariflehre 242
6.3.3 Gliederung der Steuern 245
6.3.4 Ausgewählte Steuern im Überblick 249
6.4 Staatliche Kreditaufnahme 268
6.4.1 Messung der Staatsverschuldung 268
6.4.2 Gründe der Staatsverschuldung 273
6.4.3 Grenzen der Staatsverschuldung 276
6.5 Sozialbeiträge 281
6.5.1 Sozialbeiträge als Einnahmenart des Staates 281
6.5.2 Finanzielle Bedeutung der Sozialbeiträge 282

7. Finanzausgleich 284

7.1 Ausgewählte Begründungen des Finanzausgleichs 284
7.1.1 Fiskalischer Föderalismus 284
7.1.2 Der föderale Bundesstaat in der Rechtsordnung 287
7.2 Der Finanzausgleich zwischen den Bundesländern 290
7.3 Der kommunale Finanzausgleich 296
7.4 Internationaler Finanzausgleich 298
7.4.1 Ausgewählte Erscheinungsformen des internationalen Finanzausgleichs 298
7.4.1 Die Finanzen der EU 299

Literaturverzeichnis 303
Stichwortverzeichnis 310

1. Gegenstand der Finanzwissenschaft

1.1 Aufgabenstellung der Finanzwissenschaft

Die **Finanzwissenschaft** ist eine **Teildisziplin der Volkswirtschaftslehre**, die sich mit den **ökonomischen Wirkungen des staatlichen Handelns** befaßt. **Im Vordergrund** stehen dabei die einzelwirtschaftlichen und gesamtwirtschaftlichen **Auswirkungen der** staatlichen oder **öffentlichen Einnahmen und Ausgaben**. Die Finanzwissenschaft hat ein Aufgabengebiet aber auch dort, wo es darum geht, staatliche Tätigkeit, die sich nicht in Einnahmen oder Ausgaben, sondern z.B. in Normen niederschlägt, in ihren ökonomischen Konsequenzen zu beurteilen. Insoweit hat die Finanzwissenschaft auch Umweltnormen, Normen des Gewerberechts und Verkehrsrechts aber auch das Verhalten des Staates als Polizeiobrigkeit, Justizobrigkeit, Bildungsobrigkeit und -anbieter oder als Kulturanbieter in ihren wirtschaftlichen Ergebnissen zu analysieren.

Die **Einschätzung der staatlichen Aktivitäten** erfolgt dabei **anhand** der Methoden der Volkswirtschaftslehre, d.h. **der Mikroökonomik und der Makroökonomik**. Hierbei ist einerseits nach den wirtschaftlichen Erträgen und Kosten des staatlichen Handelns aus Sicht der einzelnen Wirtschaftssubjekte oder andererseits nach den Einflüssen auf gesamtwirtschaftliche Größen durch eine staatliche Maßnahme zu fragen und eine Abwägung der erkennbaren wirtschaftlichen Konsequenzen anzustellen. Die wirtschaftlichen Vor- und Nachteile bestehen dabei keinesfalls immer nur aus direkt meßbaren Wertgrößen oder Geldbeträgen, sie umfassen auch allgemeine Nutzenzuwächse oder - wie im Fall der Steuerlehre untersucht - subjektive Nutzenentgänge. Die Mikroökonomik liefert hierfür anerkannte Analysemethoden, die entwickelte Makroökonomik erlaubt gleichfalls eine verläßliche Beurteilung der gesamtwirtschaftlichen Resultate des Staatshandelns.

Finanzwissenschaft als Disziplin der Volkswirtschaftslehre **hat sich vornehmlich auf positive Aussagen zu beschränken**. Ihre Aufgabe besteht darin, die wirtschaftlichen Ergebnisse der staatlichen Aktivitäten herauszuarbeiten und zu verdeutlichen. Die **Finanzwissenschaft** unserer Tage ist **keine normative Disziplin**, die dem Staat und seinen Entscheidungsträgern bewußt Verhaltensvorschläge auferlegt und gewissermaßen von außen oder gar „oben“ dem Staat Handlungen vorschreibt, wie es in der traditionellen Finanzwissenschaft vielfach anzutreffen ist. Gleichwohl kommt auch die heutige Finanzwissenschaft nicht umhin, normative Konzepte wie beispielsweise das Leistungsfähigkeitsprinzip der Besteuerung oder finanzwirtschaftliche Ziele zu behandeln. Die Behandlung im Sinne der positiven Methode der Wirtschaftswissenschaften soll jedoch zu keinem abschließenden wissenschaftlichen Urteil führen, sondern die Urteilsbildung anhand ökonomischer Kriterien und erkennbarer ökonomischer Resultate bestimmter Handlungsweisen erleichtern.

Die **Finanzwissenschaft** hat sich **als anwendungsorientierte Teildisziplin** der Volkswirtschaftslehre selbstverständlich auch um die **Finanzwirtschaft** des Staates und deren institutionelle Bedingungen und Details zu kümmern. Sie kann ihre ökonomische Aufgabe nur dann verwertbar erfüllen, wenn sie **die** institutionellen, d.h. **rechtlichen und verwaltungspraktischen Bedingungen des staatlichen Handelns** in ihre Überlegungen mit einbezieht. Die Finanzwirtschaft wird vielfach als Technik der Aufstellung und Ausführung von Haushaltsplänen und der dafür notwendigen Regeln verstanden. Allerdings besitzt die Finanzwissenschaft mit Blick auf finanzwirtschaftliche Fragen nicht nur die Aufgabe, Haushaltspläne und die dabei zu beachtenden Regeln und Rechtsnormen nachzuvollziehen, sondern sie soll vielmehr deren ökonomische Voraussetzungen und Folgen ergründen und gegebenenfalls zur Beurteilung der Vorteile oder Nachteile von Alternativen beitragen. Hierzu zählen u.a. ökonomische Problemstellungen, die sich mit der Privatisierung staatlicher Aufgaben ergeben, sowie beispielsweise die Einordnung des neuen Steuerungsmodells (NSM) als Alternative zur traditionellen Kameralistik in den öffentlichen Haushalten.

Im Zusammenhang mit der letztgenannten Aufgabe der Finanzwissenschaft zeigt sich die Notwendigkeit, nicht nur Vorgehensweisen und Ergebnisse der allgemeinen Volkswirtschaftslehre auf das staatliche Handeln anzuwenden, sondern auch enge Bezüge herzustellen zu Rechtsdisziplinen, wie z.B. dem Staatsrecht als allgemeinem Ordnungsrahmen oder dem Steuerrecht als Spezialnorm für die Ausgestaltung einer Einnahmeart des Staates. Im übrigen hat die Finanzwissenschaft bei der Analyse einzelner staatlicher Entscheidungseinheiten auch auf Erkenntnisse aus der Betriebswirtschaftslehre und den Verwaltungswissenschaften zurückzugreifen, damit ihre Aussagen hinreichend materiell interpretierbar sind. Im vorliegenden Lehrbuch steht allerdings die prinzipiell volkswirtschaftliche Analysemethode im Vordergrund. Zum Verständnis ist es daher erforderlich, daß die Leserinnen und die Leser ein fundiertes Wissen über die Grundlagen der Volkswirtschaftslehre besitzen und daß ihnen deren Methodik sowie wesentliche mikro- und makroökonomische Größen vertraut sind.

1.2 Abgrenzung und Erfassung des Staates

1.2.1 Abgrenzung des Staates

Die Begriffe Staat, öffentliche Hand, öffentlicher Sektor oder öffentliche Haushalte werden vielfach als gleichbedeutend verwendet, wobei zur Abgrenzung gegenüber anderen Wirtschaftssubjekten in einer Volkswirtschaft vornehmlich auf die **Wahrnehmung hoheitlicher Aufgaben** abgestellt wird. Der Staat kann sich mithin auf hoheitliche Gewalt stützen und hat die Möglichkeit, gegenüber den Wirtschaftssubjekten in der Volkswirtschaft Zwangsmaßnahmen zu ergreifen. Diese Zwangsmaßnahmen schlagen sich in Geboten und Verboten nieder und umfassen u.a. die zwangsweise Verfügung über das Einkommen, das Vermögen von Wirtschaftssubjekten und sogar über die Personen selbst in der Volkswirtschaft. Diese Abgrenzung trifft allerdings dann nicht mehr zu, wenn - wie beobachtbar - staatliche Institutionen sich in Form von Tauschbeziehungen und auf Märkten am allgemeinen Wirtschaftsleben beteiligen. Das Tauschverhalten von Staaten hat jedoch in aller Regel nicht zu einer Aufgabe seiner Hoheitsfunktionen geführt, sondern existiert im wesentlichen unabhängig davon.

Immer wieder trifft man auch auf die Auffassung, daß sich der Staat dadurch hervorhebe, daß er nach dem **versorgungswirtschaftlich**en Prinzip handele und sich insoweit von dem **erwerbswirtschaftlich**en Handeln oder der Gewinnorientierung der Privaten unterscheide. Diese **romantische Sicht** des Staates ließe sich jedoch nur dann begründen, wenn einerseits den Privaten das versorgungswirtschaftliche Handeln generell abgesprochen und zugleich davon abgesehen wird, daß Staaten (Obrigkeiten) aller historischen Zeiten bis zum heutigen Tag keinesfalls durchweg Versorgungsziele für ihre Bevölkerungen verfolgt haben, sondern sich auch auf die Nutzenmehrung, die Einkommensvermehrung oder die Vermögensvermehrung der jeweiligen staatlichen Entscheidungsträger konzentriert haben. Die Einteilung ist im übrigen mikroökonomisch nicht fundiert und **trägt** insoweit **nicht zum Verständnis des Staatshandelns bei**.

Die **Abgrenzung des Staates** im Verhältnis zu anderen Wirtschaftssubjekten einer Volkswirtschaft kann im übrigen weniger nach strikt einzuhaltenden Kriterien erfolgen, sondern muß sich insgesamt **nach Konventionen** ausrichten, die dem folgen, was in einer jeweiligen Zeit und in konkreten Volkswirtschaften dem Staat zugerechnet wird. So ist es gegenwärtig üblich, **in erster Linie** auf die **hoheitlichen Befugnisse** abzustellen, die sich im Anordnen von Zwangsmaßnahmen und im Erzielen von Zwangseinnahmen niederschlagen. Zum **Staat in Deutschland** zählen mithin der Bund, die Länder, die Gemeinden und Gemeindeverbände und (anteilig) die Europäische Union. Damit sind die **Gebietskörperschaften** umschrieben. Die Gebietskörperschaften umfassen in den Abgrenzungen der Volkswirtschaftlichen Gesamtrechnung noch Sondervermögen wie den Lastenausgleichsfonds, das ERP-Sondervermögen und den Fonds „Deutsche Einheit“ sowie kommunale Zweckverbände. Außerdem werden Einrichtungen der Sozialhilfe, der Jugendhilfe, des Gesundheitswesens sowie Vieh- und Schlachthöfe, Markthallen, Feuerwehren, Bestattungseinrichtungen etc. hinzugerechnet. Für die Konzentration auf die Gebietskörperschaften als wesentlichem und grundsätzlichem Bestandteil des Staates spricht nicht zuletzt die Möglichkeit international vergleichbarer Aufgabenbereiche der jeweiligen Staatssektoren.

Die internationale Vergleichbarkeit von Abgrenzungen des Staates gilt nicht mehr in gleichem Maße, wenn in Deutschland auch einige der sogenannten **Parafisci** (parafiskalische Gebilde oder intermediäre Finanzgewalten) **zum Sektor Staat** gezählt werden. Sie stehen von ihrer Aufgabenstellung zwischen dem privaten und dem unzweifelhaft öffentlichen Bereich der Volkswirtschaft, lassen sich aber nach zwei Merkmalen als „öffentlich" erkennen: (1) sie erfüllen öffentliche Aufgaben mit Hoheitscharakter, (2) sie finanzieren sich über Zwangseinnahmen. Im Rahmen der Volkswirtschaftlichen Gesamtrechnung werden hiervon im wesentlichen die **Sozialversicherungen** dem Sektor Staat hinzugerechnet. Zu den Sozialversicherungen zählen die Rentenversicherungen der Arbeiter und der Angestellten, die knappschaftliche Rentenversicherung, Zusatzversorgungseinrichtungen für Angestellte und Arbeiter des Bundes, der Länder, der Gemeinden und anderer öffentlicher Körperschaften, die Altershilfe für Landwirte, die gesetzliche Krankenversicherung, die gesetzliche Unfallversicherung, die Arbeitslosenversicherung und die Pflegeversicherung.

Andere Parafisci werden dem Staat nicht mehr hinzurechnet, obwohl auch für sie, zumindest für einen Teil ihrer Aufgaben, die genannten Abgrenzungskriterien (Hoheitsaufgaben und Zwangsabgaben) gelten. Darunter fallen beispielsweise Handwerkskammern, Industrie- und Handelskammern, Landwirtschaftskammern und andere Kammern sowie die öffentlichen Rundfunkanstalten. Die Konventionen für die Abgrenzung des Staates im Verhältnis zu anderen Wirtschaftssubjekten müssen mithin beachtet werden und sind insbesondere bei internationalen Vergleichen zu berücksichtigen, wenn z.B. Staaten ihre Sozialversicherungssysteme im Unterschied zu Deutschland vorwiegend privatwirtschaftlich organisieren.

Soweit man sich auf die Erfassung und Abgrenzung des Staates in Deutschland beschränkt, ist gleichwohl noch ein Unterschied im Auge zu behalten, der zwar weniger die globalen (finanzwirtschaftlichen) Dimensionen des Staates betrifft, im Einzelfall aber, bei Einzelwerten von Einnahmen oder Ausgaben und bei Salden wie dem Finanzierungssaldo, doch von nachhaltiger Bedeutung sein kann. Damit soll die **Erfassung des Staates** in der **Abgrenzung der Volkswirtschaftlichen Gesamtrechnung** (VGR) **oder** in der **Abgrenzung nach der Finanzstatistik** angesprochen werden.

Die **Volkswirtschaftliche Gesamtrechnung** (VGR) geht von einer Staatsdefinition aus, wonach zum Sektor Staat alle Institutionen gehören, die Dienstleistungen eigener Art i.d.R. für die Allgemeinheit erbringen und sich hauptsächlich aus Zwangsabgaben finanzieren. Der Staat umfaßt die Gebietskörperschaften und die Sozialversicherungen. Nicht zum Staat zählen die im Eigentum der Gebietskörperschaften und der Sozialversicherungen stehenden Unternehmen unabhängig von ihrer Rechtsform. Diese Unternehmen werden dem „privaten" Sektor der Unternehmen hinzugerechnet, obgleich nicht wenige von ihnen durchaus andere

Ziele verfolgen und anderen Restriktionen im Management und in der Geschäftspolitik unterliegen als die privaten Unternehmen, die tatsächlich im Eigentum von privaten Wirtschaftssubjekten stehen.

Die **Finanzstatistik** bezieht sich auf den öffentlichen Gesamthaushalt und will budgetgetreu die Finanzströme der öffentlichen Haushalte wiedergeben. Sie knüpft damit weitgehend an die tatsächlichen Zahlungsvorgänge an. Eine bedeutsame Grenzlinie besteht bei der Zuordnung von Unternehmen. In der Finanzstatistik werden sämtliche staatlichen und kommunalen Betriebe einbezogen, deren gesamte Einnahmen und Ausgaben brutto in den öffentlichen Haushalten veranschlagt sind, sowie darüber hinaus weitere aus den Haushalten ausgegliederte, aber rechtlich unselbständige Einrichtungen mit kaufmännischem Rechnungswesen (z.B. Krankenhäuser, öffentliche Versorgungs- und Verkehrsunternehmen). Daneben bestehen Unterschiede zwischen der Finanzstatistik und der VGR bei der Einbeziehung von Sondervermögen des Bundes und der Länder sowie bei der Abgrenzung des Sozialversicherungsbereichs. Größere Abweichungen ergeben sich zudem dadurch, daß der Begriff der öffentlichen Investitionen in der VGR enger als im Haushaltsrecht und in der Finanzstatistik gefaßt wird. So wird die Investitionsförderung beispielsweise in der VGR bei intrasektoralen Vorgängen, also bei Zahlungen innerhalb des öffentlichen Sektors nicht verbucht und bei intersektoralen Vorgängen, also bei Darlehen an Unternehmen, private Haushalte und die übrige Welt sowie bei Beteiligungen als Vermögensübertragung gekennzeichnet. Die Finanzstatistik ist schließlich am Kassenwirksamkeitsprinzip der Kameralistik orientiert, während sich die VGR bei der Erfassung von Zahlungen nach dem Entstehen der Forderungen und Verbindlichkeiten richtet.

Im übrigen ist bei der Analyse von Daten zum Staatssektor zu beachten, daß bedeutsame Publikationen nicht ausschließlich mit der Abgrenzung des Staates nach den Kriterien der VGR oder der Finanzstatistik arbeiten. So verweist die Deutsche Bundesbank in ihren Monatsberichten bei der Darstellung der finanziellen Entwicklung der öffentlichen Haushalte auf eigene Berechnungen unter Verwendung von Angaben des Statistischen Bundesamtes, wobei die prinzipiell benutzte haushaltsmäßige Abgrenzung von der Systematik des Staatskontos der Volkswirtschaftlichen Gesamtrechnung und bei den Vierteljahresdaten in einigen Punkten auch von der Finanzstatistik abweicht. Die Abgrenzungen in internationalen Statistiken, beispielsweise der OECD, müssen sich ebenfalls nicht mit den nationalen Konventionen decken, worauf der Finanzbericht des Bundesministeriums der Finanzen aufmerksam macht, der bei den internationalen Statistiken teils auf die Abgrenzungen der OECD, teils auf die nationalen Abgrenzungen zurückgreift. In aller Regel führen derartige Abgrenzungsfragen, bzw. die Benutzung einer Datenreihe im Verhältnis zu anderen insbesondere bei mehrjährigen Vergleichen zu keiner grundsätzlich anderen Einschätzung der Finanzentwicklung der öffentlichen Hände. In der vorliegenden Schrift werden deshalb auch geeignete Daten aus unterschiedlichen Publikationen mit den jeweils unterschiedlichen Abgrenzungen verwendet. Wenn es aber um einen konkreten Zahlenwert einer finanzwirtschaftlichen Größe für eine Wirtschaftsperiode geht, ist die der Größe zugrundeliegende Abgrenzung des Staates zu berücksichtigen, ehe sich daran weitergehende Folgerungen anschließen.

Selbst wenn für eine Fragestellung nur eine enge und eingeschränkte Version des Staates in Form der Gebietskörperschaften benutzt werden soll, stellen sich insbesondere bei deutschen Daten vielfältige statistische und methodische Abgrenzungsfragen. Diese reichen von den **Gebietsänderungen**, die sich im Deutschen Reich und von dort zur Bundesrepublik Deutschland ergeben haben. Aber auch in der Zeit nach der Gründung der Bundesrepublik gilt es zumindest die beiden großen **statistischen Brüche** zu beachten. Einerseits das Jahr 1960, ab dem das Saarland und das Gebiet von Westberlin generell in die Statistiken einbezogen werden; andererseits das Jahr 1991, ab dem für das vereinte Deutschland Daten vorliegen, auch wenn gleichzeitig noch einige Reihen für das Gebiet der früheren Bundesrepublik fortgeführt werden. Hier ist bei Detailfragen jeweils auf die Abgrenzung in der Datenbasis abzustellen, um zu vermeiden, daß aufgrund der statistischen Brüche Fehlinterpretationen auftreten.

1.2.2 Der Staat im Wirtschaftskreislauf

Nach der Klärung der Frage, welche Bereiche einer Volkswirtschaft zum Sektor Staat zu zählen sind, stellt sich das weitere Problem der **Art und Weise der Erfassung der Staatstätigkeit**. Dabei geht es darum, einen Einblick in die Gewichtigkeit des Staates im Rahmen der Volkswirtschaft zu erhalten. Zumindest das finanzielle Gewicht des Staatssektors im Verhältnis zu den anderen Sektoren der Volkswirtschaft sollte erkennbar werden. Eine Möglichkeit, einen solchen Überblick zu erhalten, bietet die Einordnung des Staatssektors in ein **Kreislaufmodell, um** daran **wesentliche finanzielle Verbindungslinien** zu den anderen Sektoren zu verdeutlichen.

Abb. 1 enthält ein **einfaches Modell** eines Wirtschaftskreislaufs, in dem der Sektor Staat durch ausgewählte wirtschaftliche Ströme, in der Form von Geldströmen, mit den Sektoren private Haushalte, Unternehmen und Ausland verbunden ist. Dieses vereinfachte Kreislaufmodell hebt als wesentliche finanzielle Verbindungen des Staates zum Sektor Unternehmen die Zahlungen für Vorleistungskäufe, VL, die Subventionen, Z, sowie die Steuerzahlungen der Unternehmen, T_U, hervor, ohne letztere näher nach indirekten und direkten Steuern bzw. nach Steuerarten zu klassifizieren. Mit den privaten Haushalten ist der Staat über die Einkommenszahlungen für die beim Staat Bediensteten, Y_{St}, verbunden. Im übrigen fließen Transferzahlungen, Tr, vom Staat an die Haushalte, die beispielsweise Sozialhilfezahlungen, Kindergeld, Wohngeld und Pensionszahlungen für Beamte im Ruhestand umfassen. Vom Sektor Haushalte erhält der Staat ebenfalls

Steuern, T_{HH}, die sich wiederum aus einer Reihe einzelner Steuerarten zusammensetzen. Der Staat steht im hier verwendeten Kreislaufmodell außerdem direkt mit dem Ausland in Verbindung, weil er Übertragungen, Ü, dorthin leistet, die beispielsweise aus Mitgliedsbeiträgen an internationale Organisationen bestehen. Unser Kreislaufmodell gilt prinzipiell auch für eine Staatsdefinition, die den Bereich der Sozialversicherungen mit einschließt; die Steuerzahlungen wären dann lediglich unter Einschluß der Zwangsbeiträge an die Sozialversicherungen zu interpretieren und entsprechend müßten in die Transferleistungen des Staates an die privaten Haushalte die Leistungen der Sozialversicherungen (z.B. Renten, Arbeitslosengeld) einfließen.

Abb. 1: Der Staat in einem Kreislaufmodell

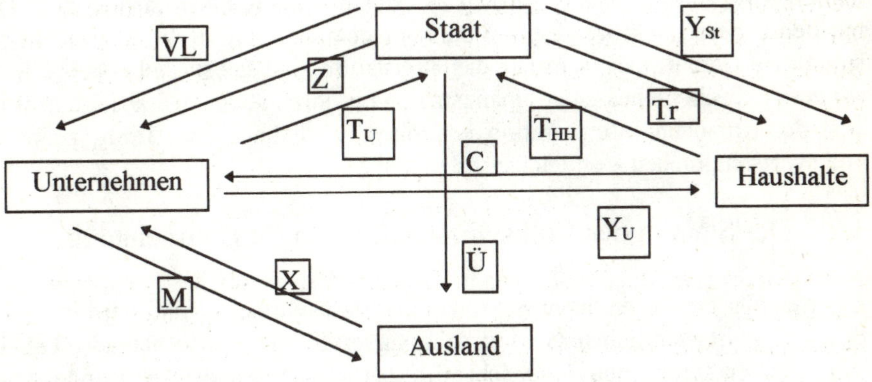

Hierbei bedeuten:
VL Vorleistungskäufe des Staates (dargestellt anhand des Geldstromes)
Z Subventionen an Unternehmen
T_U Steuerzahlungen der Unternehmen
Y_{St} Einkommenszahlungen des Staates für die Bediensteten (an die Haushalte)
Tr Transferzahlungen des Staates
T_{HH} Steuerzahlungen der Haushalte
C Konsumausgaben
Y_U Einkommenszahlungen der Unternehmen an die Haushalte
Ü Übertragungen des Staates an das Ausland (z.B. Mitgliedsbeiträge an EU)
X Zahlungen des Auslandes für Güterexporte aus dem Inland
M Zahlungen für Güterimporte aus dem Ausland.

Das einfache Kreislaufmodell berücksichtigt noch nicht die finanziellen Ströme des Staates, die in Form von Zinszahlungen an einen Finanzsektor fließen. Es fehlen auch die Kreditbeziehungen des Staates mit anderen Sektoren. Schließlich sind die wirtschaftlichen Ströme, die zwischen den Sektoren private Haushalte, Unternehmen und Ausland fließen, nur rudimentär erfaßt. Sinn der vereinfachten

Kreislaufbetrachtung ist es gleichwohl, den Staat als einen gewichtigen Sektor der Volkswirtschaft plastisch darstellen zu können, über den bedeutsame Finanzströme laufen. So lassen sich z.B. für die Summe der Steuern und Sozialbeiträge von Unternehmen und privaten Haushalten ($T_U + T_{HH}$) Mitte der 90er Jahre Größenordnungen von über 1.600 Mrd. DM pro Jahr feststellen. Die Transferzahlungen des Staates, Tr, liegen bei über 800 Mrd. DM und selbst die Übertragungen des Staates an das Ausland, Ü, erreichen Werte von rd. 40 Mrd. DM pro Jahr. Daneben dient das Kreislaufmodell dazu, die mit dem Staatshandeln zusammenhängenden Finanzströme auch im Verhältnis zu anderen Kreislaufströmen einer beobachtbaren Volkswirtschaft offenkundig zu machen. So besitzt beispielsweise der Strom der Konsumausgaben, C, eine Dimension von etwa 2.000 Mrd. DM und die Werte der Exporte und Importe erreichen Werte von jeweils über 800 Mrd. DM. Je detaillierter ein Kreislaufmodell in diesem Zusammenhang ausformuliert wird, um so genauer vermag es Einblicke in die Finanzströme des Staates mit den anderen Sektoren einer Volkswirtschaft zu vermitteln. Es besteht dabei jedoch die Gefahr, daß nicht nur das Kreislaufmodell selbst unübersichtlich wird, sondern daß die gemessenen Finanzströme mit ihren jeweiligen absoluten Werten sich der einfachen Interpretation entziehen, weil ihnen der Bezug zu anderen volkswirtschaftlichen Vergleichsgrößen fehlt.

1.2.3 Der Staat in der Volkswirtschaftlichen Gesamtrechnung

Der Staat ist ein wesentlicher Sektor in der Volkswirtschaft und wird im Rahmen der Volkswirtschaftlichen Gesamtrechnung erfaßt. Die nachfolgende **Tabelle 1** zeigt die entsprechende Übersicht für das Gesamtgebiet der Bundesrepublik Deutschland für die Jahre 1992 bis 1997. Aus der Übersicht wird allgemein die **Gesamtdimension von Einnahmen und Ausgaben des Staates** anschaulich erkennbar. Bei den Einnahmen läßt sich neben den absoluten Werten z.B. der Steuern auch plastisch das für deutsche Verhältnisse große Gewicht der Sozialabgaben nachvollziehen.

Die Ausgaben des Staates erscheinen zunächst in ihrem absoluten Volumen und umfassen alle Ausgaben unabhängig von ihrem Verwendungszweck. Als erste **Teilgröße der Ausgaben** wird die aus der Volkswirtschaftlichen Gesamtrechnung und der Makroökonomik bekannte Größe **Staatsverbrauch** ausgewiesen. Der Staatsverbrauch kann im Rahmen der Erfassung der Staatstätigkeit als ein zentrales Maß angesehen werden. Er umfaßt von seinem sachlichen Inhalt her **die der „Allgemeinheit“ ohne spezielles Entgelt zur Verfügung gestellten nichtmarktbestimmten Dienstleistungen** der Gebietskörperschaften und der Sozialversicherungen (z.B. Sicherheitsleistungen, Unterrichtsleistungen, Gesundheitsbetreuung, allgemeine Verwaltungsleistungen). Von seiner datentechnischen Ermittlung her ergibt sich der Staatsverbrauch nach Abzug des Wertes der Verkäufe (hauptsächlich Benutzungsgebühren) und der selbsterstellten Anlagen vom Produktionswert des Staates.

Tab. 1: Einnahmen und Ausgaben des Staates in der Volkswirtschaftlichen Gesamtrechnung

	Jahr					
	1992	1993	1994	1995	1996	1997
	in Mrd. DM					
Einnahmen darunter:	1.438,0	1.488,2	1.580,68	1.631,3	1.645,0	1.676,0
Steuern	754,7	772,9	811,5	838,8	818,7	822,1
Sozialabgaben	562,9	596,4	642,6	672,8	704,9	731,2
Ausgaben davon:	1.525,2	1.600,0	1.668,0	1.752,1	1.770,8	1.777,9
Staatsverbrauch	616,4	634,9	658,6	6856,6	704,8	705,24
Zinsen	100,4	104,2	112,2	131,1	131,8	135,9
Laufende Übertragungen	665,3	720,6	765,0	801,2	812,2	821,9
Vermögensübertragungen	55,9	53,5	45,9	50,1	45,4	45,4
Bruttoinvestitionen	87,2	86,8	86,4	83,1	76,7	69,5
Finanzierungssaldo	-87,2	-111,8	-87,3	-120,9	-125,9	-101,9

Quelle: Deutsche Bundesbank: Monatsbericht Juni 1998, S. 54 *

Der Produktionswert des Staates wird bekanntlich seinerseits anhand der laufenden Aufwendungen der Institutionen des Staatssektors gemessen. Zu den laufenden Aufwendungen rechnen die Einkommen aus unselbständiger Arbeit der beim Staat Beschäftigten, die von den Behörden und Einrichtungen des Staates gezahlten Produktionssteuern, ferner Abschreibungen und Vorleistungen dieser Institutionen. Die vom Staat geleisteten Einkommen aus unselbständiger Arbeit schließen unterstellte Sozialbeiträge für die Altersversorgung der Beamten ein. Enthalten sind auch Aufwendungen für die Verpflegung und Bekleidung der Bundeswehr. Die Abschreibungen beziehen sich auf Ausrüstungen und Gebäude. Die Vorleistungen des Staates messen die laufenden Käufe und nicht den tatsächlichen Verbrauch. In ihnen sind auch die vom Staat auf Direkteinfuhren gezahlten Einfuhrabgaben enthalten. Ferner umfassen sie die Käufe der Sozialversicherung, der Sozialhilfe etc. für soziale Sachleistungen. Außerdem wird der Erwerb von dauerhaften militärischen Ausrüstungen für die eigenen Streitkräfte sowie die Errichtung militärischer Bauten für die eigenen und die Stationierungsstreitkräfte einbezogen. Bei der Definition des Staatsverbrauchs wird üblicherweise davon ausgegangen, daß der Staat seine Leistungen der „Allgemeinheit" zur Verfügung stellt. Dies muß allerdings in dem tatsächlichen Wortsinne nicht ohne Ausnahme zutreffen. Der Staat bietet durchaus auch Leistungen für ganz geringe Minderheiten oder für relativ abgeschlossene kleinere Gruppen an, so daß die breit verstandene Allgemeinheit von vornherein ausgeschlossen ist. Gleichwohl wird auch in diesen nicht seltenen Fällen von Staatsverbrauch gesprochen.

Zinsen fallen beim Staat in nennenswerter Höhe für die Staatsschulden an, die sich vornehmlich auf die Gebietskörperschaften konzentrieren. Die **laufenden Übertragungen** des in Tab. 1 enthaltenen Staatssektors bestehen vornehmlich aus den Transferleistungen, zu denen auch die laufenden Leistungen der Sozialversicherungen zählen. **Vermögensübertragungen** schließen Investitionskredite an Unternehmen, öffentliche Haushalte, aber auch an private Haushalte ein. Die **Bruttoinvestitionen** des Staates entsprechen inhaltlich gleichartigen ökonomischen Vorgängen der anderen Sektoren, d.h. dem Erwerb von dauerhaften Produktionsmitteln. Schließlich weist der **Finanzierungssaldo** die zur Deckung der Ausgaben erforderliche zusätzliche Kreditaufnahme des Staates aus.

Die zusammengefaßten Daten der Einnahmen und Ausgaben aus der Volkswirtschaftlichen Gesamtrechnung vermitteln die Finanzentwicklung des Staates im allgemeinen übersichtlicher als sie sich durch die Kreislaufströme darstellen lassen. Insbesondere in Vergleichen über einige Jahre hin können daraus Rückschlüsse beispielsweise über veränderte Gewichte staatlicher Leistungen gezogen werden. Was allerdings auch in dieser aggregierten Darstellungsart der Finanzströme zu kurz kommt, ist der Bezug der absoluten Geldbeträge von Einnahmen und Ausgaben zu wesentlichen volkswirtschaftlichen Größen. Insoweit können weder die absolute Dimension von Einnahmen und Ausgaben und deren Teilgrößen noch die Veränderung dieser Größen in ihrer wirtschaftlichen Bedeutung beurteilt werden, es sei denn der Betrachter stellt von sich aus einen direkten Zusammenhang zu anderen gesamtwirtschaftlichen Größen als Vergleichsbasis her.

1.2.4 Die Erfassung der Staatstätigkeit mit Hilfe von „Quoten"

Insbesondere in der Wirtschaftspolitik ist es üblich, die Bedeutung und Gewichtigkeit des Staatssektors im Vergleich zu volkswirtschaftlichen Leistungsgrößen zu messen, um einfache, griffige quantitative Aussagen machen zu können. Die dabei verwendeten „**Quoten**" bestehen in **Verhältniszahlen von staatlichen Ausgaben oder Einnahmen zum Bruttoinlandsprodukt (BIP)**. Sie dienen sowohl zur Beobachtung der Staatstätigkeit und des Staatsanteils in einer Volkswirtschaft über die Zeit hin als auch zu internationalen Vergleichen. Die als Quoten bezeichneten Relationen sind dabei keine „reinen Quoten", d.h. keine Anteilswerte, da z.B. der Quotient aus Staatsausgaben zu BIP im Zähler und Nenner inhaltlich gleiche Größen umfaßt und nicht nur den Anteil der Staatsausgaben an einer übergeordneten Gesamtgröße mißt. Insoweit geben die Quoten lediglich Größenordnungsverhältnisse wieder, ohne daß aus ihnen direkt eine inhaltliche Aussage zu den Größenordnungen möglich ist. Hierzu bedarf es vielmehr im Einzelfall weitergehender Analysen. Unabhängig von diesen eher prinzipiellen Einschränkungen werden aber Quoten als das vielfach wichtigste Maß der Staatstätigkeit verwendet. Dies erscheint dann grundsätzlich gerechtfertigt, wenn Vergleiche über mehrere Jahre anstehen, d.h. wenn nicht nur die Dimension der

Quote für ein Jahr zu interpretieren ist. Wesentliche Trends der Staatstätigkeit im Verhältnis zur gesamtwirtschaftlichen Tätigkeit können aus den Veränderungen der Quoten bereits ersichtlich werden. Für kausale Interpretationen sind weitergehende Untersuchungen gleichwohl unumgänglich.

Die am häufigsten verwendete **Ausgabenquote** besteht in der Staatsquote. Sofern ohne weitere Konkretisierung oder inhaltliche Einschränkung von der **Staatsquote** gesprochen wird, ist darunter folgende Relation zu verstehen:

$$\text{Staatsquote} = \frac{\textit{Staatsausgaben}}{\textit{Bruttoinlandsprodukt}(\textit{BIP})}.$$

Tabelle 2 zeigt die Entwicklung der Staatsquoten ausgewählter Länder seit 1980:

Tab. 2: Staatsquoten ausgewählter Länder seit 1975

Land	Jahr					
	1975	1980	1985	1990	1995	1997
	Staatsausgaben in vH des BIP					
Deutschland	48,9	49,0	48,0	46,1	50,6	49,5
Belgien	44,5	57,8	61,6	54,3	55,0	53,6
Frankreich	43,3	46,1	52,1	49,8	53,9	53,6
Großbritannien und Nordirland	46,4	43,0	44,0	39,9	43,2	40,8
Irland	46,5	48,2	51,0	38,9	38,4	37,4
Italien	43,2	42,1	51,2	53,4	52,1	51,6
Japan	27,3	32,0	31,6	31,3	35,7	36,0
Kanada	40,1	38,8	45,3	46,0	46,5	43,0
Niederlande	52,8	55,8	57,2	54,1	52,2	49,4
Spanien	24,7	32,2	41,2	42,0	44,8	41,8
USA	34,6	31,4	32,9	32,8	33,2	32,8

Quelle: Finanzbericht 1998, Übersicht 16, S.344 sowie Finanzbericht 1991, Übersicht 16, S.305.

Die Angaben zu den Größen Staatsausgaben und BIP der betrachteten Volkswirtschaften erfolgen dabei in jeweiligen Preisen; die Quote wird als Prozentzahl ausgedrückt. Die Staatsausgaben umfassen in dieser allgemeinen Version der Staatsquote die Ausgaben der Gebietskörperschaften und der Sozialversicherungen. Mit dem Niveau oder Zahlenwert der Staatsquote von rd. 50 % in Deutschland läßt sich vornehmlich die Aussage verbinden, in welchem Ausmaß Kreislaufströme über den öffentlichen Sektor laufen, bzw. inwieweit der Staat auf die Verwendung der in einer jeweiligen Periode produzierten Güter Einfluß nimmt. Es ist aber nicht zu erkennen, wie stark der Staat Güter seiner Volkswirtschaft definitiv in Anspruch nimmt, da mit Staatsausgaben vielfach die Absicht verbunden ist, den Privatsektor mit Gütern zu versorgen. Mit Staatsausgaben kann jedoch eine andere Güterzusammensetzung angestrebt werden, als sie sich ausschließlich aus dem privaten Verhalten ergibt. Die Staatsquote mißt daher das Ausmaß, in dem der Staat auf die Zusammensetzung der Güter in einer Volkswirtschaft einwirkt.

Aus dem Vergleich der Staatsquoten zeigen sich einerseits auffällige Parallelitäten zwischen einer Reihe von Ländern, was das absolute Ausmaß in den Prozentbereichen um 30, 40 und 50% betrifft. Andererseits wird an diesen großen Unterschieden auch deutlich, daß die hier betrachteten Länder durchaus in unterschiedlichem Maße in Form staatlicher oder hoheitlich bestimmter Ausgaben auf ihre Volkswirtschaften und deren Güterverteilung einwirken. Zum Teil liegt dieses unterschiedliche Ausgabenniveau des Staates in der Tatsache begründet, daß die Länder ihr Sozialsystem und vorwiegend das Aufgabengebiet der Sozialversicherungen unterschiedlich organisieren, so daß es insoweit als es der Privatwirtschaft zuzurechnen ist, nicht den „Staats"-ausgaben zugeordnet wird.

Aus der Tabelle 2 läßt sich im übrigen kein für alle Länder grundlegender Trend der Staatsquoten erkennen; es gibt steigende, fallende, konstante und schwankende Werte der Staatsquoten. Für die deutsche Staatsquote ist der Rückgang in den 80er Jahren von 50 % auf rd. 46 % charakteristisch, der in der Folge der deutschen Vereinigung infolge steigender Staatsausgaben und geringerer Zuwächse beim Bruttoinlandsprodukt durch einen Anstieg in annähernd gleichem Ausmaß abgelöst wurde. Die Staatssektoren der Länder weisen im übrigen insgesamt eine beachtliche Individualität auf. Eine gemeinsame Entwicklungslinie, nach der gewissermaßen der Gewichtigkeit der Staatssektoren aller Länder gleichartige oder unabdingbare Trends zugrunde liegen würden, kann aus den Daten nicht entnommen werden.

Die Definition der **Staatsquote** aus Tabelle 2 berücksichtigt die **breite Abgrenzung des Staates** und umfaßt Gebietskörperschaften sowie Sozialversicherungen. Neben dieser breit definierten Staatsquote wird hin und wieder auch eine **enger definierte Staatsquote** verwendet, die lediglich die Ausgaben der Gebietskörperschaften auf das Bruttoinlandsprodukt, BIP, bezieht. Für Deutschland liegt diese enger definierte Staatsquote seit geraumer Zeit bei rd. 30 % und weist kaum trendmäßige Veränderungen auf.

Staatsquoten (ob breit oder eng definiert) sind - sofern keine nähere Einschränkung angegeben wird - **allgemeine Ausgabenquoten,** d.h. sie beziehen alle Ausgaben des Staates ohne nähere sachliche Unterscheidung auf das BIP und wollen damit das globale Gewicht des Staates in der Volkswirtschaft anzeigen. Für einige finanz- und wirtschaftspolitische Zwecke werden daneben auch **spezielle Staatsquoten** benutzt. Spezielle Staatsquoten greifen auf Ausgaben in funktionaler Gliederung zurück und bestehen aus Relationen von Ausgaben des Staates für bestimmte Aufgabenbereiche (z.B. für die Funktionen Gesundheit, Bildung, Militär, Personal, Investitionen etc.) zum Bruttoinlandsprodukt. Sie werden sowohl in nationalen wie in internationalen Vergleichen verwendet.

Staatliche **Einnahmequoten** zeigen, in welchem relativem Umfang des Bruttoinlandsprodukts Mittel aus der Volkswirtschaft dem Staat zugeflossen sind. Von größter Bedeutung ist hierbei die **Abgabenquote**. Sie besteht aus folgendem Verhältnis:

$$\text{Abgabenquote} = \frac{\textit{Steuern} + \textit{Sozialbeiträge}}{\textit{Bruttoinlandsprodukt}}.$$

Die Abgabenquote wird wiederum als Prozentzahl dargestellt. Sie mißt die vom Staat erhobenen **Zwangsabgaben im Verhältnis zum BIP**.

Wie aus den in der Tabelle 3 enthaltenen Werten der Abgabenquoten gegenüber den Staatsquoten der spezifischen Länder für einzelne Jahre ersichtlich ist, liegen die Abgabenquoten generell unter den Staatsquoten. Die Ausgaben des Staates in den hier betrachteten Ländern werden insoweit durchweg nicht durch Zwangseinnahmen in gleicher Höhe gedeckt. Es bleibt vielmehr jeweils eine Differenz. Die Differenz gibt an, in welchem Ausmaß der Staat seine Ausgaben nicht durch Zwangseinnahmen (Abgaben) finanziert, sondern auf Erwerbseinkünfte (marktmäßige Einkünfte) und auf Krediteinnahmen zurückgreift; beide werden dem Staat von seiten der Privaten in Form freiwilliger Tauschvereinbarungen zur Verfügung gestellt.

Tab. 3: Abgabenquoten in ausgewählten Ländern seit 1970

Land	Jahr					
	1970	1975	1980	1985	1990	1995
	Steuern und Sozialabgaben in vH des BIP					
Deutschland	32,9	36,0	38,2	38,1	36,7	39,1
Belgien	35,7	41,8	44,4	47,7	44,8	45,9
Frankreich	35,1	36,9	41,7	44,5	43,7	44,5
Vereinigtes Königreich	36,9	35,5	35,3	37,9	36,4	35,2
Irland	31,0	31,3	33,8	36,4	35,2	35,4
Italien	26,1	26,2	30,2	34,5	39,1	41,8
Japan	19,7	20,9	25,4	27,6	31,3	-
Kanada	31,3	32,4	31,6	33,1	36,5	32,1
Niederlande	37,0	42,9	45,0	44,1	44,6	44,4
Spanien	16,9	19,5	24,1	28,8	34,4	34,2
USA	27,4	26,7	26,9	26,9	26,7	-

Quelle: Finanzbericht 1998, Übersicht 17, S. 345.

Die Abgabenquoten weisen über die Beobachtungsperiode hin nicht die Verschiedenartigkeit auf, wie die vergleichbar weit definierten Staatsquoten. In den meisten hier betrachteten Ländern steigen sie im Verlauf der 70er und 80er Jahre an, erreichen aber in den 90er Jahren eine gewisse Obergrenze. Lediglich im Vereinigten Königreich, in Kanada und in den USA bleiben die Quoten im Trend konstant. Die Veränderungen der Abgabenquoten werden in einer Reihe von Ländern vor allem durch den Ausbau der Sozialsysteme geprägt, die zu den höheren Finanzierungsbeiträgen in Form von Zwangsabgaben führen. Diese Aussage ergibt sich aus dem Vergleich der Zahlenwerte der Abgabenquoten in Tabelle 3 mit den Zahlenwerten der Steuerquoten, die sich in Tabelle 4 finden.

Die **Steuerquote** ist eine **weitere Einnahmequote** und besteht aus folgendem Verhältnis:

$$\text{Steuerquote} = \frac{\textit{Steuern}}{\textit{BIP}}.$$

Diese als Prozentwert angegebene Größe mißt, in welcher Relation zur Güterproduktion in einer Volkswirtschaft (zum BIP) der Staat zwangsweise Abgaben in Form von Steuern erhebt. Tabelle 4 zeigt die Entwicklung der Steuerquoten in ausgewählten Ländern seit 1970:

Tab. 4: Steuerquoten in ausgewählten Ländern seit 1970

Land	Jahr					
	1970	1975	1980	1985	1990	1995
	Steuern in vH des BIP					
Deutschland	22,9	23,8	25,1	24,2	22,9	23,7
Belgien	24,9	28,5	30,9	32,3	29,7	30,5
Frankreich	22,3	21,9	23,9	25,2	24,4	25,2
Vereinigtes Königreich	31,8	29,4	29,4	31,2	30,2	29,0
Irland	28,5	27,0	29,0	31,0	30,0	30,3
Italien	16,3	14,2	18,7	22,5	26,2	28,8
Japan	15,3	14,9	18,0	19,3	22,2	-
Kanada	28,3	29,2	28,3	28,6	31,2	-
Niederlande	24,0	26,4	27,9	24,6	27,9	25,6
Spanien	10,6	10,3	12,4	16,9	22,2	21,8
USA	23,0	21,3	21,0	19,5	19,8	-

Quelle: Finanzbericht 1998, Übersicht 18, S. 345

Die Steuerquoten sind in rd. der Hälfte der Länder in Tab. 4 durch eine weitgehende Konstanz in dem Beobachtungszeitraum gekennzeichnet. Auch die deutsche Steuerquote bewegt sich in einer verhältnismäßig engen Bandbreite von über 22 bis knapp unter 25 %. Insoweit ist die globale Belastung der Bevölkerung in

Deutschland mit Steuern weitgehend gleichgeblieben. Dahinter verbergen sich allerdings größere Belastungsveränderungen, die insbesondere mit der Erhöhung von Steuersätzen einhergegangen sind. Im Einzelfall konnte die Konstanz der Belastung nur mit einem ausgeprägten Anpassungsverhalten auf tarifliche Erhöhungen erreicht werden. Eine definitive Erhöhung der Belastung ist in Deutschland aber durch die Abgaben insgesamt festzustellen, die sich infolge der gestiegenen Sozialbeiträge ergeben hat.

Die Abgabenquote und die Steuerquote sind Maße dafür, in welchem Ausmaß der Staat durch hoheitlichen Zwang Mittel (in Relation zum BIP) an sich zieht. Beide **Quoten lassen** aber **nicht erkennen, in welchem Ausmaß dem Privatsektor**, d.h. den privaten Haushalten und den Unternehmen, **Mittel** oder ökonomische Verfügungsmöglichkeiten **auf Dauer** oder nachhaltig **entzogen werden**. Der Staat leitet nämlich den größten Teil der Zwangseinnahmen umgehend in Form von Transferzahlungen, Gehaltszahlungen, Zahlungen für Vorleistungskäufe und Investitionen sowie für Zinsen wieder in den privatwirtschaftlichen Bereich der Volkswirtschaft zurück. Die Quoten lassen lediglich die Feststellung zu, in welchem Verhältnis zum Bruttoinlandsprodukt der Staat Mittel in seinen Verantwortungsbereich lenkt, und darüber eigenständige Verwendungsentscheidungen trifft, die sich nicht immer mit den Wünschen und Vorstellungen der durch die Zwangsabgaben Betroffenen decken müssen. Die Quoten messen mit anderen Worten nicht, was der Staat dem Kreislauf entzieht, sondern in welchem Umfang er seine Präferenzen für die Güterzusammensetzung und die Güterverteilung durchsetzt.

Die **Interpretation der Quoten** nach ihrem allgemeinen sachlichen Inhalt, ihrer absoluten Höhe und ihren (zumindest) kurzfristigen Veränderungen gestaltet sich - wie die bisherigen Andeutungen deutlich zu machen versuchten - **nicht** immer **leicht**. Als Maßgrößen für die Bedeutung, die finanzielle Gewichtigkeit sowie die Art des Zugriffs des Staates auf das Sozialprodukt in einer Volkswirtschaft sind die Quoten gleichwohl weit verbreitet und beliebt, sie verdecken allerdings auch einige Zusammenhänge und Größenordnungen. So kann es **einerseits** immer wieder zu eher **buchungs- oder verfahrenstechnischen Veränderungen** kommen, je nachdem ob der Staat beispielsweise Steuervergünstigungen gewährt und insoweit geringere Steuereinnahmen ausweist oder ob er stattdessen auf Zuschüsse zurückgreift und daher höhere Ausgaben bucht. Ein jüngeres Beispiel für derartige Verlagerungen betrifft in Deutschland das Kindergeld mit einem finanziellen Gewicht von über 20 Mrd. DM. Das Kindergeld wird seit 1996 als Einnahmenminderung und nicht mehr als Ausgabe gebucht. Die entsprechenden Quoten weisen daher einen statistischen Bruch auf, der Interpretationen der Quoten über die Zeit hin erschwert und gegebenenfalls zu Mißverständnissen führen kann. Die Konstanz der deutschen Steuerquote in den 90er Jahren beruht im übrigen nicht auf unveränderten Steuertarifen, sondern ergibt sich eher zahlungstechnisch aus der Gegenläufigkeit von steigender Tarifbelastung und erweiterten Möglichkeiten für Abschreibungen oder Verrechnungen, die in der kurzen Frist zur Reduzierung der Zahllasten an Steuern führen.

Quoten - gleich ob Ausgabenquoten oder Einnahmenquoten - **zeigen andererseits** den **Staatseinfluß** in der globalen Dimension **unvollständig**, da sie dessen **Einfluß über Gesetze**, Normen und bürokratische Vorgehensweisen nicht direkt erfassen. Die Einwirkungsmöglichkeiten des Staates auf den Wirtschaftsprozeß eines Landes sind daher weitergehender als es in den Quoten zum Ausdruck kommt. Die Ausgabenquoten messen im übrigen nur die Ausgaben, die beim Staat selbst anfallen und berücksichtigen nicht die vielfältigen **Ausgaben, die der Staat** durch seine Tätigkeit und seine Vorschriften **dem Privatsektor auferlegt** (z.B. in Form der Notwendigkeit, Steuerabteilungen in Betrieben zu unterhalten und Steuerberater zum Anfertigen von Steuererklärungen zu beschäftigen). Der **Einfluß des Staates** erstreckt sich **außerdem auf** die in seinem Eigentum stehenden **Unternehmen**, die nach den Regeln der VGR dem Unternehmenssektor zugerechnet werden und in den Quoten nicht in Erscheinung treten. Mit der spezifischen Art, die der Staat für seine Ausgaben oder Einnahmen wählt, kann er **schließlich** auch grundsätzliche **ordnungspolitische Einflüsse** auf eine Volkswirtschaft ausüben und den Wirtschaftsprozeß nachhaltig verändern, ohne daß dies (zunächst) in den Quoten erkennbar würde.

1.3 Ziele der Finanzpolitik

1.3.1 Finanzpolitik als Teilbereich staatlicher Politik

Finanzpolitik ist ein Teilbereich staatlicher Politik, die von der Außen- und Militärpolitik bis zur Justiz - und Kulturpolitik reicht. Alle Politikbereiche gehen in der Regel mit finanziellen Strömen einher und haben, auch wenn sie sich auf die Setzung von Normen beschränken, im allgemeinen jeweils ökonomische Auswirkungen, die zunächst nicht überall im Vordergrund der Entscheidungsträger stehen mögen. Sie können gleichwohl mit den Methoden der Finanzwissenschaft in ihren Konsequenzen untersucht werden. Unter der **Finanzpolitik** soll hier aber jener engere Teilbereich der allgemeinen Wirtschaftspolitik verstanden werden, mit dem **bewußt** und vorrangig durch Beeinflussung und Veränderung staatlicher Einnahmen und Ausgaben gesellschaftliche und insbesondere **wirtschaftliche Ziele** angestrebt werden. Um die Ziele der Finanzpolitik zu erreichen, werden vom Staat danach in erster Linie finanzpolitische Maßnahmen eingesetzt, d.h. er greift auf die Festlegung oder Änderung von Einnahmen oder Ausgaben zurück; ergänzend können auch reine Normsetzungen hinzu kommen.

Die **Ziele der Finanzpolitik** sind im Einzelfall vielfältig, variieren über die Zeit hin und unterscheiden sich z.T. deutlich zwischen alternativen Staats- und Regierungsformen. Gleichwohl kann der **Ordnungsversuch von R.A. Musgrave** (1959) weiterhin als ein möglicher und geeigneter Weg angesehen werden, die finanzpolitischen Ziele zu strukturieren. Dieser Ordnungsversuch, der von einer namhaften Zahl von Repräsentanten der finanzwissenschaftlichen Lehre übernommen wurde, geht von einer Dreiteilung der finanzpolitischen Ziele aus. Danach werden ein **Allokationsziel**, ein **Distributionsziel** und ein **Stabilisierungsziel** der Finanzpolitik unterschieden. Diese Zielbereiche sollen hier ebenfalls als Ordnungsrahmen verwendet werden, wobei im Einzelfall nicht die an Musgrave angelehnten üblichen engen Abgrenzungen entscheidend sind. Vielmehr steht das heutige Verständnis der Ziele im Vordergrund, um auch wesentliches beobachtbares finanzpolitisches Handeln der Staaten einbeziehen zu können.

Mit den Zielen der Allokation, der Distribution und der Stabilisierung werden einerseits prinzipiell unterscheidbare Aufgabenbereiche der Finanzpolitik angesprochen, denen die Staaten ein separates Interesse beilegen, die sie allerdings zumeist gleichzeitig verfolgen. Dabei stellt sich das Problem, daß die Ziele der Finanzpolitik sowie der Mitteleinsatz keineswegs voneinander unabhängig sind, sondern sich durchaus gegenseitig beeinflussen, wobei der wechselseitige Einfluß nicht nur positiv oder neutral, sondern vielfach auch behindernd sein kann. Es liegt insoweit auch nahe, die **Zielkonzeption auf** ihre Sinnhaftigkeit oder **Rationalität** zu hinterfragen und zumindest den finanzpolitischen Mitteleinsatz auf Widerspruchsfreiheit zu **überprüfen**.

1.3.2 Das Allokationsziel

Das **Allokationsziel** wird allgemein jenem Aufgabenbereich des staatlichen Handelns unterstellt, mit dem er **Wünsche** und Bedürfnisse **der „Allgemeinheit"** verfolgt. Hinter dem Allokationsziel verbirgt sich die traditionelle Aufgabe des Staates, auf die Art der Güter in einer Volkswirtschaft, ihre **Zusammensetzung in private und öffentliche Güter** sowie auch auf die jeweiligen Mengen oder Qualitäten einzuwirken. Jeder Staat beschränkt sich in seinem Einfluß auf die Volkswirtschaft niemals nur auf die Bereitstellung eines Ordnungsrahmens, innerhalb dessen die Güterproduktion und die Marktvorgänge verläßlich und dauerhaft ablaufen können. Er greift immer auch mit den Ordnungsregeln, seinen Einnahmen und Ausgaben auf die Art und Weise der Güter ein, die schließlich in der Volkswirtschaft produziert und konsumiert werden. Damit macht der Staat deutlich, für welche Güter er eine besondere Präferenz besitzt. Diese **Präferenz des Staates**, seiner Repräsentanten als Entscheidungsträger und Ausführende, mag mit den Wünschen und Vorstellungen der Bewohner oder Bürger im Einklang stehen und insoweit die Präferenz der Allgemeinheit widerspiegeln. Jeder Staat hat als Obrigkeit - aus verschiedensten Gründen - aber auch Interessen an Gütern, die keinen Zusammenhang mit Wünschen von einzelnen Mitgliedern oder gar von einer großen Mehrzahl der Haushalte einer Volkswirtschaft haben müssen. In jedem Fall greift der Staat auf die Zusammensetzung der Güter in der Volkswirtschaft ein, was sich im Bau von Pyramiden, von Domen, von Infrastruktureinrichtungen, von Weltraumraketen, von Kindergärten, von Seniorenheimen etc. niederschlagen, aber auch die Form der Verteuerung oder Einschränkung von gesellschaftlich (d.h. hier: staatlich) weniger hochgeschätzten Gütern, wie z.B. Glücksspiele, Alkohol, Tabak, haben kann. Sein Allokationsziel erreicht der Staat u.a. damit, daß er Ausgaben und Einnahmen so festsetzt, daß sich die von ihm angestrebte Zusammensetzung der Güter in der Volkswirtschaft ergibt.

Das **Allokationsziel** sollte **nicht** so verstanden werden, daß es sich in einer Verbesserung der **Effizienz der Güterproduktion** erschöpft, wie es in der Folge von Musgrave einige finanzwissenschaftliche Darstellungen nahelegen. Zum einen läßt sich Effizienz z.B. der Güterproduktion für eine Volkswirtschaft weitgehend nur aus der Sicht der Märkte beurteilen. Dem Staat kann hier keine „höhere" Einsicht zugebilligt werden. Staaten sehen zum anderen ihre Funktion vielfach bewußt nicht unter dem Aspekt der Markt-Effizienz. Insoweit finden sich auch kaum beobachtbare Beispiele für die in früheren Lehrbüchern unter dem Stichwort Allokationsziel angeführten staatlichen Handlungen. Dort wird als wesentliches Allokationsziel die Beseitigung von „Marktunvollkommenheiten" erwähnt oder gar das staatliche Handeln insoweit begründet, als ein „Marktversagen" vorläge. Als Beispiele werden Monopole, sinkende Durchschnittskosten und negative externe Effekte oder externe Kosten angeführt. Derartige Phänomene sind allerdings in beobachtbaren Volkswirtschaften nur selten ein nachprüfbarer Grund für staatliches Handeln in der Weise, daß er diese Phänomene beseitigen wollte. Die Phänomene entstehen vielmehr in der Regel dadurch, daß der Staat durch bewußtes Tun (Monopole) oder durch bewußtes Unterlassen (des Schutzes von Eigentumsrechten, wodurch externe Effekte entstehen) diese Gegebenheiten selbst fördert und die Marktparteien den staatlichen Rahmen lediglich ausschöpfen. Es kann also nicht den Marktprozessen angelastet werden, daß staatliche Eingriffe oder mangelnde staatliche Regeln zu Marktergebnissen führen, die aus der Sicht einiger Mitglieder der Bevölkerung nicht als optimal oder effizient gewertet werden. Insgesamt besteht daher das allokationspolitische Ziel der Finanzpolitik in dem Einfluß des Staates auf die Aufteilung der Produktion und der Verwendung der Güter in einer Volkswirtschaft. Ein wichtiger Teilbereich der Allokationspolitik ist hierbei die Bereitstellung von öffentlichen Gütern, bzw. der Einfluß auf das Ausmaß, in dem öffentliche Güter im Verhältnis zu privaten Gütern vorkommen.

1.3.3 Das Distributionsziel

Das **Distributionsziel oder Verteilungsziel** der Finanzpolitik hat zum Inhalt, daß der Staat die sich aus den Marktprozessen ergebende Einkommensverteilung und Vermögensverteilung so nicht bestehen lassen will. Er greift mit anderen Worten in die Primärverteilung ein und beeinflußt die Verteilungsergebnisse nach seiner Zielvorstellung. Die aus den Eingriffen resultierende Sekundärverteilung soll den Wünschen oder **Gerechtigkeitsvorstellungen** des Staates und seiner Entscheidungsträger eher entsprechen als das rein marktmäßige Ergebnis. Als Mittel zur Zielerreichung treten hierbei vornehmlich Steuern (Einkommensteuern, Vermögensteuern) in Erscheinung. Allerdings dienen dem Verteilungsziel auch Ausgaben für konkrete Sachzwecke (unentgeltliches Bildungswesen, Lehrmittelfreiheit etc.), Subventionen für bestimmte Güter (so daß die an der Produktion Beteiligten höhere Einkommen erzielen), Zuschüsse zu öffentlichen Einrichtungen wie Bäder, Museen, Verkehrseinrichtungen (um deren Nutzern einen ökonomischen Vorteil zu verschaffen) und direkte Transferleistungen (z.B. Renten, Kindergeld, Wohngeld, Sozialhilfe).

Das **Distributionsziel** ist ein altes und **traditionelles Ziel** des staatlichen finanzpolitischen Handelns. Es wurde und wird von den Staaten **keinesfalls nur** als Ziel der **Egalisierung** von Einkommen oder Vermögen verstanden. Weder gegenwärtig noch in historischen Perioden verfolgen Staaten mit ihren verteilungspolitischen Vorstellungen durchweg nur eine Gleichverteilung oder eine Annäherung an eine solche. Auch wenn in heutigen parlamentarischen Systemen unter dem Aspekt der Distributionspolitik und der Gerechtigkeit vielfach eine Annäherung der Einkommens- und Vermögensverhältnisse der Mitglieder der Volkswirtschaft postuliert wird, ist offenkundig, daß unter dem Gesichtspunkt der Gerechtigkeit auch ungleiche Verteilungen stabilisiert und gefördert wurden.

1.3.4 Das Stabilisierungsziel

Das **Stabilisierungsziel** der Finanzpolitik ist ein erst seit der Weltwirtschaftskrise in den 30er Jahren entwickeltes und im übrigen in der Zeit nach dem Zweiten Weltkrieg von der Finanzwissenschaft aufgegriffenes Ziel. Seine Bedeutung in der wissenschaftlichen und wirtschaftspolitischen Diskussion konnte deshalb relativ rasch wachsen, weil es auf wesentlichen Aspekten des damals expandierenden Keynesianismus, insbesondere der Nachfragesteuerung, aufgebaut hat. Nach dem Stabilisierungsziel im Sinne von Musgrave hat die Finanzpolitik die Aufgabe, antizyklisch auf die globale Wirtschaftstätigkeit einzuwirken, um damit eine hohe Auslastung der Produktionskapazitäten, insbesondere des Faktors Arbeit, sowie Geldwertstabilität sicherzustellen. Musgrave geht hierbei von der nicht belegten Grundannahme aus, daß eine marktwirtschaftlich organisierte Volkswirtschaft zu Instabilitäten bzw. zu mehr oder weniger drastischen Fluktuationen im Preisniveau und im Ausmaß der Beschäftigung führt, so daß der öffentliche Sektor zum Gegensteuern aufgerufen ist. Die Schwankungen sollen durch den Staat auf ein erträgliches Maß begrenzt werden. Diese Instabilitätsannahme des privaten Sektors einer Volkswirtschaft ist u.a. zentrale Grundlage dafür gewesen, im Jahr 1967 in Deutschland das „Gesetz zur Förderung der Stabilität und des Wachstums der Wirtschaft" zu erlassen, mit dem die antizyklische Konjunkturpolitik ihre institutionelle Verankerung gefunden hat. Als solches ist das Stabilitätsgesetz insbesondere im vorwissenschaftlichen Bereich und bei Außenstehenden - die die ökonomische Fundierung der unterstellten Wirkungszusammenhänge nicht überprüfen können - populär.

Das stabilisierungspolitische Ziel darf allerdings **nicht nur in** diesem vereinfachten **Keynesianischen Sinne** verstanden werden. Gegenwärtig und künftig wird sich Stabilisierungspolitik vielmehr - wenn sie nicht wie bisher zu Mißverständnissen und Irrtümern führen soll - auf eine verläßliche makroökonomische Basis stützen müssen, zumal hierfür das rudimentäre Keynesianische Gütermarktmodell keineswegs genügt und wohl noch zu keiner Zeit eine fundierte ökonomische Grundlage war. Stabilisierungspolitik ist somit weiterhin eine Aufgabenstellung der Finanzpolitik. Sie muß sich allerdings von der durch Musgrave vorgegebenen verengten Sicht lösen. Gegenwärtige **Stabilisierungspolitik erfordert** zum einen **eine hinreichende makroökonomische Fundierung** und hat sich im übrigen an den Bedingungen zu orientieren, die von den Entwicklungen in der Europäischen Wirtschafts- und Währungsunion (EWWU) sowie von den globalisierten Märkten der Länder weltweit ausgehen. Im Kapitel 5 sollen die Möglichkeiten einer entsprechend begründeten Stabilisierungspolitik ausführlicher diskutiert werden.

1.3.5 Das Ziel der rationalen Finanzpolitik

Unabhängig von den drei inhaltlichen Zielen, die ursprünglich von Musgrave in die Finanzwissenschaft eingeführt wurden, ist auf ein eher formales Ziel zu verweisen, an dem nicht selten konkrete Finanzpolitik gemessen wird. **Finanzpolitik** will und soll **zielorientiert** sein. Das heißt, daß zumindest die Mittel und Instrumente, die jeweils eingesetzt werden, nicht nur zur Zielerreichung dienen, sondern daß sie in einem Ausmaß oder einer solchen Mischung benutzt werden, daß das Ziel möglichst direkt und mit wenig Nebenwirkungen für andere Ziele erreicht wird. Dahinter verbirgt sich gewissermaßen das Rationalprinzip der Mikroökonomik. In diesem Zusammenhang kann auch von der Forderung nach einer **rationalen Finanzpolitik** gesprochen werden. **Weitergehender** ist die aus der **normativen Finanzwissenschaft** stammende Umschreibung des Ziels einer rationalen Finanzpolitik, die sich an gesamtwirtschaftlichen und gesamtgesellschaftlichen Aspekten zu orientieren hat; „darin kommt das in der Gegenwart und für die Zukunft 'volkswirtschaftlich Nötige' zum Ausdruck“ (K. Schmidt, 1991, S. 175). In dieser Umschreibung geht es vor allem um eine **Finanzpolitik, die sich von Einzel- und Gruppeninteressen abhebt**. „Die Ziele einer rationalen Finanzpolitik sind gruppenindifferent, die anderen, minderen Zwecke sind gruppenbezogen“ (K. Schmidt, 1991, S. 175).

Rationale Finanzpolitik ist nun aber im Licht der positiven Finanzwissenschaft zumindest **von drei Seiten** her in ihrer Bedeutung zu **hinterfragen**. **Zum einen** scheint zwar eine Finanzpolitik offenkundig dann nicht rational, wenn für alle Beteiligten Ziele verfolgt werden oder Mittel zum Einsatz kommen, die ebenso gewichtige andere finanzpolitische Ziele erkennbar negativ beeinflussen, so daß die Erreichung eines Ziels mit kräftigen Einbußen bei anderen Zielen verbunden ist. Dieser Fall wird sich jedoch niemals völlig vermeiden lassen. Er wird in der Regel aber mit der unterschiedlichen (finanzpolitischen) Gewichtung der Ziele „gelöst", d.h. die negativ beeinflußten Ziele werden von den Entscheidungsträgern geringer bewertet als das realisierte Ziel. Die Entscheidungsträger handeln insoweit nicht gegen das Gebot der Rationalität. Gemessen an den für sie erkennbaren Nebenbedingungen (z.B. im Rahmen eines Kompromisses) ist ihr Verhalten und ihre Entscheidung zielorientiert und rational.

Zum anderen läßt sich **Rationalität** von finanzpolitischen Zielen und Mitteln immer **nur im Rahmen einer volkswirtschaftlichen Modellvorstellung** postulieren. Die finanzpolitisch Handelnden benötigen Hypothesen über Abläufe volkswirtschaftlicher Prozesse und die Wirkungen der finanzpolitischen Maßnahmen im Rahmen dieser Abläufe. Für eine rationale Finanzpolitik wäre zu fordern, daß diese Hypothesen hinreichend ökonomisch begründet sind und nicht nur auf vagen oder verkürzten Überlegungen beruhen, wie sie in der finanzpolitischen Diskussion aber auch in finanzwissenschaftlichen Stellungnahmen immer noch vorkommen. Gleichwohl ergibt sich daneben das prinzipielle Problem, daß es in der Volkswirtschaftslehre kein allgemeingültiges Modell gibt, das sich zudem in allen konkreten Entscheidungssituationen als geeignet erweist, um Wirkungsaussagen zu machen, die in jedem Fall und in einer definitiven Größenordnung zu erwarten sind. Finanzpolitik hat es immer mit sozialen Phänomenen und mit Zukunftsaspekten zu tun, die weder völlig planbar, noch berechenbar sind. Die Unterschiedlichkeit von Modellvorstellungen und in der Wahrnehmung von jeweils aktuell wirkenden Einflüssen kann nicht grundsätzlich als Beleg dafür angesehen werden, daß finanzpolitische Entscheidungsträger gegen das Gebot der Rationalität verstoßen, auch wenn dies im überprüfbaren Einzelfall vorkommen mag.

Schließlich wird generell von außen für alle Beteiligten das **Ziel der rationalen Finanzpolitik kaum** gleichartig **zu klären** sein, da sowohl den anzustrebenden Zielen als auch den dabei einzusetzenden Mitteln unterschiedliche Werte oder Nutzen beigemessen werden. Die aus der Sicht eines Handelnden rationalen Ziele und Vorgehensweisen müssen und werden daher aus der Sicht von Dritten - Betroffenen und Außenstehenden - nicht notwendigerweise gleichartig bewertet oder überhaupt nachvollziehbar sein. Insoweit gibt es für die meisten Beobachter keine rationale Finanzpolitik, was allerdings nicht an dem generellen Unvermögen der Handelnden liegen muß, sondern zu einem großen Teil **aus subjektiven Bewertungsunterschieden** stammt, die im übrigen zumindest in der wirtschaftspolitischen Diskussion nicht einmal nach außen offenkundig gemacht werden müssen. Insoweit ist das Ziel einer rationalen Finanzpolitik inhaltlich nicht hinreichend allgemeinverbindlich zu klären. Es kann letztendlich nur aus der normativen Sicht eines Beobachters verstanden werden und entzieht sich der positiven finanzwissenschaftlichen Umschreibung.

1.4 Finanzwirtschaftliche Ziele

1.4.1 Das fiskalische Ziel

Finanzwirtschaftliche Ziele beziehen sich auf die **interne Organisation** und die Art der Aufgabenabwicklung **der öffentlichen Finanzwirtschaft**, d.h. der öffentlichen Hände, die den Staat ausmachen. Mit finanzwirtschaftlichen Zielen ergeben sich zwar durchaus auch Außenwirkungen auf andere Wirtschaftssubjekte einer Volkswirtschaft, die im Einzelfall gesamtwirtschaftlich bedeutsam sein können. Im Unterschied zu den finanzpolitischen Zielen besteht das Schwergewicht der finanzwirtschaftlichen Ziele aber zumeist nicht in der Außenwirkung, sondern in der internen Gestaltung des Verwaltungshandelns. Finanzwirtschaftliche Ziele stellen im übrigen einen vielfach normativen Anspruch an das Verwaltungshandeln oder die Mitarbeiter der Verwaltung. Sie sind insoweit nicht notwendigerweise in ihrem positiven ökonomischen Gehalt zu analysieren, wohl aber erscheint ihre Kenntnis erforderlich, um das Verhalten von Verwaltungen und dem Staat insgesamt einordnen zu können.

Ein ursprüngliches finanzwirtschaftliches Ziel ist das **fiskalische Ziel** des Staates. Der Staat benötigt Einnahmen für die von ihm verfolgten Zwecke. Die **Einnahmenerzielung** kann in der Form von marktmäßigen Einnahmen erfolgen und wird bzw. wurde dann über eine Monopolstellung des staatlichen Angebots (Porzellanproduktion, Branntweinproduktion, Versorgungsbetriebe, Geldschöpfung) abgesichert, um die Gewinnmöglichkeiten des Monopols zu verbessern. Das fiskalische Ziel wird allerdings vorrangig über die typisch hoheitliche Einnahmenart, d.h. über Zwangseinnahmen erreicht. Die finanzwirtschaftliche Aufgabenstellung der Einnahmenerzielung stellt allgemein auf möglichst hohe, zumindest aber im Rahmen von beispielsweise gesetzlichen Gegebenheiten auf vollständige Einnahmen ab. So lautet auch eine Vorschrift zum Haushaltsrecht des Bundes und der Länder, daß Einnahmen rechtzeitig und vollständig zu erheben sind (§ 19, Abs. 1, Haushaltsgrundsätzegesetz). Für die wichtigsten staatlichen Einnahmen, die Steuern, ist dieser Grundsatz ergänzt durch das Instrument der Säumniszuschläge, sofern eine Steuer nicht bis zum Ablauf des Fälligkeitstages entrichtet ist (§ 240 Abgabenordnung). Außerdem dient diesem Zweck die Haftung für Steuern (§ 191 Abgabenordnung). Im übrigen sind für Stundungen, Niederschlagungen und Erlaß von steuerlichen Einnahmen durch die Abgabenordnung weitere Normen vorgegeben, die das prinzipiell fiskalische Ziel des Staates unterstreichen. Allgemein wird das fiskalische Ziel als finanzwirtschaftliches Ziel der staatlichen Verwaltung auf ein eigenständiges Interesse der Staatsbediensteten stoßen bzw. diesem nicht prinzipiell widersprechen, so daß es beispielsweise neben den Regeln des Steuer- und Abgabenrechts kaum besonderer Verfahrensregeln bedarf, um die Absicht des Staates nach Einnahmenerzielung abzusichern.

1.4.2 Das Gebot der Sparsamkeit und Wirtschaftlichkeit

Für die **Ausgabenseite** existiert das finanzwirtschaftliche Ziel der wirtschaftlichen und sparsamen Mittelverwendung (§ 6, Abs. 1 und § 19, Abs. 2, Haushaltsgrundsätzegesetz). Die Prinzipien der **Sparsamkeit und Wirtschaftlichkeit** sind nun allerdings recht weitgehend interpretierbar und können auf verschiedenen Ebenen des staatlichen Handelns mit unterschiedlichen Konsequenzen angewandt werden. Damit stellt sich zunächst das finanzwirtschaftliche Problem der Ausgabenverwendung auf der Ebene der staatlichen Entscheidungsträger. Parlamente und Regierungen haben vielfach als Ziele ihres politischen Handelns allgemeine politische bzw. spezifische finanzpolitische Absichten und werden hierfür auch durch einen Wählerauftrag ermächtigt. Die Prinzipien der Sparsamkeit und Wirtschaftlichkeit sind insoweit immer eher nachrangig und können nicht als Maxime für grundsätzliche politische Entscheidungen gelten. Erst auf der Ebene der verwaltungspraktischen Umsetzung der Entscheidungen kommt den finanzwirtschaftlichen Zielen der Sparsamkeit und Wirtschaftlichkeit tatsächliche Bedeutung zu.

Gleichwohl zeigt sich hier sehr rasch die Unbestimmtheit dieser finanzwirtschaftlichen Ziele. **Sparsamkeit** kann immer **nur zeit- und kulturabhängig** interpretiert werden, auch wenn allgemein darunter das Gebot zu verstehen ist, eine weniger aufwendige Lösung, d.h. eine weniger aufwendige Maßnahme oder eine weniger aufwendige Ausführung vorzusehen. Am Beispiel öffentlicher Gebäude oder Anlagen wird aber besonders deutlich, daß Sparsamkeit in besonderem Maße vom Zeitgeist und vom Kulturverständnis geprägt ist. Derartige öffentliche Einrichtungen werden sich daher kaum durch besondere Sparsamkeit in Form von „Einfachheit" auszeichnen, sondern immer auch das politische Selbstverständnis und das Repräsentationsbedürfnis der Entscheidungsträger reflektieren, die sich ihrerseits an jeweils aktuellen Wünschen und an Vergleichen mit anderen politischen Entscheidungsträgern und anderen öffentlichen oder auch privaten Einrichtungen messen werden. Insoweit besitzen Turnhallen keinen blanken Betonboden, sondern einen entsprechend aufwendigeren Sportboden, militärische Geräte heutiger Zeit sind technologisch komplizierter und erheblich teurer als vor zweihundert Jahren, neu anzulegende Straßen und Schienenwege sind öffentliche Investitionen mit Kosten in Milliardenhöhe und in Ratssälen berühmter Rathäuser ist Blattgold keineswegs verpönt.

Dem **Gebot der Wirtschaftlichkeit** kann **als finanzwirtschaftliches Ziel** ebenfalls keine völlig einheitliche oder eindeutige Umschreibung gegeben werden, selbst wenn unter Wirtschaftlichkeit das positive Verhältnis von Ergebnis eines Produktionsprozesses zum Aufwand zu verstehen ist. Die konkretisiertere Forderung von § 6, Abs. 2 Haushaltsgrundsätzegesetz, wonach für geeignete Maßnahmen von erheblicher finanzieller Bedeutung **Nutzen-Kosten-Untersuchungen** anzustellen sind, zielt eindeutig auf Berechenbarkeit und Überprüfbarkeit staatlichen Handelns ab und soll gewissermaßen unbedachte oder lediglich „politisch" motivierte Entscheidungen ausschließen. Es ist auch tatsächlich zu beobachten, daß öffentliche Verwaltungen in immer stärkerem Maße auf Nutzen-Kosten-Analysen zurückgreifen und sich hierbei der **Methoden der dynamischen Investitionsrechnung** (z.B. der Kapitalwertmethode) bedienen. Neben den betriebswirtschaftlichen oder verwaltungswirtschaftlichen sind dabei noch die darüber hinausreichenden volkswirtschaftlichen (oder z.T. regionalen) Kosten und Nutzen von Projekten zu berücksichtigen. Die Kosten und Nutzen sind vollständig zu erfassen, unabhängig davon, ob es sich um monetäre oder nichtmonetäre Konsequenzen eines Projektes handelt. Die zunächst nichtmonetären Aspekte müssen dann aber aus Gründen der Vergleichbarkeit so weit wie möglich in Geldeinheiten bewertet werden. Die Nutzen-Kosten-Analyse soll damit zur Entscheidung beitragen, ob ein bestimmtes Projekt, zu dessen Verwirklichung finanzielle Ressourcen der Bevölkerung aufzubringen sind, überhaupt ökonomisch sinnvoll ist, bzw. welche konkrete Alternative aus einer Reihe prinzipiell zielgerichteter Projekte sich als die ökonomisch vorteilhaftere oder wirtschaftlichere erweist.

Bei der Anwendung der Nutzen-Kosten-Analyse ergeben sich in mehrerer Hinsicht Probleme, die das plausible und „einfache" finanzmathematische Verfahren der Kapitalwertberechnung überlagern und die Qualität der Ergebnisse mindern können. Zum einen gibt es gerade bei umfangreicheren öffentlichen Projekten eine größere Zahl von Nutzen- und Kostenkomponenten, für die nicht auf vorhandene Marktpreise zurückgegriffen werden kann und die deshalb zu schätzen sind. Auch fundierte Schätzungen reduzieren die Sicherheit der Berechnungsergebnisse. Zum anderen stellt sich die Frage nach dem geeigneten Diskontierungsfaktor, bzw. dem Zinssatz, mit dem die in der Zukunft liegenden Nutzen und Kosten auf Gegenwartswerte abdiskontiert werden. Insbesondere bei den für den Staat typischen längerfristigen Projekten ist der Diskontierungsfaktor nicht direkt dem Markt zu entnehmen oder muß um Risikozuschläge oder -abschläge korrigiert werden. Dies mag in jedem Fall Vergleiche zwischen Projekten mit unterschiedlichem Zeithorizont beeinträchtigen. Schließlich werden sich politische Entscheidungsträger zur Not nicht an einem „Rechenergebnis" orientieren, wenn es ihren politischen Absichten offenkundig widerspricht. Gegebenenfalls führt dies zur Neuberechnung der „Wirtschaftlichkeit" mit geänderten Nutzen-, Kosten- und Zinsgrößen, die den politischen Absichten der Entscheidungsträger besser entgegenkommen, so daß sich schließlich das angestrebte Resultat nach einer entsprechenden Neuberechnung auch als das „wirtschaftlichere" ausweisen läßt.

Wirtschaftlichkeit des staatlichen Handelns setzt nicht immer eine explizite Nutzen-Kosten-Analyse voraus, die zudem keine hinreichende Bedingung für die ökonomische Rationalität von staatlichen Entscheidungen darstellen muß. Es ist vielfach bereits förderlich, auf die **Nutzwertanalyse** zurückzugreifen, mit der zumindest die Zielvorstellungen der Entscheidungsträger präzisiert und Maßnahmen nach ihrer Eignung für das Erreichen des Ziels ordinal oder mit Nutzenpunkten bewertet werden. Die Nutzwertanalyse ist nicht als Methode zur Bestimmung der absoluten Vorteilhaftigkeit eines Projekts gedacht. Es können mit ihr nur relative Aussagen zur Vorteilhaftigkeit im Rahmen von Vergleichen zwischen den Alternativen getroffen werden. Die Bewertungsmethode basiert auf der Formulierung von Zielkriterien, die sich entsprechend der relativen Bedeutung für den Entscheidungsträger gewichten lassen oder denen Nutzenpunkte für den Zielerreichungsgrad zugeordnet werden können. Eine komplexe Entscheidung wird so in Teilentscheidungen zerlegt und der Entscheidungsprozeß wird offenkundig und nachprüfbar. Das subjektive Moment kommt allerdings besonders in der Festlegung der Teilziele, ihrer Nutzwerte und ihrer jeweiligen Gewichte zum Ausdruck. Gleichwohl kann ein solches Verfahren dazu beitragen, Entscheidungen transparent zu machen, so daß sie auch unter wirtschaftlichen Aspekten besser beurteilt werden können.

1.4.3 Effizienz der öffentlichen Verwaltung als Maxime des Neuen Steuerungsmodells (NSM)

Während die bisher angesprochenen Beispiele das finanzwirtschaftliche Ziel der Wirtschaftlichkeit anhand einzelner Projekte deutlich gemacht haben, kann Wirtschaftlichkeit noch weitergehender verstanden werden. Wirtschaftlichkeit wird sich dann nicht auf die Alternativenauswahl zwischen (im wesentlichen) Investitionsmöglichkeiten beschränken, sondern als Gebot hinter dem staatlichen Handeln insgesamt stehen, was an sich auch das Haushaltsgrundsätzegesetz fordert, das die Wirtschaftlichkeit nicht auf Teilbereiche des Haushalts eingrenzt. Dies bedeutet, daß das gesamte staatliche Handeln unter dem Aspekt der wirtschaftlichen Haushaltsführung zu sehen ist, womit auch das Teilziel der **verwaltungsinternen Effizienz** gemeint ist. Verwaltungsinterne Effizienz bedeutet die Ausrichtung des Verwaltungshandelns am Wirtschaftlichkeitsgebot oder die Verfolgung der gegebenen finanzpolitischen Zielen mit den geringsten Mitteln im Sinne des Minimalprinzips. Damit ist vornehmlich die Ablauforganisation in öffentlichen Verwaltungen angesprochen. Das verwaltungspraktische Umsetzen einer Aufgabe, die der Staat übernimmt, soll nach diesem Leitbild mit geringem Aufwand erfolgen, so daß das Verfahren der Zielerreichung in dem Sinn effizient ist, daß es sich vom Aufwand entsprechend privatwirtschaftlich organisierter Managementaufgaben nicht unterscheidet. Diese **verwaltungsinterne Effizienz** ist eine **neuere Interpretation des Wirtschaftlichkeitsgebots**, die sich seit Anfang der 80er Jahre in öffentlichen Verwaltungen feststellen läßt. Sie stößt im Unterschied zum fiskalischen Ziel nicht notwendigerweise auf die Zustimmung und das Engagement aller in der öffentlichen Verwaltung Tätigen, da sie von einer Sicht der Aufgabenerledigung ausgeht, die traditionell zumindest nicht überall Leitbild des staatlichen Handelns war.

Effizienz kann auch verwaltungsübergreifend gesehen werden, woraus sich das Gebot der **staatsinternen Effizienz** ergibt. Diese betrifft die wirtschaftliche Aufgabenverteilung und Aufgabenabwicklung zwischen mehreren Staats- und Verwaltungsebenen. Zu einem Teil wird dieser Aspekt im Rahmen der angesprochenen finanzwirtschaftlichen Zielsetzung mit aufgegriffen, zum anderen ist er Inhalt der Regelungen des Finanzausgleichs, die in einem separaten Kapitel zu behandeln sind.

Die verwaltungsinterne Effizienz wird als finanzwirtschaftliches Ziel unter dem Stichwort „**Neues Steuerungsmodell**" **(NSM)** angestrebt, wobei insbesondere die Kommunen seit Anfang der 90er Jahre beträchtliche Anstrengungen unternommen haben, um ihre Verwaltungen diesem Leitbild anzupassen. Mit dem Neuen Steuerungsmodell ist eine geänderte Auffassung des Verwaltungshandelns zu verstehen, die beispielsweise die Kommunalverwaltung als Dienstleistungsunternehmen begreift. Es werden dort nicht nur Gesetze vollzogen, sondern es sind dabei auch Kosten- und Wirtschaftlichkeitsgesichtspunkte zu beachten und es ist eine flexible Leistungshaltung mit Blick auf die Wünsche der Bürger, die als Kunden gesehen werden, zu realisieren. Grundlegende Darlegungen zum Neuen Steuerungsmodell finden sich beispielsweise in Gutachten der Kommunalen Gemeinschaftstelle (KGSt) (Vgl. Kommunale Gemeinschaftstelle 1993 a, 1993 b, 1995). Über den erreichten Stand unterrichtet die Publikation „Modernisierung öffentlicher Verwaltungen" (Bolay, Graf et al. 1998).

Eine wesentliche Voraussetzung des Neuen Steuerungsmodells besteht in der **Umstellung von der Input- zur Outputsteuerung** der Verwaltung. Die herkömmliche Steuerung der Verwaltung erfolgt vornehmlich über den Input, d.h. über die Zuteilung von Ressourcen, die im Haushaltsplan veranschlagt sind. **Outputsteuerung geht von den „Produkten"** der Verwaltung **aus**, um zur Leistungs- oder Abnehmerorientierung der Verwaltung zu gelangen. Zentrale Voraussetzung ist hierbei eine Definition und Beschreibung der Produkte, die eine öffentliche Verwaltung erbringen oder bereitstellen will. Produkte sind die Arbeitsergebnisse der Verwaltung. Sie hängen ab den (finanz-)politischen Zielen einer Körperschaft, von den Erwartungen der Bürger oder Kunden an die Leistungsangebote und sollten von seiten der Verwaltung im Rahmen einer möglichst eindeutigen Ergebnis- und Kostenverantwortung „produziert" werden. Die Bürger oder Leistungsabnehmer begegnen der Verwaltung durch die Produkte. Art, Menge, Qualität und Kosten der Produkte entscheiden nicht nur über Bürgernähe, sondern auch über die Leistungskraft und die Wirtschaftlichkeit der Verwaltung. Mit den Produkten wird der Schwerpunkt des Verwaltungshandelns von der Vorgangsbearbeitung, d.h. der Rechtsanwendung, auf das Ziel gelenkt, das einem Dienstleistungsunternehmen angemessen sein soll und das in einem für den Bürger verständlichen und verwertbaren Ergebnis besteht. Mithin steht das Ziel der Bürgerorientierung an vorderer Stelle des Verwaltungshandelns.

Das gewissermaßen unternehmerische Ziel der Produkterstellung erfordert selbstverständlich ergänzende Maßnahmen, um zur Effizienz des Neuen Steuerungsmodells beizutragen. Zu erwähnen ist ein wirksames **Kostenmanagement**, was allerdings zunächst die Kenntnis der Kosten aller von der Verwaltung erzeugten Produkte voraussetzt. Im traditionellen Haushaltswesen und Verwaltungshandeln war und ist unbekannt, welche Kosten die Leistungen der Verwaltungen im einzelnen verursachen. Für ein produktorientiertes Kostenmanagement ist nun aber die vollständige Kenntnis der direkten und indirekten Kosten notwendig, bzw. in einer Kostenrechnung für die Produkte sind alle kalkulatorischen Kosten (u.a. Zinsen und Abschreibungen) und über Verrechnungen die indirekten Kosten verwaltungsinterner Vorleistungen zu erfassen. Eine **Kosten- und Leistungsrechnung** hat die Kosten der Kostenträger, d.h. der Produkte der Verwaltung, deutlich zu machen.

Effizienz ist nicht nur über Kostensteuerung zu erreichen, sondern erfordert unter dem Ziel direkter Abnehmerorientierung ein durchgängiges **Qualitätsmanagement**. Hierzu zählen systematische Ermittlungen der Erwartungen der Bürger und der Wirtschaft an öffentliche Dienstleistungen über Umfragen, Verbesserungsvorschläge und dergleichen. Ergänzend sind wettbewerbsähnliche Informationen aufzugreifen, wozu Leistungsvergleiche zwischen Verwaltungen in Form von „Betriebsvergleichen“ oder Kennzahlenvergleichen zählen, aber auch Vergleiche mit privaten Leistungserbringern machen vielfach Produktivitätsunterschiede deutlich, die zur Qualitäts- und Effizienzsteigerung ausgenutzt werden können.

Das Neue Steuerungsmodell, mit dem betriebswirtschaftliche Elemente zur Effizienzsteigerung auf die öffentliche Verwaltung übertragen werden, macht darüber hinaus Änderungen im Zusammenwirken zwischen der politischen Ebene und der Ebene der Verwaltung notwendig. Vielfach gab und gibt es noch eine Vermischung der Verantwortung zwischen Politik und Verwaltung, wobei insbesondere die Politik in Einzelfragen der Verwaltung eingreift und beispielsweise auch Details der Aufgabenerfüllung festlegt (u.a. die Dimension einer EDV-Anlage). Nach der Vorstellung des Neuen Steuerungsmodells ist demgegenüber eine klare **Aufteilung der Verantwortung zwischen Politik und Verwaltung** erforderlich. Die Politik legt demnach die Ziele als allgemeine finanzpolitische Ziele und als konkrete Leistungsaufträge fest. Sie stellt den Fachbereichen der Verwaltung die Produktbudgets zur Verfügung und beläßt ihnen den Handlungsspielraum für die Erfüllung des Leistungsauftrages. Art und Ausmaß der Leistungserfüllung werden im übrigen laufend kontrolliert. Diese Aufteilung der Verantwortlichkeiten wird mit dem Begriff **Kontraktmanagement** bezeichnet.

Kontraktmanagement bedeutet **dezentrale Ressourcenverantwortung.** Damit ist zum Ausdruck gebracht, daß die Politik die von der Verwaltung zu erzeugenden Leistungen oder Produkte nach Menge, Preis, Kosten, Qualität und Zielgruppe fixiert. Um die Leistungen erstellen zu können, erhalten die Fachbereiche der Verwaltungen ein auf die Produkte bezogenes Budget, aus dem alle zur Produkterstellung notwendigen Leistungen zu bezahlen sind (einschließlich der Leistungen Dritter und der Leistungen von anderen Organisationseinheiten der Verwaltung). Die Budgetzuweisung bedeutet eine eigenständige Mittelbewirtschaftung mit entsprechender Ergebnisverantwortung.

Auch innerhalb der Verwaltung gilt der Grundsatz des Kontraktmanagements, was mit einer weitgehenden Delegierung der Verantwortung für Einzel- oder Teilleistungen auf die Mitarbeiter einhergeht. Zugleich ist den Fachabteilungen ebenfalls ein Budget zuzuordnen, das ihnen Handlungsspielräume beläßt und das sie verantwortlich einsetzen. Die **Budgetierung** ist eine bewußte Abkehr von der zentralen Mittelverwaltung und der engen Sachbindung der Mittel. Budgetierung eignet sich hierbei nicht nur zum flexibleren Mitteleinsatz und zur Stärkung der Verantwortung für die Mittelverwendung, sondern kann durch die erweiterte Übertragbarkeit von Mitteln in folgende Wirtschaftsperioden auch zum insgesamt sparsameren Umgang mit den Mitteln in einem Haushaltsjahr beitragen.

Im Zusammenhang mit der größeren Eigenverantwortung der Verwaltungsmitarbeiter ergeben sich auch Forderungen an das **Personalmanagement** der Verwaltungen. Diesen Forderungen kann mit den Instrumenten der **Personalentwicklung** und der **Organisationsentwicklung** entsprochen werden. Die Personalentwicklung soll zu einer besseren Motivation der Mitarbeiter führen, was auch zu einer Verbesserung der Arbeitsabläufe beiträgt. **Leistungsanreize** stützen diesen Prozeß. Mit der aktiven Einbeziehung der Mitarbeiter, der **Mitarbeiterbeteiligung**, lassen sich schließlich organisatorische Veränderungen leichter realisieren, so daß es zu einer **lernenden Organisation** kommt.

Die dezentrale Ressourcen- und Ergebnisverantwortung fördert einerseits die Wirtschaftlichkeit vor Ort, kann allerdings nicht ohne Rückkoppelung zur Gesamtverwaltung und zum finanzpolitischen Entscheidungsträger gestaltet werden. Daher sind ein wirksames **Controlling und** ein zeitnahes sowie detailliertes **Berichtswesen** notwendige Ergänzungen. Beide Instrumente haben fortwährend und nicht erst nach Abschluß eines Haushaltsjahres Sollvorgaben und Istentwicklung zu vergleichen, um gegebenenfalls das Soll den veränderten Verhältnissen oder Zielsetzung anzupassen und um der Politik eine wirksame Ergebniskontrolle insgesamt zu ermöglichen.

Das Neue Steuerungsmodell (NSM), das hier als Beispielsfall für das Erreichen der verwaltungsinternen Effizienz vorgestellt wurde, ist zum einen keineswegs nur aus dem Wunsch öffentlicher Haushalte heraus zu verstehen, ihre Wirtschaftlichkeit zu verbessern und die Leistungen stärker am Ergebnis gegenüber dem Bürger zu orientieren. Zu einem wesentlichen Teil beruhen Anwendungen des NSM auf dem „einfachen“ Wunsch, Finanzmittel einzusparen, um angesichts geringer wachsender Einnahmen, noch eine große und z.T. wachsende Zahl von Aufgaben realisieren zu können. Das NSM wird in den öffentlichen Verwaltungen in Deutschland zur Zeit (d.h. 1998) nicht flächendeckend angewandt. Es hat seine größte und von den Bausteinen her weitestgehende Umsetzung in den Kommunen gefunden. Die Bundesländer und der Bund haben sich gegenwärtig allenfalls mit eher kleineren Projekten beteiligt, wie z.B. der Budgetierung oder der Einführung der Kosten- und Leistungsrechnung in Teilbereichen (vgl. z. B. Bundesministerium der Finanzen, Einführung von Kosten- und Leistungsrechnung in der Bundesverwaltung, Dokumentation 5/97). Schließlich ist darauf zu verweisen, daß das NSM keine nur nationale Angelegenheit oder Erscheinung ist, sondern international in analoger Form auftritt, wobei beispielsweise in der Schweiz die Umsetzungen erheblich weiter fortgeschritten sind als in Deutschland.

1.4.4 Privatisierung

Im Zusammenhang mit der Wirtschaftlichkeit und Effizienz staatlichen Handelns stellt sich auch die Frage der **Privatisierung** von Aufgaben, die zunächst durch öffentliche Haushalte wahrgenommen werden. Sofern Privatisierung als **finanzwirtschaftliches Ziel** angesprochen wird, bedeutet sie eine **formelle** Privatisierung **oder unechte Privatisierung**, da damit lediglich die Organisationsweise der staatlichen Aufgabenerfüllung verändert wird. Mit der formellen Privatisierung soll die Wirtschaftlichkeit der Aufgabenerfüllung verbessert werden, ohne die Aufgabe selbst aus der Verantwortlichkeit des Staates herauszulösen. Die beim Allokationsziel als einem finanzpolitischen Ziel erwähnte Privatisierung betrifft hingegen die materielle oder echte Privatisierung, worunter zu verstehen ist, daß der Staat sich insoweit aus der Güterproduktion oder der Einflußnahme auf sie zurückzieht und es dem Privatsektor der Volkswirtschaft überläßt, in welcher Art und in welchem Ausmaß die Güter nun als private Güter (noch) produziert werden.

Privatisierung als finanzwirtschaftliches Ziel kann durchaus damit begründet sein, daß Aufgabenbereiche der öffentlichen Verwaltung dann besser (rascher, wirtschaftlicher, kostengünstiger) zu erfüllen sind, wenn sie nicht im Rahmen traditioneller Ämter, sondern in Betrieben mit privatwirtschaftlicher Struktur wahrgenommen werden, die nicht den vielfach als eng empfundenen Vorschriften für öffentliche Haushalte unterliegen.

Eine Art der Privatisierung strebt die **Lösung von** den haushaltsrechtlichen, **kameralistischen Vorschriften** an und kann beispielsweise **bei Gemeinden** die Form von **Sondervermögen** in **Eigenbetrieben** haben. Derartige Eigenbetriebe stellen dann keinen Haushaltsplan, sondern einen Wirtschaftsplan auf, buchen mittels der kaufmännischen Buchführung und werden von einem Betriebsleiter und nicht von einem Amtsleiter geführt, weshalb für den Betriebsleiter auch ergebnisorientierte Gehaltsbestandteile möglich sind. Eigenbetriebe besitzen aber keine rechtliche Selbständigkeit und unterliegen weiterhin dem öffentlichen Tarifrecht, bzw. Dienstrecht. Bei Kliniken und Versorgungsbetrieben ist diese Betriebsform häufig anzutreffen. Die Trägerkörperschaft ist von ihrer Rechtsstellung, in der Regel aber auch durch die Aufsichtsgremien und die sonstigen personellen Verflechtungen mit dem Betrieb aufs engste verbunden und kann Entscheidungen dominieren. Die Privatisierung auf diesem Wege ist daher recht unvollständig. Sie kann neuerlich auch mittels des Neuen Steuerungsmodells in wesentlichen Zügen erreicht werden.

Diese Art der Privatisierung (in Eigenbetrieben) erlaubt im übrigen einen vielfach zu beobachtenden **Mißbrauch** im Sinne des Ziels der Effizienz bei der Wahrnehmung öffentlicher Aufgaben sowie der sparsamen Verwendung öffentlicher Mittel. Die **Auswahl der Führungskräfte** kann ausschließlich nach parteipolitischen Überlegungen oder nach persönlichen Bekanntschaften mit den weiterhin dominierenden Entscheidungsträgern erfolgen. Die sachliche oder betriebswirtschaftliche Kompetenz muß einerseits keine zwingende Rolle spielen. Andererseits läßt sich aber der Gehalts- und Sachaufwand für Führungskräfte und Mitarbeiter des Betriebs leichter ausweiten als in einer Amtsstruktur, zumal die betriebliche Einzelheiten den Aufsichtsorganen nicht entsprechend offenkundig werden müssen wie innerhalb einer traditionellen Verwaltung. Derartige Möglichkeiten der Kostenerhöhung bestehen bei dieser Betriebsform zumindest insoweit als das Korrektiv bzw. die Kontrolle des Betriebs insgesamt durch Marktkräfte fehlt. Dies trifft zumeist zu, da die Betriebe in Produktionen tätig sind, für die ein staatlicher Schutz (z.B. Versorgungsbetriebe) oder eine Verlustübernahmegarantie seitens der Trägerkörperschaft vorliegen und der Vergleich mit einem privaten Marktangebot fehlt. Eine solche Verlagerung von Aufgabenbereichen öffentlicher Verwaltungen bedeutet daher nicht notwendigerweise eine Einbeziehung oder Ausweitung privatwirtschaftlichen Verhaltens und damit eine Steigerung der wirtschaftlichen Effizienz. Es geht im Extrem vielmehr um eine Aufgabenverlagerung aus der öffentlichen Verwaltung heraus. Die Konsequenz besteht dann darin, daß die Einnahmen und Ausgaben im Haushaltsplan der Trägerkörperschaft nicht mehr vollständig (brutto) erkennbar werden und daß die Aufgabenerfüllung auch mit einem noch größeren Aufwand einhergehen kann als im engeren Bereich der öffentlichen Verwaltung.

Die **Gründung einer** Gesellschaft mit beschränkter Haftung **(GmbH)** wird seit der deutschen Vereinigung besonders häufig als Privatisierungsform angewandt. Die GmbH als typische privatrechtliche Gesellschaftsform führt im Unterschied zum oben beispielhaft angesprochenen Eigenbetrieb zur rechtlichen Selbständigkeit des Betriebs. Der privatrechtliche Betrieb unterliegt nun auch nicht mehr dem öffentlichen Tarif- oder Dienstrecht, sondern dem flexibler zu handhabenden Arbeitsrecht. Die Möglichkeiten, die GmbH stärker nach wirtschaftlichen Notwendigkeiten oder Marktbedingungen zu führen, wachsen. **Das finanzwirtschaftliche Ziel**, die öffentliche Aufgabe **effizient** zu erfüllen, **kann prinzipiell** mit der Gesellschaftsform der GmbH noch eher **erreicht werden**. Diese prinzipielle Möglichkeit ist nun allerdings wiederum im Lichte der Beobachtungen entsprechender GmbH's zu hinterfragen. Es bestehen nämlich die Mißbrauchsmöglichkeiten wie beim Eigenbetrieb in nur noch größerem Maße, zumindest dann, wenn die GmbH sich nicht in einem offenen Markt bewegt und im übrigen keinem Konkursrisiko ausgesetzt ist, weil die Trägerkörperschaft eine Verlustübernahmegarantie gibt. In diesen typischen Fällen der Verlagerung von Aufgaben aus öffentlichen Verwaltungen in GmbH's bleibt als greifbares Resultat eine Verringerung des Haushaltsvolumens der Trägerkörperschaft, weil dort die Aufgaben in der GmbH nicht mit allen Ausgaben und Einnahmen (brutto) erscheinen, sondern nur mit dem Saldo (netto) ausgewiesen werden. Zugleich kann die GmbH dazu benutzt werden, Kredite (durchaus für ihren Betriebszweck) aufzunehmen, die nur in der Bilanz der GmbH auftauchen und die Verschuldung der Trägerkörperschaft formal nicht erhöhen, auch wenn die Körperschaft grundsätzlich das Kreditrisiko für ihre Gesellschaft trägt. Die privatrechtliche Betriebsform läßt zwar generell die finanzwirtschaftliche Effizienzsteigerung zu, sie verhindert allerdings nicht, daß es nur zu Kostenverlagerungen kommt oder gar (wie auch vielfach zu beobachten) zu beträchtlichen Kostensteigerungen für eine Aufgabe, von der sich die öffentliche Verwaltung nicht definitiv trennen will, sondern deren Erledigung sie hinter einer Privatrechtsform „verbirgt“.

Die private Gesellschaftsform einer **Aktiengesellschaft (AG)** kann ebenfalls **zur formalen Privatisierung** und damit zum Verfolgen des finanzwirtschaftlichen Ziels der **effizienten Aufgabenerledigung** benutzt werden. Für die AG gelten die wesentlichen Überlegungen, die im Zusammenhang mit der GmbH vorgetragen wurden, in gleicher Weise. Sofern die Aktiengesellschaften aber große Publikumsgesellschaften sind, an denen sich auch Private beteiligen können, bzw. soweit die AG's nicht auf staatlich geschützten Märkten operieren, sondern Wettbewerbsprozessen ausgesetzt sind, kann und wird (beobachtbar) das Risiko abnehmen, daß die privatrechtliche Gesellschaftsform nur der Aufgabenverlagerung mit der Möglichkeit der Erhöhung des Aufwandes dient. Mit der Beteiligung an einer AG wird dann aber auch nicht in erster Linie das finanzwirtschaftliche Ziel der effizienten Aufgabenerfüllung angestrebt. Das Ziel kann vielmehr darin bestehen, dem Staat eine (ertragbringende) Vermögensanlageform zu eröffnen, womit eher ein fiskalisches Ziel angestrebt wird, oder dem Staat ein Mitspracherecht auf Produktionsentscheidungen zu sichern, was ein finanzpolitisches Ziel darstellt und vorwiegend unter dem allokationspolitischen Aspekt zu sehen ist.

Beim Verfolgen des Ziels der Wirtschaftlichkeit und der Effizienz staatlichen Handelns unter Zuhilfenahme privatwirtschaftlicher Organisationsformen trifft man schließlich auf das Phänomen des **Leasing**. Leasing bedeutet eine entgeltliche Gebrauchsüberlassung beweglicher oder unbeweglicher Wirtschaftsgüter. Seit den 70er Jahren wird dieses Instrument von öffentlichen Verwaltungen immer häufiger eingesetzt, wobei zwei miteinander verwobene Gründe anzuführen sind: **(1) Leasing ist eine Finanzierungsart**, die es erlauben kann, beispielsweise Investitionsvorhaben zu realisieren, die ansonsten wegen bereits erreichter Verschuldungsgrenzen nicht durchführbar wären, oder die sich als günstigere Finanzierung darstellt, als es ein traditioneller öffentlicher Kredit in der Form von Schuldscheindarlehen oder Anleihen wäre. **(2) Leasing** kann auch vorwiegend deshalb benutzt werden, weil beispielsweise bei beweglichen Wirtschaftsgütern mit begrenzter technischer Haltbarkeit und (wie bei EDV-Anlagen) hohem Service- und Beratungsbedarf ein Kauf durch eine öffentliche Verwaltung eindeutig teurer wäre. Es steht in diesem Zusammenhang nicht der Aspekt der günstigeren Finanzierung durch das Leasing-Geschäft im Vordergrund, sondern der sachliche Grund, daß eine **Aufgabenstellung** mit einer Leasing-Vereinbarung kompetenter und **insgesamt wirtschaftlicher** wahrgenommen werden kann als wenn die Verwaltung selbst die Aufgabe übernimmt und sich dann eines kostenträchtigen Stabs an Experten bedienen müßte, der gegebenenfalls nicht vollständig auszulasten wäre.

Sofern öffentliche Verwaltungen zu Leasing-Geschäften greifen, wäre allerdings deren Wirtschaftlichkeit als Finanzierungsalternative oder als Alternative einer sachlichen Aufgabenerfüllung grundsätzlich zu überprüfen. Leasing kann im Einzelfall durchaus eine Möglichkeit bieten, dem finanzwirtschaftlichen Ziel der Wirtschaftlichkeit oder der verwaltungsinternen Effizienz besser zu entsprechen. Wie bei anderen Wegen zum Erreichen des finanzwirtschaftlichen Ziels der Wirtschaftlichkeit ist beim Einsatz von Leasing-Möglichkeiten aber deren tatsächliche Vorteilhaftigkeit im Vergleich zu den traditionellen Alternativen der Aufgabenerfüllung sicherzustellen. Leasing führt von sich selbst noch nicht zu einem wirtschaftlicheren Handeln. Seine relative Vorteilhaftigkeit läßt sich gegebenenfalls erst durch die finanzmathematischen Methoden der Kosten-Nutzen-Analyse nachweisen, wobei solche Berechnungen zumeist nur die Sicht einer einzelnen öffentlichen Verwaltung widerspiegeln und mögliche gegenläufige finanzielle Konsequenzen bei anderen staatlichen Ebenen vernachlässigen werden.

1.5 Öffentliche Güter

Ein grundlegendes und traditionelles Ziel des Staates ist im **Allokationsziel** zu sehen, d.h. in seiner finanzpolitischen Absicht, auf die Zusammensetzung der Güter in der Volkswirtschaft einzuwirken. Jeder Staat beschränkt dabei sein Wirken und seine Aufgabe nicht darin, Normen und allgemeine rechtliche Regeln für das Zusammenleben der Bewohner des Landes und das ansonsten unbeeinflußte Geschehen auf (offenen) Märkten zu erlassen. Der Staat eignet sich daneben selbst Güter an, z.B. in Form von Zwangseinnahmen, er greift auch in die Produktion und den Konsum von Gütern ein und strebt damit wiederum sein Allokationsziel für die Volkswirtschaft an. Dieses Ziel verfolgt er aber **auch über die Bereit-**

stellung öffentlicher Güter. Mit der Bereitstellung öffentlicher Güter nimmt der Staat jedoch nur eine Möglichkeit wahr, Allokationspolitik zu betreiben. Die öffentlichen Güter sind dabei eine wesentliche, keineswegs aber die ausschließliche Erscheinungsform der Allokationspolitik.

Öffentliche Güter sind solche überwiegend vom Staat angebotenen Güter (vornehmlich Dienstleistungen), die den privaten Wirtschaftssubjekten **als Kollektivgüter** zur Verfügung gestellt werden. Für öffentliche Güter gilt **kein Ausschlußprinzip**. Damit soll zum Ausdruck gebracht werden, daß die Nutzung eines öffentlichen Gutes nicht von einer direkten Gegenleistung abhängig ist oder beispielsweise nicht mit dem Bezahlen eines Preises verbunden wird. Das öffentliche Gut kommt mithin allen zugute, die es beanspruchen (wollen). Es wird daher auch als **Kollektivgut** bezeichnet. Als Beispiele für öffentliche Güter ohne Ausschlußprinzip werden die äußere Sicherheit (Landesverteidigung), die innere Sicherheit (Polizei) oder die Infrastruktur gewertet.

Öffentliche Güter sind daneben durch **Nicht-Rivalität im Konsum** oder ihrer Nutzung durch einzelne Personen gekennzeichnet, d.h. die Nutzung des öffentlichen Gutes durch eine Person schmälert oder behindert die Konsum- oder Nutzungsmöglichkeiten des Gutes durch andere Personen nicht. Das öffentliche Gut „äußere Sicherheit" ist typischerweise durch Nicht-Rivalität gekennzeichnet. Besonders anschaulich wird die Nicht-Rivalität auch bei dem öffentlichen Gut einer öffentlichen Uhr. Wenn eine Person deren Dienstleistung (das Anzeigen der Uhrzeit) nutzt, sind andere Personen nicht daran gehindert, ebenfalls auf die Uhr zu sehen, und die Zeit daran abzulesen.

Selbstverständlich läßt sich durch die Anwendung des Ausschlußprinzips auch wieder eine Rivalität, eine gegenseitige Behinderung im Konsum, erreichen. Die öffentliche Uhr könnte dann nur der Person zugänglich gemacht werden, die gewissermaßen einen Eintrittspreis dafür bezahlt, womit während der Nutzung der Uhranzeige durch eine Person, andere Personen vom Betrachten der Uhr auszuschließen wären und ausgeschlossen sind. Bei Filmvorführungen in Kinos, Sportveranstaltungen, Konzerten und dergleichen wird in aller Regel das Ausschlußprinzip angewandt, und es ergibt sich dann auch die Rivalität in der Nutzung - erkennbar im Verkauf bestimmter Plätze (Sitznummern), z.B. aber auch im Ausverkauf von Eintrittskarten insgesamt. Das Herstellen des Ausschlußprinzips erfordert aber Kosten, die nicht selten den realisierbaren Ertrag aus dem Preis oder der Bezahlung des Gutes übersteigen können. Deshalb gibt es angesichts heutiger Lohnkosten keine Bahnsteigkarten mehr, weil die Zugangskontrollen zum Bahnsteig teurer wären als die realisierbaren Einnahmen aus dem Verkauf der Bahnsteigkarten. Ähnliches gilt für eine Reihe öffentlicher Parks, die früher nur mit Eintrittsgeld zu besichtigen oder zu nutzen waren, wegen der hohen Personal- und Kontrollkosten nunmehr aber frei und unentgeltlich zugänglich sind. Es kann mithin teurer sein, das Ausschlußprinzip durchzusetzen und Preise zu erheben, als das Gut von vornherein allgemein zugänglich oder nutzbar zu machen. Man denke im Extremfall des öffentlichen Gutes „äußere Sicherheit“ oder Landesverteidigung daran, wie schwierig es wäre, die Personen auch für einen Angreifer erkennbar zu unterscheiden, die den Preis für die Nutzung des Gutes bezahlen wollen und bezahlt haben im Unterschied zu den Trittbrettfahrern, die auch als „free rider“ bezeichnet werden, und die unentgeltlich in den Genuß des Gutes kommen wollen.

Ausschlußprinzip und Rivalität in der Nutzung sind **typische** Elemente **privater Güter**. Für private Güter zeigt sich das Ausschlußprinzip in dem vom Anbieter geforderten Entgelt oder Preis. Nur wer den Preis bezahlt, kann das private Gut nutzen. Die Rivalität muß nicht **bei** allen **privaten Gütern** besonders offenkundig werden, wie beispielsweise bei einem schlecht besuchten Fußballspiel oder bei einem Konzert, das kaum Interessenten findet. Gleichwohl besteht auch dann Rivalität, denn der Nutzer erwirbt mit dem Preis **exklusive Nutzungsrechte** z.B. an einem bestimmten Besucherplatz. Bei anderen privaten Gütern (Hosen, Schuhe etc.) erwirbt die Person, die den Preis zahlt, **Eigentumsrechte** an den Gütern. Dies ist ein **zentraler Unterschied zu öffentlichen Gütern**, bei denen die Nutzer **keine Eigentumsrechte oder exklusiven Nutzungsrechte** erwerben können, was sich selbstverständlich auch auf die Bereitschaft auswirken wird, für die Nutzung des öffentlichen Gutes einen Preis zu zahlen oder eine Einbuße an ökonomischer Verfügungsmöglichkeit hinzunehmen.

Öffentliche Güter müssen daher eine andere Finanzierung als private Güter aufweisen. Die **Finanzierung** wird nicht freiwillig über in Tauschvereinbarungen erzielte Preise erfolgen, sondern geschieht **über Zwangseinnahmen**, die der Staat erhebt, **bzw**. über eine **einseitige Mittelbereitstellung** durch den Anbieter des öffentlichen Gutes, ohne einen notwendigen Finanzierungsbeitrag der Nutzer des Gutes. Finanzierungsbeitrag und ökonomischer Vorteil aus der Nutzung müssen und werden bei öffentlichen Gütern nicht übereinstimmen.

Bei einer Reihe von öffentlichen Gütern liegt eine **mangelnde Teilbarkeit** des Gutes vor. Derartige öffentliche Güter besitzen eine **technische Dimension**, daß sie nur in mengenmäßigen Größenordnungen hergestellt werden können, die über die Nutzungs- und Finanzierungsmöglichkeiten einzelner Personen weit hinaus gehen. Zu denken ist hier beispielsweise an Hochwasserdämme, das gesamte öffentliche Straßennetz als wesentlicher Bestandteil der Infrastruktur oder ein Heer, mit dem das Gut „äußere Sicherheit“ erreicht werden soll. Es stellt sich bei diesen Gütern die Frage, wer sie produzieren soll, bzw. ob sie sich überhaupt anders als mittels staatlicher Zwangseinnahmen finanzieren lassen. Insbesondere wenn die Durchsetzung des Ausschlußprinzips zu teuer ist, wird ein Angebot derartiger Güter weitgehend nur in der Form öffentlicher Güter in Frage kommen. Insoweit entscheidet weniger die große technische Dimension des Güterangebots über die Einordnung als staatlich angebotenes öffentliches Gut, als vielmehr die wirtschaftliche Möglichkeit der wirksamen Durchsetzung des Ausschlußprinzips. Auch die Automobilproduktion heutiger Tage erfolgt in technischen Dimensionen (Automobilwerken), die die Wünsche und Bedürfnisse von einzelnen Personen weit übersteigen. Gleichwohl läßt sich die Nutzung von Autos nach dem Ausschlußprinzip organisieren, und es können Eigentumsrechte an den Autos erworben werden. Damit erweist sich nochmals das Kriterium des Ausschlußprinzips und seine Durchsetzbarkeit als zentral für die Art der Bereitstellung des Gutes - sei es als privates Gut - sei es als öffentliches Gut.

Öffentliche Güter werden überwiegend vom Staat angeboten und bilden gewissermaßen ein erkennbares Zeichen seiner finanzpolitischen, d.h. hier der allokationspolitischen Ziele. Die **technische Durchführung der Produktion der öffentlichen Güter** liegt beobachtbar **nicht immer beim Staat selbst**, sondern kann privaten Güterproduzenten übertragen werden. Der Staat übernimmt im letzten Fall die Kosten der Güterproduktion, bietet die Güter unentgeltlich an und muß sich seinerseits durch Zwangseinnahmen die entsprechenden Mittel beschaffen. So läßt z.B. der Staat in Deutschland die Infrastruktur durch private Unternehmen errichten, bietet sie dann aber als öffentliches Gut an. Denkbar wäre selbstverständlich auch, daß der Staat die Güter „äußere Sicherheit“ oder „innere Sicherheit“ durch private Söldnerarmeen oder einen privaten Wachdienst technisch produzieren läßt und lediglich das Angebot als staatliches öffentliches Gut vornimmt. Die technische Produktion staatlich angebotener öffentlicher Güter muß also nicht durch den Staat selbst und seine öffentlichen Verwaltungen erfolgen. Welche Lösung im Einzelfall gewählt wird, ist zum Teil historisch bedingt, zum Teil aber auch Resultat einer Wirtschaftlichkeitsabwägung, die im Zusammenhang mit der Privatisierung von staatlichen Aufgaben angestellt wird. Als Privatisierungsform kommt hierbei ausschließlich die **formelle Privatisierung** in Frage, zumindest soweit der Charakter des Gutes als öffentliches Gut erhalten bleiben soll. Die privatisierte Aufgabenerfüllung dient dann den oben unter 1.4.4 behandelten Zwecken. Die formelle Privatisierung der technischen Produktion des öffentlichen Gutes kann das finanzwirtschaftliche Ziel der Effizienzsteigerung zum Inhalt haben; eine Aufgabenverlagerung, die zu größerem Mittelaufwand führt, ist indes ebenfalls nicht von vornherein auszuschließen.

Für **öffentliche Güter** gilt das Ausschlußprinzip nicht. Damit kann aber **nicht** die Aussage verbunden werden, daß öffentliche Güter sich **generell an die „Allgemeinheit“** richten oder daß sie ausschließlich einem „Allgemeinwohl“ der Bevölkerung im Staatsgebiet dienen. In engem Zusammenhang mit dem Adressatenkreis der öffentlichen Güter steht vielmehr die Frage nach dem allokationspolitischen Ausmaß der öffentlichen Güter in einer Volkswirtschaft und nach dem Ausmaß des Staatssektors insgesamt.

Bei der Klärung der Fragestellung, weshalb öffentliche Güter überhaupt angeboten werden, an wen sie sich richten sollen und in welchem Ausmaß sie bereitgestellt werden, bietet die finanzwissenschaftliche Literatur eine verwirrende Vielzahl von durchaus unterschiedlichen Auffassungen und Abgrenzungsmöglichkeiten. Dabei kommt es zum Teil auch deshalb zu Mißverständnissen und Inkonsistenzen, weil dem Angebot an öffentlichen Gütern durch den Staat ein verengtes finanzpolitisches Ziel unterstellt wird. Der Staat bietet **öffentliche Güter** an, **um** seine **allokationspolitischen Ziele** zu erreichen. Er wird sich damit nicht oder zumindest **nicht** vorrangig an den Vorstellungen der **Markteffizienz** orientieren, die er mit öffentlichen Gütern erreichen könnte. Es geht ihm auch nicht um die Vermeidung von Monopolen oder um ein Tätigwerden in Fällen des sogenannten Marktversagens, was Musgrave noch angenommen hatte.

Speziell unter dem letztgenannten Stichwort des angeblichen Marktversagens werden viele öffentliche Eingriffe in Güterproduktion oder Güterkonsum subsumiert, ohne die Funktionsweise von Märkten überhaupt zur Kenntnis zu nehmen. Märkte sind freiwillige Tauschprozesse, mit denen Rechte (vornehmlich Eigentumsrechte) übertragen werden und für deren dauerhaftes Funktionieren ein verläßlicher Rechtsrahmen, eine entwickelte Rechtsordnung Voraussetzung ist. Märkte entstehen generell dort nicht, wo über sie Eigentumsrechte nicht nachhaltig zu übertragen sind. Das Einrichten und Aufrechterhalten von Eigentumsrechten ist nun aber eine typisch staatliche oder hoheitliche Aufgabe. Wenn der Staat dieser Aufgabe nicht nachkommt oder nachkommen will, wird es keine privaten oder über Märkte angebotenen Güter geben. Der Staat wird gegebenenfalls stattdessen die Güter als öffentliche Güter anbieten (müssen).

Öffentliche Güter, die der Staat anbietet, haben insoweit selten mit der Effizienz oder der Wirkung von Marktprozessen zu tun. Sie betreffen vielfach **eigenständige Güter, die ein Staat** in einer jeweiligen Zeitperiode und aus der Sicht seiner Entscheidungsträger **als bedeutsam ansieht**. Sie müssen sich auch keinesfalls an eine allgemeine Öffentlichkeit oder „die Allgemeinheit" richten, sondern können bewußt und von vornherein einen kleinen Adressatenkreis haben, der sich überhaupt für das Gut interessiert und danach einen Wunsch oder ein Bedürfnis verspürt. Aidsberatung, Fixerstuben und Schwulentreffs, die als öffentliche Güter angeboten werden, haben von ihrer Zielrichtung nicht die Bevölkerung insgesamt als Ansprechpartner, sondern einen beschränkten Bevölkerungskreis, der zu einer beobachtbaren Minderheit zählt. Es ist dabei zunächst unerheblich, ob mit der Anerkennung dieser Güter als öffentliche Güter andere allokationspolitische oder sozialpolitische Ziele des Staates leichter erreichbar sind, als mit der Tabuisierung dieser Wünsche.

Es gibt auch eine Vielzahl von **öffentlichen Gütern**, die von vornherein einen **örtlich begrenzten Personenkreis** anspricht. So wendet sich die Straßenbeleuchtung in Frankfurt nicht an die Bevölkerung in München, der Hochwasserdamm an der Nordsee will den Bewohnern des Thüringer Waldes keine Schutzleistung bieten und die Feuerwehr in Kiel bietet den Feuerschutz vorrangig lokal begrenzt an und wird bei einem Brand in einer Schwarzwaldgemeinde nicht als Dienstleister zur Verfügung stehen. Selbstverständlich gibt es auch öffentliche Güter, die in der Tat „die Allgemeinheit“ einer Volkswirtschaft ansprechen wollen, wie z.B. die äußere Sicherheit oder die allgemeinen Regierungsleistungen beispielsweise in der Außenpolitik. Wenn es allerdings beobachtbar keinen generellen Anspruch der öffentlichen Güter gibt, sich an „die Allgemeinheit“ zu wenden, so entfällt damit auch ein Unterscheidungskriterium zu vielen privaten Gütern, die sich tatsächlich an „die Allgemeinheit“ in einer Volkswirtschaft wenden, man denke nur an Güter wie Seife, Zahnpasta oder einige Erfrischungsgetränke, die von privaten Anbietern tatsächlich für alle, unabhängig von Alter, Geschlecht, Wohnort und speziellen Neigungen oder Fähigkeiten angeboten werden. Für die letzteren gelten aber wieder das Ausschlußprinzip sowie das Prinzip der Rivalität in der Nutzung.

In der Finanzwissenschaft werden neben „reinen“ öffentlichen Gütern auch Zwischen- oder Übergangsformen zu den privaten Gütern unterschieden. Von **„Mischgütern“** spricht man beispielsweise, wenn der Staat Güter anbietet, bei denen im Unterschied zu „reinen“ öffentlichen Gütern durchaus das Ausschlußprinzip (teilweise sachlich oder regional) angewendet wird, bzw. bei denen eine eingeschränkte Rivalität in der Nutzung vorliegt, wie z.B. bei der Nutzung der Verkehrsinfrastruktur im Berufsverkehr. Insoweit sind viele vom Staat bereitgestellten öffentlichen Güter **unvollkommene öffentliche Güter.** Noch eingeschränkter ist die Definition des **Clubgut**es, für das das Ausschlußprinzip gilt (d.h. nur Clubmitglieder haben Zugang zum Gut), zugleich aber nur eine beschränkte Rivalität im Konsum besteht (d.h. die Clubeinrichtungen stehen zwar prinzipiell allen Mitgliedern zur Verfügung, können aber niemals von allen gemeinsam, sondern immer nur von jeweils einigen oder gar wenigen Clubmitgliedern benutzt werden). Eine Reihe der vom Staat unentgeltlich angebotenen Güter besitzt diese Eigenschaft der Clubgüter.

Das **Ausmaß des Angebots öffentlicher Güter**, seien es „reine“ öffentliche Güter, Mischgüter oder Clubgüter, wird in der Finanzwissenschaft zum Teil mit dem **Samuelson-Modell** (Samuelson 1954, 1955) diskutiert, um zu einer Aussage darüber zu gelangen, wieviel öffentliche Güter der Staat anbieten und an welchen Kriterien er sich hierbei orientieren soll. Inhalt des Modell ist eine individuelle Nutzenfunktion, in der private und öffentliche Güter als nutzenstiftende Größen eingehen, zwischen denen eine Substitutionsbeziehung besteht. Die Nutzenfunktion muß für eine Entscheidung über eine zu wählende Güterkombination mit den gesamtwirtschaftlichen Produktionsmöglichkeiten der privaten und öffentlichen Güter zusammengeführt werden. Dieser mikroökonomisch geprägte Ansatz macht zwar eine nicht unwesentliche ökonomische Überlegung deutlich, wonach die Bewertung des öffentlichen Gutes durch die Wirtschaftssubjekte im Verhältnis zum privaten Gut den Alternativkosten dieser Güter in der Produktion entsprechen sollte. Damit wird zum Ausdruck gebracht, daß die Bewertung der beiden Güterarten und ihre sich aus den Produktionsmöglichkeiten ergebenden Preise bzw. Kosten übereinstimmen müssen. Sofern mithin öffentliche Güter in der Produktion teurer sind als sie aus Sicht der Bevölkerung im Verhältnis zu den privaten Gütern bewertet werden, wäre das Ausmaß der öffentlichen Güterproduktion zu reduzieren, und entsprechend umgekehrt auszuweiten. Diese allgemeine Einsicht reflektiert aber vornehmlich den ökonomischen Abwägungsprozeß eines einzelnen Wirtschaftssubjekts. Eine gesamtwirtschaftliche Aussage für viele Wirtschaftssubjekte mit unterschiedlichen individuellen Bewertungen der verschiedenartigsten privaten und öffentlichen Gütern läßt sich hieraus nicht entnehmen, d.h. das Modell führt zu keiner Aussage, die inhaltliche Anwendungen für eine beobachtbare Volkswirtschaft erlauben.

Diese inhaltliche Konsequenz läßt sich weder mit dem Samuelson-Modell und auch nicht mit früheren oder späteren Ansätzen oder Erweiterungen erreichen. Es läßt sich allerdings die eher allgemeine Folgerung nochmals hervorheben, daß das **Ausmaß der** vom Staat angebotenen **öffentlichen Güter** davon abhängen wird, welchen **Nutzen** diese Güter der Bevölkerung stiften und wie hoch die Bereitschaft der Bevölkerung ist, für die öffentlichen Güter **Zwangsabgaben** zu leisten. Die Zwangsabgaben oder Steuern sind zwar nicht konkreten öffentlichen Gütern zuzuordnen, sie zeigen aber in ihrer Summe oder Gesamtbelastung doch ein erfahrbares Äquivalent für die Kosten der öffentlichen Güter an.

Nutzen und Kosten öffentlicher Güter werden **von unterschiedlichen Wirtschaftssubjekten nicht gleich bewertet** oder verspürt. Diese Unterschiede nehmen zu, wenn man Wirtschaftssubjekte nicht nur zu einem Zeitpunkt, sondern über (längere) Zeitperioden hin betrachtet und im übrigen Vergleiche mit anderen Volkswirtschaften zuläßt. Insoweit findet man über die Zeit hin durchaus andere Güter, die der jeweilige Staat als öffentliche Güter anbietet oder gleichartige Güter werden in unterschiedlichem Ausmaß öffentlich bereitgestellt. Durch Einbeziehung internationaler Vergleiche wird diese Unterschiedlichkeit zwischen öffentlichen Gütern, die von den Staaten angeboten werden, noch deutlicher. Im Extrem findet man nur wenige Güter oder Gutsqualitäten (äußere Sicherheit, Aspekte der inneren Sicherheit und des Justizwesens), die durchgängig von allen Staaten als öffentliche Güter angeboten werden.

Für öffentliche Güter gibt es Präferenzen seitens der Wirtschaftssubjekte einer Volkswirtschaft, d.h. die öffentlichen Güter stiften einen individuell erfahrbaren Nutzen und können damit ein Bedürfnis einer Person befriedigen. Diese Bedürfnisse mögen für manche Wirtschaftssubjekte aber unbestimmter bleiben und weniger ins Bewußtsein dringen, weil die konkrete Nutzung des Gutes unentgeltlich erfolgt. Bei einem privaten Gut, für das ein Preis zu zahlen ist, wird sich ein Wirtschaftssubjekt jeweils unmittelbar über seine Wünsche nach dem Gut Klarheit verschaffen, denn sonst ist es nicht bereit, den Preis zu entrichten. Die Präferenzen für die öffentlichen Güter können insoweit nach außen weniger offenkundig werden und mögen für Dritte, auch den Staat selbst, **schlecht erkennbar** sein.

Der Staat bietet die **öffentlichen Güter** in der Regel **nicht unabhängig von** offenkundigen oder unterstellten **Präferenzen der Bevölkerung an**. **Er ist jedoch** in seinen allokationspolitischen aber auch verteilungspolitischen Zielsetzungen **nicht ausschließlich an die Wünsche der Wirtschaftssubjekte gebunden**, sondern wird beobachtbar immer wieder auch Güter anbieten, die zumindest für eine große Minderheit der Bevölkerung oder sogar eine Mehrheit unerwünscht sind. Die Fülle an Stacheldraht, Befestigungsanlagen, Militärausrüstungen und Überwachungseinrichtungen in der ehemaligen DDR sind als öffentliche Güter von einer Minderheit sicherlich nachhaltig angestrebt worden, ob sie den Wünschen einer großen Mehrheit entsprochen haben, läßt sich zumindest bezweifeln. Es ist also notwendig, die vorrangig allokationspolitische Absicht des Staates bei der Bereitstellung seiner öffentlichen Güter explizit zu berücksichtigen, was im Samuelson-Modell nicht zum Tragen kommt. Dort erscheinen nur die Wünsche oder die Bewertung des Nutzen seitens der (privaten) Wirtschaftssubjekte nach öffentlichen und privaten Gütern, nicht aber mögliche eigenständige Bedürfnisse des Staates als Obrigkeit nach Gütern, die seinen Zielen Rechnung tragen.

Kaum ein Staat wird aber lediglich individuelle Wünsche gewissermaßen ungeprüft und mechanisch zusammenfassen und umsetzen, sondern sich einen Entscheidungsspielraum in der Bewertung der individuellen Wünsche sowie deren Ergänzung durch eigene staatliche Ziele vorbehalten. **Der Staat stellt** mithin auch **Güter zur Verfügung**, bei denen er **seine eigenen Wünsche als gewichtiger** erachtet **als die** großer Teile **der Bevölkerung**. Er kann sogar soweit gehen und unterstellen, daß bei den Wirtschaftssubjekten **Wünsche** vorliegen, die aus seiner Sicht **verzerrt**, zu eng oder zu kurzfristig sind. Er greift bewußt in die Konsumentensouveränität ein und stellt Güter gegebenenfalls auch mit Zwangsmaßnahmen bereit. Derartige Güter werden in der Folge von Musgrave als **meritorische Güter** bezeichnet. Sie gehen einher mit einem verdienstvollen (meritorischen) **Eingriff des Staates in die Konsumentensouveränität** und führen daher auch zu Resultaten, die von reinen Marktprozessen nicht zu erwarten sind.

Ein Beispiel eines solchen meritorischen Gutes könnte die Schulpflicht und die daher erforderliche Bereitstellung von schulischen Ausbildungsleistungen für eine Mindestzahl von Schuljahren sein. Daneben läßt sich als meritorisches Gut auch die Bereitschaft des Staates werten, dem Ziel der Versorgungssicherheit mit national produzierten Nahrungsmitteln einen höheren Stellenwert einzuräumen, wodurch ein größerer Agrarsektor mit höheren Preisen für Nahrungsmitteln erhalten werden kann als dies von vielen Konsumenten gewünscht wird. Aus Sicht des Staates ist der Nutzen der meritorischen Güter größer als er sich aus der „verengten" oder „verzerrten" Sicht der einzelnen Wirtschaftssubjekte ergibt, die eher kurzfristig denken bzw. vornehmlich die geringeren Preise im Auge haben und insoweit keine Gesamtverantwortung für die Volkswirtschaft oder über die Zeit hin erkennen.

Meritorische Güter weisen im übrigen **wesentliche Merkmale der öffentlichen Güter** auf: für sie gilt das Nicht-Ausschlußprinzip, d.h. alle können das Gut ohne einen individuellen Preis nutzen, bzw. müssen es nutzen; das Prinzip der Nicht-Rivalität ist ebenfalls weitgehend zu beobachten. Gleichwohl gibt es in der Finanzwissenschaft eine größere Diskussion über die Zuordnung der meritorischen Güter zum Bereich der öffentlichen Güter. Teilweise ist dies Mißverständnissen über die Ziele zuzuschreiben, die der Staat mit den öffentlichen Gütern insgesamt verfolgt. Aus unserer Sicht sind die meritorischen Güter Teil der öffentlichen Güter, mit denen der Staat seine allokationspolitischen Ziele realisieren will. Der Staat stellt öffentliche Güter, u.a. meritorische Güter, zur Verfügung und strebt damit insgesamt danach, ihm bekannte Wünsche der Bevölkerung umzusetzen. Unbeschadet davon wird er aber seine abweichenden Wünsche oder die über die Vorstellungen der Bevölkerung hinaus gehenden Ziele ebenfalls zu verwirklichen trachten und hierin gegebenenfalls seine Hauptaufgabe sehen. Es kommt mithin auf die Entscheidungsträger des Staates und deren Absichten an, in welcher Art und in welchem Umfang öffentliche Güter oder meritorische Güter angeboten bzw. realisiert werden.

2. Ökonomische Theorie der Politik

2.1 Erklärungsansätze des Staatshandelns

2.1.1 Der Staat als Wirtschaftssubjekt

Das Staatshandeln kann - wie die bisherigen Ausführungen bereits deutlich zu machen versucht haben - nicht nur unter dem Aspekt gesehen werden, daß der Staat als außer-ökonomischer Akteur auftritt, der exogene und von außerhalb des Wirtschaftsprozesses motivierte Entscheidungen trifft, welche von ihrer Begründung nicht zu hinterfragen sind, da der Staat sich ohnehin an die Allgemeinheit richtet, ein Versorgungsziel anstrebt oder sich am Allgemeinwohl orientiert. **Der Staat** existiert und handelt nicht wie ein Außenstehender jenseits des sonstigen menschlichen und ökonomischen Verhaltens. Er **ist ein Wirtschaftssubjekt**, das durch seine Entscheidungsträger geprägt wird, die ihrerseits ökonomisch handelnde Menschen sind und versuchen werden, den Nutzen aus ihrem Handeln zu maximieren. **Der Staat** ist mit anderen Worten kein Neutrum (im Sinne eines Gottesgnadentums), das über den ökonomischen Gegebenheiten und Abhängigkeiten steht, sondern er ist Teil der ökonomischen Handlungsweisen und Verflechtungen in einer Volkswirtschaft und **kann** insoweit auch in seinem Verhalten **mit ökonomischen Analysemethoden** (vorwiegend aus der Mikroökonomik) **erklärt werden**. Dieser Ansatz, das Handeln des Staates im Rahmen eines politisch-ökonomischen Gesamtsystems endogen zu erklären, wird als **ökonomische Theorie der Politik** bezeichnet, **bzw. als Neue Politische Ökonomie**.

Ein wesentlicher Ausgangspunkt für diesen Erklärungsansatz besteht darin, den **Staat** in Analogie zu einem privaten Haushalt als **eine Entscheidungseinheit** zu sehen, **die** sich zwischen unterschiedlichen allokativen und distributiven Konsequenzen ihres Verhaltens entscheiden kann und dabei insgesamt **eine Nutzenfunktion maximiert**. Als Zielgröße steht die Nutzenfunktion der staatlichen Entscheidungsträger im Vordergrund, die eine eigenständige Nutzenfunktion ist, in die dementsprechend auch eigenständige Bewertungen allokativer und distributiver Ergebnisse des Staatshandelns eingehen, die sich nicht notwendigerweise mit den Vorstellungen und Bewertungen der Mitglieder der Volkswirtschaft -seien es wenige oder viele - decken müssen.

Diese grundsätzliche Ausgangsposition für die Analyse des staatlichen Handelns wird von der Finanzwissenschaft noch nicht sehr lange mit hinreichender Deutlichkeit erkannt und kaum als Basis gesehen, das Staatshandeln auch für unterschiedliche Staatsformen aus einem geschlossenen ökonomischen Ansatz heraus zu erklären. So wird beispielsweise nicht deutlich gemacht, worin sich die Motive zwischen diktatorischen und demokratischen Regierungen unterscheiden oder wie sich die alternativen Regierungsformen in der Höhe der Steuersätze, der Verteilungsziele und der Versorgung mit öffentlichen Gütern auswirken. Von fundamentaler Bedeutung ist dabei die **Möglichkeit des Staates, Zwang auszuüben oder** wie bereits ausgeführt wurde, **seine eigenen Ziele zu verfolgen** und sie auch mit hoheitlichem Zwang durchzusetzen. Eine entsprechende Analyse ist von **M.C. McGuire und Mancur Olson, Jr.** (1996) vorgelegt worden, mit der ein ökonomisch begründeter Erklärungsansatz des Staatshandelns aufgezeigt wird. Er soll nachstehend als ein Musterbeispiel der in der Ökonomischen Theorie der Politik verwandten Analyse in seinen zentralen Aussagen dargestellt werden. Dabei soll gleichzeitig eine erste Bewertung mit einfließen, um den Bezug zu beobachtbaren Staatsformen nicht aus dem Auge zu verlieren.

2.1.2 Nutzenmaximierung in alternativen Staatsformen

Die ökonomische Theorie der Politik sieht den Staat als ein nutzenmaximierendes Wirtschaftssubjekt. Der Staat tritt nun aber nicht nur in einer einzigen Erscheinungsform auf. Er kann die Gestalt eines (eigennützigen und böswilligen) Diktators annehmen, er kann in der Art einer Konsensdemokratie versuchen, sich ausschließlich nach den Wünschen seiner Bürger zu richten, oder er kann die uns bekannte Form der repräsentativen Demokratie besitzen und dabei den Mehrheitswillen gegen die Wünsche und gegebenenfalls zu Lasten der Minderheit durchsetzen. Das hier vorzustellende Modell von M.C. McGuire und Mancur Olson, Jr. will für alle diese Staatsformen ökonomisch begründete Verhaltenshypothesen entwickeln, aus denen sich einerseits die Unterschiede im Staatsverhalten zeigen. Andererseits sollen aber auch die möglichen Gemeinsamkeiten des Staatshandelns zwischen unterschiedlichen Regierungsformen deutlich werden, die darin bestehen, daß Interessen der Bevölkerung oder der Allgemeinheit in das Staatshandeln mit einfließen können oder daß der Staat das Gemeinwohl berücksichtigt.

Nach den Überlegungen von M.C. McGuire und Mancur Olson, Jr. benötigt **ein diktatorischer Herrscher** oder ein **autokratisches Regime** nicht nur Paläste oder Pyramiden für die Befriedigung seiner Wünsche, sondern auch Armeen und ein aggressives Verhalten gegenüber anderen Staaten, um seine Selbsteinschätzung zu fördern. Die Wünsche des Herrschers oder Regimes nach Gütern werden dabei, wie bei jeder einzelnen Person, prinzipiell unbeschränkt sein. Die Mittel oder ökonomischen Ressourcen für das Erreichen der Wünsche des Diktators können über Zwangsmaßnahmen oder Zwangseinnahmen von der Bevölkerung eingetrieben werden. Wegen seines Eigeninteresses wird der Diktator danach streben, ein Maximum an Ressourcen aus der Volkswirtschaft an sich zu ziehen, ohne auf die ökonomische Situation der einzelnen Wirtschaftssubjekte Rücksicht zu nehmen. Am Wohlergehen der Bevölkerung hat der Diktator kein grundsätzlich eigenes Interesse. Die Bevölkerung dient ihm vielmehr dazu, zumindest die Finanzmittel aufzubringen, die er für seine eigenen Ziele einsetzen möchte. Je mehr die Bevölkerung mit hoheitlichen Abgaben belasten kann, um so weitgehender kann er seine Wünsche realisieren.

Dieses Eintreiben von Ressourcen aus der Volkswirtschaft zugunsten des Diktators wird aber nicht völlig unbegrenzt vorgenommen werden, zumindest dann nicht, wenn der **Diktator** seine **Nutzenmaximierung** rational und für einen längeren Zeithorizont verfolgt. Der Diktator wird z.B. sein Steuermonopol nur so weit ausschöpfen, bis er an die Grenze stößt, wo eine weitere Belastung der Wirtschaftssubjekte zu keinen zusätzlichen Erträgen mehr für ihn führt. Insbesondere wenn er einen längeren Zeithorizont für sein Regime besitzt, wird er die Steuereinnahmen nicht nur für eigene persönliche Zwecke verwenden, sondern einen Teil davon für die Produktion öffentlicher Güter einsetzen, die der gesamten Volkswirtschaft und auch seinen Untertanen zugute kommen, um seine auf Dauer erzielbaren Steuereinnahmen zu steigern. Er hat mithin ein **Interesse an der Bereitstellung öffentlicher Güter**, zumindest insoweit, als deren zusätzliche Kosten seine daraus erzielbaren weiteren Steuererträge nicht übersteigen. Je größer die Verfügungsmöglichkeit des Alleinherrschers über die Volkswirtschaft und deren Ressourcen ist und je mehr er bereits am Einkommen oder den Erträgen der Wirtschaft beteiligt ist, um so deutlicher wird für ihn der Zusammenhang zwischen der Leistungsfähigkeit der Volkswirtschaft insgesamt und seiner individuellen ökonomischen Situation. Daher wird er auch direkter von den Vorteilen der öffentlichen Güter profitieren und mit steigendem Einfluß mehr öffentliche Güter zur Verfügung stellen.

Das **nutzenmaximierende Verhalten des Diktators** führt auf diesem Wege dazu, daß er auch auf die Wünsche seiner Bevölkerung eingeht und die ökonomische Lage der Wirtschaftssubjekte mit dem Ziel fördert, eine höhere Güterproduktion in der gesamten Volkswirtschaft zu erreichen, von der er seinerseits einen Vorteil hat. Der Diktator wird **nicht aus Mitgefühl** für seine Untertanen, **sondern aus seinem Eigeninteresse** und seinem Streben nach Nutzenmaximierung ein **Interesse für die Wünsche der Bevölkerung** entwickeln. Er wird mithin in seinem Handeln neben seiner individuellen Situation und seinem eigenen ökonomischen Vorteil das Allgemeinwohl ebenfalls berücksichtigen.

Dieser tendenzielle **Gemeinwohlaspekt** im Verhalten des Diktators kommt allerdings **nur** dann voll zum Tragen, wenn der Diktator **mit einem längeren Zeithorizont** für sein Regime rechnet, so daß er zumindest noch in den Genuß der produktionssteigernden Wirkungen der öffentlichen Güter gelangt und aus der besseren Versorgung seiner Bevölkerung einen eigenen spürbaren Vorteil erhält. Wenn er also beispielsweise gemessen an seinem Planungshorizont zu lange warten müßte, bis er an den Erträgen eines Vermögensbestandes im Besitz der Bevölkerung hinreichend partizipiert, wird er das Vermögen konfiszieren, um sofort vollständig darüber verfügen zu können. Der Gemeinwohlaspekt ist in jedem Fall insoweit eingeschränkt, als der Diktator für sich selbst immer einen nennenswerten Teil der Ressourcen der Volkswirtschaft beansprucht und erst in zweiter Linie öffentlichen Gütern und der ökonomischen Situation der Bevölkerung Aufmerksamkeit widmet.

Das Gemeinwohlinteresse des Diktators nimmt im übrigen nicht nur mit dem Zeithorizont ab, den er für sein Regime ansetzt. Je kürzer der Planungshorizont ist, um so eher gleicht das diktatorische System dem eines gewalttätigen Straßenräubers. Es kommt hinzu, daß auch in Diktaturen der politische Entscheidungsprozeß sich nicht nur auf einen Entscheidungsträger konzentriert. **Je mehr Entscheidungsträger** mitwirken, **um so weniger** wird ein gleiches **Gemeinwohlinteresse** für alle erkennbar sein. Wenn es im Rahmen des Regimes noch eine Machtaufteilung auf mehrere Steuergläubiger gibt, d.h. auf mehrere Teilherrscher mit eigenständigen Möglichkeiten der Steuererhebung oder der zwangsweisen Aneignung von Ressourcen, wird das Gemeinwohlinteresse für jeden Teilherrscher ein geringeres sein als im Fall eines einzelnen Diktators. Die Besteuerung wird dann höher ausfallen und es dürfte zu einer geringeren Versorgung mit öffentlichen Gütern kommen. Wenn schließlich die Teilherrscher untereinander in Verfolgung ihres Eigennutzens, ihrer Selbstdarstellung und ihrer Möglichkeiten, die Bevölkerung mit Abgaben zu belasten, in Streit geraten, steigt damit die Unsicherheit, die Planungshorizonte werden kürzer und die Gefahr liegt näher, daß sich das Herrschaftssystem insgesamt vom Gemeinwohlinteresse völlig entfernt.

Das Gegenteil zur Diktatur kann in einer **Konsensdemokratie** gesehen werden. Damit ist eine Staatsform gemeint, die eine **Einkommensverteilung** aufweist, welche **allgemein anerkannt und akzeptiert** ist. Jede Person trägt dann in dem Maße zu den Kosten der öffentlichen Güter bei, wie sie Vorteile aus der Nutzung der öffentlichen Güter erhält. Mit einer einfachen **proportionalen Einkommensteuer** könnte dies erreicht werden. Es werden auch insgesamt nicht mehr Steuern erhoben als zur Finanzierung der öffentlichen Güter erforderlich sind. Die Konsensdemokratie wird alle Vorteile aus der Bereitstellung der öffentlichen Güter bei ihrem Handeln berücksichtigen, während der Diktator nur die Vorteile in Betracht gezogen hat, die ihm selbst aus den öffentlichen Gütern zugeflossen sind. In der Konsensdemokratie steht insoweit das Gemeinwohl im Zentrum des Staatshandelns. Die Wünsche der Bevölkerung nach öffentlichen Gütern werden gewissermaßen vom Staat lediglich zusammengefaßt und umgesetzt. Das Ausmaß der öffentlichen Güter wird von der Überlegung bestimmt, daß die zusätzlichen gesellschaftlichen Kosten für ihre Produktion mit dem gesellschaftlichen Grenznutzen übereinstimmen müssen. Liegen mithin die Zusatzkosten für die Gesellschaft noch unter den Nutzenzuwächsen, wird die Produktion der öffentlichen Güter ausgeweitet und umgekehrt.

Das Modell der **Konsensdemokratie** ist eine **gedankliche** und nicht notwendigerweise beobachtbare **Staatsform**. Sie kann als denkbares Extrem angesehen werden, an dem sich lehrbuchhaft Handlungsmöglichkeiten für den Staat aufzeigen lassen. Das Lehrbuchbeispiel ist aus seiner Logik heraus auch nicht um beobachtbare Erweiterungen zu ergänzen, wie z.B. unterschiedliche Zeithorizonte oder administrative Umsetzungsprobleme beim Erkennen der Wünsche nach öffentlichen Gütern und beim Prozeß ihrer Bereitstellung. Daher können die Ergebnisse des Modells auch nur mit großen Einschränkungen als Bezugsgröße für tatsächliches Staatshandeln verwendet werden.

Reale parlamentarische Demokratien sind keine Konsensdemokratien, sie erfreuen sich nicht der uneingeschränkten Unterstützung durch die Bevölkerung, sondern repräsentieren ein Mehrheitsinteresse, wobei ein Teil der Interessen der Bevölkerung, die der Minorität, in der Regierung nicht vertreten sind. Das **Modell der repräsentativen Demokratie** erfordert keinen Konsens, es setzt vielmehr voraus, daß die **Regierung eine Mehrheit** oder ein herrschendes Interesse **vertritt**. Die Mitglieder der Mehrheit erhalten ihre ökonomischen Mittel und damit in erster Linie ihr Einkommen im Unterschied zum Diktator aber nicht durch den Staat selbst, sondern durch ihre Beteiligung am allgemeinen Wirtschaftsleben, z.B. aus Marktprozessen. Solche demokratischen Staatsformen besitzen drei Merkmale: (1) es gibt eine Konkurrenz um Wählerstimmen, um die Regierung bestimmen zu können; (2) es ist zu erwarten, daß Maßnahmen der Einkommensumverteilung durchgeführt und daß auch öffentliche Güter bereitgestellt werden; (3) das Verhalten der Regierung hängt wesentlich davon ab, welche Teile der Bevölkerung oder der Volkswirtschaft von den herrschenden Parteien oder den Entscheidungsträgern in ihre Überlegungen einbezogen werden.

Eine repräsentative Demokratie hat ein starkes eigenes **Interesse** daran, das gesamtwirtschaftliche Einkommen oder den **Wohlstand** in der Volkswirtschaft **insgesamt zu fördern**, weil dadurch auch die Mehrheit besser gestellt wird. Den Mehrheitsinteressen kann aber gleichfalls dadurch Rechnung getragen werden, daß eine **Einkommensumverteilung von der Minorität zur Mehrheit** stattfindet. Die Mehrheit hat zudem ein Entscheidungsrecht über die Höhe der Besteuerung und über das Ausmaß dessen, wieviel von den Steuereinnahmen zu ihren Gunsten umverteilt und welcher Betrag für die Bereitstellung öffentlicher Güter eingesetzt wird. Die Mehrheit wird daher mehr Steuern erheben als sie für die Bereitstellung öffentlicher Güter aufwendet, da sie den verbleibenden Rest direkt für ihre eigenen Zwecke selbst verwendet, bzw. für sich behält.

An dieser Stelle zeigt sich bereits eine **ökonomisch begründete Beschränkung** des Mehrheitswillens **für Umverteilungsmaßnahmen** in der repräsentativen Demokratie. Die Mehrheit wird Steuererhöhungen mit dem Ziel, Einkommensbestandteile zu sich selbst zu verlagern, nicht unbegrenzt weiterführen. Die Grenze für eine weitere Belastung ist erreicht, wenn die Mehrheit durch Steuererhöhungen in ihrem regulären Markteinkommen (nach Steuern) eine ebenso weitgehende Belastung erfährt, wie sie anschließend durch die Umverteilung der Steuermittel begünstigt wäre. Die Mehrheit beschränkt damit die Einkommensverluste über die Erhebung von Steuern, die sie allen Mitgliedern der Volkswirtschaft gleichmäßig auferlegt, da sie - unter der Voraussetzung der Gleichheit der Besteuerung (einem wesentlichen Postulat in einem Rechtsstaat) - an der Aufbringung der Steuern substantiell beteiligt ist und dadurch selbst direkte Einkommenseinbußen erleidet. Die hoheitliche Möglichkeit, mittels Zwangsabgaben, Einkommen zu sich selbst umzuverteilen, findet insoweit eine ökonomische Grenze. Daher ist auch die Minorität vor einer übermäßigen Ausschöpfung des Rechts, Steuern zu erheben, geschützt. **Je größer im übrigen die Mehrheit** ist, **um so geringer** wird **die Besteuerung** ausfallen. Das bedeutet **andererseits** aber auch, daß kleinere Mehrheiten, bzw. **kleinere Gruppen** mit bestimmendem Einfluß innerhalb einer Mehrheit durchaus **an höheren Steuern interessiert** sind, von denen sie dann durch die Umverteilung zu sich selbst im Vergleich zum eigenen Steuerbeitrag nennenswert profitieren können.

Das Ausmaß an öffentlichen Gütern in der repräsentativen Demokratie hängt einerseits von der Größe der Mehrheit und ihrem Markteinkommen ab, wird aber auch mitbestimmt vom Betrag, den die Mehrheit aus den Zwangseinnahmen im Rahmen der Umverteilung für sich selbst vorsieht.

Die von M. C. McGuire und Mancur Olson, Jr. entwickelten Konzepte zum Erklären des **Staatshandelns** beruhen jeweils auf der **Annahme eines nutzenmaximierenden Entscheidungsträgers**, der zum Erreichen seiner Ziele (hoheitlichen) Zwang einsetzen kann. Die Bevölkerung und die dort vorhandenen Interessen oder das Gemeinwohl werden dabei nicht aus dem Auge verloren. Das **Gemeinwohl** spielt allerdings nur **insoweit** eine Rolle, **als der Staat** durch dessen Beachtung oder Förderung **seine eigene Position verbessern kann**. Dies wird um so eher der Fall sein, je längerfristiger der Planungshorizont ist, bzw. je breiter sich die Mehrheitsinteressen in einer repräsentativen Demokratie im Staatshandeln niederschlagen.

Einige **Einschränkungen** zu dieser eher „optimistischen" Sicht, **was die Beachtung des Gemeinwohls anbetrifft**, sind bereits gemacht worden. Die Einschränkungen haben dabei durchaus reale Bedeutung und lassen sich an beobachtbaren Beispielsfällen nachvollziehen. Sie betreffen den **Zeithorizont** des Entscheidungsträgers, sei es ein Diktator, sei es eine repräsentative Demokratie. Je kürzer deren Planungshorizonte sind, um so eher kommen Ergebnisse zustande, die auf die Wünsche der Bevölkerung keine Rücksicht nehmen. Eine andere Einschränkung für die Beachtung des Gemeinwohls ergibt sich durch die **Zersplitterung eines einheitlichen Entscheidungswillens** beim staatlichen Entscheidungsträger. Sofern mehrere Entscheidungsträger vorhanden sind, werden sie nicht alle von gleichartigen Gegebenheiten und von der gleichen Nutzenüberlegung ausgehen. Dies trägt zur Widersprüchlichkeit des Staatshandelns insgesamt bei und läßt dem möglichen Gemeinwohlinteresse weniger Raum. Der letzte Aspekt wird in jedem Fall dadurch noch in seiner Bedeutung verstärkt, daß staatliche Entscheidungsträger ihre Entscheidungen durch eine Bürokratie umsetzen lassen müssen, die ihrerseits keineswegs mechanisch oder ungeprüft den einheitlichen Willen des Staates übersetzt, sondern in aller Regel ihrerseits eigene Interessen verfolgt. Die bürokratischen Eigeninteressen müssen sich weder mit den Absichten des staatlichen Entscheidungsträgers decken, noch mit den Wünschen der Bevölkerung, die dem hoheitlichen Zugriff der Bürokratie ausgesetzt ist.

Das Staatshandeln kann nach allem nicht ohne weiteres lediglich auf die drei unterschiedenen Staatsformen oder Erklärungsansätze (Diktator, Konsensdemokratie und repräsentative Demokratie) zurückgeführt werden, sondern muß auch mögliche Ergänzungen und Erweiterungen dieser Modelle berücksichtigen. Die Modelle stellen aber in jedem Fall einen wesentlichen Ansatzpunkt für finanzwissenschaftliche Analysen in ihren Mittelpunkt, daß nämlich das **Handeln des Staates keinen anderen Prinzipien** folgt, **als** sie **sonst in einer Volkswirtschaft** im Verhalten von Wirtschaftssubjekten gelten. Wirtschaftssubjekte und die Entscheidungsträger des Staates handeln ökonomisch und sind bestrebt, ihren Nutzen zu maximieren. Der **Staat** kann dabei **nicht** als Instanz gesehen werden, die **außerhalb** des sonstigen Verhaltens von Menschen in einer Gesellschaft steht und deren Aufgabe vornehmlich darin zu sehen ist, als Wächter oder Schiedsrichter der wirtschaftlichen und gesellschaftlichen Prozesse insgesamt aufzutreten. Der Staat ist **vielmehr** ein **Teil der wirtschaftlichen** und gesellschaftlichen **Prozesse** (R.E. Wagner 1997), in die er von beiden Seiten - als Betroffener wie als Entscheidungsträger - eingebunden ist. **Sein Handeln kann** dementsprechend auch **mittels der positiven ökonomischen Analyse zureichend erfaßt** und interpretiert werden.

2.1.3 Frühere Erklärungsansätze des Staatshandelns

Die ökonomisch fundierten Erklärungsansätze des Staatshandelns wenden sich bewußt ab von Konzepten, die in der traditionellen normativen Finanzwissenschaft, u.a. auch noch in der Folge von Musgrave eine bedeutsame Rolle gespielt haben und z.T. weiterhin spielen. Da der Staat nicht außerhalb der Volkswirtschaft steht, sondern mit ihr verbunden ist, gibt es auch keine Unabhängigkeit von Privatsektor und Staatssektor. **Ein früherer Erklärungsansatz** negiert diese gegenseitige Verflechtung und baut darauf eine Begründung für das Staatshandeln auf. Danach wird der Staat als übergeordnete Instanz oder als Korrektiv für das private Handeln tätig. Die insoweit abgeleitete Basis für sein Handeln und für das Bereitstellen öffentlicher Güter ist das Vorliegen eines **Marktversagens**. Weil mithin aus Sicht des Staates der Markt oder die Märkte nicht zu einem Resultat führen, wie er es als akzeptierbar ansieht, kommt es zu einem staatlichen Handeln und gegebenenfalls zum Angebot öffentlicher Güter seitens des Staates. Das Konzept des Marktversagens ist allerdings **inhaltsleer** soweit der Staat als Teil der Volkswirtschaft und auch mit Hoheitsgewalt über sie anerkannt wird. Der Staat muß sich damit auch wirtschaftliche Ergebnisse zurechnen lassen und kann nicht Märkte für Resultate verantwortlich machen, die er durch seine Allokationspolitik von vornherein hätte anders regeln können (Z.B. entstehen Monopole im wesentlichen nur dort, wo der Staat sie schützt). Wirklich exogene Ereignisse, z.B. Naturkatastrophen oder Kriege zwischen anderen Mächten, kann er sicherlich nicht beeinflussen. Es ist allerdings zumindest eine finanzwissenschaftlich relevante Frage, ob ein Staat seine Rechtssordnung als öffentliches Gut bewußt in einer Weise gestaltet und organisiert, daß eine geldpolitisch unabhängige Zentralbank ihr Notenmonopol so ausnutzen kann, daß weitgehende Preisstabilität erreicht wird, oder daß Tarifparteien Kartellabsprachen treffen dürfen, die sich im wesentlichen auf die Interessen von ausgebildeten Arbeitskräften konzentrieren, die bereits - und im Extremfall noch - eine Beschäftigung haben.

Ein weiterer früherer Ansatz für das Staatshandeln geht über den Aspekt des Marktversagens hinaus, umfaßt ihn allerdings als Teil; gemeint ist die Fragestellung **der Wohlfahrtsökonomie**. Der Wohlfahrtsökonomie liegt die (normative) **Frage nach einer gesamtwirtschaftlich effizienten Allokation** der Ressourcen in einer Volkswirtschaft zugrunde. Dem Staat wird dabei die Aufgabe zugewiesen, die Voraussetzungen für eine effiziente Allokation der Ressourcen zu schaffen und seine Finanzierung, bzw. die Bereitstellung der öffentlichen Güter auf dieses Ziel hin auszurichten. In einer besonders weitgehenden Interpretation der Effizienz wird auf die **Pareto-Effizienz** zurückgegriffen, die ihrerseits von der Existenz vollkommener Märkte ausgeht und als Ergebnis eine Pareto-Optimalität ableitet (Pareto, 1927). Pareto-optimal ist ein Zustand, der sich durch die raschen Reaktionen der Märkte untereinander einstellt, und bei dem es schließlich unmöglich ist, durch eine Änderung der Allokation die Lage eines Teilnehmers des ökonomischen Systems zu verbessern, ohne gleichzeitig die Situation eines anderen zu verschlechtern. Die Darstellung und Ableitung der Effizienz ist im Pareto-Modell noch an weitere Bedingungen gekoppelt (z.B. gegebene Einkommensverteilung und Fehlen von Externalitäten), deren Einfluß für das Erreichen der gesamtwirtschaftlichen Effizienz und auch für das Tätigwerden des Staates in der Finanzwissenschaft ausführlich diskutiert worden sind.

An dieser Stelle sei lediglich auf das **Konzept der gesamtwirtschaftlichen Effizienz als historischer Erklärungsansatz** des Staatshandelns hingewiesen, ohne eine Vollständigkeit in seiner Darstellung anzustreben. Dieser wohlfahrtstheoretische Ansatz war und ist eine allgemeine und nicht unwesentliche Stütze für normative Forderungen an das Staatshandeln, kann aber gleichwohl für beobachtetes Verhalten von Staaten kaum zu Rate gezogen werden. Die Wohlfahrtstheorie liefert zwar eine mögliche Begründung für Mängel in der Effizienz tatsächlicher Märkte, was jedoch nur im Vergleich zu einem Lehrbuch-Resultat gesehen und nicht als ökonomisch fundierte Beurteilung eines tatsächlichen Marktergebnisses gewertet werden kann. Die von der Wohlfahrtstheorie herangezogene gesamtwirtschaftliche Effizienz ist auch die Grundlage für das im Verhältnis dazu abgeleitete Marktversagen. Märkte entsprechen jedoch durchweg nicht dem Bild des

Pareto-Modells, auch wenn sie bei freiem Marktzugang dahin tendieren. Dabei ist allerdings zu beachten, daß tatsächliche Märkte auch auf divergierenden individuellen Präferenzen beruhen, die Außenstehenden nicht bekannt sind. Eine Beurteilung von Marktergebnissen kann insoweit von vornherein nicht nach gewissermaßen übergeordneten Effizienzkriterien erfolgen. Damit entfällt zugleich die Möglichkeit, das staatliche Handeln darauf hin einzuschätzen, ob es dem (prinzipiell unbekannten) Effizienzziel dient oder nicht.

Eine **weitere** Klasse von früheren **Erklärungsansätzen** des Staatshandelns greift auf **verfassungstheoretische oder vertragstheoretische** Überlegungen zurück, die zwar etwas mehr Plausibilität besitzen, jedoch von der Beobachtbarkeit und der ökonomischen Fundierung her ebenfalls nicht zufriedenstellen. Dies beginnt bereits bei der unterstellten Ausgangssituation, sei es eine Anarchie oder eine sonstige vorkonstitutionelle Gegebenheit, die dann durch einen Gesellschaftsvertrag, eine Verfassung oder auch eine Reihe gesetzlicher Regeln eine Ordnung erhält, so daß persönliche Sicherheit, Grundrechte und ein Normenwerk für den Wirtschaftsprozeß sichergestellt werden. Ein solcher Urzustand mit einer weitgehenden freien Verfügungsmöglichkeit über die allgemeinen Regeln des sozialen und wirtschaftlichen Lebens sowie die speziellen Aufgabenbereiche des Staates existiert selbst in den bekannten Fällen von Staatszusammenbrüchen, revolutionären Umgestaltungen und Systemveränderungen kaum, bzw. es bildet sich in diesen Situationen unmittelbar eine mit Gewaltmöglichkeiten ausgestattete Gruppe, Schicht oder Klasse heraus, die die Staatsaufgaben an sich zieht und die in ihrem Verhalten nach dem Ansatz von McGuire und Olson eingeordnet und erklärt werden kann.

Übergänge in der Argumentation **zwischen der traditionellen Vertragstheorie**, die im Gesellschaftsvertrag, dem „contrat social" der Aufklärungszeit zu finden sind, **und dem hier vorgestellten ökonomischen Ansatz** ergeben sich u.a. aus den Überlegungen von F.A. v. Hayek (1971) zur Gesellschafts-Verfassung sowie in der Analyse von J.M. Buchanan (1980, 1985). Nach **F.A. v. Hayek** entsteht eine **Gesellschafts-Verfassung** als **evolutorischer Prozeß**, in dem Regeln für das Zusammenleben der Menschen mehr oder weniger zufällig gefunden werden. Aber nur jene Regeln werden sich durchsetzen, die sich insoweit besser eignen, als sie sich für eine größere Zahl von Menschen als vorteilhafter erweisen und ihr ökonomisches Überleben fördern. Dieser Auswahlprozeß findet auch zwischen Gruppen statt. Die Gruppen, die in der Lage sind, überlegene Regeln für ihr Zusammenleben zu entwickeln, werden besser überleben und haben größere Chancen, weitere Mitglieder zu gewinnen als solche, die mit „schlechteren" Regeln leben.

Buchanan schließlich betrachtet den öffentlichen Sektor als Herrschaftsinstrument einer in sich geschlossenen und ihren privaten Nutzen maximierenden Gruppe von Politikern und Beamten. Die Analyse von Buchanan folgt der von

Th. Hobbes entwickelten Überlegung eines **Leviathan**, d.h. eines übergeordneten Machthabers, der sich durchaus wie ein einkommensmaximierender Monopolist verhalten und seine Steuerhoheit, bzw. seine Zwangsgewalt entsprechend ausnutzen kann. Diesem Leviathan ist dann in einem Ausgangszustand (oder einem imaginären Urzustand) eine feste verfassungsrechtliche Begrenzung für die öffentlichen Einnahmen und Ausgaben zu geben, um seine Macht in Schranken zu halten und den Bürger vor der Ausnutzung der Herrschaftsgewalt zu schützen. Allerdings ist durchaus zu bezweifeln, ob sich ein solcher Leviathan von vornherein oder von außen ein Regelwerk in Form einer Verfassung oder eines gesetzlichen Rahmens auferlegen läßt, das seinen eigenen Absichten (zumindest in der kurzen Frist) widerspricht oder ihm Beschränkungen seiner Handlungsmöglichkeiten auferlegt. Auch hier erscheint die oben vorgestellte Analyse aussagekräftiger, daß die Obrigkeit oder Herrschergruppe in ihrem eigenen Interesse ein Regelwerk oder eine Summe öffentlicher Güter bereitstellen wird, um ihren Nutzen zu maximieren, woraus sich als Nebenresultat auch die Berücksichtigung von Wünschen und Bedürfnissen der Bürger dieses Staatswesens ergibt.

2.2 Wahlen in der Demokratie

2.2.1 Wesentliche Rechtsgrundlagen für Wahlen in der Bundesrepublik Deutschland

Wahlen sind Möglichkeiten, die Bevölkerung am Prozeß der politischen Willensbildung und Entscheidung teilhaben zu lassen. Das **Grundgesetz** sieht in Art. 20, Abs. 2 in Wahlen (und Abstimmungen) eine Art der Ausübung der Staatsgewalt. Wahlen vermitteln insoweit eine Basis für das Gewaltmonopol des Staates. Das Grundgesetz kanalisiert zum anderen die in den Wahlen zum Ausdruck zu bringenden Wünsche oder Präferenzen der Bevölkerung dadurch, daß in Art. 21, Abs. 1 die **Mitwirkung der Parteien** bei der politischen Willensbildung des Volkes vorgesehen ist. Die Parteien haben demnach die Aufgabe, nicht nur die Wünsche der Bevölkerung zusammenzufassen und zu verdeutlichen, sondern auch die Entwicklung neuer oder geänderter Wünsche zu fördern und sie so zu formulieren, daß sie in Wahlen eine hinreichende Aufmerksamkeit sowie Zustimmung finden und schließlich für eine Regierungspolitik maßgeblich werden können.

Die Wahlen haben den demokratischen Gleichheitsgrundsätzen zu entsprechen, die nach Art. 38, Abs. 1 des Grundgesetzes daher z.B. für die Abgeordneten des Deutschen Bundestages vorschreiben, daß sie in allgemeiner, unmittelbarer, freier, gleicher und geheimer Wahl zu wählen sind. In der gleichen Vorschrift ist aber ein Konfliktfeld zur Parteiendemokratie angelegt, dadurch daß die Abgeordneten als Vertreter des ganzen Volkes gelten, an Aufträge und Weisungen nicht gebunden und nur ihrem Gewissen unterworfen sind. Denn danach müßten die

Abgeordneten ein gesamtes Volksinteresse vertreten, während Parteien von ihrem Wortsinn her immer nur Teilinteressen der Bevölkerung wahrnehmen und fördern wollen. Dieses Konfliktfeld kommt dann deutlich zum Tragen, wenn bei Abstimmungen die Fraktionsdisziplin in Form des Fraktionszwangs angeordnet und durchgesetzt wird, mit der die Absichten einer Partei nachhaltig und geschlossen vertreten werden sollen, auch für den Fall, daß keineswegs alle Abgeordneten der Partei die Fraktionsmeinung persönlich billigen und unterstützen.

Die bedeutsame Stellung der Parteien für das Staatswesen in Deutschland zeigt sich im übrigen auch im „Gesetz über die politischen Parteien" oder dem **Parteiengesetz**, das zuletzt am 31. Januar 1994 neu bekanntgemacht wurde. Nach § 1, Abs. 1 des Parteiengesetzes sind die Parteien „ein verfassungsrechtlich notwendiger Bestandteil der freiheitlichen demokratischen Grundordnung. Sie erfüllen mit ihrer freien, dauernden Mitwirkung an der politischen Willensbildung des Volkes eine ihnen nach dem Grundgesetz obliegende und von ihm verbürgte öffentliche Aufgabe." Abs. 2 des gleichen Paragraphen erläutert die verfassungsrechtliche Aufgabenstellung der Parteien noch näher. Danach wirken die Parteien „an der Bildung des politischen Willens des Volkes auf allen Gebieten des öffentlichen Lebens mit, indem sie insbesondere auf die Gestaltung der öffentlichen Meinung Einfluß nehmen, die politische Bildung anregen und vertiefen, die aktive Teilnahme der Bürger am politischen Leben fördern, zur Übernahme öffentlicher Verantwortung befähigte Bürger heranbilden, sich durch Aufstellung von Bewerbern an den Wahlen in Bund, Ländern und Gemeinden beteiligen, auf die politische Entwicklung in Parlament und Regierung Einfluß nehmen, die von ihnen erarbeiteten politischen Ziele in den Prozeß der staatlichen Willensbildung einführen und für eine ständige lebendige Verbindung zwischen dem Volk und den Staatsorganen sorgen."

Die herausgehobene Bedeutung der Parteien für die demokratische Staatsordnung zeigt sich daneben in den Vorschriften des Parteiengesetzes zur staatlichen Finanzierung der Parteien. Nach § 18, Abs. 1 gewährt der Staat „den Parteien Mittel als Teilfinanzierung der allgemein ihnen nach dem Grundgesetz obliegenden Tätigkeit. Maßstäbe für die Verteilung der staatlichen Mittel bilden der Erfolg, den eine Partei bei den Wählern bei Europa-, Bundestags- und Landtagswahlen erzielt, die Summe ihrer Mitgliedsbeiträge sowie der Umfang der von ihr eingeworbenen Spenden." Diese staatliche Finanzierung unterstreicht gewissermaßen den hoheitlichen Auftrag, den die Parteien im Rahmen der Verfassungsordnung ausüben. Die Finanzierung gibt ihnen außerdem eine ökonomische Basis für ein dauerhaftes und nachhaltiges Wahrnehmen ihrer Aufgaben, was auch der Intention des § 2, Abs. 1 entspricht, wonach Parteien „dauernd oder für längere Zeit ... auf die politische Willensbildung Einfluß nehmen ..." Die Finanzierung stellt schließlich einen ökonomischen Anreiz dar, die eigenen Ergebnisse bei Wahlen zu verbessern, um in den Genuß des höheren Finanzierungsanteils zu gelangen.

2.2.2 Parteienkonkurrenz

Die Rechtsgrundlagen für das demokratische System in Deutschland aber auch in den parlamentarischen Demokratien anderer Länder geben den Parteien in der Regel eine besondere oder gar die wichtigste Stellung zur Ermittlung und Bildung des Volkswillens, der sich schließlich im Staatshandeln der Regierung als Exekutive und des Parlaments als Legislative niederschlagen soll. Eine Partei kann aber die von ihr für wünschenswert angesehene Ausprägung der staatlichen Politik nur erreichen, wenn es ihr gelingt, eine Mehrheit der Stimmen in Wahlen zu erzielen oder zumindest im Rahmen einer Mehrheitsgruppierung (z.B. in einer Koalition) an der Regierung beteiligt zu sein, bzw. im Parlament in Abstimmungen die Gesetze in ihrem Sinne zu beeinflussen. Parteien streben damit grundsätzlich nach einer Vielzahl von Stimmen, weil sich auf diesem Wege ihre Absichten am ehesten realisieren lassen. Jede Partei muß sich allerdings gemeinsam mit anderen Parteien, um Wählerstimmen bemühen, sie steht daher in Konkurrenz zu den anderen Parteien, es gibt einen Wettbewerb um die Stimmen oder eine Parteienkonkurrenz.

Diese **Parteienkonkurrenz** ist **zum einen vergleichbar mit** der **Konkurrenz** von Anbietern **in der Wirtschaft**, die ihre Güter dem allgemeinen Publikum anbieten (und werblich anpreisen) und sich insoweit um die Zustimmung und damit um die Nachfrager bemühen. Typische Anbieter aus dem Wirtschaftsleben sind bestrebt, ihre Position auf dem Markt im Verhältnis zu den Konkurrenten zu festigen, ihre Absatzmengen zu steigern und einen höheren Marktanteil für ihre Produkte zu erreichen. Für Parteien gelten analoge Überlegungen, was ihr Streben nach Stimmen anbetrifft. Sie werden sich gegenüber anderen Parteien hervorheben müssen, um die für sie abgegebene Stimmenzahl erhöhen zu können und um ihren Anteil an der Zahl der Stimmen auszuweiten. Diese Analogie der Parteienkonkurrenz wird in Wahlkämpfen und in manchen Parlamentsdebatten besonders deutlich, wenn die Parteien darauf abstellen, ihr „Produkt", d.h. die von ihnen für richtig erachtete Werthaltung oder Wunschvorstellung für politische Entscheidungen in besonders positivem Licht darzustellen und anzupreisen und gleichzeitig auf Argumente und Mittel der Werbung zurückgreifen, die auch im Wirtschaftsleben anzutreffen sind.

Die **Vergleichbarkeit** der Parteienkonkurrenz mit der Konkurrenz in der Wirtschaft besteht **andererseits** bei der Werbung für die Produkte **keineswegs vollständig**. Die werbenden Aussagen der Parteien für ihre Werte und Wünsche (oder ihre Ideologie) können mit dem späteren Produkt, das sich der Wähler über die Stimmabgabe erhofft, übereinstimmen - sie müssen es allerdings nicht. Es kommt vielmehr immer wieder zu Wahlversprechen, die im nachhinein nicht eingehalten werden, was in der Wirtschaftsanalogie einem Produkt entspricht, dessen Qualität sich nicht mit den Produktbeschreibungen deckt. Da es **keine Quali-**

täts- oder Normungsvorschriften für die **von den Parteien** benutzten **Werte** und Wünsche gibt, können sie relativ beliebig auf ihre Wünsche und Ziele verweisen, in der Hoffnung, damit das Abstimmungs- und Wahlverhalten zu ihren Gunsten zu beeinflussen. Der Vergleich der Parteienkonkurrenz mit Wettbewerbsbeziehungen in der Wirtschaft läßt sich somit bereits bei der Zusicherung über **Qualitätseigenschaften des** versprochenen oder angepriesenen **Produktes** nicht völlig nachvollziehen. Ein privater Anbieter muß werblich herausgestellte Eigenschaften seines Produktes auch sicherstellen und ist zur Not für Mängel oder Abweichungen in der Produktqualität verantwortlich. Dies kann bis hin zum **Schadensersatz** reichen. **Für** eine **Partei gilt dies nicht** gleichermaßen.

Parteien haben zumindest zwei **Ausweichmöglichkeiten**, die es ihnen erlauben, **keine Garantie** für ihre Produkte übernehmen zu müssen. **Zum** einen können sie in einer **Wahl unterliegen** und kommen insoweit von vornherein gar nicht in die Verlegenheit, ihr versprochenes Produkt überhaupt realisieren zu müssen. Je größer die Wahrscheinlichkeit ist, daß eine Partei in der Wahl unterliegt, um so eher kann sie (beliebige) Wahlaussagen machen oder politische Produkte in Aussicht stellen, ohne in die Verlegenheit zu geraten, jemals für die Produktqualität einstehen zu müssen. **Zum anderen** wird sie **nach** einer für sie **erfolgreichen Wahl** auf geänderte gesamtwirtschaftliche und gesamtpolitische Umstände verweisen und mit diesem Argument eine von den ursprünglichen Wahlversprechen abweichende Realisierung ihrer früheren Aussagen rechtfertigen. In Abhängigkeit vom Planungshorizont einer Partei selbst, dem Erinnerungsvermögen der Wähler und deren Einsicht in wirtschaftliche und politische Veränderungen kann die letztgenannte „Entschuldigung“ mehr oder weniger intensiv benutzt werden. Das Vertrauen in die politischen Absichten einer Partei läßt sich jedenfalls durch abweichende Produkteigenschaften nicht generell erschüttern.

Es kommt als weiterer Unterschied hinzu, daß das Mittel der vergleichenden Werbung, das im Wirtschaftsleben benutzt werden kann, eine **direkte Herabwürdigung von Konkurrenzanbietern** und deren Produktqualitäten nicht erlaubt. Im politischen Wettstreit der Parteien ist es jedoch durchaus üblich, den Konkurrenten Unfähigkeit, Täuschung bis hin zu bösartigen Absichten zu unterstellen, um die eigenen Produkte in einem besseren Licht erscheinen zu lassen.

Die **Parteienkonkurrenz** ist **schließlich** in einem zentralen Aspekt **keinesfalls mit** der **Konkurrenz in der Wirtschaft vergleichbar**: dies betrifft das politische System, bzw. das Mehrheitsprinzip selbst. Eine **Partei**, die eine Mehrheit für ihre Ziele gefunden hat, **kann** diese **Ziele realisieren**, auch wenn **die** Ziele **von einer** relativ **großen Minderheit abgelehnt werden**. Das heißt, die Wünsche oder Stimmen einer großen Zahl von Bürgern können damit im politischen Prozeß (zumindest für einige Zeit) unberücksichtigt bleiben. Ein großer Marktteilnehmer, auch wenn er marktbeherrschend ist, wird demgegenüber auch in der kurzen Frist aus eigenem wirtschaftlichen Interesse auf kleinere Absatzsegmente durchaus zugehen und ihre Wünsche aufgreifen. Mit dem Mittel der **Produktdifferenzierung** kann ein Anbieter ökonomisch unterschiedliche Märkte erreichen und weit auseinander liegende Wünsche befriedigen. Außerdem werden sich insbesondere die weiteren kleineren Anbieter um die Kundenwünsche bemühen, die von den größeren Anbietern nicht bedient werden. Insoweit findet auch eine Nachfrage von Minderheiten im Wirtschaftsprozeß eher ein wunschgemäßes Angebot, während die Wünsche auch großer Minderheiten im politischen Prozeß untergehen können. Aus dem letzten Grund ergibt sich indes nochmals eine besonders starke Motivation einer Partei und auch der ihr zuneigenden Stimmbürger, sich für eine Stimmenmaximierung einzusetzen, damit die Ziele der Partei auch realisiert werden können. **Parteien sind** daher **Stimmenmaximierer**.

Von dieser Grundannahme der Stimmenmaximierung geht das von A. **Downs** (Downs 1957) entwickelte Modell aus, das im Rahmen der ökonomischen Theorie der Politik bahnbrechend geworden ist, weil es das Regierungs- und Parteienverhalten mit den Mitteln der positiven Ökonomik untersucht und für die Finanzwissenschaft wie die Wirtschaftspolitik eine Abkehr von den früher üblichen normativen Argumentationen förderte. Ausgangspunkt ist die ökonomische Einsicht, daß nicht nur die im Wirtschaftsprozeß, sondern auch die im politischen System handelnden Individuen ihren Nutzen zu maximieren suchen. In parlamentarischen Demokratien müssen sie sich dazu in Parteien organisieren, um durch den Gewinn von Wahlen an die Regierungsmacht zu gelangen und dort ihre Bedürfnisse nach Einkommen, Macht, Prestige zu realisieren. Die Parteien haben also als Hauptziel ihren Wahlsieg oder die Maximierung der abgegebenen Stimmen, denn nur so können ihre Repräsentanten in die angestrebten Staatsfunktionen eintreten. Die politischen Programme, bzw. Werte oder Wünsche der Parteien dienen vornehmlich als Mittel zum Zweck.

Die Parteien werden bestrebt sein, ihre Programmaussagen einerseits nach der Mehrheit der Wählerschaft auszurichten, sich andererseits aber durch Differenzierungen oder Schwerpunktbildung gewissermaßen unverwechselbar zu machen. Die Schwerpunktbildung für die Ziele der Parteien müssen im übrigen unter dem Gesichtspunkt der Stimmenmaximierung gesehen werden, wonach sich im Downs-Modell für den Fall zweier konkurrierender Parteien eine Tendenz zum Medianwähler hin ergibt. Der **Medianwähler** ist der Wähler, dessen Präferenzen für die Güter des politischen Systems (i.d.R. öffentliche Güter) genau in der Mitte der politischen Positionen der Stimmbürger liegen. Um den Medianwähler herum sind in der Form einer Normalverteilung die im allgemeinen als „rechts" oder „links" bezeichneten politischen Positionen angesiedelt. Stimmenmaximierende Parteien werden ihre politische Schwerpunktbildung dann nach den Positionen des Medianwählers ausrichten. Erreicht nämlich eine Partei den Medianwähler nicht, erhält sie nicht nur eine geringere Zahl an Stimmen in den Wahlen, sondern sie verliert damit auch die Möglichkeit, in die Regierung oder die Entscheidungssituation für den politischen Prozeß zu gelangen.

Dieser **Drang zur** (politischen) **Mitte** des Medianwählers, der sich aus dem **Downs-Modell** ergibt, muß allerdings unter dem Vorbehalt gesehen werden, daß einerseits die Median-Position nicht von allen Beteiligten gleich eingeschätzt wird, so daß insoweit Wahlen für die Parteien auch zu überraschenden Ergebnissen führen können, weil sie die Median-Position nicht zutreffend erkannt haben. Das Streben nach dem Medianwähler wird andererseits dann nicht so leicht abzuleiten sein, wenn die Parteien Zielvorstellungen vertreten, die auf verschiedene Wählergruppen ausgerichtet sind und sich nicht mehr eindeutig nur auf den Medianwähler konzentrieren. Dies ist um so eher zu erwarten, wenn die politischen Wünsche der Bevölkerung keine glockenförmige Normalverteilung aufweisen, sondern deutliche Häufungen der Präferenzen für unterschiedliche Ziele bestehen, so daß eine entsprechende Verteilungsfunktion mehrgipflig ist. Die Parteien, die eine Mehrheit anstreben, müßten sich gegebenenfalls um diese Schwerpunkte der Wählerwünsche bemühen, was allerdings bei sich widersprechenden Wünschen zu parteiinternen Konflikten oder zu einer geringeren Wählerzahl führen kann. Schließlich sind parlamentarische Systeme nicht nur Mehrheitswahlsysteme, wie bislang unterstellt, sondern können auch auf das Verhältniswahlrecht zurückgreifen. Das Verhältniswahlrecht erlaubt die Repräsentanz einer größeren Zahl von unterscheidbaren politischen Wunschvorstellungen in relativ „reiner" Form. Die Parteien werden sich dementsprechend auf „ihre" Wählergruppe konzentrieren, wodurch der Medianwähler nicht notwendigerweise eine zentrale Rolle spielen muß. Der Drang zur Mitte wird sich daher auf der Stufe der Parteienkonkurrenz um die Wähler nicht in jedem Fall einstellen. Es ist gleichwohl nicht auszuschließen, daß er in Koalitionsvereinbarungen oder in einer längerfristig angelegten Regierungspolitik wieder zum Tragen kommt.

Die Modelle der Parteienkonkurrenz, das Downs-Modell und seine möglichen Erweiterungen wollen Erklärungen für das Parteienverhalten in parlamentarischen Demokratien liefern, wobei sie mit der Hypothese der Stimmenmaximierung bewußt auf einen ökonomischen Verhaltensansatz zurückgreifen und nicht etwa das Verhalten der Parteien mit Gemeinwohl-Zielen oder übergeordneten staatspolitischen Zielen erläutern. Der Ansatz der ökonomischen Theorie der Politik für das Verhalten der Parteien ist vergleichbar mit Erklärungen des Anbieterverhaltens in Oligopolen. Die wenigen Oligopolisten in einem allgemeinen Gütermarkt treten einer Vielzahl von Nachfragern gegenüber, was in aller Regel zu einer intensiven Konkurrenz zwischen den Oligopolisten führt und die Oligopolisten auch zu einem Innovationswettbewerb anregt. Die Parteien nehmen an dieser Stelle den Part der Oligopolisten ein, die sich um die Nachfrager (die Stimmen) bemühen. Die Konkurrenz zwischen ihnen ist ebenfalls intensiv und veranlaßt sie vielfach auch, mit Innovationen (Reformbestrebungen) zu operieren, um den Markt- oder Stimmenanteil zu steigern. Parteien müssen allerdings nicht die strikte interne Organisationsstruktur aufweisen wie sie ein Unternehmen in einem Oligopol besitzt. Zudem sind die Eintritts- und Austrittsregeln in einer Partei andere als in oligopolistischen Unternehmen. Dies äußert sich zum Teil auch in den mit Leidenschaft geführten Gruppenkämpfen oder Flügelkämpfen innerhalb von Parteigremien, was indes bei großen Mitgliederparteien wie in Deutschland nicht sonderlich überrascht, lassen sich nämlich große Interessengruppen kaum wirksam organisieren. Der folgende Abschnitt wird diesen ergänzenden Aspekt aufgreifen, der für die gesamte ökonomische Theorie der Politik von nachhaltiger Bedeutung ist.

2.2.3 Kollektives Handeln in Gruppen

Das Verhalten von Gruppen oder von einer Anzahl von Menschen mit einem gemeinsamen Interesse soll hier zunächst unter der Überschrift dieses Abschnitts „Wahlen in der Demokratie" gesehen werden. Denn Demokratien haben immer die Aufgabe, den Willen des Volkes aufzugreifen und im Rahmen von Wahlen erkennbar werden zu lassen. Demokratien sind aber zu allen Zeiten auch Staatsformen, in denen eine Vielzahl von Menschen mit durchaus unterschiedlichen Wünschen und Interessen zusammenlebt. Die Personen vertreten dabei ihre Wünsche keineswegs nur individuell, sondern sie finden sich insbesondere in Parteien zusammen und damit in Gruppen oder Organisationen von Menschen mit einem gemeinsamen oder kollektiven Interesse.

Die unterschiedlichen Parteien verfolgen einerseits die jeweils verschiedenen Schwerpunkte von Interessen ihrer Mitglieder und Wähler und vertreten insoweit die alternativen Gruppeninteressen, die in einer Bevölkerung vorhanden sind. Innerhalb einer Partei wird man daher zunächst eine eher einheitliche Zielvorstellung oder übereinstimmende Interessen vermuten. Gleichwohl bestehen die Parteien unserer Tage andererseits keinesfalls aus Menschen mit untereinander völlig deckungsgleichen Zielen und Wünschen, sondern zeichnen sich wiederum durch eine größere Zahl von Einzelinteressen aus. Die Partei insgesamt stellt damit gewissermaßen eine Ansammlung von Teilgruppen in einer größeren Gruppe dar. Es kommt hinzu, daß im Umfeld der Parteien in heutigen Staaten eine große Zahl von Interessenverbänden oder Lobbyisten existieren, die wiederum als Repräsentanten von Gruppen der Gesellschaft insgesamt auftreten und versuchen, in den von den Parteien getragenen Parlamenten und Regierungen Einfluß auszuüben und ihren speziellen Interessen zum Durchbruch zu verhelfen. Dies soll belegen, daß insbesondere für den politischen Entscheidungsprozeß das kollektive Handeln oder das Verhalten von Gruppen von besonderer Bedeutung ist. Insoweit liegt es nahe, danach zu fragen, welche Interessen, bzw. welche Gruppen sich vornehmlich zusammenfinden und artikulieren werden, ob es von der Größe einer Gruppe abhängt, daß sie sich bemerkbar machen kann, bzw. ob mit steigender Gruppengröße auch ihr Einfluß und ihr Gewicht zunimmt.

Zum kollektiven Handeln in Gruppen hat **Mancur Olson Jr.** eine bahnbrechende Arbeit vorgelegt (Olson 1965). Er untersucht darin das Verhalten von Gruppen mit den Mitteln der ökonomischen Analyse, was im Rahmen einer Anwendung mikroökonomischer Überlegungen erfolgt, wobei insbesondere unterstellt wird, daß die Gruppenmitglieder ihren Nutzen maximieren. Diese Annahme der Nutzenmaximierung, die in der positiven Ökonomik und von daher in der neueren Finanzwissenschaft üblich ist, erfordert im übrigen nicht, daß die Menschen Automaten im Sinne eines „homo oeconomicus" sind, die mit äußerster Berechnung und Rationalität ein möglicherweise von außen überprüfbares Ziel anstreben. Da menschliche Wünsche und Ziele subjektiv bestimmt sind, bedeutet die Annahme der Nutzenmaximierung lediglich, daß die Menschen ihre für andere Menschen keineswegs gleichen Wünsche in ihrem Handeln zielgerichtet anstreben werden. Außenstehende werden dabei vielfach weder die Ziele selbst noch den Weg zu Zielerreichung gleichermaßen nachvollziehen können, da sie in der Regel andere subjektive Einschätzungen der Ziele und Wege haben, wodurch aus ihrer Sicht Ziele und Wege zur Zielerreichung bei einer beobachteten Person nicht nachvollziehbar oder irrational erscheinen mögen. Dies liegt jedoch nicht notwendigerweise an der Irrationalität des Verhaltens der beobachteten Person, sondern an den subjektiv unterschiedlichen Wünschen und Zielen, die sich zwischen den Menschen unterscheiden und die untereinander keinesfalls von vornherein bekannt sein müssen.

Gruppen verfolgen die Interessen ihrer Mitglieder, wobei die Interessen der Mitglieder gemeinsame Interessen sein werden, die wohl in einer Gruppe, die sich in einer Organisation zusammengefunden haben, am besten vertreten werden können. Die Interessen der Mitglieder könnten zwar jeweils auch individuell angestrebt werden. Wenn allerdings eine Reihe von einzelnen Personen ein gemeinsames oder kollektives Interesse hat, wird das individuelle und unorganisierte Handeln dem gemeinsamen Ziel nicht oder nur schlechter dienen als das kollektive Handeln. Hierzu ist es also sinnvoll, daß sich die Individuen in einer Organisation zusammentun, um das gemeinsame Interesse wirksamer zu verfolgen. Die **Mitglieder**, die **einer Organisation** oder Gruppe angehören, besitzen mithin ein gemeinsames Interesse oder Ziel. Dieses **Gruppeninteresse** richtet sich auf ein gemeinsames Gut oder **Kollektivgut**, das mit Hilfe der Gruppe erreicht werden soll.

Die Gruppenmitglieder haben aber **daneben aber auch rein individuelle Interessen**, die sich von denen der anderen Personen in der Gruppe unterscheiden und die zwischen den Gruppenmitgliedern keineswegs übereinstimmen müssen oder gar widerspruchslos sind. Olson führt in diesem Zusammenhang zunächst ein **Beispiel einer großen Gruppe mit vielen Mitgliedern** an, um diese Konfliktsituation zu verdeutlichen: Danach haben auf einem Markt mit vielen Anbietern (Marktform der vollständigen Konkurrenz) alle Anbieter ein gemeinsames Interesse an einem höheren Preis für das Gut, das sie anbieten. Auf einem Konkurrenzmarkt wird jedoch ein einheitlicher Preis herrschen, so daß kein Anbieter für sich selbst einen höheren Preis erzielt, wenn der Preis nicht allgemein und damit für alle Anbieter höher ist. Daneben hat ein Anbieter auf dem Wettbewerbsmarkt auch ein Interesse, so viel wie möglich von seinen Gütern zu verkaufen oder umzusetzen, zumindest solange der Preis noch über den (zusätzlichen) Produktionskosten für eine weitere Einheit des Gutes liegt. Was die Absatzmengen anbetrifft, besteht also kein gemeinsames Interesse der Anbieter, denn je mehr ein Anbieter absetzen kann, um so geringer sind die Absatzmengen der anderen. **Das gemeinsame Interesse** an einem höheren Preis für alle steht im **Gegensatz zum Interesse eines einzelnen** Anbieters, die individuellen Angebotsmengen zu erhöhen. Ein einzelner Anbieter hat auch kein Interesse an einer individuellen Angebotseinschränkung oder Preissenkung, weil er mit diesen Alternativen lediglich seine eigene wirtschaftliche Situation verschlechtern würde. Zwar haben alle Anbieter ein gemeinsames Interesse an einem höheren Preis für das Gut auf dem Markt. Es liegt jedoch im Interesse eines jeden einzelnen, daß die Kosten in Form der notwendigen Produktionseinschränkung für die Erzielung des höheren Preises von den jeweils anderen Anbietern getragen werden.

Eine gemeinsame Preiserhöhung kann in diesem Beispielsfall eines Wettbewerbsmarkts nur dann erreicht werden, wenn gewissermaßen von außen durch staatliche Preisstützungen oder Kontrollen der Wettbewerbsmarkt geschützt wird. Die Anbieter des Wettbewerbsmarktes müßten also eine gemeinsame Interessenvertretung aufbauen und finanzieren, die ihr Interesse an höheren durch den Staat geschützten Preisen durchsetzen kann. Ein einzelner Anbieter handelt aber nicht rational, wenn er seine individuelle Produktion drosselt, um zu einem höheren Preis für das Gut der Branche auf dem Markt insgesamt beizutragen, und er handelt ebenfalls nicht rational, wenn er seine Zeit und sein Geld für die Unterstützung einer Interessenvertretung, einer Lobby, einsetzt, die sich für eine Preiserhöhung durch die staatliche Wirtschaftspolitik verwendet.

Mit freiwilligen Beiträgen wird sich also eine Interessenvertretung in der großen Gruppe nicht erreichen lassen. Ein einzelnes Mitglied in einer großen Gruppe wird mit seinem Finanzierungsbeitrag oder seinem Engagement keinen merklichen Einfluß auf die Situation seiner Organisation haben; es kann jedoch alle Vorteile in Anspruch nehmen, die im Rahmen der Organisation von den anderen Mitgliedern erreicht wurden, unabhängig davon, was es selbst zur Unterstützung der Organisation beigetragen hat oder nicht. **Eine große Gruppe**, die ein kollektives Gut erstrebt, das allen Mitgliedern zur Verfügung steht, **wird sich** daher **nur dann organisieren**, **wenn sie** - wie der Staat - auf **Zwangsmaßnahmen** und einer Zwangsfinanzierung aufbauen kann **oder wenn** sie **neben dem Kollektivgut Anreize** bieten kann, die mit dem Kollektivgut selbst nichts zu tun haben müssen, einem einzelnen Mitglied dann aber einen hinreichenden Vorteil bieten, der es ihm wert ist, sich an den Finanzierungslasten für die Erhaltung der Organisation zu beteiligen.

Große Gruppen werden sich nach diesen Überlegungen **nicht** sehr **leicht organisieren** und ihr gemeinsames Interesse, das Kollektivgutcharakter hat, durchsetzen können. Sie müssen entweder **Zwang** gegenüber ihren Mitgliedern anwenden **oder** sie müssen ihren Mitgliedern positive **selektive Anreize** bieten, dadurch daß sie auch private oder nicht-kollektive Güter anbieten oder einzelne Mitglieder mit vorteilhaften gesellschaftlichen oder freizeitgestaltenden Einrichtungen versorgen. Neben dem Kollektivgut ist daher ein Koppelprodukt oder ein Nebenprodukt erforderlich, um rational handelnde Wirtschaftssubjekte dazu zu bewegen, einen Teil der Kosten für das Erreichen des Kollektivguts durch die Organisation zu tragen. Es gibt daher viele Organisationen oder große Gruppen, die neben ihrer Funktion als Lobby noch wirtschaftliche oder soziale Funktionen erfüllen. Dies gilt für Parteien und für andere Gruppen des wirtschaftlichen, sozialen, kulturellen und sportlichen Lebens. Im allgemeinen bleibt jedoch festzuhalten, daß sich große Gruppen nicht sehr leicht organisieren werden, um das gemeinsame Interesse der Mitglieder zu vertreten.

Völlig anders liegt der Sachverhalt, wenn wenige Personen ein gemeinsames Interesse haben, das sie in einer **kleinen Gruppe** verfolgen. Eine kleine Gruppe, die ebenfalls eine Organisation benötigt, um ihre Ziele zu vertreten, wird sich mit Kosten belasten müssen, die aus der Produktion des Kollektivguts resultieren. Die Gesamtkosten werden mit der Menge oder dem Umfang des Kollektivguts steigen. Im übrigen dürften vielfach auch beträchtliche Anlauf- oder Fixkosten auftreten, zumal das von einer Gruppe angestrebte Kollektivgut nicht beliebig teilbar ist, so daß die erste Einheit unverhältnismäßig teuer sein wird. Das Kollektivgut hat daneben Vorteile für die Mitglieder der Gruppe, die mit den Kosten abzuwägen sind. Wenn die Vorteile für ein einzelnes Mitglied größer erscheinen als die Kosten, wird es das Kollektivgut in jedem Fall produzieren (lassen), gegebenenfalls allein. Es ist jedoch damit zu rechnen, daß die Gesamtkosten des Kollektivguts die Vorteile für ein einzelnes Mitglied übersteigen. Wird das Kollektivgut dann durch die Gruppe erstellt, so hängt im allgemeinen der Anteil eines einzelnen Mitglieds am Gesamtvorteil der Gruppe von der Anzahl der Gruppenmitglieder ab und von dem Nutzen, den ein einzelnes Mitglied im Verhältnis zu den anderen aus dem Kollektivgut erreicht. Der Gesamtvorteil oder der Gesamtgewinn der Gruppe hängt von der Menge oder dem Ausmaß des Kollektivguts ab und von der Größe der Gruppe, bei der auch noch die Bewertung eine Rolle spielt, die einzelne Mitglieder einer jeweiligen Einheit des Kollektivguts zubilligen.

In kleinen Gruppen wird **ein einzelnes Mitglied verhältnismäßig viel** von dem **Nutzen des Kollektivguts** erhalten. Es ist daher zu erwarten, daß die kleine Gruppe das **Kollektivgut durch das freiwillige eigennützige Handeln** der Mitglieder **produzieren lassen** wird. In kleinen Gruppen mit deutlichen Größenunterschieden der Mitglieder, auch was ihr Interesse am Kollektivgut betrifft, ist die Wahrscheinlichkeit der Bereitstellung des Kollektivguts am größten. Denn mit steigendem Interesse am Kollektivgut nimmt auch die Wahrscheinlichkeit zu, daß ein einzelnes großes Mitglied einen so bedeutenden Vorteil aus dem Kollektivgut erzielt, daß es sich für dieses Mitglied im Extrem rentieren würde, das Kollektivgut völlig allein zu finanzieren.

Obwohl kleine Gruppen sich mithin durch einen freiwilligen Zusammenschluß eher zur Produktion des Kollektivguts bereitfinden oder ihre gemeinsamen Interessen auch durch kollektives Handeln gemeinsam durchsetzen, wird selbst in kleinen Gruppen das Kollektivgut in der Regel nicht in dem Gesamtumfang produziert und bereitgestellt, wie es im gemeinsamen Interesse aller einzelnen Mitglieder wäre. Insoweit ergibt sich eine **Tendenz zur Suboptimalität** gemessen am Ausmaß aller vorhandenen Wünsche nach dem Kollektivgut. Dies rührt daher, daß ein Kollektivgut, das eine Gruppe bereitstellt, von allen Mitgliedern genutzt werden kann. Einerseits kann ein einzelnes Mitglied eventuell nur einen Teil des Nutzens aus einer weiteren Kostenbeteiligung für das Kollektivgut ziehen, so daß es seine finanzielle Beteiligung einschränkt oder einstellt, bevor die optimale Menge des Kollektivguts für die Gruppe insgesamt erreicht ist. Andererseits gibt es für alle Mitglieder den Anreiz, das Kollektivgut der Gruppe auch ohne weitere Beteiligung an den Kosten zu nutzen. Je größer die Gruppe, um so stärker sind diese Motive für die einzelnen Mitglieder und um so eher ergibt sich die Suboptimalität bei der Produktion des Kollektivguts.

Kleinere Mitglieder in Gruppen mit unterschiedlicher Größe der Mitglieder besitzen im übrigen einen geringeren Anreiz, von sich aus zusätzliche Mengen des Kollektivgutes bereitzustellen oder zu finanzieren. Sobald ein kleineres Mitglied zusätzliche Einheiten des Kollektivgutes erhält, ohne sich an dessen Finanzierung beteiligen zu müssen, hat es keine weitere Veranlassung mehr, seinerseits zusätzliche Kosten zu tragen. In kleinen Gruppen mit gemeinsamem Interesse der Mitglieder besteht daher die Tendenz, daß die kleineren Mitglieder die großen ausnutzen, was Olson mit der **„Tendenz zur Ausbeutung der Großen durch die Kleinen“** umschreibt (Olson 1965, S. 35).

Die Überlegungen Olsons zum kollektiven Handeln in Gruppen stellen damit insgesamt auf die **Gruppengröße** ab **als dem entscheidenden Faktor**, ob es innerhalb und mit der Gruppe zur Verfolgung des gemeinsamen Interesses kommt, das alle Gruppenmitglieder haben. In einer kleinen Gruppe, in der jedes einzelne Mitglied einen so großen Vorteil von der Tätigkeit insgesamt hat, daß es sich für den einzelnen bereits lohnen würde, die Kosten der Gruppentätigkeit insgesamt zu tragen, wird das Kollektivgut über die Gruppe in aller Regel bereitgestellt. In größeren Gruppen, nehmen die Einzelvorteile ab und es steigt die Neigung, das Kollektivgut frei zu nutzen (da es ohnehin von den anderen finanziert würde). Insoweit wird das Kollektivgut nicht bereitgestellt, es sei denn die Gruppe kann Zwang anwenden oder neben dem Verfolgen des gemeinsamen Interesses andere Vorteile bieten. Größere Gruppen haben es auch insoweit schwerer sich zu organisieren, weil sie mit größerer Zahl der Gruppenmitglieder höhere Organisationskosten haben werden, die in jedem Fall zu der angesprochenen Suboptimalität beitragen, d.h. die verhindern, daß das Kollektivgut in einer Menge bereitgestellt wird, wie es den Mitgliederinteressen eigentlich entspricht. Große und weitverbreitete Interessen - wie die der Verbraucher oder der Sparer - müssen daher nicht notwendigerweise eine gemeinsame Repräsentanz finden, da sie sich nicht organisieren können. Kleine Gruppen mit Interessen, die gemessen an der Bevölkerung von einer Minderheit vertreten werden, haben dagegen eine günstigere Ausgangssituation, nicht nur sich zu organisieren, sondern auch ihr Interesse mit Erfolg durchzusetzen.

Die Hypothesen von Olson zum Gruppenverhalten sind - wie eingangs hervorgehoben - nicht nur auf das Verhalten von Parteien anzuwenden. Sie werden von Olson selbst vornehmlich anhand von Beispielen von Verbänden und wirtschaftspolitischen Lobbyisten entwickelt. Sie können darüber hinaus aber auch auf das Verhalten von Regierungen, Parlamenten und Verwaltungen übertragen werden, wo immer es um das Vertreten gemeinsamer Interessen für Mitglieder einer Organisation geht. Im öffentlichen Leben, das sich in der Finanzpolitik eines Landes niederschlägt, läßt sich eine hinreichende Zahl von Beobachtungen machen, die der von Olson formulierten Logik des kollektiven Handelns entsprechen.

2.3 Das Verhalten von Bürokratien

2.3.1 Normative Vorgaben für das Handeln von Bürokratien

Bürokratien - hier die Verwaltungen der staatlichen Institutionen - sind vom Verständnis parlamentarischer Demokratien her, die ihrerseits unter dem Gebot der **Rechtsstaatlichkeit** stehen (vgl. Art. 20, Abs. 3 Grundgesetz), **neutrale** Sachwalter vornehmlich der Exekutive, die zweckrational die ihnen vorgegebenen politischen Ziele umsetzen sollen. Bürokratien haben insoweit eine Funktion als ausführende Instanzen, denen Wertungen, insbesondere auch ergänzende oder abweichende politische Wertungen zu den ihnen aufgetragenen Aufgaben, nicht zustehen. In der Finanzwissenschaft ist diese normative Umschreibung der Bürokratie und ihres Verhaltens traditionell üblich gewesen. Sie stützt sich auf die von Max Weber (Weber 1922) entwickelte Bürokratietheorie. Danach bedarf jede legale Herrschaft in einem Staat eines Verwaltungsstabs, der sich durch Präzision, Stetigkeit, Disziplin, Straffheit und Verläßlichkeit auszeichnet. Die Verwaltungstätigkeit ist **an Regeln** gebunden, die ihr Handeln **berechenbar** macht. Sie ist arbeitsteilig organisiert und erfordert eine Spezialisierung der Mitarbeiter. Sie erfolgt im Rahmen eines **hierarchischen** Behördenaufbaus mit streng abgegrenzten Kompetenzen der Amtsinhaber, die sich eng an Weisungen orientieren. Die Amtsinhaber sind dabei typischerweise Beamte, die auf Lebenszeit und ausschließlich hauptberuflich angestellt werden, sich dem Staat uneingeschränkt zur Dienstleistung verpflichten und vom Staat alimentiert werden.

Diese Vorstellung der öffentlichen Verwaltung unterstellt, daß die Staatsbediensteten als Personen strikt trennen zwischen der weisungsgebundenen Ausführung staatlicher Aufgaben, die gehorsam, unverfälscht und reibungslos umzusetzen sind, und der individuellen Haltung oder Überzeugung eines Amtsinhabers zu den Weisungen und deren möglichen Ergebnissen. Persönliche Meinungen und Motive haben das Verwaltungshandeln nicht zu beeinflussen. Damit soll auch die Neutralität, Unabhängigkeit und Gleichmäßigkeit der bürokratischen, ausführenden Tätigkeit sichergestellt werden.

Dieses Bürokratieverständnis mag vielfach mit Ergänzungen und in überspitzter Form nicht nur beschrieben, sondern auch in seinen Extremen kritisiert worden sein. Gleichwohl ist ein wesentlicher Aspekt der diesem Leitbild verpflichteten Bürokratie positiv hervorzuheben. Die **positive Sicht** des traditionellen Bürokratieverständnisses besteht darin, daß die Verwaltung unpersönlich (in der Form von **neutral**) sowie ausschließlich **an der Rechtmäßigkeit orientiert** ihre Funktion im Auftrag des Staates wahrnimmt. Dieses Postulat des Grundgesetzes muß bewußt kontrastiert werden mit Verwaltungen oder Bürokratien, die weniger neutral sind, bei der Erfüllung der Aufgaben zwischen Personen differenzieren und sich gegebenenfalls nicht an Recht und Gesetz sowie deren gleichmäßiger Anwendung ausrichten, sondern persönliche Umstände, Ungleichbehandlungen und Abweichungen von Rechtsvorschriften akzeptieren. Letzteres schlägt im Zweifel um in Verwaltungen mit bestechlichen Mitarbeitern und Korruption. Unsere Rechtsgrundlagen sowie unser Staatsverständnis schließen ein solches Abweichen des bürokratischen Verhaltens von der Rechtsstaatlichkeit und Unabhängigkeit weitgehend aus.

Die Rechtsgrundlagen und auch das Selbstverständnis vieler Staatsbediensteter, die in der Tradition des Bürokratiemodells von Max Weber stehen, sind jedoch keineswegs eine Barriere gegen Tendenzen, die sich aus dem auch in Bürokratien vorhandenen Eigeninteresse der Bürokraten ergeben. Bürokraten sind nämlich keineswegs nur Menschen, die sich in ihrem gesamten Verhalten und mit voller Hingabe an den ihnen vorgegebenen Staatszielen orientieren, und keinerlei persönliche Beziehung zu Art und Umfang ihrer Aufgabenerfüllung entwickeln, sondern sie sind Wirtschaftssubjekte, die ihren Nutzen maximieren und hierzu auch ihre Aufgabenstellung in einer staatlichen Hierarchie benutzen. Diesem Aspekt soll nachstehend einige Aufmerksamkeit gewidmet werden.

2.3.2 Das Eigeninteresse von Bürokratien

Beobachter staatlicher Bürokratien haben nicht nur Achtung vor der rechtsstaatlichen Grundüberzeugung und der Neutralität der ihnen bekannten Bürokratien, sie wissen auch, daß die **Amtsinhaber** ein jeweiliges Eigeninteresse verfolgen und insgesamt **nutzenmaximierende Wirtschaftssubjekte** sind, die mit der Wahrnehmung ihrer Verwaltungstätigkeit nicht nur die Staatsziele, sondern auch ihre persönlichen Ziele im Auge haben. Diese **individuellen Ziele** von Amtsinhabern müssen und werden sich nun keineswegs decken mit den Zielen, die von der Staatsebene insgesamt angestrebt werden. Der einzelne Staatsbedienstete hat nämlich von der Verfolgung der Staatsziele und damit seiner beruflichen Hauptaufgabe keinen direkten Nutzen - zumindest insoweit nicht, als er sich an die Gebote der Rechtsstaatlichkeit und Neutralität hält. Ein Staatsbediensteter, der als Wirtschaftssubjekt zu verstehen ist, wird daher seinen Nutzen nicht nur im Rahmen seiner engeren Amtsaufgabe verfolgen, sondern die darüber hinaus gehenden Möglichkeiten zumindest auch in Erwägung ziehen. **Downs** (Downs 1965) stellt das Ziel der **Nutzenmaximierung** der Amtsinhaber in Staatsbürokratien deutlich heraus. Die Bediensteten orientieren sich danach an Zielen wie persönliche Macht, Einkommen, Prestige, Sicherheit, Bequemlichkeit oder auch Loyalität und Ehre oder Stolz auf die dem Gemeinwohl dienende Tätigkeit.

Ein rational handelnder Amtsinhaber, der beispielsweise seinen Nutzen auf dem Weg der Einkommenserzielung vergrößern will, erkennt rasch die überaus engen Begrenzungen für Einkommenssteigerungen, die sich im Zusammenhang mit der neutralen und sachbezogenen Aufgabenwahrnehmung realisieren lassen. Sein Einkommen ist weitgehend fixiert und vielfach durch mehr oder weniger große individuelle Anstrengungen oder Leistungen kaum zu verändern. Er wird daher versuchen, sein Einkommensziel auf den Wegen zu erreichen, die das Gebot der Rechtsstaatlichkeit nicht tangieren und zugleich dem tradierten Selbstverständnis der Bürokratie entsprechen. Dazu zählen die Ausweitung der Aufgaben in seinem Sachgebiet, die Vermehrung des Personalbestandes und eine größere Summe an öffentlichen Geldern, die zu verwalten sind. Aufgabenfülle, Personalbestand oder (betriebswirtschaftlich) Kontrollspanne sowie Budgetsumme sind in hierarchischen Verwaltungen wesentliche Kriterien, die zu einer Höherwertigkeit der Position und damit zu einer Beförderung eines Amtsinhabers (und steigendem Einkommen) führen können. Das Einkommensinteresse kann aber auch über das Zwischenziel Bequemlichkeit bei der Aufgabenerfüllung erreicht werden, dadurch daß ein Bediensteter sich in seiner Wahrnehmung der Amtsaufgabe besonders viel Zeit läßt oder die Aufgabe so weitgehend auf Mitarbeiter delegiert, daß er pro Leistungseinheit (die bisher kaum gemessen wurde) einen besonders hohen Verdienst hat oder daß er insoweit Zeit und Freiräume gewinnt, die zur Verfolgung anderer persönlicher Interessen sowie von Prestige oder Ehre in der Öffentlichkeit genutzt werden können.

Traditionelle Verwaltungen stehen damit dem Ziel der Aufgaben- und Personalreduktion und der Mitteleinsparung insgesamt skeptisch gegenüber, da sie sich in der Regel zu Lasten der persönlichen Ziele der Amtsinhaber auswirken. Dies verstärkt generell die Neigung, die Bürokratie oder den Verwaltungsapparat eher auszuweiten, zumal betriebswirtschaftliche Kontrollen und Effizienzkontrollen in der traditionellen Rechnungsprüfung nicht im Vordergrund standen, ein Marktvergleich nicht stattfindet und ein Ämtervergleich zwischen unterschiedlichen

Verwaltungen für seine Stichhaltigkeit in der Regel so viele Informationen erfordert, wie sie nur in den beteiligten Ämtern selbst vorhanden sind, die aber ihr entsprechendes Monopolwissen nicht bereitwillig preisgeben werden. Zur Not führt die Ausweitung von Aufgaben und Personal so weit, daß (betriebswirtschaftlich) sinkende Grenzerträge in der Leistungserstellung realisiert werden.

Bürokratien neigen insoweit insgesamt mangels möglicher individueller Anreize oder incentives, die direkt leistungsbezogen sind, **dazu, ihren Aufgabenbereich** eher **auszuweiten**, als ihn betriebswirtschaftlich effizienter wahrzunehmen. Ein Bediensteter, der über Arbeitsfülle klagt und Personalvermehrungen anstrebt, ist im Rahmen der Hierarchie nach unten (bei seinen Mitarbeitern) und nach oben (bei seinen Vorgesetzten) prinzipiell beliebter und zur Not erfolgreicher als ein Bediensteter, der Tätigkeitsfelder und Personal abbaut sowie seine Aufgaben mit Leichtigkeit wahrnimmt. Der Klagende scheint sich besser für die persönlichen Wünsche der Mitarbeiter einzusetzen und akzeptiert in jedem Fall ihre Leistung angesichts der Arbeitsfülle. Er stellt damit auch seinen Vorgesetzten gegenüber die von ihm betreute Aufgabe als hinreichend gewichtig dar, so daß er auf diesem Wege auch zum Selbstverständnis der Vorgesetzten beiträgt. Derjenige aber, der nicht klagt, Tätigkeitsfelder reduziert und seine Aufgaben mit geringerem Personal und größerer Leichtigkeit (als bisher) erfüllt, macht sich nach unten bei seinen Mitarbeitern und bei deren Personalvertretung nicht beliebt, weil er einerseits die Sicherheit der betreffenden Arbeitsplätze in Frage stellt und andererseits mit seiner Vorstellung indirekt verdeutlicht, daß die bisherige Aufgabenwahrnehmung nicht hinreichend effizient oder leistungsorientiert war. Zu seinen Vorgesetzten hin wird er sich mit dem Vertreten seiner Vorstellung ebenfalls schwertun, denn diese scheuen in der Regel eine mögliche Beunruhigung oder Bewegung in ihrer Verwaltung, zumal wenn die Personalvertretung aktiv involviert wird. Die Vorgesetzten akzeptieren im übrigen nur ungern, daß ihre bisherigen oder früheren Personalentscheidungen zu Unwirtschaftlichkeiten geführt haben, die nun offenkundig werden können. Einige in Zweifel gezogene Tätigkeitsfelder können im übrigen auf der Leitungsebene einer Verwaltung mit positiven Nebeneffekten verbunden gewesen sein, die dann wegfallen würden, was wiederum nicht im Eigeninteresse der Leitungsebene ist.

Die oben (Abschnitte 1.4.1 und 1.4.2) behandelten **finanzwirtschaftlichen Ziele** der Einnahmenbeschaffung und der sparsamen und wirtschaftlichen Mittelverwendung **werden** mithin **von der Bürokratie aus dem Eigennutzinteresse** der Bürokraten **mit unterschiedlichem Nachdruck verfolgt**. Das fiskalische Ziel der **Einnahmenbeschaffung liegt im eigenen Interesse der Bürokraten**. Sie können damit ihr Engagement und ihre Wirksamkeit verwaltungsintern und der Öffentlichkeit gegenüber darstellen und ihre Bedeutung für die Ziele der Verwaltung insgesamt unterstreichen. (Mitteilungen über die finanziellen Ergebnisse von Betriebsprüfungen werden aus diesem Grunde beispielsweise gern und mit möglichst großer Öffentlichkeitswirkung publiziert). Das fiskalische Ziel wird folglich von den nutzenmaximierenden Staatsbediensteten im eigenen Interesse tendenziell bereitwillig und weitgehend realisiert werden.

Das finanzwirtschaftliche Ziel der sparsamen und wirtschaftlichen Mittelverwendung steht vielfach **dem Eigeninteresse** der Bediensteten **entgegen**, da ein Abbau von Aufgaben, eine Personalreduktion und eine effizientere Aufgabenwahrnehmung insgesamt mit den angesprochenen negativen Nebenwirkungen für die Bediensteten verbunden ist, die diese finanzwirtschaftlichen Ziele umsetzen. So finden sich auch nur selten Mitteilungen über entsprechende Erfolge von Fortschritten bei der Realisierung dieser Ziele. Jüngere Meldungen über das Zusammenlegen von Behörden oder den Abbau von Personal können nicht unbedingt als Gegenargument verwendet werden, da sie eher mit der Knappheit der Finanzmittel zu begründen sind, als mit dem bewußten Verfolgen des finanzwirtschaftlichen Ziels der Sparsamkeit und Wirtschaftlichkeit oder der Effizienz der Verwaltung. Inwieweit die Einführung des Neuen Steuerungsmodells (NSM) in der Verwaltung von nachhaltigem Erfolg gekrönt ist, kann daher zumindest mit Skepsis betrachtet werden, zumal der letztlich zwingende betriebswirtschaftliche Druck aus einem direkten Marktvergleich der Verwaltungen fehlt.

Das Ziel der **Nutzenmaximierung der Bürokraten** mag auch dazu führen, daß die staatliche **Bürokratie als Budgetmaximierer** auftritt (Niskanen 1968, 1974). **Niskanen**, der diese These vorlegt, geht zunächst wieder von der Annahme der Nutzenmaximierung der Bürokraten aus, wobei in deren Nutzenfunktion folgende Argumente auftreten können, wie Vergütung oder Besoldung, Nebeneinnahmen oder mit dem Amt verbundene Nebenverdienstmöglichkeiten, öffentliches Ansehen, Macht, Protektion oder Begünstigung, die Gemächlichkeit bei der Wahrnehmung der Tätigkeit und bei eventuellen Veränderungen. Er begründet auf dieser Basis, daß die Bürokraten zum einen das Gesamtbudget ihres Amtsbereichs maximieren, und zwar über ein Niveau hinaus, das den minimalen Gesamtkosten des Leistungsumfangs entspricht. Die Bürokraten stehen zum anderen in einem Austauschprozeß gegenüber der politischen Entscheidungsebene, bei dem sie ein spezifisches Produktionsergebnis gegen ein spezifisches Budget tauschen.

Die aufgeführten Argumente der **Nutzenfunktion eines Bürokraten** hängen alle **positiv vom Gesamtbudget** eines Amtes ab, so daß sich bereits hieraus der Wunsch nach einer Maximierung des Budgets ergibt. Im übrigen hat das **Produkt der Bürokratie Monopoleigenschaften** und kann nur in größeren Einheiten produziert und angeboten werden. Das Angebot richtet sich dann an eine Instanz, die die finanziellen Mittel für die Leistungen der Bürokratie bewilligt - dies kann das Parlament oder eine übergeordnete Behördeninstanz sein. In dieser **zweiseitigen Verhandlungssituation zwischen Bürokratie und Bewilligungsinstanz** für die finanziellen Mittel oder das Budget der Bürokratie, erscheint nach dem Modell von Niskanen die **Bürokratie in einer Monopolsituation** zu sein, die der Bewilligungsinstanz im wesentlichen nur die eher passive Möglichkeit beläßt, das

Monopolangebot mit dem dafür von der Bürokratie festgelegten Preis (oder Budget) zu akzeptieren. Eine Ablehnung der Vorstellungen der Bürokratie wird kaum vorkommen, zumal die Bürokratie in der Verhandlung in einer stärkeren Position ist, da sie ihre eigenen Kosten- und Produktionsbedingungen kennt und die Zahlungsbereitschaft der Bewilligungsinstanz einschätzen kann. Die Bewilligungsinstanz verfügt andererseits nicht über entsprechende Informationen über das Angebot der Verwaltung, so daß sich auch von dieser Seite ihre schwächere Verhandlungsposition ergibt.

Aus dem Eigeninteresse der Mitarbeiter von Bürokratien an großen oder maximalen Budgets und aus ihrer starken Verhandlungsposition folgt damit nicht nur der Wunsch, sondern auch die Möglichkeit für eine Budgetmaximierung. Budgetwünsche von Bürokraten sind jedoch wiederum nur auf Teilbereiche der staatlichen Verwaltung beschränkt und werden sich nicht notwendigerweise an finanzpolitischen Zielen einer staatlichen Leitungsebene orientieren. Auch aus diesem Grund heraus führt das Verhalten von Bürokratien nicht in jedem Fall dazu, ein allgemeines Interesse der Bevölkerung zu fördern, selbst wenn die Leitungsebene ein solches Ziel anstreben sollte.

Das **Auseinanderfallen von gesamtstaatlichen Zielen und** den **Interessen von Bürokratien** wird in der Literatur als eine mögliche Begründung für das sogenannte **„Staatsversagen"** angeführt. Es beruht dann darauf, daß die Bürokratie ihr Interesse als gewichtiger ansieht als ein zu verfolgendes Ziel der staatlichen Entscheidungsträger oder daß sich die vom staatlichen Entscheidungsträger gewünschte Art der Aufgabenerfüllung mit den Nutzenüberlegungen der Staatsbediensteten nicht in Übereinstimmung befindet und insoweit nicht mechanisch umgesetzt wird. Das sogenannte Staatsversagen kann daneben auch darin bestehen, daß **Sonderinteressen** von Gruppen in der Regierung, in Parteien oder in Verbänden im staatlichen Handeln ein **größeres Gewicht** finden **als** die schlecht organisierbaren **Interessen großer Gruppen** oder weiter Bevölkerungsteile. Aus Sicht der großen Gruppen kommt der Staat seiner „eigentlichen" Aufgabe nicht nach, bzw. er versagt insoweit. Dieses Versagen ist jedoch an die Sichtweise der Gruppen gebunden, die ihre Wünsche nicht hinreichend realisiert sehen. So sind große Teile der Bevölkerung, die vom Staat rechtliche Sicherheit und innere Sicherheit (z.B. Polizeischutz) erwarten, nicht immer mit der Wahrnehmung dieser Aufgaben durch den Staat einverstanden und werfen ihm auf diesem Gebiet „Versagen" vor. Allerdings werden gut organisierte kleine Gruppen in Regierung, Parlament und den Bürokratien von Justiz und Polizei die Wahrnehmung der Aufgaben als durchaus gut und vertretbar ansehen und daher keinesfalls ein Versagen feststellen können. Das „Versagen" einer Bürokratie oder des Staates insgesamt läßt sich somit nicht als für alle Beobachter oder als aus der Sicht vieler Interessengruppen objektiver Sachverhalt erkennen. Offenkundige Unterschiede in der Bewertung der Ergebnisse des Staatshandelns im allgemeinen und der vielfachen Handlungsvarianten der Bürokratie beruhen aber zu einem nicht unwesentlichen Teil auf dem hier vorgestellten Verhalten von Bürokratien, das vom Interesse des Eigennutzens geprägt ist, der sich keineswegs mit finanzpolitischen oder gar staatspolitischen Zielen decken muß.

2.3.3 Der Principal-Agent-Ansatz

Das Verhalten von Bürokratien kann in Ergänzung zu den oben angeführten allgemeinen ökonomischen Erklärungsansätzen auch unter dem spezielleren Aspekt des Principal-Agent-Ansatzes gesehen werden. Danach delegiert eine Person (ein Prinzipal oder Auftraggeber) Aufgaben und Entscheidungen auf eine andere Person (einen Agenten oder einen Beauftragten). Der Agent soll die Aufgaben für den Prinzipal wahrnehmen. Diese rein technische Vorstellung der Auftragsdelegation führt dann jedoch zu ökonomisch und organisatorisch komplizierteren Problemen, wenn die Interessen des Agenten sich nicht mit den Interessen des Prinzipals decken. Ein Prinzipal oder Auftraggeber wird nun zwar nicht bewußt Agenten oder Beauftragte auswählen und mit einer Aufgabe betrauen, von denen er im vorhinein weiß, daß sie völlig andere Ziele haben als er selbst und einen Eigennutzen anstreben, der im Widerspruch zu seinen Wünschen steht. Der Prinzipal verfügt jedoch bereits bei der Auswahl der Agenten nicht über vollständige Informationen über die Interessen und das künftige Verhalten der von ihm vorgesehenen Agenten für eine Aufgabenstellung. Unterschiedliche Nutzenvorstellungen sind daher jederzeit möglich. Zudem können sich die Interessen von Prinzipal und Agent über die Zeit hin auseinander entwickeln.

Diese für alle Organisationen grundlegende Problematik gilt für den staatlichen Bereich darüber hinaus in mehrstufiger Form. Sie besteht zwischen der Regierungsebene und der Bürokratie im allgemeinen. Innerhalb einer bürokratischen Struktur mit mehreren Leitungs- und Delegationsebenen wird das Verhältnis von Prinzipal und Agent mit der Möglichkeit unterschiedlicher Interessen mehrfach auftreten. Schließlich kann eine Regierung selbst als Agent eines Wählerwillens gesehen werden, wobei zwischen Wählerwillen und dem Interesse der Regierung ebenfalls keine Deckungsgleichheit vorhanden sein muß.

Selbstverständlich kann ein Prinzipal das Risiko eines Auseinanderfallens der Interessen zwischen sich und dem Agenten im vorhinein berücksichtigen und dagegen Vorkehrungen treffen. Er wird daher den Agenten nur im Rahmen eines Vertrages mit einer Aufgabe betrauen und darin seine Interessen fixieren. Der Vertrag wird in aller Regel Anreize für den Agenten enthalten, die ihn zu einem aus Sicht des Prinzipals gewünschten Verhalten veranlassen, und zudem eine Reihe vom Agenten zu realisierender Erfolgskriterien anführen, die der Prinzipal überprüfen kann. Gleichwohl erweist sich gerade im Zusammenwirken von Regierung und Bürokratie, daß die Bürokratie aufgrund ihrer größeren Information und Sacherfahrung die Vertragsinhalte und ihre Auslegung vielfach dominieren kann. Dabei ist von Bedeutung, daß dem (über den politischen Prozeß und auf

Zeit gewählten) Prinzipal einerseits die erforderlichen Kontrollmöglichkeiten fehlen oder zu lange Zeit in Anspruch nehmen und daß für ihn andererseits weitere Ziele wesentlicher sein werden. Der Principal-Agent-Ansatz ist insoweit um den Aspekt des Modells von Niskanen zu ergänzen, der die Monopolsituation der Bürokratie gegenüber der politischen Leitung hervorhebt.

Die von der ökonomischen Theorie der Politik vorgelegten Erklärungsansätze für Staaten, Parteien, Gruppen und Bürokratien gehen durchweg von der Annahme der Nutzenmaximierung der handelnden Personen aus. Nutzenmaximierung bedeutet immer Maximierung eines Wunsches, den eine Person aus ihrer subjektiven Sicht besitzt und verfolgt. Derartige Wünsche sind dann auch für Außenstehende feststellbar, wenn sie sich direkt realisieren lassen. Vielfach besteht in parlamentarischen Systemen aber ein verhältnismäßig komplexer Abstimmungs- und Entscheidungsprozeß, der sich in Kompromissen niederschlägt, so daß die ursprünglichen Wünsche nicht mehr hinreichend erkennbar sein können. Wegen der mehrstufigen Abstimmungsprozesse greifen viele Beteiligten darüber hinaus auf taktische Vorgehensweisen zurück und verschleiern gegebenenfalls bewußt ihre Wünsche, um z.B. möglichen Widerständen auszuweichen. Für Außenstehende wird insoweit das zu maximierende Ziel nicht mehr hinreichend deutlich, zumal wenn die Zeitdimensionen und die im einzelnen berücksichtigten Nebenbedingungen nicht für alle offenkundig sind. Dies gibt den hier erläuterten Verhaltensansätzen eine inhaltliche Unbestimmtheit, die allerdings kein Mangel der Analyse darstellt, sondern im Gegenteil ihre Offenheit für viele konkrete Sachverhalte belegt.

3. Allokationspolitik

3.1 Allgemeine Aufgabenbereiche des Staatshandelns

3.1.1 Die Entwicklung des öffentlichen Sektors in langfristiger Sicht

Allokationspolitik bedeutet Einflußnahme des Staates auf die Güterzusammensetzung in einer Volkswirtschaft. Damit verbinden sich Art und Ausmaß seiner Aufgabenbereiche insgesamt. Hierzu hat die Finanzwissenschaft unter anderem eine Antwort in der längerfristigen Entwicklung des öffentlichen Sektors gesucht, um nicht nur Aussagen zu den Veränderungen der globalen Größenordnung der Staatsaufgaben, sondern auch zu ihrer Struktur und den allgemeinen Tätigkeitsfeldern des Staates zu erhalten. Einige recht offenkundige Feststellungen aus dem 19. Jahrhundert prägen bis in heutige Tage finanzwissenschaftliche Analysen zu den allgemeinen Aufgabenbereichen des Staatshandelns.

Das 19. Jahrhundert hat im Zusammenhang mit der Industrialisierung zu grundlegenden Veränderungen des Wirtschaftslebens geführt und auch die Aufgaben des Staates im Verhältnis zu früheren Zeiten nachhaltig verändert. Es darf dabei nicht unberücksichtigt bleiben, daß den Veränderungsprozessen des Wirtschaftslebens soziale Umbrüche voran gegangen waren wie beispielsweise die Französische Revolution von 1789 und die Säkularisation im Deutschen Reich von 1803. Damit verbunden sind u.a. Aufgabenfelder aus dem Bereich der Kirchen (z.B. Standesamtswesen, Erziehung, Bildung) auf den Staat verlagert worden. Dies gilt über den Gesamtzeitraum des 19. Jahrhunderts auch für soziale Aufgaben, die in früheren Jahrhunderten vorrangig von den Kirchen wahrgenommen wurden (z.B. Fürsorge für Waisen, Kranke und Alte). Die Kirchen ihrerseits hatten traditionell mit ihrer Tätigkeit nicht nur karitative Ziele verfolgt, sondern sich auch mit Obrigkeitsbefugnissen ausgestattet. Die angesprochenen Entwicklungen haben damit zwar zu einem Aufgabenzuwachs bei der weltlichen Obrigkeit geführt, ohne daß dadurch insgesamt eine Aufgabenausweitung der Obrigkeiten insgesamt eintreten mußte. Es sind insoweit nicht notwendigerweise neue Aufgabenbereiche des Staatshandelns entstanden.

Das 19. Jahrhundert hat gleichwohl nicht nur zu einer Verlagerung von Aufgaben eines Hoheitsbereichs (den Kirchen) zu der weltlichen Hoheit geführt, sondern durch den national und international erweiterten Wirtschaftsprozeß, die Bevölkerungszunahme, die Wanderungen und die Agglomeration in Städten zu einer Ausweitung bisheriger staatlicher Aufgaben sowie zu gänzlich neuen Aufgabenfeldern beigetragen. **Adolph Wagner** hat angesichts dieser Erfahrung ein **„Gesetz steigender Staatsquoten"** formuliert (A. Wagner 1863). Wagner begründet sein **„Gesetz der zunehmenden Staatstätigkeit"** mit dem Entstehen neuer und entwickelterer öffentlicher Bedürfnisse, der verstärkten nationalen und internationalen Arbeitsteilung sowie der Zunahme und der größeren Konzentration der Bevölkerung. Daraus ergeben sich kompliziertere Rechtsverhältnisse, die für den Staat weitere Aufgaben im Bereich des Justiz- und Polizeiwesens bringen. Die staatliche Tätigkeit wächst auch deshalb, weil der Kultur- und Wohlfahrtsstaat vermehrt Leistungen im Bildungs-, Gesundheits- und Verkehrswesen erbringen muß. Die traditionellen Kernaufgaben des Staates werden damit um neuere Aufgaben erweitert, die nicht nur zu steigenden absoluten, sondern auch steigenden relativen Ausgaben des Staates in einer Volkswirtschaft führen. Somit nehmen insgesamt die Aufgabenbereiche des Staates und das Gewicht seiner Allokationspolitik zu.

Das Wagnersche Gesetz konstatiert zum einen Beobachtungen aus einer konkreten historischen Periode. Es ist als „Gesetz" formuliert und erscheint als solches in vielen finanzwissenschaftlichen Darstellungen. Wagner steht allerdings mit seiner Formulierung einer Gesetzmäßigkeit in der geisteswissenschaftlichen Tradition des 19. Jahrhunderts, die in Analogie zu den naturwissenschaftlichen Gesetzen auch im sozialen Leben Gesetzmäßigkeiten gesucht hat und insoweit bereit war, die Entwicklung einer (eventuell nur kürzeren) Periode bereits als Teil einer längerfristigen, gesetzmäßig ablaufenden Veränderung zu interpretieren, die im Extrem als unumkehrbar gilt. Aus Sicht der positiven Finanzwissenschaft liegt es hingegen nahe, das **„Gesetz" der wachsenden Staatsausgaben von Wagner** lediglich als eine **Beobachtung einer konkreten historischen Periode** zu werten, die **für andere Perioden nicht mit Notwendigkeit gleicherweise bedeutsam** sein muß.

Die sicherlich zutreffende Beobachtung der **steigenden Staatsausgaben** im 19. und im 20. Jahrhundert läßt sich als **Ausweitung der allokativen** finanzpolitischen **Ziele des Staates** interpretieren, ohne daß diesem Prozeß besondere „Gesetzlichkeiten" oder notwendige langfristige Trends zugrunde liegen müßten. Der Staat hat in jedem Fall im Verlaufe der letzten beiden Jahrhunderte seinen Tätigkeitsbereich ausgeweitet und hierbei neben der stärkeren Verfolgung verteilungspolitischer Ziele vornehmlich seinen Einfluß auf die Güterzusammensetzung in der Volkswirtschaft, d.h. die Allokation vergrößert. Beide Zielbereiche der Finanzpolitik hängen allerdings zusammen, so daß u.a. auch durch eine Ausweitung der verteilungspolitischen Interessen des Staates Allokationseffekte ausgelöst wurden und werden. Zur Ausweitung des Staatsanteils haben im 20. Jahrhundert schließlich insbesondere die Weltkriege geführt, die sich nur schlecht einem notwendigen historischen Trend zuschreiben lassen. Insoweit sind ergänzende Begründungen oder Hypothesen für längerfristig wachsende Staatsausgaben oder eine Ausweitung der Staatstätigkeit insgesamt nicht besonders stichhaltig, auch wenn sie im Einzelfall durchaus zutreffende Zusammenhänge beleuchten. Die in Tab. 1 aufgezeigte Entwicklung der Staatsquoten seit den 70er Jahren läßt sich jedenfalls nicht als Beleg für eine Gesetzmäßigkeit heranziehen.

Es erscheint daher **nicht möglich**, **das allokative Gewicht des Staates** in einer Volkswirtschaft **aus einem langfristig geltenden Trend abzuleiten** oder zu begründen. So sind beispielsweise die Forderungen unserer Tage nach einem schlanken Staat nicht nur als Wunsch nach effizienter Aufgabenerledigung zu verstehen, sondern verfolgen bewußt das Ziel einer Reduktion der staatlichen Aufgaben oder einer Verringerung des allokativen Einflusses des Staates. Der bisherige Staatseinfluß muß dabei national keineswegs als zu groß angesehen werden, es genügt, daß die weltwirtschaftlichen und weltpolitischen Entwicklungen der vergangenen Jahre zu Veränderungen der ökonomischen Bedingungen für die nationale Volkswirtschaft geführt haben, die ein Überdenken der Allokationsziele (und auch der Verteilungsziele) des Staates erforderlich machen.

Staatliches Handeln, so insbesondere die **Allokationspolitik und die Aufgabenbereiche des Staats**handelns im einzelnen, **ergeben sich nach allem nicht aus anhaltenden historischen Trends**. Vielmehr sind politische, kulturelle, soziale und ökonomische Einflüsse in einer jeweiligen Periode bedeutsam, die im übrigen von den ihren Wünschen folgenden (nutzenmaximierenden) Entscheidungsträgern in den dominierenden kleinen Gruppen einer Volkswirtschaft in konkretes Handeln übersetzt werden, wobei der Staat in allen seinen Gliederungen und Ebenen betroffen sein wird. Eine wesentliche Ausprägung der **Allokationspolitik** des Staates, das **Bereitstellen von öffentlichen Gütern und meritorischen Gütern**, läßt sich daher nicht aus Trends oder dem vermeintlichen Wunsch des Staates erklären, Ineffizienzen des Marktgeschehens oder externe Effekte zu reduzieren, sondern kann aus positiver finanzwissenschaftlicher Sicht **immer** nur **mit** den **Wünschen** und den Entscheidungsprozessen **der jeweiligen staatlichen Entscheidungsträger erklärt** werden. Jeder Staat hat gegebenenfalls andere Allokationsziele und wird dementsprechend den Kreis der öffentlichen Güter enger halten oder erweitern. Allokationspolitik geht daneben über die Bereitstellung öffentlicher Güter und die damit verbundenen Ausgaben hinaus. Sie umfaßt auch Normen und die Gestaltung von Einnahmensystemen für den Staat, auf die in jeweiligen historischen Gegebenheiten eine Vielzahl von Einflüssen wirken kann, die sich keineswegs aus längerfristigen Zwangsläufigkeiten ergibt.

Die **Entwicklung des öffentlichen Sektors** ließe sich unter Umständen dann **in der längerfristigen Sicht** detaillierter fassen oder auf überschaubare Gründe zurückführen, wenn für entsprechende langfristige Zeiträume, d.h. für mehrere Jahrzehnte oder für Jahrhunderte, verläßliches und eindeutig interpretierbares Datenmaterial vorläge. Zumindest **aus drei Gründen** ist dies aber **nicht** der Fall:

(1) Zum einen gibt es weder heute noch zu früheren Zeiten eine völlig einvernehmliche und einheitliche **Abgrenzung des Staates** und seiner Aufgaben (siehe im übrigen Abschnitt 1.2). In aller Regel existieren unterschiedliche Abgrenzungen nebeneinander. Wenn zudem „staatliche" Aufgaben in früheren Zeiten von anderen Institutionen, u.a. von Kirchen, wahrgenommen und nur auf die weltliche

Obrigkeit verlagert wurden, stellt sich in jedem Fall ein Abgrenzungsproblem, zumal der Übergang nicht plötzlich, sondern über einen längeren Zeitraum hin erfolgte.

(2) Zum anderen sind **verläßliche gesamtwirtschaftliche Finanzdaten** in relativ gleichbleibender Abgrenzung und Qualität **erst seit der Nachkriegszeit** vorhanden, nachdem das Instrumentarium der Volkswirtschaftlichen Gesamtrechnung hinreichend entwickelt war. Die Schätzungen der Bezugsgrößen für die Finanzströme des Staates für frühere Jahrzehnte oder gar Jahrhunderte, z.B. für das Volkseinkommen oder das Bruttosozialprodukt mögen zwar hilfreich sein, können aber keineswegs mit der gleichen Verläßlichkeit benutzt werden wie heute ermittelte Daten.

(3) Insbesondere im Fall von Deutschland, aber auch für andere europäische Staaten gilt schließlich, daß sie über längere Perioden hin durch **Gebietsveränderungen oder Veränderungen in den territorialen Einflußbereichen** nicht nur statistische Brüche in den grundlegenden finanzwirtschaftlichen Daten aufweisen, sondern daß sich vielfach im Zusammenhang mit den Gebietsveränderungen auch die Aufgaben für den Staat in grundsätzlicher Weise gewandelt haben. So war in Deutschland nach den Weltkriegen der Aufgabenbereich „äußere Sicherheit" jeweils im Verhältnis zu den Vorkriegszeiten deutlich in seiner Gewichtigkeit reduziert. Von der Gewichtigkeit her vergleichbar sind aber auch die Aufgabenänderungen, die sich für Großbritannien, Frankreich oder Portugal durch die Verselbständigung ihrer Kolonialgebiete, die zum Teil auch als Bestandteile des Mutterlandes gegolten haben, nach dem Zweiten Weltkrieg feststellen lassen.

Alle Aussagen über längerfristige Trends des Staatssektors und zu seinen allgemeinen Aufgabenbereichen bleiben damit - wie immer auch begründet - mit einem großen Unsicherheitsfaktor behaftet. Insoweit sollten sie auch keinesfalls zu weitgehend interpretiert und schon gar nicht mit Gesetzlichkeiten oder zwingenden Entwicklungsstufen verbunden werden. Es kommt als **prinzipieller Einwand** hinzu, daß **Gesetzlichkeiten des sozialen Verhaltens oder Entwicklungsstufen**, nach denen Menschen über die Zeit hin in ihrem Verhalten und ihren Wünschen nach irgendeiner Rangfolge aufsteigen oder zu höherwertigen Bedürfnissen neigen, in geschichtlichen Epochen nicht feststellbar und **nicht begründbar** sind. Selbstverständlich lassen sich Bewegungen in einer Richtung beobachten, die durchaus eine Reihe von Jahren oder Jahrzehnten anhalten können, die aber auch jeweils von völlig anderen und gegenläufigen Trends abgelöst werden. Das Wagnersche Gesetz der wachsenden Staatstätigkeit kann nach allem nur als eine Beobachtung in einer konkreten historischen Periode gewertet werden, mit der eine zeitabhängige globale Entwicklung charakterisiert wird. Eine „Gesetzlichkeit" für künftige Perioden und andere soziale oder weltwirtschaftliche Gegebenheiten folgt daraus nicht. Die Aufgabenbereiche des Staatshandelns ergeben sich daher nicht aus einem zwingenden längerfristigen Trend. Art und

Ausmaß der Allokationspolitik bestimmen sich daher nach den Vorstellungen der politischen Entscheidungsträger in einer jeweiligen historischen Periode. Dabei ist einerseits anzuerkennen, daß die Entscheidungsträger durchaus von Vergangenheitsentwicklungen beeinflußt sein können, andererseits verfügen sie vielfach aber über die Freiheit, sich neuen und anderen Aufgaben zuzuwenden, sich von Entwicklungslinien zu lösen und eigenständige Schwerpunkte der Staatstätigkeit zu setzen.

3.1.2 Aufgabenbereiche des Staates und der damit verbundene Ressourceneinsatz

Der Staat greift mit seinen Allokationszielen für eine Volkswirtschaft auf unterschiedliche Mittel zurück, wobei in der Regel die Ausgaben am leichtesten nachvollziehbar sind, die für einzelne Güter oder einzelne Aufgabenbereiche aufgewendet werden. Allokationspolitik kann daneben aber auch über Rechtsvorschriften, Gesetze und Normen erfolgen. So beeinflussen z.B. Umweltnormen, gewerberechtliche Vorschriften, strafrechtliche Vorschriften oder Ladenöffnungszeiten Art und Ausmaß der Güterproduktion (und des Güterverbrauchs) in einer Volkswirtschaft. Mit den Normen müssen im einzelnen für den Staat keine nennenswerten Ausgaben verbunden sein, wenn er nicht selbst jeweils ein spezifisches und kostenträchtiges Überwachungssystem dafür einführt und unterhält. Die Überwachungssysteme beispielsweise der Polizei dienen einer Vielzahl von Aufgaben (vom Einschreiten bei Ruhestörung durch Nachbarn über Maßnahmen der Verkehrslenkung bis zur Verfolgung organisierter Schwerkriminalität), so daß eine Zurechnung der Kosten auf ein spezielles Allokationsziel nicht immer leicht möglich ist. Allokationsziele können auch durch Vergünstigungen und Einnahmenminderungen erreicht werden (z.B. über die Absetzbarkeit von Spenden für wohltätige Zwecke oder den freien Eintritt für Schulklassen im Schwimmbad). Viele Rechtsvorschriften mit allokativer Konsequenz beschränken sich im übrigen auf die Verlagerung von Kosten auf private Wirtschaftssubjekte oder drohen zumindest mit Geldstrafen oder Ordnungswidrigkeitsgebühren für den Fall einer Zuwiderhandlung durch Private. Der Ressourceneinsatz für ein vom Staat verfolgtes Allokationsziel wird daher nur in der Kalkulation der Privaten deutlich, nach außen aber nicht mehr erkennbar.

Der durch das staatliche Handeln veranlaßte **Ressourceneinsatz läßt sich** somit **nicht immer vollständig nachprüfen** und belegen und auch **nicht** jeweils **zweifelsfrei einem** spezifischen **Allokationsziel zuordnen**. Die Allokationspolitik des Staates kann infolgedessen nur in Teilbereichen definiert, abgegrenzt und gemessen werden. Ein **globaler Versuch** besteht bereit darin, die **Staatsquoten** und ihre Entwicklung zu erfassen, wobei - wie in Abschnitt 1.2.4 erläutert - die Zahlenwerte der Quoten kein direkter Beleg für Ausmaß oder Einfluß des Staates in der Volkswirtschaft sind. Die Staatsquoten greifen auf die gesamten Ausgaben des Staates zurück und messen insoweit den Einsatz von Ressourcen im Verhältnis zu dem volkswirtschaftlichen Leistungsmaß BIP. Der Staat verfügt aber **nicht nur** mit seinen **Ausgaben** über volkswirtschaftliche Ressourcen, **sondern auch** mit dem **Einsatz von Produktionsfaktoren** (Arbeit und Kapital), die er für seine Aufgaben benötigt. In diesem Abschnitt sollen einige mögliche Maße für den Ressourceneinsatz des Staates erörtert werden, die geeignet sein könnten, seine allokativen Einflüsse und gegebenenfalls auch seine allokativen Ziele zu erfassen.

Ausgaben für Aufgabenbereiche

Konkretere **Angaben zum Ressourceneinsatz für** spezifische **Allokationsziele** können Übersichten entnommen werden, die beispielsweise in den Finanzberichten enthalten sind und in denen die Ausgaben der öffentlichen Verwaltung in ihrer Gliederung nach Aufgabenbereichen verzeichnet werden. **Tabelle 5** weist für ausgewählte Jahre seit 1975 aus, wie sich die Anteilswerte der **Nettoausgaben für die großen Aufgabenbereiche** der öffentlichen Verwaltung in Deutschland entwickelt haben, wobei zur öffentlichen Verwaltung der Bund, der Lastenausgleichsfonds (LAF), das ERP-Sondervermögen (ab 1990 einschließlich Fonds „Deutsche Einheit“ und ab 1991 einschließlich Kreditabwicklungsfonds), die Länder sowie die Gemeinden und Gemeindeverbände (GV) zählen.

Im Beobachtungszeitraum der Tabelle 5 haben sich nur bei wenigen Positionen Schwankungen oder Veränderungen ergeben, die den Anteilswert der Nettoausgaben der öffentlichen Verwaltungen um einen Prozentpunkt oder mehr beeinflussen. Recht markant ist zunächst der Rückgang bei der Position „Verteidigung“, deren relative Bedeutung um über die Hälfte abnimmt. Das öffentliche Gut „äußere Sicherheit“ kann insoweit für die deutsche Volkswirtschaft aufgrund geänderter weltpolitischer Gegebenheiten zu günstigeren Konditionen als in den 70er Jahren produziert werden.

Die Position „Schulen und vorschulische Bildung“ weist nach einem Rückgang einen erneuten Anstieg aus, der vornehmlich durch expandierende Ausgaben bei den Gemeinden verursacht ist. Die aufgrund der geringeren Geburten abnehmenden Schülerzahlen bestimmen die Entwicklung dieser Ausgabengröße bis Ende der 80er Jahre, danach sind insbesondere die Ausgaben für die vorschulische Bildung (z.B. Kindergärten) für den Anstieg der Ausgaben in diesem Aufgabenbereich verantwortlich. Einen relativen Rückgang mit einem deutlichen Wiederanstieg läßt sich auch bei der Position „Soziale Sicherung, soziale Kriegsfolgeaufgaben, Wiedergutmachung“ erkennen. Für den Anstieg ab Ende der 80er Jahre sind insbesondere die im Zusammenhang mit Zuwanderungen nach Deutschland verbundenen höheren Sozialausgaben von Bedeutung, die sich zu einem Teil auch in gestiegenen Sozialhilfeleistungen niedergeschlagen haben.

Um mehr als einen Prozentpunkt steigt im Beobachtungszeitraum die relative Ausgabensumme für den Aufgabenbereich „Energie- und Wasserwirtschaft, Gewerbe, Dienstleistungen". Hierfür ist nicht zuletzt auch der zunehmende Mitteleinsatz für Aufbaumaßnahmen in den neuen Bundesländern verantwortlich.

Tab. 5: Entwicklung der Nettoausgaben der öffentlichen Verwaltung in Deutschland nach Aufgabenbereichen seit 1975

	Jahr				
	1975	1980	1985	1990	1994
Aufgabenbereiche	Anteilswerte in %				
Politische Führung und zentrale Verwaltung	5,9	5,6	5,5	5,8	5,6
Auswärtige Angelegenheiten	1,5	1,5	1,8	1,5	1,4
Verteidigung	9,1	8,3	8,7	7,4	4,3
Öffentliche Sicherheit und Ordnung	2,9	3,0	2,9	2,9	3,0
Rechtsschutz	1,4	1,5	1,6	1,5	1,4
Schulen und vorschulische Bildung	10,0	9,4	8,6	7,8	8,8
Hochschulen	3,8	3,6	3,8	4,1	4,2
Förderung des Bildungswesen	1,0	1,2	0,9	0,7	0,6
Sonstiges Bildungswesen	0,3	0,5	0,5	0,5	0,4
Wissenschaft, Forschung, Entwicklung außerhalb der Hochschulen	1,7	2,0	2,1	1,7	1,5
Kulturelle Angelegenheiten	0,9	1,0	1,1	1,2	1,3
Soziale Sicherung, soziale Kriegsfolgeaufgaben, Wiedergutmachung	23,6	21,8	21,2	22,1	24,7
Gesundheit, Sport und Erholung	6,0	6,4	6,3	6,4	6,6
Wohnungswesen, Raumordnung und Städtebauförderung	2,2	2,9	2,6	2,3	2,4
Kommunale Gemeinschaftsdienste	3,0	3,2	3,1	3,3	3,1
Ernährung, Landwirtschaft, Forsten	1,4	1,1	0,9	1,1	1,1
Energie- und Wasserwirtschaft, Gewerbe, Dienstleistungen	2,8	3,4	3,1	3,7	4,1
Verkehr und Nachrichtenwesen	6,7	6,3	4,9	4,4	4,2
Wirtschaftsunternehmen	4,5	4,2	3,8	3,3	2,9
Allgemeines Grund- und Kapitalvermögen, Sondervermögen	1,2	1,3	1,3	1,2	2,6
Allgemeine Finanzwirtschaft	10,0	11,8	15,3	17,0	15,8
Ausgaben insg. in Mrd. DM	353,7	496,0	586,0	742,8	1.119,1

Quelle: Eigene Berechnungen auf der Grundlage der Finanzberichte (Übersicht 7); Differenzen durch Runden bei den Anteilswerten. Der Wert für 1994 bezieht sich auf Deutschland.

Trotz der Öffnung der Grenzen und der daraus sich ergebenden Anforderungen an die Infrastruktur ist der Aufgabenbereich „Verkehr und Nachrichtenwesen" über die Jahre hin rückläufig, bzw. verharrt er auf einem Anfang der 90er Jahre erreichten geringeren Niveau. Einen deutlichen relativen Anstieg kann die Position „Allgemeine Finanzwirtschaft“ verzeichnen, hinter der sich als größter Bestandteil der Schuldendienst, vornehmlich die Zinszahlungen, für die im Gesamtzeitraum erheblich gewachsene Verschuldung der öffentlichen Haushalte verbirgt.

Das Gewicht der staatlichen Aufgabenbereiche ist nicht nur in ihrer gegenseitigen Relation zu betrachten, sondern auch gemessen an der Entwicklung der volkswirtschaftlichen Leistungsgröße Bruttoinlandsprodukt (BIP) im Beobachtungszeitraum. Bezieht man die Ausgaben der öffentlichen Verwaltung (in der hier benutzten Abgrenzung) auf die jeweiligen BIP-Größen stellt man von 1975 bis 1990 eine abnehmende Relation von 34,5 % auf 30,6 % fest, die bis 1994 wieder auf 33,7 % ansteigt. Dieser globale Eindruck entspricht dem der Tabelle 2, in der die Staatsquoten für eine Reihe von Ländern aufgeführt sind. Dieses Bild läßt sich insgesamt so interpretieren, daß es **im Gesamtzeitraum** zu **keine**r **Veränderung im Ressourceneinsatz für die staatlichen Aufgabenbereiche** insgesamt gekommen ist. Die Verschiebungen in den Teilbereichen bleiben im übrigen von geringerem Ausmaß und lassen keine generellen Aufgabenverlagerungen erkennen. Insbesondere sind die erwähnten **Veränderungen** der Gewichtsanteile der Aufgabenbereiche der öffentlichen Verwaltung nicht einem längerfristigen Trend zuzuordnen, sondern im wesentlichen **geprägt durch eher exogene Einflüsse** wie die abnehmende internationale militärische Bedrohung, die Zuwanderungen, den Wandel in der Verkehrspolitik sowie die deutsche Vereinigung. Die Aufgabenbereiche und ihre Entwicklung lassen sich außerdem als Beleg dafür interpretieren, daß das staatliche Handeln in Ausmaß und Veränderung durch die in jeweiligen Perioden herrschenden politischen, gesellschaftlichen und wirtschaftlichen Bedingungen beeinflußt wird, wobei nicht immer ein aktives eigenes Handeln der staatlichen Entscheidungsträger unterstellt werden kann, sondern vielfach nur ein passives Umsetzen von Wünschen aus der Bevölkerung (bzw. von einflußreichen Gruppen).

Ausgaben nach Arten

Eine andere Möglichkeit, den Ressourceneinsatz für die Wahrnehmung staatlicher Aufgaben zu verdeutlichen, besteht darin, die **Ausgaben der staatlichen Verwaltung in ihrer Gruppierung nach Arten** aufzuzeigen. **Tabelle 6** stellt die Anteilswerte wesentlicher Ausgabenarten für ausgewählte Jahre dar.

Die Personalausgaben haben im Beobachtungszeitraum einen leicht sinkenden Trend. Der laufende Sachaufwand ist nach einem deutlichen Anstieg rückläufig, wobei der Rückgang vornehmlich durch die absolut geringeren militärischen Beschaffungen getragen wird. Eine Verdoppelung des relativen Gewichts weisen die Zinsausgaben (an andere Bereiche) aus, womit in erster Linie die Zinsen für die Kreditmarktverschuldung der öffentlichen Verwaltung gemeint sind. Ein Zinsausgabenanteil von deutlich über zehn Prozent bedeutet einerseits, daß die Staatsausgaben zu einem nennenswerten Teil nicht für öffentliche Güter in der gleichen

Periode verwendet werden, andererseits kann der hohe Zinsausgabenanteil als Beleg dafür gewertet werden, daß in früheren Perioden möglicherweise öffentliche Güter in einem Ausmaß bereitgestellt wurden, das die laufenden Finanzierungsmöglichkeiten des Staates überstiegen hat, so daß in nachfolgenden Perioden ein Teil der Lasten mitgetragen werden muß. Der erst ab 1990 zu verzeichnende deutliche Anstieg der laufenden Zuweisungen und Zuschüsse an den öffentlichen Bereich ist in erster Linie mit den Zahlungen zu erklären, die in der Folge der deutschen Vereinigung und der Unterstützung für die öffentlichen Haushalte in den neuen Ländern geflossen sind. Die laufenden Zuschüsse und Zuweisungen enthalten als größten Posten Renten und Unterstützungen und weisen nach einem Rückgang in den 80er Jahren wieder ein leicht steigendes relatives Gewicht an den bereinigten Ausgaben aus.

Tab. 6: Entwicklung der Ausgaben der öffentlichen Verwaltung nach Arten

	Jahr				
	1975	1980	1985	1990	1996
Ausgabenarten	Anteilswerte in % der bereinigten Ausgaben				
Personalausgaben	33,3	32,6	32,6	31,3	32,0
Laufender Sachaufwand	14,4	15,1	16,2	15,6	13,8
Zinsausgaben (an andere Bereiche)	4,1	5,9	9,4	8,6	11,3
Laufende Zuweisungen und Zuschüsse an öffentlichen Bereich	21,7	23,2	22,7	26,1	33,5
Laufende Zuweisungen und Zuschüsse an andere Bereiche	18,2	17,0	17,3	18,0	17,9
Summe der Ausgaben der laufenden Rechnung	78,6	79,5	83,8	84,4	85,4
Sachinvestitionen	13,0	12,1	8,5	8,6	7,5
Zuweisungen für Investitionen und sonstige Vermögensübertragungen	5,9	5,3	3,9	4,0	5,0
Summe der Ausgaben der Kapitalrechnung	21,4	20,5	16,2	15,6	14,6
Bereinigte Ausgaben insgesamt, in Mrd. DM	354,4	498,1	588,7	746,0	1.154,6

Quelle: Eigene Berechnungen auf der Grundlage der Finanzberichte (Übersicht 8). Die Ausgabensummen decken sich wegen anderer Abgrenzung nicht völlig mit denen in Tab. 5. Der Wert für 1996 bezieht sich auf Deutschland.

Insgesamt sind **die laufenden Ausgaben der öffentlichen Verwaltung** in der Beobachtungsperiode durchweg **in ihrem relativen Gewicht gewachsen**. Das Gegenstück hierzu wird in Tabelle 6 dadurch deutlich, daß die Anteile der **Ausgaben für Sachinvestitionen** sowie die Anteile der Ausgaben der Kapitalrechnung nachhaltig **abnehmen**. Die Ausgaben des Staates verlagern sich damit stärker auf laufende und vielfach konsumtiv verwendete Ausgabenarten. Investive Ausgaben und damit auch Ausgaben, die für die Volkswirtschaft wachstums- und produktivitätsfördernd sein könnten, nehmen in ihrem Gewicht ab. Diese Beobachtung kann durchaus als Kennzeichen des allokationspolitischen Ziels des Staates im hier betrachteten Zeitraum gewertet werden.

Die **Inanspruchnahme der Ressourcen** durch die öffentliche Verwaltung erscheint im Rahmen der ausgewiesenen Gesamtausgaben einerseits expansiv, da sich die Ausgabensummen im Beobachtungszeitraum der Tabelle 6 um das Dreifache vergrößern. Gleichwohl folgt diese Vermehrung - wie bereits in der Erläuterung zu Tabelle 5 angemerkt - im wesentlichen dem nominalen Zuwachs des Bruttoinlandsprodukts, so daß sich das **volkswirtschaftliche Gewicht der staatlichen Ausgaben** insgesamt **nicht verändert** hat.

Ausgaben für Finanzhilfen

Der Staat verfolgt allokationspolitische Aufgaben u.a. mit **Subventionen**, von denen hier die sogenannten **Finanzhilfen** als direkt **ausgabenwirksame finanzpolitische Mittel** hervorgehoben werden sollen. Über die Finanzhilfen des Bundes finden sich beispielsweise Angaben in den alle zwei Jahre von der Bundesregierung vorgelegten **Subventionsberichten**, die nach § 12 des Stabilitäts- und Wachstumsgesetzes zu erfolgen haben. „Unter **Finanzhilfen** werden dabei **Geldleistungen des Bundes** an Stellen außerhalb der Bundesverwaltung verstanden ...“ (Bundesregierung, Sechzehnter Subventionsbericht, Bundestagsdrucksache 13/8420 vom 29.08, Ziffer 5, S. 10). Der Subventionsbericht konzentriert sich bei der Darstellung der Hilfen auf diejenigen, die **an private Unternehmen und Wirtschaftszweige** gerichtet sind. Daher werden im Subventionsbericht **nur Teilbereiche der allokationspolitischen Ziele** des Staates **erkennbar**. So hebt der Subventionsbericht hervor, daß Aufwendungen des Bundes für allgemeine Staatsaufgaben - wie große Teile der Forschungs- und Entwicklungsförderung nicht zu den Subventionen rechnen. „Auch Zuweisungen, Zuschüsse und Kapitalaufstockungen bei Bundesunternehmen sowie Bundesbürgschaften sind nicht aufgeführt. Entsprechend seiner speziellen Aufgabe spiegelt der Subventionsbericht nur die Teile der staatlichen Aktivität wider, die mittelbar und unmittelbar die Wirtschaft beeinflussen“ (Sechzehnter Subventionsbericht, ibid.). Im Subventionsbericht werden neben den Finanzhilfen, die mit Ausgaben verbunden sind, auch Steuervergünstigungen aufgelistet, die für die öffentliche Hand zu Mindereinnahmen führen. Auf die Steuervergünstigungen wird im nachfolgenden Abschnitt 3.1.3 noch näher einzugehen sein.

Im Rahmen des hier betrachteten Ressourceneinsatzes durch staatliche Allokationspolitik sollen zunächst die Finanzhilfen des Staates dargestellt werden, wobei auf der Grundlage des Subventionsberichts die **Entwicklung der Finanzhilfen** aufzuzeigen ist, die Bund, Länder, Gemeinden, das ERP-Sondervermögen sowie die Europäische Union (EU) gewähren. **Tabelle 7** enthält hierzu ausgewählte Daten.

Tab. 7: Entwicklung der Finanzhilfen von Bund, Ländern, Gemeinden, ERP und EU

	Jahr						
	1970	1975	1980	1985	1990	1995	1997
	in Mrd. DM						
Bund	7,8	10,1	12,5	11,9	14,2	18,4	23,3
Länder	5,8	7,3	12,1	12,1	14,1	20,9	22,9
Gemeinden	1,0	1,0	1,0	1,0	2,1	3,0	3,3
ERP-Finanzhilfen	1,1	1,3	2,7	2,9	5,6	11,5	13,0
Marktordnungs- und Agrarstrukturausgaben der EU	2,9	2,2	6,2	8,0	9,5	11,4	12,3
Gesamtvolumen der Finanzhilfen	18,6	21,9	34,5	35,9	45,5	65,2	74,8
davon für alte Länder	18,6	21,9	34,5	35,9	45,5	43,4	51,7
davon für neue Länder	-	-	-	-	-	21,8	23,2

Quelle: Bundesregierung, Sechzehnter Subventionsbericht, Bundestagsdrucksache 13/8420 vom 29.08.97, Übersicht 7, S. 21 sowie eigene Berechnungen (Differenzen durch Runden).

Das **finanzielle Gewicht der** Subventionen in Form von **Finanzhilfen**, das in absoluten Ausgabensummen in Tabelle 7 enthalten ist, läßt gemessen an anderen staatlichen Ausgaben bis Ende der 80er Jahre ein **unterdurchschnittliches Wachstum** erkennen. **Mit der deutschen Vereinigung** kommt es jedoch zu einem deutlichen **Sprung** in den Finanzgrößen, was auch durch die Aufgliederung der Finanzhilfen für die alten und die neuen Bundesländer belegt wird. Die neuen Bundesländer erhalten im Jahr 1995 ein Volumen an Finanzhilfen, das dem Volumen für die alten Bundesländer insgesamt im Jahr 1975 entspricht. Insoweit kann aus den Daten der Tabelle 7 auch die Folgerung gezogen werden, daß die Allokationspolitik des Staates über Subventionen mittels Finanzhilfen, bzw. mit direkten Ausgaben für Anpassungs- , Erhaltungs- und Produktivitätshilfen in der Tendenz rückläufig war und ist, daß allerdings aufgrund geänderter gesamtpolitischer Gegebenheiten infolge der deutschen Vereinigung ein neues Niveau erreicht wurde. Der in Tabelle 7 noch erkennbare Sprung der Finanzhilfen von 1995 auf 1997 ist zudem vornehmlich der Tatsache zuzuschreiben, daß die Verstromungshilfen (mit einem Betrag von über 7 Mrd. DM) ab 1996 vom Bund übernommen werden, während zuvor die privaten Haushalte im Rahmen ihrer Stromrechnungen diese Subvention direkt finanziert haben.

Der Subventionsbericht macht im übrigen deutlich, daß beispielsweise von den Finanzhilfen des Bundes dem Bergbau mit Abstand die größten Beträge zufließen. Gefolgt wird der Bergbau vom Wohnungswesen, der Landwirtschaft und der regionalen Strukturpolitik. Auf diese vier Bereiche entfallen rd. 85 % aller Finanzhilfen des Bundes. Die Erhaltungshilfen machen wegen der vom Bund übernommenen Verstromungshilfen den größten Teil (rd. 45 %) der Finanzhilfen des Bundes aus. Die Anpassungshilfen umfassen etwa ein Viertel der gewährten Finanzhilfen. Nicht wesentlich geringer ist der Anteilswert der Finanzhilfen für private Haushalte. Produktivitäts- oder Wachstumshilfen bleiben insgesamt relativ unbedeutend (Sechzehnter Subventionsbericht, a.a.O., S. 18 ff.).

Zusammenfassend ergibt sich damit die Folgerung, daß die **Allokationspolitik mittels Finanzhilfen** in ihrem volkswirtschaftlichen Gewicht einerseits nicht ansteigt, sondern **eher geringer** wird. Inhaltlich läßt sich andererseits erkennen, daß das Ziel der ausgabenwirksamen Finanzhilfen nicht in einer Steigerung der volkswirtschaftlichen Leistungsfähigkeit zu sehen ist. Die Produktivitätsförderung steht nicht im Vordergrund. Vielmehr dienen die Finanzhilfen vornehmlich der Erhaltung oder dem Schutz von Wirtschaftszweigen und tragen somit zur **Konservierung bestehender Wirtschaftsstrukturen** bei.

Der Einsatz des Produktionsfaktors Arbeit

Der Staat kann - wie oben bereits dargestellt - nicht nur mit Ausgaben auf die Produktion und Verwendung von Gütern in einer Volkswirtschaft einwirken. Ausgaben lassen zudem nicht notwendigerweise die Art des Einsatzes oder der Verfügung über die Ressourcen erkennen. Es liegt daher nahe, auch danach zu fragen, welche **Produktionsfaktoren** der Staat für seine Tätigkeit einsetzt sowie für diesen Einsatz Maßgrößen zu definieren, sie in ihrem zeitlichen Verlauf zu betrachten und schließlich festzustellen, welches relative Gewicht sie im Rahmen der Volkswirtschaft besitzen.

Der Staat verfolgt seine Aufgaben und seine allokationspolitischen Ziele u.a. durch die **Inanspruchnahme von Arbeitskräften**. Tabelle 6 weist zwar bereits aus, daß die Personalausgaben der öffentlichen Verwaltung leicht rückläufig sind. Gleichwohl sollte in Ergänzung dazu auch der Blick auf die absolute Dimension der öffentlich Bediensteten und auf den Anteil dieser Gruppe zum Faktor Arbeit insgesamt gerichtet werden. **Tabelle 8** greift diesen Aspekt auf und stellt das Personal der öffentlichen Verwaltung gegliedert nach den Vollzeitbeschäftigten bei den Gebietskörperschaften für ausgewählte Jahre seit 1975 dar. Zugleich werden für die gleichen Jahre die absoluten Daten der Erwerbspersonen und Erwerbstätigen sowie die damit abzuleitenden Relationen der öffentlich Bediensteten zu diesen beiden Maßen für den Faktor Arbeit ausgewiesen. Tabelle 8 enthält nicht das Personal von Wirtschaftsunternehmen ohne eigene Rechtspersönlichkeit, die den Gebietskörperschaften gehören. Hin und wieder wird allerdings das entsprechende Personal der Wirtschaftsunternehmen (vornehmlich der Eigenbetriebe von Gemeinden) ebenfalls direkt dem Staat zugerechnet (Die Zahl der Vollzeitbeschäftigten von Wirtschaftsunternehmen ohne eigene Rechtspersönlichkeit bewegt sich von 1975 bis 1985 in der Größenordnung von 130.000 Personen, überschreitet im Jahr 1991 die Zahl von 170.000 Personen und nähert sich bis 1995 wieder deutlich dem Ausgangsniveau von 100.000 Personen an. Vgl. die Informationen in den Finanzberichten).

Tab. 8: Entwicklung des Personals der öffentlichen Verwaltung absolut und im Verhältnis zu den Erwerbspersonen und den Erwerbstätigen in der Bundesrepublik Deutschland

	Jahr				
	1975	1980	1985	1990	1995
Vollzeitbeschäftigte bei den Gebietskörperschaften	in Tausend				
Bund	298	313	310	306	327
Länder	1.403	1.510	1.511	1.477	1.901
Gemeinden (Gv.)	777	852	885	933	1.218
Erwerbspersonen in der Bundesrepublik Deutschland	27.184	27.948	28.897	30.369	38.443
Erwerbstätige in der Bundesrepublik Deutschland	26.110	27.059	26.593	28.486	34.831
	in %				
Relation der Vollzeitbeschäftigten der öffentlichen Verwaltung insg. zu den Erwerbspersonen	9,1	9,6	9,4	8,9	9,0
Relation der Vollzeitbeschäftigten der öffentlichen Verwaltung insg. zu den Erwerbstätigen	9,5	9,9	10,2	9,5	9,9

Quelle: Finanzberichte; Jahresgutachten 1997/98 des Sachverständigenrates zur Begutachtung der gesamtwirtschaftlichen Entwicklung, Tab. 21*, S. 347 sowie eigene Berechnungen. Der Wert für 1995 bezieht sich auf Deutschland.

Tabelle 8 zeigt, daß Bund und Länder bis Anfang oder Mitte der 80er Jahre ihren Personalbestand noch leicht ausgeweitet haben und danach bis 1990 eine Verringerung der Beschäftigten erreichten. Mit der deutschen Vereinigung, womit auch die Zahl der Länder gestiegen ist, ging schließlich wieder eine Ausweitung des Personalbestands einher. Die Gemeinden haben ihren Personalbestand durchweg vergrößert, wobei an dieser Stelle der Hinweis bedeutsam sein mag, daß der hier ausgewiesene Personalbestand auch die Krankenhäuser mit kaufmännischem Rechnungswesen und die Eigenbetriebe umfaßt. Im Verlauf der 80er Jahre sind insbesondere eine Reihe von Tätigkeiten aus der engeren Kommunalverwaltung in Eigenbetriebe verlagert worden sind. Die deutsche Vereinigung hat schließlich zu einer Vergrößerung der Zahl der Gemeinden geführt, was sich auch in der absoluten Dimension der Beschäftigen der Gemeinden niederschlägt. Es ist außerdem auffällig, daß der Anteil des Personals der Gemeinden im Verhältnis zu allen öffentlichen Verwaltungen deutlich steigt, während insbesondere der Personalanteil des Bundes rückläufig ist.

Die absoluten Werte der Erwerbspersonen und der Erwerbstätigen im früheren Bundesgebiet und in Deutschland (für das Jahr 1995) sollen den wesentlichen Trend in der Entwicklung des Faktors Arbeit und seiner Auslastung zeigen. Die Verhältniszahlen der öffentlichen Bediensteten zu den Erwerbspersonen bzw. den Erwerbstätigen belegen, daß die öffentliche Verwaltung im Beobachtungszeitraum einen weitgehend konstanten Anteil des Faktors Arbeit für die von ihr wahrgenommenen Aufgaben beansprucht. Insoweit gibt es keine Besonderheiten, die auf globale Veränderungen des Einflusses des Staates schließen ließen. Eventuell ergeben sich im Einzelfall geringfügig andere Ergebnisse, wenn neben den Vollzeitbeschäftigten bei den Gebietskörperschaften noch die in jüngster Zeit wachsenden Teilzeitarbeitsverhältnisse berücksichtigt werden. Die Güterzusammensetzung oder Allokation in der Volkswirtschaft ist gleichwohl und in jedem Fall durch den Staat und seine Verwaltungen fortlaufend geprägt und z.B. von der investiven zur konsumtiven Verwendung von Ressourcen hin beeinflußt worden.

Der Einsatz des Produktionsfaktors Kapital

Die **staatliche Tätigkeit erfordert** neben dem Einsatz von Arbeitsleistungen oder Personal auch den **Einsatz von Kapital**. Dieses Kapital wird vom Staat in zweierlei Weise eingesetzt: Zum einen benötigt der Staat **Sachkapital** (z.B. Gebäude), um seiner Tätigkeit nachzugehen; zum anderen tritt er regelmäßig als Nachfrager nach **Finanz-Kapital** auf, um seine Ausgaben in einer jeweiligen Periode finanzieren zu können. Angaben zu dem Kapitaleinsatz des Staates sind aus unterschiedlichen volkswirtschaftlichen Rechenwerken zu entnehmen. Das Sachkapital des Staates wird im Rahmen der Ermittlung des „reproduzierbaren Sachvermögens" vom Statistischen Bundesamt jährlich festgestellt. Anhaltspunkte für das Ausmaß der Kapitalnachfrage des Staates auf dem Kapitalmarkt (einem Finanzmarkt) ergeben sich aus der Finanzierungsrechnung der Deutschen Bundesbank. Beide Rechnungen sind im übrigen statistisch und methodisch sowie sachlich völlig unabhängig voneinander, auch wenn die Nachfrage nach Finanz-Kapital vorrangig für investive Zwecke erfolgt und Investitionen des Staates ein Weg sind, um sein Sachkapital über die Zeit hin zu erhalten und zu vergrößern.

Für das frühere Bundesgebiet läßt sich das **Sachvermögen des Staates** in absoluten Werten, im Verhältnis zum Sachvermögen aller Wirtschaftsbereiche sowie im Verhältnis des Sachvermögens der Unternehmen ohne Wohnungsvermietung anhand der ausgewählten Daten in **Tabelle 9** verfolgen.

Zur Interpretation der Tabelle 9 ist darauf hinzuweisen, daß zum reproduzierbaren Sachvermögen alle dauerhaften reproduzierbaren Produktionsmittel mit Ausnahme dauerhafter militärischer Güter und dauerhafter Güter der privaten Haushalte zählen. Im Anlagevermögen wird dabei aber nicht der Wert von Grund und Boden berücksichtigt. Bei bebauten Grundstücken besteht das Sachvermögen daher nur aus dem Gebäudewert und dem Wert der in dem Gebäude vorhandenen Kapitalbestände. Die aus diesen Abgrenzungsfragen sich ergebenden Bewertungsprobleme sollen hier nicht näher erörtert werden, wohl aber sind diese Aspekte bei der Analyse der absoluten Sachvermögenswerte im Blick zu behalten.

Tab. 9: Entwicklung des Sachvermögens des Staates im früheren Bundesgebiet

	Jahr				
	1960	1970	1980	1990	1995
Bruttoanlagevermögen des Staates (in Preisen von 1991) in Mrd. DM	540,83	1.008,75	1.629,86	2.113,61	2.357,14
Relation von Bruttoanlagevermögen des Staates zum Bruttoanlagevermögen aller Wirtschaftsbereiche in %	15,1	16,0	17,3	173,	16,9
Relation des Bruttoanlagevermögen des Staates zum Bruttoanlagevermögen der Unternehmen ohne Wohnungsvermietung in %	38,9	39,6	42,6	42,4	41,1

Quelle: Statistisches Bundesamt: Statistisches Jahrbuch 1996, S. 662 sowie eigene Berechnungen.

Die Werte des Bruttoanlagevermögens des Staates steigen im Beobachtungszeitraum absolut an und weisen auch in ihrer Relation zum Bruttoanlagevermögen aller Wirtschaftsbereiche eine leichte Steigerung auf. Die weitere Reihe mit den Verhältniszahlen von Bruttoanlagevermögen des Staates zum Bruttoanlagevermögen der Unternehmen ohne Wohnungsvermietung soll deutlicher das Gewicht des Staates als ein Wirtschaftssektor erkennen lassen, in dem (öffentliche) Güter für die Bevölkerung produziert werden, während die Wohnungsleistungen auf individuelle Haushalte zugeschnitten sind. Gerade die zweite Reihe der Verhältniszahlen, die auch eine leichte Steigerung aufweist, macht das Gewicht des Einsatzes der Ressource „Kapital" beim Staat recht deutlich. In ihrer Dimension von rd. 40 % liegt sie zwar unter dem Niveau der Staatsquote in Deutschland aber zumeist erheblich über dem Niveau der Abgabenquote.

Der Staat greift im Rahmen seiner Aufgabenerfüllung zur Finanzierung seiner Ausgaben in einer Periode auch auf den Kreditmarkt, vornehmlich auf den längerfristigen Kapitalmarkt zu und verfügt insoweit über volkswirtschaftliche Ressourcen. Seit den Verträgen von Maastricht (1992) findet insbesondere die **Defizitquote** weite Aufmerksamkeit. Die Defizitquote besteht dabei aus der Relation von öffentlichem Defizit zum Bruttoinlandsprodukt, wobei für das öffentliche

Defizit die Abgrenzung des Staates nach der Volkswirtschaftlichen Gesamtrechnung benutzt wird. Die Werte der **Defizitquote** für die Bundesrepublik Deutschland sind in **Tabelle 10** für ausgewählte Jahre ausgewiesen.

Tab. 10: Defizitquoten in der Bundesrepublik Deutschland

	Jahr				
	1975	1980	1985	1990	1995
Öffentliches Defizit in vH des BIP	-5,5	-2,9	-1,2	-2,1	-3,8

Quelle: Finanzberichte 1998, S. 346 und 1991, S. 307.

Tab. 10 läßt erkennen, daß der Staat seine Defizite aus unterschiedlichen Gründen eingeht; der Wert des Jahres 1975 ist beispielsweise geprägt von hohen Kreditaufnahmen in Zeiten eines konjunkturelle Abschwungs, Mitte der 80er Jahre stehen die Konsolidierung der Staatshaushalte und eine Verringerung der Defizite im Vordergrund, schließlich ergeben sich 1995 wieder höhere Defizite, weil in erheblichem Maße Ausgaben durch die deutsche Vereinigung, durch Zuwanderungen und durch Auswirkungen des Globalisierungsprozesses in der Weltwirtschaft anfallen. Die jüngere Entwicklung der Defizitquote, die in Tab. 10 noch nicht übernommen ist, belegt im übrigen eine Abnahme der Defizitquote unter den Richtwert des Maastricht-Vertrages von 3 vH.

Defizitquoten messen das Gewicht des öffentlichen Defizits an der volkswirtschaftlichen Leistungsgröße des Bruttoinlandsprodukts. Hierbei muß jedoch kein erkennbarer ökonomischer Zusammenhang zwischen den Größen bestehen, denn die im BIP erfaßte Güterproduktion der Volkswirtschaft ist in ihrer Dimension weitgehend unabhängig vom Staatsdefizit und das Staatsdefizit seinerseits hängt nicht zwangsweise vom Ausmaß der laufenden Güterproduktion ab.

Engere ökonomische Abhängigkeiten mag es geben, wenn man versucht, die **Kapitalnachfrage des Staates** für seine Defizite in einem Zusammenhang zu sehen mit dem Sektor, der zumindest in Deutschland das größte Kapitalangebot bereitstellt: die privaten Haushalte. Die Finanzierungsrechnung der Deutschen Bundesbank weist u.a. die Finanzierungssalden der beiden Sektoren als ex-post-Größen aus, die daraus zu errechnenden Verhältniszahlen sind für ausgewählte Jahre in **Tabelle 11** wiedergegeben.

Die Werte in Tabelle 11 können näherungsweise als Indikator dafür gewertet werden, wie der Staat in seiner Rolle als Kapitalnachfrager das von den privaten Haushalten angebotene Kapitalangebot ausschöpft. Daraus ergibt sich auch ein Hinweis, was für andere Kapitalnachfrager, u.a. die Unternehmen und das Ausland, an Kapitalangebot in einer jeweiligen Periode verbleibt, bzw. inwieweit durch den Kapitalbedarf des Staates angesichts anderer Nachfrager Zinsveränderungen ausgelöst werden können. Tabelle 11 belegt, daß insbesondere in den 70er Jahren der Staat das private Kapitalangebot aus dem Inland in großem Umfang ausgeschöpft hat. In den Konsolidierungsjahren für die öffentlichen Haushalte Mitte der 80er Jahre geht der relative Kapitalbedarf des Staates deutlich zurück, steigt aber in der Folge der deutschen Vereinigung wieder nennenswert an.

Tab. 11: Verhältnis zwischen den Finanzierungssalden des Staates und der privaten Haushalte in der Bundesrepublik Deutschland

	Jahr				
	1975	1980	1985	1990	1996
Finanzierungssaldo des Staates (Gebietskörperschaften und Sozialversicherung) in vH des Finanzierungssaldos der privaten Haushalte	60,0	39,5	18,5	27,4	57,5

Quelle: Eigene Berechnungen auf der Grundlage des Jahresgutachtens 1997/98 des Sachverständigenrates zur Begutachtung der gesamtwirtschaftlichen Entwicklung, Tab. 44*, S. 358/9.

Der Staat übernimmt in Verfolgung seiner finanzpolitischen Allokationsziele eine Vielzahl von Aufgabenbereichen, für die er jeweils auf Ressourcen in der Volkswirtschaft zurückgreifen muß. Durch die vorangegangenen Ausführungen sollte aufgezeigt werden, daß der Staat die Ressourcen nicht nur in Form von Ausgaben, sondern auch in der Form des Einsatzes von Produktionsfaktoren für seine Aufgaben benötigt. Die verwendeten Maße sollten den Ressourceneinsatz im Verhältnis zu volkswirtschaftlichen Vergleichsgrößen erkennen lassen. Die oben benutzten Verhältniszahlen sind allerdings grobe Maße, mit denen aber gleichwohl - zumindest in der Gesamtschau - wesentliche Gewichtsverschiebungen zwischen den Einzelaufgaben und dem Staatshandeln in der Volkswirtschaft insgesamt offenkundig werden. Die Daten als absolute Größen oder Verhältniszahlen wollen und können im Rahmen der hier betrachteten Allokationspolitik keine volkswirtschaftlichen Wirkungen deutlich machen. Es ist somit nicht möglich, sie in gleich welcher Untergliederung als konjunkturell oder wachstumspolitisch bedeutsam einzuordnen oder Unterschiede in ihren Wirkungen zu vermuten oder zu postulieren. Dies würde weitergehende wirtschaftstheoretische Analysen voraussetzen, die an dieser Stelle nicht vorgenommen werden sollen, sondern die im Zusammenhang mit der Behandlung der staatlichen Einflußnahme auf die globale Wirtschaftstätigkeit aufzugreifen sind. Entsprechendes gilt für die möglichen verteilungspolitischen Konsequenzen, die sich hinter den Einzelgrößen und ihren Veränderungen verbergen. Auch diese lassen sich nicht ohne weiteres erkennen. Es ist schließlich darauf hinzuweisen, daß die allokationspolitischen Wirkungen des Staatshandelns nicht nur als direktes Ziel angestrebt werden können. Allokationspolitische Einflüsse ergeben sich vielmehr auch im Rahmen der Wahrnehmung anderer Aufgabenbereiche des Staates, sie mögen dabei allerdings gewissermaßen nur als Nebeneffekt auftreten.

3.1.3 Die Wahrnehmung von Aufgaben des Staates durch Normen, Einnahmengestaltung und Verwaltungshandeln

Staatliche **Allokationspolitik** will auf die Zusammensetzung der Güter in einer Volkswirtschaft einwirken. Dies ist nicht nur mit Hilfe der Inanspruchnahme von Ressourcen möglich, sondern auch mit „reinen" Lenkungs- oder Steuerungsaufgaben, um die privaten Wirtschaftssubjekte zu einem Verhalten zu bewegen, das zu der erwünschten Güterzusammensetzung führt. Die Lenkung kann dabei zum einen mit strikt hoheitlichen Maßnahmen erfolgen oder sich zum anderen auf Anreize konzentrieren, die über finanzielle Belastungen oder Entlastungen der Aktivitäten von privaten Wirtschaftssubjekten zum allokativen Ziel beitragen sollen.

Normen

Ganz grundsätzliche Möglichkeiten stehen dem Staat aus der Sicht von ordnungspolitisch fundierten Ökonomen **vornehmlich durch das Setzen genereller Normen oder Gesetze** zur Verfügung, nach denen sich im übrigen der Wirtschaftsprozeß richtet, ohne daß zudem auf einzelne Abläufe und Ergebnisse durch staatliches Handeln einzugreifen wäre. Mit dem Setzen von Normen, dem Erlassen von allgemeinen Regeln für das Zusammenleben der Wirtschaftssubjekte in einer Volkswirtschaft werden vielfach die wichtigsten allokationspolitischen Entscheidungen getroffen. Der Aufgabenbereich „Gesetzgebung" einschließlich der dazu gehörenden weiteren Normen (wie Rechtsverordnungen, Durchführungsbestimmungen etc.) ist damit ein zentrales Instrument der Allokationspolitik und dient dem Staat zum Erreichen seiner Ziele.

Zum gesetzlichen Regelwerk zählen beispielsweise die ordnungspolitischen Grundentscheidungen, die sich in folgenden Punkten niederschlagen: marktwirtschaftliche Prozesse für weite Bereiche der Güterversorgung, Einhaltung und Garantie von Eigentumsrechten für private Wirtschaftssubjekte, Verläßlichkeit auf eine neutrale Justiz und Polizei und die Bindung staatlicher Instanzen an die Gesetze oder das Gebot der Rechtsstaatlichkeit. Staatliche Rahmenordnungen haben auch allokative Funktionen insoweit als sie das Bildungswesen, die Kulturförderung sowie Forschung und Entwicklung betreffen. Auf die Güterzusammensetzung wird auch durch das Wettbewerbsrecht, durch gewerberechtliche Vorschriften und nicht zuletzt durch die Rechtsordnung im Bereich der Sozialpolitik und der Währungspolitik Einfluß genommen.

Fast alle Rechtsbereiche haben im übrigen allokative Konsequenzen, dies reicht vom Verordnen von Höchstgeschwindigkeiten auf Autobahnen und der Setzung einer Promillegrenze (die den Konsum alkoholischer Getränke in Gaststätten reduzieren kann, dafür den Absatz alkoholischer Getränke in Supermärkten für den Verbrauch zu Hause fördert und daneben auf die Art des Zusammenlebens der

Menschen Einfluß nimmt), bis hin zu Vorschriften über die Wehrpflicht oder die Anerkennung von Asylanten als schutzwürdigen politisch verfolgten Personen.

Die allokationspolitischen Ziele, die mit der **Setzung von Normen** verfolgt werden, lassen sich allerdings **nicht** immer **leicht messen** oder erfassen, zumal in konkreten historischen Gegebenheiten jeweils eine Vielzahl anderer Einflüsse zum Tragen kommen wird. Eine wesentliche Rolle spielen dabei die Überwachungsverfahren für die Einhaltung der Normen sowie die Möglichkeiten, die den Wirtschaftssubjekten an Substituten zur Verfügung steht. Ein Ausweichen vor den nationalen Normen ist gegebenenfalls einem international agierenden Unternehmen leichter möglich als einem privaten Haushalt. Daher ist es auch keineswegs selbstverständlich, daß die zu beobachtende und wachsende Flut von Gesetzen und Vorschriften mit immer weiter gehenden Einzelfallregeln tatsächlich zu einem größeren allokationspolitischen Einfluß des Staates führen muß.

Einnahmengestaltung

Der Staat beeinflußt die Güterzusammensetzung in einer Volkswirtschaft daneben mit den spezifischen Normen seiner Steuergesetzgebung und der Gesetzgebung für die weiteren Zwangseinnahmen. Er gestaltet seine Zwangseinnahmen nicht ausschließlich aber vielfach mit Blick auf seine allokationspolitischen Ziele. Hierbei benutzt er verschiedene Vorgehensweisen, die nicht notwendigerweise aus einem - aus der Sicht eines Außenstehenden - systematischen Ansatz heraus erfolgen müssen, sondern eher einer situationsabhängigen Nutzenmaximierung der Entscheidungsträger zuzuschreiben sind. So erhebt der Staat beispielsweise Verbrauchsteuern, um bestimmte Güter zu verteuern und um die Haushalte eventuell bewußt zu einem Substitutionsverhalten zu veranlassen. Art und Ausmaß der Steuern, ob direkte Steuern oder indirekte Steuern, ob Steuern auf Einkommenszufluß, Einkommensverwendung, Kapitalbildung oder Vermögen haben einen Einfluß auf Art und Umfang der Güter in einer Volkswirtschaft. Dies gilt auch für andere Zwangseinnahmen wie Gebühren und Beiträge der Kommunen oder die Beiträge zu den Sozialversicherungen. Schließlich greift der Staat im Rahmen seiner Einnahmengestaltung mittels Subventionen in Form von Steuervergünstigungen in die Zusammensetzung der Güter ein, dadurch daß er spezifische Produktionen oder Verwendungen von Gütern steuerlich entlastet.

Die direkteste und möglicherweise am leichtesten mit quantitativen Größen zu belegende Wirkung auf Produktion und Konsum von Gütern in einer Volkswirtschaft kann der Staat mit der Erhebung von **Verbrauchsteuern sowie (örtlichen) Aufwandsteuern** erreichen. Die Verbrauchsteuern sollen den Verbrauch oder Gebrauch bestimmter Waren belasten, und die Steuerlast soll grundsätzlich den Verbraucher treffen. Hiermit läßt sich neben dem fiskalischen Einnahmenziel das Ziel der **Verteuerung der betroffenen Güter** erreichen. Dies gilt nicht nur für die typischen großen Verbrauchsteuern wie die Tabaksteuer, die

Branntweinsteuer, die Schaumweinsteuer, die Mineralölsteuer, die Kaffeesteuer und die Biersteuer, sondern auch für die von den Gemeinden erhobenen Steuern wie die Vergnügungsteuer, die Spielapparatesteuer, die Getränkesteuer, die Verpackungsteuer sowie die Hundesteuer und die Zweitwohnungsteuer als lokalen Aufwandsteuern. Näherungsweise kann auch bei der Versicherungsteuer und der Kraftfahrzeugsteuer ein ähnlicher ökonomischer Prozeß unterstellt werden, da mit diesen Steuern ebenfalls jeweils ein spezifisches Gut (die Inanspruchnahme eines Versicherungsschutzes oder das Halten eines Fahrzeugs) verteuert wird. Beide letztgenannten Steuern zählen zwar nach den Einteilungskriterien der Finanzverwaltung zu den Verkehrsteuern. Die Einteilung der Steuern aus der Sicht der Finanzverwaltung ist vornehmlich historisch begründet und orientiert sich nicht notwendigerweise an ökonomischen Ergebnissen oder Wirkungen der Steuern. Die Versicherungsteuer und die Kraftfahrzeugsteuer (aber auch die Rennwett- und Lotteriesteuer) sind ökonomisch mit ihrer Verteuerungswirkung für spezifische Güter den speziellen Verbrauchsteuern und den Aufwandsteuern sehr nah und werden daher an dieser Stelle gemeinsam behandelt.

Mit dem Effekt der **Verteuerung** von durch Verbrauch- oder Aufwandsteuern belasteten Gütern geht zumindest zu einem Teil die **allokative Zielsetzung** einher, den privaten **Konsum der** betreffenden **Güter** zu **begrenzen**. Dies wird vielfach für die Tabaksteuer, die Branntweinsteuer, die Spielapparatesteuer und die Verpackungsteuer unterstellt. Die privaten Wirtschaftssubjekte sollen die aus Sicht des Gesetzgebers oder des Satzungsgebers „schädlichen" Güter meiden, wobei die durch die Steuerbelastung angestrebte Preiserhöhung für die Güter zu einem Substitutionsverhalten hin zu weniger schädlichen Gütern führen soll.

Im einzelnen kommen bei der Erhebung von Verbrauch- und Aufwandsteuern **ergänzende Überlegungen** hinzu wie die Ausschöpfung einer starren Nachfrage bei „Luxusgütern" oder der Gesichtspunkt der Beteiligung von Nutzern öffentlicher Güter an deren Produktionskosten, was z.B. bei der Zweitwohnungsteuer direkt angesprochen wird (der Inhaber einer Zweitwohnung soll sich an den Kosten der kommunalen Infrastruktur beteiligen, die mit jeder Wohnung unabhängig von ihrer Nutzungshäufigkeit entstehen, z.B. für Straßen, Versorgungsleitungen und Kanäle). Die Zahler der Kraftfahrzeugsteuer sowie der Mineralölsteuer greifen vielfach auch den Aspekt auf, daß ihre Steuern der Produktion von Infrastrukturmaßnahmen dienen sollten; der Staat sieht hierbei jedoch nicht notwendigerweise einen sachlichen Zusammenhang. Er erhebt und benutzt diese Steuern vielmehr als allgemeine Deckungsmittel zur Finanzierung seiner Aufgaben insgesamt.

Die **allokative Zielsetzung** von Verbrauch- und Aufwandsteuern kann insoweit **hinter dem fiskalischen Interesse** zurückstehen. Das bedeutet im Extrem: der Staat entwickelt ein vorrangiges Interesse, daß die von einigen als „schädlich" empfundenen Güter, besonders weitgehend konsumiert werden, weil damit seine

Einnahmen steigen. Das fiskalische Interesse dominiert dann die nach außen hin vertretene allokative Zielsetzung. Für den Fall, daß der Staat mit der Maximierung seiner Steuereinnahmen erfolgreich ist, ergeben sich selbstverständlich auch weiterhin Einflüsse auf die Güterzusammensetzung in der Volkswirtschaft. Die allokativen Effekte treten dann jedoch weniger bei den mit speziellen Steuern belasteten Gütern ein als vielmehr bei Gütern, bei denen die Haushalte eine elastischere Nachfrage aufweisen und die sie dementsprechend wegen der Verteuerung der besteuerten Güter in geringerem Volumen nachfragen.

Mit den einzelnen Verbrauch- und Aufwandsteuern werden zwar jeweils **allokative Wirkungen** verbunden sein, es ist gleichwohl nicht feststellbar, inwieweit die Steuern Produktion und Konsum der betroffenen Güter direkt verändern, bzw. welchen Umfang die Güter hätten, wären sie nicht mit speziellen Steuern belastet. Als quantitative Erfassungsmöglichkeit verbleibt die Darstellung des absoluten Niveaus der hier betrachteten speziellen Steuern sowie ihr relatives Gewicht an den Steuereinnahmen insgesamt, wie z.B. in Tabelle 12.

Tab. 12: Entwicklung spezieller Steuern* (insb. Verbrauch- und Aufwandsteuern)

	Jahr			
	1970	1980	1990	1996
Aufkommen spezieller Steuern* insg. in Mrd. DM	28,1	49,9	77,8	128,6
Anteil der speziellen Steuern* an den Steuereinnahmen der Gebietskörperschaften insg. in vH	18,2	13,7	13,7	16,1

* Zu den hier als speziellen Steuern genannten Steuern werden folgende zusammengefaßt: Tabaksteuer, Kaffeesteuer, Branntweinsteuer, Schaumweinsteuer, Mineralölsteuer, Versicherungsteuer, Kraftfahrzeugsteuer, Biersteuer, Sonstige Gemeindesteuern.

Quelle: Eigene Berechnungen auf der Grundlage der Tabellen 10 und 12 des Finanzberichts 1998, S. 228 ff.

Die absoluten Werte der in Tab. 12 enthaltenen Steuern steigen im Beobachtungszeitraum nachhaltig an; trotz deutlicher Erhöhungen der Steuersätze (bzw. der Steuerbeträge) beispielsweise bei der Mineralölsteuer oder der Tabaksteuer **verlieren die Steuern** aber zunächst deutlich **an ihrem relativen Gewicht** gemessen an allen Steuern der Gebietskörperschaften und können nur nach erneuten Steuererhöhungen ihren relativen Anteil wieder steigern, ohne jedoch das frühere Niveau zu erreichen. Hierbei spielt eine Rolle, daß eine Reihe spezieller Verbrauchsteuern (wie die Branntweinsteuer, die Kaffeesteuer und die Biersteuer) nur verhaltene absolute Aufkommenszuwächse zeigen. Da die Steuersätze oder die Steuerbeträge für diese Steuern keine höhere rechtliche Begrenzung nach oben aufweisen, mag bei der Erhebung dieser Steuern (allerdings auch bei anderen) ein Effekt wirksam sein, der in der Finanzwissenschaft mittlerweile allgemein mit der Laffer-Kurve erfaßt wird.

Die **Laffer-Kurve** will nach der Formulierung von Laffer (Laffer 1979) **Grenzen der** Einkommens**besteuerung** verdeutlichen, die darin bestehen, daß mit steigendem Steuersatz zwar zunächst die Steuereinnahmen für den Staat steigen, ab einem bestimmten Niveau des Steuersatzes die Einkommenserzielung jedoch rückgängig sein wird, so daß schließlich auch die Steuereinnahmen nicht mehr weiter steigen, bis im Extrem bei einem Steuersatz von 100 % sowohl kein Einkommen mehr erwirtschaftet würde, als auch der Staat keine Einnahmen mehr aus der Einkommensbesteuerung erhalten könnte. Die Übertragung des Konzepts der Laffer-Kurve auf den Fall der Verbrauchsteuern (oder aus Sicht der Geschichte der Finanzwissenschaft eine Rückbesinnung auf das für den Fall von Verbrauchsteuern formulierte **Steuerparadoxon von Swift** aus dem Jahr 1728) läßt sich anhand der **Abbildung 2** darstellen.

Abb. 2: Laffer-Kurve oder der Zusammenhang zwischen Steuersatz und Steueraufkommen

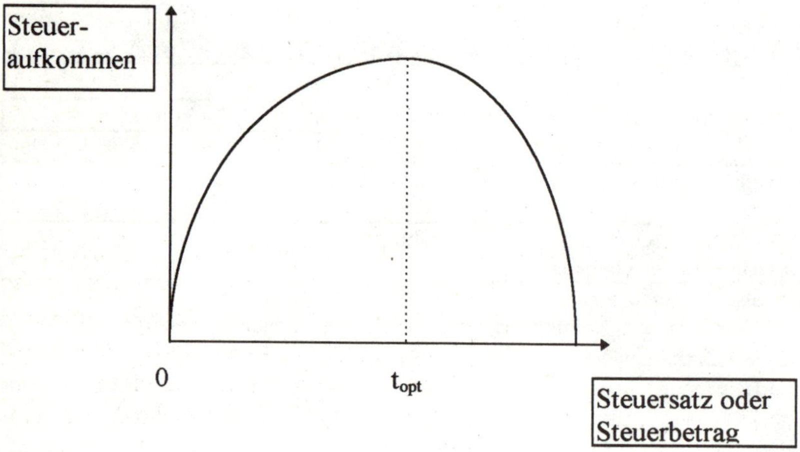

Bei dem Steuersatz t_{opt} wird das Maximum an Steueraufkommen erzielt. Bei geringeren Sätzen, bzw. mengenmäßigen Steuerbeträgen fällt das Aufkommen geringer aus, weil die Belastung des steuerlichen Sachverhaltes von den Wirtschaftssubjekten noch nicht als hinreichend gewichtige ökonomische Einbuße gesehen wird. Allerdings steigt das Aufkommen der Steuer nicht proportional mit dem Steuersatz oder dem Steuerbetrag, weil mit steigendem Satz die ökonomische Belastung immer deutlicher oder spürbarer wird und es daher für die belasteten Personen vorteilhafter wird, das teurere Gut gegen ein geringer belastetes zu substituieren, bzw. sich im Verbrauchsverhalten anzupassen und gegebenenfalls die Menge des von der Steuer belasteten Gutes zu reduzieren. Das Substitutions- und Anpassungsverhalten wird schließlich bei höheren Sätzen als t_{opt} dominieren, so daß es zum absoluten Rückgang des Steueraufkommens kommt. Dieser Effekt ist auch bei den hier betrachteten speziellen Steuern keinesfalls unwesentlich. So hat der Staat vor einigen Jahren beispielsweise bei der Branntweinsteuer und der Tabaksteuer in der Folge von Steuererhöhungen zumindest in der kürzeren Frist absolute Rückgänge seines Steueraufkommens erlebt, was nicht anderes heißt, als daß er den Steuersatz über das Optimum (t_{opt} in Abb. 2) hinaus angehoben hatte und infolgedessen geringere absolute Steuereinnahmen erzielte.

Das Verhalten der Steuerzahler bzw. der Haushalte kann ein Grund sein, weshalb das Gewicht der Verbrauch- und Aufwandsteuern tendenziell rückläufig ist. Gerade bei den hier betrachteten Steuern sind die Haushalte vielfach in besonderem Maße bereit, Substitutionsmöglichkeiten in Betracht zu ziehen, da sie die Belastung durch die Steuer oder deren Erhöhung direkt spüren. Der ökonomische Nachteil durch die spezielle Steuer und die relativen Vorteile der Substitute werden daher verhältnismäßig leicht offenbar. Hierzu mögen geänderte Konsumgewohnheiten beitragen, die über die Zeit hin einen weiteren Bereich von Substitutionsmöglichkeiten auch im grenzüberschreitenden internationalen Rahmen in ihrem Konsumverhalten aufgreifen können. Es ist außerdem nicht auszuschließen, daß der Staat sein allokatives Ziel des Zurückdrängens bestimmter Konsumwünsche von privaten Haushalten nicht mehr mit der gleichen Intensität (oder Überzeugung) anstrebt, wie zu Beginn des Beobachtungszeitraums der Tab. 12.

Allokative Ziele verfolgt der Staat nicht nur mit dem Instrument der speziellen Verbrauchsteuern und der Aufwandsteuern, die sich direkt auf die betroffenen Güter auswirken, sondern auch **mit** seinen **Entscheidungen über globale Strukturen des Steuersystems**. Hierunter ist **einerseits** die Aufteilung der Steuern in **direkte und** in **indirekte Steuern** zu verstehen. **Andererseits** kann der Staat über die **Wahl des Anknüpfungspunktes der Besteuerung** allokative Einflüsse ausüben, je nachdem ob er mit seinem steuerlichen Zugriff bei der **Einkommensentstehung**, der **Einkommensverwendung,** beim **Vermögen oder** der **Kapitalbildung** ansetzt. Nicht alle konkret beobachtbaren Entscheidungen zu den globalen Strukturen des Steuersystems entspringen dabei einer einheitlichen allokativen Zielsetzung, sie können und werden vielfach aus unterschiedlichen Gründen heraus getroffen worden sein und mögen sich nicht zuletzt vorrangig aus dem fiskalischen Ziel oder dem Verteilungsziel erklären lassen. Die allokative Konsequenz der Entscheidungen stellt sich dann als Nebeneffekt heraus, der allerdings durchaus Beachtung verdient, weil davon nicht unwesentliche Einflüsse auf die Güterzusammensetzung von der Produktions- und der Konsumseite her ausgehen und sich dadurch schließlich sogar für das Gesamtvolumen an Gütern in einer Volkswirtschaft Konsequenzen ergeben können. Im Unterschied zu den Wirkungen der Verbrauch- und Aufwandsteuern lassen sich die Effekte der globalen Steuerstrukturen im einzelnen vielfach nicht leicht erkennen oder im vorhinein quantifizieren. Insoweit bleiben die Aussagen hierzu unverbindlicher, zumal in Abhängigkeit vom zugrunde liegenden makroökonomischen Analyserahmen durchaus unterschiedliche Resultate abzuleiten sind.

Die Einteilung der Steuern in **direkte und indirekte Steuern** wird in der finanzwissenschaftlichen Literatur **nicht einheitlich** gehandhabt, was auch daran liegt, daß sich mit den Begriffen unterschiedliche Sachverhalte erfassen lassen. In der **Volkswirtschaftlichen Gesamtrechnung** sind direkte Steuern solche, die das Einkommen derjenigen Wirtschaftssubjekte belasten, die diese Abgaben zu leisten haben. Direkte Steuern können bei der Gewinnermittlung nicht abgezogen werden. Indirekte Steuern erhebt der Staat bei den Produzenten, und sie sind bei der Gewinnermittlung abzugsfähig. Diese für wirtschaftsstatistische Zwecke in der VGR benutzte Abgrenzung stellt nur zum Teil auf mögliche ökonomische Wirkungen der Steuern ab, obwohl sie einen Bezug zu dem Unterscheidungskriterium der **Überwälzbarkeit** hat. Danach wären direkte Steuern nicht überwälzbar, würden also die besteuerten Wirtschaftssubjekte definitv belasten; indirekte Steuern hingegen könnten auf andere Wirtschaftssubjekte überwälzt werden, so daß ihnen lediglich das Zahlen der Steuer zukäme, die wirtschaftliche Belastung durch die Steuer läge bei anderen Wirtschaftssubjekten. Jedes Wirtschaftssubjekt kann nun aber versuchen, unterschiedlichste ökonomische Lasten - zu denen auch die Steuern in ihrer vollen Breite zählen - auf andere weiterzuwälzen, wobei der Erfolg nicht von der Art der Steuer, sondern von den Marktgegebenheiten - u.a. den Elastizitäten des Angebots und der Nachfrage - abhängig ist. Nach einer anderen Unterscheidung belasten **direkte Steuern vornehmlich Einkommen und Vermögen** der Wirtschaftssubjekte unmittelbar **und** berücksichtigen **persönliche Umstände** der Belasteten, während **indirekte Steuern an Kosten, Erlösen** oder bestimmten Transaktionen anknüpfen und **keine Rücksicht auf die persönlichen Umstände** der Steuerzahler nehmen.

Die Unsicherheiten bei der Einteilung der Steuern in direkte und indirekte ergeben sich aus der nicht generell zu beantwortenden Frage der Überwälzbarkeit, auch wenn der Staat von vielen direkten Steuern (z.B. der Einkommensteuer) erwartet, daß sie nicht überwälzt werden, und im übrigen damit rechnet, daß indirekte Steuern (z.B. spezielle Verbrauchsteuern oder die Umsatzsteuer) überwälzt werden. Die hier interessierenden allokativen Wirkungen von direkten wie indirekten Steuern werden im Zusammenhang stehen mit dem Überwälzungsprozeß. Wenn die Steuerlast auf andere Wirtschaftssubjekte weitergewälzt werden kann, ist damit zu rechnen, daß die Steuererhebung oder Steuerzahlung den vom Staat beabsichtigten Einfluß auf Güterproduktion und Güterverwendung eher erreicht. Der Staat kann jedoch nicht im voraus wissen, wie die von der Überwälzung betroffenen Wirtschaftssubjekte ihr ökonomisches Verhalten ändern und welche allokativen Wirkungen damit verbunden sind. Zusätzliche allokative Effekte sind darüber hinaus dann zu erwarten, wenn Wirtschaftssubjekten eine von ihnen beabsichtigte Überwälzung der Steuern nicht gelingt. In diesem Fall werden wegen der verbleibenden Steuerlast Anpassungen oder Substitutionen erfolgen, die auch Ausweichreaktionen in die Schattenwirtschaft mit einschließen.

Für von direkten Steuern belastete Unternehmen erscheint eine Verlagerung von Tätigkeitsfeldern in Länder mit geringerer Steuerlast von Bedeutung oder zumindest die Ausschöpfung jeglicher steuerlicher Gestaltungsmöglichkeiten, die in der Regel eine zeitliche Verlagerung der Steuerlast in spätere Wirtschaftsperioden bewirken kann. Unternehmen, die ihre indirekten Steuern nicht weiterwälzen können, werden sich um andere Absatzmärkte bemühen, auf denen eine bessere Möglichkeit besteht, die indirekten Steuern zu überwälzen. Für Haushalte sind die Möglichkeiten des Weiterwälzens der Steuerlasten generell eingeschränkt, es sei denn, sie können in Kollektivvereinbarungen, wie z.B. in Tarifverhandlungen, die Belastungen durch direkte oder indirekte Steuern auf die Arbeitgeber verlagern. Dies ist nicht allgemein zu erwarten. Eine Belastung mit direkten Steuern, die nicht zu einer Reduktion von Konsum oder Sparen führen soll, kann daher durchaus Anreize geben, in Bereiche der Schattenwirtschaft auszuweichen, sofern keine nennenswerten steuerlichen Gestaltungsmöglichkeiten zur Verfügung stehen. Relativ gleichartig wirken die indirekten Steuern zumindest in der Form allgemeiner Umsatzsteuern, da auch durch deren Belastungswirkung die ökonomische Vorteilhaftigkeit der Schattenwirtschaft zunimmt. Die beiden letztgenannten Anpassungsmöglichkeiten werden zudem um so eher ergriffen werden, je spürbarer die Steuerbelastung ist. Schließlich kann die Spürbarkeit der Steuer bei der Einkommensentstehung (also die direkte Einkommensteuer) die Motivation senken, mit persönlichen Anstrengungen und Leistungen Einkommen zu erzielen; die direkte Steuer wirkt insoweit eher leistungshemmend. Die indirekte Steuer verteuert hingegen die mit Ausgaben zu erreichenden Güter und fördert insoweit die Vorteilhaftigkeit der Schattenwirtschaft (z.B. in Form nicht deklarierter Umsätze).

Die **Reaktionen der Wirtschaftssubjekte auf die Steuererhebung** in Form direkter oder indirekter Steuern **lassen sich** deshalb **nicht völlig separieren**, weil bereits die Trennlinie zwischen diesen Steuerarten unscharf ist und die Überwälzungsmöglichkeiten nicht nur von der Zuordnung zu den direkten oder indirekten Steuern abhängen. **Auch bei** der Unterscheidung der Steuern in **Steuern auf den Einkommenszufluß, die Einkommensverwendung und die Steuern auf Vermögen oder die Kapitalbildung** ergibt sich **keine definitive Trennschärfe für die** hier interessierenden unterschiedlichen **allokativen Wirkungen** der Steuern, da erneut zu berücksichtigen ist, welche Steuerart zu größeren, d.h. stärker spürbaren, ökonomischen Belastungen führt, bei welchen Steuern mehr oder weniger weite Möglichkeiten der Weiterwälzung gegeben sind und für wie groß jeweils die Freiheitsräume der Wirtschaftssubjekte für Anpassungen oder Ausweichreaktionen eingeschätzt werden.

Die **Steuern auf die Einkommensentstehung und die Einkommensverwendung** sind in ihrer allokativen Wirkung bereits **in wesentlichen Zügen** mit der Behandlung der **direkten und indirekten Steuern** erörtert worden. Den Steuern auf die Einkommensentstehung entsprechen weitgehend die direkten Steuern, während die Einkommensverwendung vornehmlich durch indirekte Steuern belastet wird. Es verbleibt somit noch die Beurteilung der **Steuern auf Vermögen oder die Kapitalbildung**. In dem Maße, in dem Vermögen oder die Kapitalbildung spürbar belastet werden, z.B. durch eine Vermögensteuer oder eine Steuer auf Vermögenserträge oder Kapitalerträge, können **zwei allokative Wirkungen** erwartet werden. **Zum einen werden Vermögensbestandteile** in geringer besteuerte Länder **verlagert** oder möglichst nicht deklariert; **zum anderen** wird sich die Belastung der Vermögensbildung als eine vom Staat geförderte **geringere Bewertung von Zukunftsgütern** erweisen, so daß das Interesse am Aufbau von Vermögen und Kapital zurückgedrängt wird und dafür der Gegenwartskonsum zunimmt. Der Staat greift allerdings nicht nur mit der Belastung des Vermögens über Steuern in die Entscheidungen der Wirtschaftssubjekte ein. Die allokativen Entscheidungen, die zu einer Verlagerung von der Vermögensbildung zum laufenden Konsum hin beeinflußt werden, können selbstverständlich auch auf andere Gründe zurückgehen, die wiederum in der Verfügung des Staates stehen. Hierbei sind Einflüsse möglich, die von eventuell noch größerer Bedeutung als die Steuern sind, wie beispielsweise die politische Stabilität im eigenen Land im Verhältnis zu anderen Ländern, die für alternative Vermögensanlagen in Betracht gezogen werden können.

Die globalen Steuerstrukturen lassen sich nach allem mit einigen ihrer allgemeinen allokativen Auswirkungen darstellen. Diese Auswirkungen können im Einzelfall bedeutsam sein, wie das Ausweichen in die Schattenwirtschaft oder das Verlagern von steuerlichen Tatbeständen in andere Länder mit geringerer Steuerbelastung. Es darf jedoch nicht vernachlässigt werden, daß derartige Anpassungen oder Substitutionsvorgänge vielfach durch andere teils noch gewichtigere Ursachen bedingt oder zumindest unterstützt sein können. Die Verlagerung von Kapital ins Ausland muß beispielsweise nicht vornehmlich mit der steuerlichen Belastung im Inland begründet sein. Gegebenenfalls sind für Produzenten die Produktionskosten oder die Produktionsbedingungen im Ausland insgesamt günstiger, und ein privater Kapitalanleger wird ein Ferienhaus eher in Spanien als im klimatisch nicht so attraktiven Westerwald erwerben.

Möglichkeiten der **Einnahmengestaltung** werden vom Staat **in der Form von Steuervergünstigungen** (einer Erscheinungsform der Subventionen neben den Finanzhilfen) wahrgenommen. Nicht immer sollen damit nur allokative, sondern vielfach auch verteilungspolitische Ziele angestrebt werden. Gleichwohl zählen die Steuervergünstigungen zu den typischen Erscheinungsformen der Allokationspolitik. Unter **Steuervergünstigungen** werden spezielle **steuerliche Ausnahmeregelungen** verstanden, die für die öffentliche Hand zu Mindereinnahmen führen (Vgl. Bundesregierung, Sechzehnter Subventionsbericht, a.a.O., Ziffer 5, S. 10). In ihrer Gesamtentwicklung sind die Steuervergünstigungen in Tabelle 13 dargestellt.

Tab. 13: Entwicklung der Steuervergünstigungen von Bund, Ländern und Gemeinden seit 1970

	Jahr						
	1970	1975	1980	1985	1990	1995	1997
	in Mrd. DM						
Bund	6,2	9.7	11,9	15,6	15,4	17,8	16,9
Länder, Gemeinden	6,6	11,5	14,0	18,2	18,0	25,3	23,4
davon alte Länder	6,6	11,5	14,0	18,2	18,0	14,6	14,1
davon neue Länder	-	-	-	-	-	10,7	9,4

Quelle: Bundesregierung, Sechzehnter Subventionsbericht, Bundestagsdrucksache 13/8420 vom 29.08.97, Übersicht 7, S. 21.

In der Beobachtungsperiode haben sich die Steuervergünstigungen um mehr als das 3-fache erhöht, was allerdings gemessen an der Sozialproduktsentwicklung einem unterproportionalen Zuwachs entspricht. Der Zuwachs wäre sicherlich insgesamt geringer ausgefallen, wenn nicht im Zusammenhang mit der deutschen Einheit neue Subventionstatbestände entstanden wären, die zur Ausweitung der Steuervergünstigungen beigetragen haben. Die Steuervergünstigungen des Bundes konzentrieren sich auf wenige Aufgabenbereiche. Der größte Anteil entfällt (mit über einem Drittel) auf das Wohnungswesen, gefolgt von der Strukturpolitik, die vornehmlich zugunsten der gewerblichen Wirtschaft eingesetzt wird, und den sonstigen Steuervergünstigungen, die unmittelbar den privaten Haushalten zugute kommen. Die bedeutendste Einzelmaßnahme ist zwischenzeitlich der Sonderausgabenabzug für eigengenutztes Wohneigentum (§ 10 e, Abs. 1 Einkommensteuergesetz). Damit hat sich insgesamt eine Verschiebung von den Anpassungshilfen für Betriebe und Wirtschaftszweige zu den Steuervergünstigungen für private Haushalte ergeben. (Vgl. Sechzehnter Subventionsbericht, a.a.O., Ziffern 19 und 20, S. 20). Gliedert man die Steuervergünstigungen gemäß den Vorstellungen des Stabilitätsgesetzes in die Kategorien der Erhaltungshilfen, der Anpassungshilfen und der Hilfen für private Haushalte, so läßt sich inzwischen eine weitgehend gleichgewichtige Aufteilung auf diese Aufgabenbereiche erkennen.

Im Zusammenhang mit der Einnahmengestaltung unter allokativen Gesichtspunkten ist schließlich auch die Festsetzung der **Sozialversicherungsbeiträge** nach ihrer **Höhe und** nach dem **Kreis der einbezogenen Sachverhalte und Personen** zu berücksichtigen. Höhere Sozialbeiträge wirken einerseits wie höhere Kosten für die inländische Güterproduktion und können insoweit eine Verlagerung der Produktion in andere Länder ökonomisch günstiger erscheinen lassen. Die Sozialbeiträge insgesamt führen durch die Belastungswirkung der im Erwerbsleben stehenden Generation zu einer Minderung des Konsums dieser Generation. Wenn gleichzeitig die Sozialbeiträge im wesentlichen zur Finanzierung der Renten von älteren Personen verwendet werden (was im aktuellen Umlageverfahren der Fall ist), ergibt sich damit zwar wiederum eine globale Kompensation für die Konsumminderung, denn die Rentner werden mit den Einnahmen aus der Rente ihre eigenen Konsumausgaben finanzieren. Die Zusammensetzung der Güter in der Volkswirtschaft wird jedoch von diesem Umverteilungssystem beeinflußt, sofern die Konsumwünsche der Erwerbstätigen und der Rentenbezieher nicht völlig deckungsgleich sind, was in der Regel anzunehmen ist. Die Produzenten der Konsumgüter haben sich insoweit auf die entsprechenden Nachfragekomponenten einzustellen und werden ihre Güterproduktion an die Wünsche der Nachfragegruppen anpassen.

Verwaltungshandeln

Das **Handeln von Bürokratien** muß und wird nicht in jeder Situation den Wünschen und Zielen der politischen Entscheidungsträger entsprechen. Daher können **selbständige allokative Konsequenzen** auch aus der Art und Weise des Verwaltungshandelns erwartet werden. Das tatsächliche Resultat einer vom Staat übernommenen Aufgabe kann einerseits durch striktes hoheitliches Handeln der Verwaltungen nachhaltiger oder weitgehender erreicht werden als von der Finanzpolitik geplant. Es ist andererseits nicht auszuschließen, daß die Resultate des Handelns der Verwaltungen unabhängig von den Allokationszielen der Entscheidungsträger sind und gegebenenfalls im Widerspruch dazu stehen. Zu welcher Richtung die Ergebnisse tendieren, läßt sich nicht allgemein darstellen, da das **Eigeninteresse der Verwaltungen an Allokationszielen** durchaus unterschiedlich sein kann. So ist ein strategisches Verhalten der Bürokratie im Rahmen des staatlichen Entscheidungsprozesses über festgelegte allokative Ziele und beim Auffinden der Ziele möglich. Dies wird zu schnellerem oder auch langsameren Umsetzen von allokativen Entscheidungen führen oder gar zu ihrer Verhinderung beitragen. Verwaltungen können ihr Wissen und ihre Stellung dazu benutzen, um Entscheidungsträgern allokative Ziele nahezubringen oder sie davon abzuhalten. Es darf zudem nicht außer acht gelassen werden, daß Bürokratien internen und externen Einflüssen von Gruppen unterliegen, die im Einzelfall das Verwaltungshandeln nachhaltig prägen. Außerdem neigen Verwaltungen in unterschiedlichem Maße dazu, sich auf die hoheitlichen Aufgaben zu konzentrieren, bzw. sich in privatwirtschaftliche Aufgabenbereiche vorzuwagen, was auf den betroffenen Märkten zu Wettbewerbseinflüssen, Preisveränderungen und nicht zuletzt zur Veränderung der Güterzusammensetzung führen kann. Schließlich wächst mit der größeren Selbständigkeit der Bürokratien im Rahmen der eigenverantwortlichen Verfügung über Budgets die Möglichkeit, eigenständige Interessen zu realisieren.

Insgesamt ist damit zu rechnen, daß im Zuge des Verwaltungshandelns allokative Ziele der politischen Entscheidungsträger nicht jeweils völlig mechanisch und durchweg gleichartig umgesetzt werden, sondern daß durch das Eigeninteresse von Bürokratien zusätzliche Gesichtspunkte zum Tragen kommen, die sich auf die tatsächliche Umsetzung der Allokationsziele niederschlagen. Die allgemeinen Aufgabenbereiche des Staatshandelns werden insoweit immer mit allokativen

Konsequenzen verbunden sein. Sie werden jedoch nicht selten auch von anderen Zielen der Finanzpolitik und ihrer Entscheidungsträger selbst überlagert sowie von Einflüssen, die von anderen Interessen, beispielsweise von den Bürokratien, ausgehen.

3.2 Strukturpolitik

3.2.1 Sektorale Strukturpolitik

Die **sektorale Strukturpolitik** kann dem Bereich der Allokationspolitik des Staates zugeordnet werden. Sie erscheint in jedem Fall als **traditioneller Aufgabenbereich der** staatlichen **Finanzpolitik, mit** der eine **spezifische allokative Zielsetzung** erreicht werden soll. Mit der sektoralen Strukturpolitik ist in aller Regel das Ziel verbunden, **auf die Wirtschaftssektoren oder Branchen** der Volkswirtschaft, ihre relativen oder absoluten Anteile am Sozialprodukt **einzuwirken**, wodurch sich Konsequenzen für die Güterzusammensetzung ergeben. Nicht immer steht dabei nur die allokative Wirkung im Vordergrund, zumeist sind auch Verteilungsziele betroffen und hin und wieder auch Bestrebungen, die globale Wirtschaftsentwicklung zu beeinflussen, um beispielsweise mit der Förderung innovativer und wachstumsintensiver Industrien die Güterproduktion und das Einkommen in der Volkswirtschaft insgesamt zu steigern.

Die sektorale Strukturpolitik als Instrument der spezifischen Allokationspolitik dient beobachtbar **unterschiedlichen Zielen**. So läßt sich das Ziel der **Strukturerhaltung** als ein wesentliches Motiv feststellen. Die Wirtschaftsstrukturen insgesamt oder besondere Branchen der Güterproduktion sollen erhalten werden, wobei der Wunsch nach der Erhaltung oder Konservierung der Branchen seinerseits aus unterschiedlichen Gründen erfolgt. Allokationspolitisch bedeutsam ist zunächst das Motiv der **Versorgungssicherheit**, das strukturpolitische Eingriffe beispielsweise in der Landwirtschaft und im Bergbau begründet. Diese Art von Strukturpolitik enthält ein meritorisches Element, da der Staat insoweit in die Bedürfnisse der Bevölkerung eingreift und Wirtschaftssektoren in einem Umfang erhält, der den Wünschen einer großen Zahl von Menschen nicht entspricht. Hier gilt allerdings die typische Eigenschaft eines meritorischen Gutes, wonach bei der Bevölkerung „verzerrte" Präferenzen vorliegen, die eher an billiger oder preisgünstiger Versorgung mit Lebensmitteln und Energie interessiert sind als an einer langfristig sicheren Versorgung, die auch in Krisenfällen die wirtschaftliche Unabhängigkeit der Volkswirtschaft sicherstellt. Mit der Strukturerhaltung werden daneben vielfach verteilungspolitische Ziele verfolgt. Die Erhaltung einer Branche oder eines Wirtschaftssektors soll auch das Einkommen der dort tätigen Personen oder der dort eingesetzten Produktionsfaktoren stabilisieren.

Sektorale Strukturpolitik kann selbstverständlich auch dem **Ziel der Strukturveränderung** gewidmet sein. Hierbei läßt sich unterscheiden, ob sich die Wirtschaftssektoren oder Branchen durch staatliche Maßnahmen eher (langsamer) **anpassen** sollen **oder** ob die Maßnahmen Strukturveränderungen durch Umstellungen in der Güterproduktion **fördern,** erleichtern, bzw. beschleunigen wollen. Welche Wege die Finanzpolitik in diesem Zusammenhang einschlägt, kann wiederum nicht ohne Beachtung der verteilungspolitischen Konsequenzen oder der möglichen Folgen für das Wirtschaftswachstum beurteilt werden. Die Ziele der sektoralen Strukturpolitik lassen sich insgesamt nicht einem geschlossenen Konzept entnehmen, das aus der Sicht eines Beobachters systematisch und nachvollziehbar sein wird. Vielmehr sind Ziele und Aufgabenbereiche der Strukturpolitik zum Teil nur historisch verständlich, haben aber in jedem Fall auch einen Bezug zum politischen Entscheidungsprozeß, in dem der Einfluß gut organisierter Gruppen jeweils eine Rolle spielen wird.

Die **Maßnahmen** zum Erreichen der Ziele **der sektoralen Strukturpolitik** können generell aus dem Gesamtbereich der staatlichen Wirtschaftspolitik stammen und sind nicht von vornherein auf besondere Instrumente der Finanzpolitik konzentriert. So kann mit einer **ordnungspolitischen Entscheidung** für freie und offene Märkte und einen funktionierenden Wettbewerb das Entdeckungsverfahren für zukunftsgerichtete Wirtschaftsstrukturen erleichtert werden (Hamm 1977). Der Staat beschleunigt dadurch die Strukturveränderung und verläßt sich insoweit auf den Zwang der Marktprozesse.

Im übrigen besitzen staatliche **Ausgaben und Einnahmen insgesamt** strukturpolitische Effekte und können bewußt unter diesem Aspekt eingesetzt werden. Mit den Ausgaben im Rahmen der staatlichen Beschaffungspolitik lassen sich beispielsweise Produktivitätssteigerungen oder neue Technologien fördern und kann zum Wachstum der betroffenen Branchen beigetragen werden, wie z.B. in der Weltraumforschung, der Militärforschung, der Energieforschung und auch der Umweltforschung. Staatliche Ausgaben stabilisieren zum anderen eventuell das Auftragsvolumen von Branchen und dienen zu deren Erhaltung, was für einen Teil der Bauausgaben im Hochbau und bei Infrastrukturmaßnahmen, d.h. dem Verkehrssektor, gelten dürfte. Schließlich können selbst Transferausgaben Wirtschaftsstrukturen beeinflussen, auch wenn der direkte Zusammenhang dabei eher verborgen bleibt und nur in zweiter Linie angestrebt wird. Dies gilt allgemein auch für die staatlichen Einnahmen einschließlich ihrer Sonderregelungen für bestimmte Güter, Branchen und Wirtschaftssubjekte. So erfolgt ein Teil der Agrarstrukturpolitik durch steuerliche Regeln der Grundsteuer, die in anderen Wirtschaftsbereichen nicht bestehen. Die Gewerbesteuer stellt eine steuerliche Belastung dar, der nicht die gesamte Güterproduktion in der Volkswirtschaft unterliegt, so daß differenzierende sektorale Effekte zu erwarten sind. Schließlich kann mit dem Wegfall von Steuern für bestimmte Wirtschaftssektoren auch eine stabilisierende Konsequenz für die betroffenen Sektoren verbunden sein, was u.a. durch die Abschaffung einiger Verkehrsteuern (u.a. der Börsenumsatzsteuer, der Gesellschaftsteuer, der Kuponsteuer und der Wechselsteuer) erreicht werden sollte.

Diese eher indirekten oder weniger leicht erkennbaren Maßnahmen der sektoralen Strukturpolitik mit allgemeinen Ausgaben oder Einnahmen in Form von Steuern stehen nicht immer im Blickpunkt, wenn Ausmaß und Bedeutung der sektoralen Strukturpolitik beurteilt werden. Vielfach konzentrieren sich die Beobachter dann auf die Maßnahmen, die im Rahmen der Finanzpolitik bewußt ein **strukturpolitisches Ziel** verfolgen, was in aller Regel **mit Subventionen** der Fall ist. Der Subventionsbericht der Bundesregierung enthält hierzu nähere Angaben. Er gliedert u. a. die Subventionen gemäß § 12 des Gesetzes zu Förderung der Stabilität und des Wachstums der Wirtschaft (StWG) in Erhaltungs-, Anpassungs- und Produktivitätshilfen und erläutert die Schwerpunkte ihres Einsatzes:

> „Als *Erhaltungshilfen* an Betriebe oder Wirtschaftszweige werden Subventionen angesehen, die nicht ausdrücklich an strukturverändernde Umstellungen gekoppelt sind. Solche Hilfen kommen insbesondere aus verteilungspolitischen und versorgungssichernden Gründen der Landwirtschaft und dem Bergbau zugute. *Anpassungshilfen* sollen im wesentlichen zur Änderung bestehender Strukturen von Betrieben und Wirtschaftszweigen dienen und sich dadurch selbst entbehrlich machen. Der Grundsatz der Hilfe zur Selbsthilfe gilt insbesondere für die strukturverändernden Hilfen in den neuen Ländern. *Produktivitätshilfen* dienen der Förderung des Produktivitätsfortschritts und des Wachstums von Betrieben und Wirtschaftszweigen, insbesondere durch Entwicklung neuer Produktionsmethoden und -richtungen."
>
> „Darüber hinaus werden *als Sonstige Hilfen* vor allem Subventionen ausgewiesen, die nicht in erster Linie an Betriebe oder Wirtschaftszweige gehen, sondern in wichtigen Bereichen des volkswirtschaftlichen Marktprozesses bestimmte Güter und Leistungen für private Haushalte verbilligen. Die Hilfen an private Haushalte werden nur dann im Subventionsbericht erfaßt, wenn sie mittelbar auch dem Wirtschaftsgeschehen zugerechnet werden können. Dies trifft insbesondere für die Wohnungsbauförderung zu, die breiteren Bevölkerungsschichten den Erwerb von Wohnraum erleichtern soll und gleichzeitig die Baunachfrage in erheblichem Umfang beeinflußt."

(Bundesregierung, Sechzehnter Subventionsbericht, a.a.O., Anlage 9, S. 282)

Beschränkt man sich auf die Subventionen (Finanzhilfen und Steuervergünstigungen) des Bundes, so lassen sich ausgewählte Wirtschaftsbereiche nennen, die in den Genuß der Hilfen kommen. Beispielsweise entfallen im Jahr 1996 auf den Sektor Landwirtschaft 4,9 Mrd. DM, der Bergbau erhält 9,9 Mrd. DM in erster Linie in Form der Verstromungshilfen (7,5 Mrd. DM), Energie- und Rohstoffversorgung werden mit lediglich 52 Mio. DM gefördert, die Technologie- und Innovationsförderung kann 0,7 Mrd. DM verbuchen, die Hilfen für Schiffbau und Luftfahrt erreichen zusammen gut 0,4 Mrd. DM, der Verkehr wird mit 1,5 Mrd. DM begünstigt und das Wohnungswesen erhält 9,8 Mrd. DM. In Ergänzung zu den Subventionen des Bundes sind noch die Hilfen für die Landwirtschaft der EU zu erwähnen, die im Jahr 1996 im Rahmen des Ausrichtungs- und Garantiefonds für die Landwirtschaft ein Volumen von 12,7 Mrd. DM erreicht haben. (Vgl. Bundesregierung, Sechzehnter Subventionsbericht, a.a.O., S. 13, Übersicht 2).

Maßnahmen der **sektoralen Strukturpolitik** können schließlich in Form von rechtlichen Regeln, gesetzlichen **Normen** erfolgen und mit Verboten, Auflagen oder Vergünstigungen einhergehen. Höchstgeschwindigkeiten auf Straßen, Promillegrenzen, Kennzeichnungspflichten für chemisch behandelte oder gentechnisch veränderte Produkte und auch das früher normierte Reinheitsgebot für in Deutschland produziertes Bier mögen die potentiellen Struktureinflüsse andeuten, die von diesen Regeln ausgehen. Nicht zuletzt sind im **Verwaltungshandeln** wiederum Möglichkeiten angelegt, auf das Erreichen strukturpolitischer Ziele einzuwirken.

Die **Wirkungen** der sektoralen Strukturpolitik erscheinen einerseits leicht beobachtbar, dadurch daß die geförderten Sektoren erhalten bleiben, geringere Wachstumseinbußen oder größere Wachstumsfortschritte verzeichnen als die Gesamtwirtschaft oder als ohne die finanzpolitischen Maßnahmen erwartet würde. Andererseits ist es nicht immer einfach, die gesamten Kosten und die Vorteile strukturpolitischer Maßnahmen zu erfassen. Insoweit läßt sich eine Wirksamkeit des finanzpolitischen Mitteleinsatzes gegebenenfalls in einem Alternativenvergleich kaum feststellen. Sektorale Strukturpolitik kann zudem zu Fehlinvestitionen führen und unterliegt insoweit wie jede erwartungsabhängige Maßnahme dem Risiko ihrer Wirksamkeit und der Unsicherheit über künftiges wirtschaftliches Geschehen.

3.2.2 Regionale Strukturpolitik

Regionale Strukturpolitik ist ein spezieller Aufgabenbereich der Allokationspolitik des Staates. Es geht hierbei darum, auf die **Güterzusammensetzung in den Regionen** der Volkswirtschaft einzuwirken, um in aller Regel die Unterschiede in der Güterproduktion und im Einkommensniveau (pro Kopf) zwischen den Regionen zu reduzieren. Ein solches **Ziel** der Angleichung der Wirtschaftskraft oder der „**Einheitlichkeit der Lebensverhältnisse**" (Art. 72, Abs. 2, Nr. 3 Grundgesetz) kann als kennzeichnend für die regionale Strukturpolitik in Deutschland gesehen werden. Das Grundgesetz normiert die finanzpolitische Zielvorstellung im Zusammenhang mit drei Regelungsbereichen. Einerseits mit dem Institut der **Gemeinschaftsaufgaben**. Danach wirkt der Bund bei der Erfüllung von Aufgaben der Länder mit, wenn diese Aufgaben für die Gesamtheit bedeutsam sind und die Mitwirkung des Bundes zur Verbesserung der Lebensverhältnisse erforderlich ist, wobei die Verbesserung der regionalen Wirtschaftsstruktur als besonderer Punkt hervorgehoben ist (Art. 91 a, Abs. 1 Grundgesetz). Zum anderen sieht Art. 104 a, Abs. 4 Grundgesetz vor, daß der Bund den Ländern **Finanzhilfen für besonders bedeutsame Investitionen** der Länder und Gemeinden (Gemeindeverbände) gewähren kann, die zum Ausgleich unterschiedlicher Wirtschaftskraft oder zur Förderung des wirtschaftlichen Wachstums erforderlich sind. Schließlich verfolgt der **Finanzausgleich** nach Art. 107 Grundgesetz das

Ziel, die unterschiedliche Finanzkraft der Länder angemessen auszugleichen, wobei gegebenenfalls mit zusätzlichen Bundesmitteln (den Ergänzungszuweisungen) leistungsschwachen Ländern Hilfen gewährt werden, um zwischen den Ländern und Regionen eine Angleichung der Wirtschaftskraft zu bewirken, bzw. um zu verhindern, daß sich regionale Strukturunterschiede verstärken.

Die **Maßnahmen der regionalen Strukturpolitik** sind wie im Bereich der Allokationspolitik typisch nicht nur ausschließlich einem Ziel, hier dem regionalpolitischen Ziel, zuzuordnen. Wesentliche Instrumente der sektoralen Wirtschaftspolitik (Agrar- und Bergbauförderung) besitzen auch regionale Auswirkungen. Umgekehrt gilt ebenfalls, daß regionalpolitische Maßnahmen nicht selten aus verteilungspolitischen oder weiteren Gründen ergriffen werden oder worden sind. Die genannten regionalpolitischen Maßnahmen haben daher nur Beispielscharakter für die Regionalpolitik, zumal sie durch die jeweiligen zusätzlichen Eingriffe von anderen politischen Entscheidungsträgern im föderalen System der Bundesrepublik durchaus modifiziert werden.

Eine traditionelle Maßnahme der regionalen Strukturpolitik besteht in der **Infrastrukturpolitik**. Durch die Anbindung und verkehrstechnische Erschließung von Regionen mittels Straßen, Wasserwegen, Schienen und Flughäfen können überhaupt erst wirtschaftliche Verbindungen hergestellt werden, die zu vergleichbaren Möglichkeiten der Güterproduktion und der Einkommensentstehung führen. Dies tritt zwar nicht mit Notwendigkeit ein, läßt sich aber in der Geschichte der Bundesrepublik und in historischen Epochen immer wieder beobachten. Die konkreten Maßnahmen der Infrastrukturpolitik werden vornehmlich vom Bund im Rahmen seiner Ausgaben für Straßen, Schienen und Wasserwege durchgeführt. Daneben beteiligen sich aber auch die Länder und die Gemeinden an diesem Aufgabenkomplex.

In der Folge des 1969 in das Grundgesetz eingefügten Artikels 91 a ist die **Gemeinschaftsaufgabe "Verbesserung der regionalen Wirtschaftsstruktur"** entstanden, auf deren Grundlage Bund und Länder regionale Aktionsprogramme betreiben, die in jährlich fortgeschriebenen Rahmenplänen der Gemeinschaftsaufgabe fixiert sind. Die Aktionsprogramme beruhen auf einer Abgrenzung von Fördergebieten, wobei Regionalindikatoren verwendet werden, die u.a. die durchschnittliche Arbeitslosenquote, das Einkommen der sozialversicherungspflichtig Beschäftigten pro Kopf, einen Infrastrukturindikator und die Veränderung der Arbeitslosenquote umfassen (Vgl. Bundesregierung, Sechzehnter Subventionsbericht, a.a.O., S.38 f., Peters 1995, S. 263 f.). Im übrigen werden die Maßnahmen der Aktionsprogramme auf Schwerpunktorte konzentriert, womit Kristallisationskerne für die Wirtschaftsentwicklung im jeweiligen Einzugsgebiet oder Umland hervorgehoben werden. Als vornehmliches Mittel der Regionalförderung dienen Finanzhilfen (Investitionszulagen), die auf der Basis des Investitionszulagengesetzes von 1969 gewährt werden. Begünstigt wurden danach gewerbliche

Investitionen in den ausgewählten Fördergebieten mit steuerfreien Zulagen. Die Fördermaßnahmen hatten einen deutlichen Schwerpunkt im Zonenrandgebiet, erreichten daneben aber rd. 60 % der Fläche der früheren Bundesrepublik (Jürgensen 1981). Nach der deutschen Vereinigung ist die Gemeinschaftsaufgabe „Verbesserung der regionalen Wirtschaftsstruktur" auch auf die neuen Länder ausgeweitet worden.

Als Maßnahme der regionalen Strukturpolitik ist auch das **Strukturhilfegesetz** vom 20. Dezember 1988 einzuordnen. Danach sollten die Länder (des früheren Bundesgebiets) mit Ausnahme von Baden-Württemberg und Hessen über einen Zeitraum von zehn Jahren ab 1989 Finanzhilfen für besonders bedeutsame Investitionen der Länder und Gemeinden (Gemeindeverbände) in Höhe von jährlich insgesamt 2,45 Mrd. DM erhalten. Ziel war der Ausgleich der unterschiedlichen Wirtschaftskraft in den Ländern. Das Strukturhilfegesetz ist wegen der veränderten gesamtwirtschaftlichen Situation nach der deutschen Einheit mit Ende des Jahres 1991 aufgehoben worden und hat lediglich noch für 1992 eine einmalige pauschale Abschlußzahlung oder Überbrückungshilfe an die früher begünstigten Länder vorgesehen. Ein Teil der Hilfsmaßnahmen wurde durch geänderte Regeln im Finanzausgleich zwischen Bund und Ländern und durch eine Änderung des Gesetzes über die Errichtung eines Fonds „Deutsche Einheit" in anderer Weise fortgeführt (Gesetz zur Aufhebung des Strukturhilfegesetzes und zur Aufstokkung des Fonds „Deutsche Einheit" vom 16. März 1992, Gesetz zur Änderung des Gesetzes zu Aufhebung des Strukturhilfegesetzes und zur Aufstockung des Fonds „Deutsche Einheit" vom 25. August 1992).

Die Regeln und Maßnahmen des **Finanzausgleichs zwischen den Ländern** unterliegen seit der deutschen Vereinigung einer Vielzahl von Änderungen und sollen im Abschnitt 7.2 noch näher beleuchtet werden. Unter regionalpolitischem Aspekt kann an dieser Stelle jedoch darauf verwiesen werden, daß der Finanzausgleich mit Ausgleichszahlungen zwischen den Bundesländern eine Annäherung wenn nicht gar Nivellierung der Steuereinnahmen je Einwohner erreichen will, um auch steuerschwächeren Ländern entsprechende finanzpolitische Spielräume (z.B. zur Produktion öffentlicher Güter) zu geben, wie sie die wirtschaftlich besser gestellten Länder mit einer höheren Steuerkraft besitzen. Insoweit trägt der Finanzausgleich zwischen den Ländern dem globalen regionalpolitischen Ziel der Einheitlichkeit der Lebensverhältnisse (gemessen in der Versorgung mit staatlichen Leistungen) besonders Rechnung. Die ergänzenden Zahlungen des Bundes in Form von Bundesergänzungszuweisungen und Sonderbedarfs-Bundesergänzungszuweisungen verstärken den Effekt der Vereinheitlichung und der Annäherung der regionalen Strukturen in der Bundesrepublik insgesamt.

Die nationalen Maßnahmen der regionalen Strukturpolitik werden schließlich noch ergänzt um die strukturpolitischen **Maßnahmen**, die **von seiten der Europäischen Union** vorgesehen sind. So lautet Art. 130 c des EG-Vertrags, der den

Europäischen Regionalfonds zum Inhalt hat: „Aufgabe des Europäischen Fonds für regionale Entwicklung ist es, durch Beteiligung an der Entwicklung und an der strukturellen Anpassung der rückständigen Gebiete und an der Umstellung der Industriegebiete mit rückläufiger Entwicklung zum Ausgleich der wichtigsten regionalen Ungleichgewichte in der Gemeinschaft beizutragen." Es kommt die Vorschrift aus Art. 130 d des EG-Vertrags hinzu, wonach durch den Rat ein **Kohäsionsfonds** eingerichtet wird, der sich unter anderem bei Vorhaben auf dem Gebiet der Verkehrsinfrastruktur finanziell beteiligt. Die Durchführung der strukturpolitischen Maßnahmen erfolgt in wesentlichem Maße durch die Europäische Investitionsbank, die nach Art. 198 e des EG-Vertrags mit Hilfe der Gewährung von Darlehen und Bürgschaften die Finanzierung der Vorhaben erleichtert.

Die Wirkungen der regionalen Strukturpolitik sind vom Ergebnis her (Einkommensniveau oder Güterproduktion bzw. Versorgung mit öffentlichen Gütern in den Regionen) verhältnismäßig leicht festzustellen. Das Ergebnis kann jedoch nicht immer der Wirksamkeit einer spezifischen Maßnahme zugeordnet werden, da sich im Einzelfall die Maßnahmen überschneiden, reine Mitnahme-Effekte auftreten oder durch gesamtwirtschaftliche oder rein sektorale Entwicklungen auch regionale Konsequenzen entstehen, die möglicherweise zur Zielerreichung beitragen. Welche Maßnahme oder welcher Umstand letztendlich für eine konkrete Wirkung verantwortlich ist, läßt sich daher wie bei vielen sozialen und wirtschaftlichen Problemen nicht mit völliger Gewißheit erkennen.

3.3 Umweltpolitik

3.3.1 Ökonomische Grundüberlegungen zur Umweltpolitik

Für Ökonomen ist die Einteilung von Gütern in **knappe Güter und freie Güter** eine übliche Strukturierungsmöglichkeit, um Aussagen über das Verhalten von Menschen bei unterschiedlichen wirtschaftlichen Gegebenheiten ableiten zu können. So gilt für knappe Güter, daß die Wünsche nach diesen Gütern über die vorhandenen Gütermengen hinausgehen oder die Möglichkeiten und Ressourcen übersteigen, die für diese Güter insgesamt zur Verfügung stehen. Es folgt daraus das typische Entscheidungsproblem, daß für ein knappes Gut ein anderes Gut aufgegeben werden muß. Dabei ist eine Wahlhandlung vorzunehmen derart, daß eine Person sich von einem anderen Gut in einer Menge trennen muß, die ihrer subjektiven Einschätzung des knappen Gutes entspricht. Bei freien Gütern hingegen muß zum Erlangen der Güter nichts aufgegeben werden. Sie stehen in einem Umfang zur Verfügung, die die vorhandenen Wünsche übersteigen. Ein individuelles Wahlproblem besteht bei freien Gütern nicht. Für sie müssen keine anderen Gütern aufzugeben werden. Dies gilt insbesondere auch für jeweils zusätzliche Einheiten oder Nutzungsmöglichkeiten der freien Güter.

Für viele Menschen hat die jeweilige **Umwelt**, in der sie leben oder in der sie sich aufhalten, **situationsabhängig beide Eigenschaften der Güter**. Im **unmittelbaren Lebens- oder Wohnbereich** erscheint die Wohnung oder die Umgebung als Umwelt, deren Begrenztheit beobachtbar und erfahrbar ist. Insoweit ist die Umgebung ein **knappes Gut**. Für die gleiche Person, die sich von ihrem unmittelbaren Lebens- oder Wohnbereich entfernt, wird aber die Knappheit der Umgebung nicht mehr in gleicher Weise offenkundig. Die **entferntere Umwelt** nimmt so immer mehr den **Charakter eines freien Gutes** an. Dies hängt auch damit zusammen, daß die Konsequenzen von Handlungen oder Ereignissen in der unmittelbaren Umgebung des Lebens und Wohnens vielfach nachhaltig und auch nach einiger Zeit noch offenkundig sind. Eine leere Dose oder Flasche, ein altes Kleidungsstück oder andere Dinge wie Papierreste, von denen man sich trennen will, und die keinen Nutzen mehr versprechen, werden im unmittelbaren Lebensbereich stören und man wird angesichts der Knappheit dieser Umgebung daraus entfernen. Für das Entfernen werden dann sogar Mühen hingenommen (aufheben oder wegtragen des Abfalls) oder Kosten akzeptiert, z.B. das Zahlen eines Preises für die Müllabfuhr, um den knappen unmittelbaren Lebensbereich in seinem Nutzungswert zu erhalten. Die gleiche Person erfährt den störenden Einfluß der selbst weggeworfenen Flasche in einer anderen Umgebung, z.B. auf einer Reise, nicht mehr als nachhaltige Beeinträchtigung des individuellen Nutzens. Der hinterlassene Abfall außerhalb des unmittelbaren Lebens- oder Wohnbereichs entspricht der Nutzung eines freien Gutes, für das die Person keinen Preis zu zahlen bereit sein wird. Diese individuelle Verhaltensweise ist durchweg entlang aller Straßen und Bahnhöfe zu beobachten. Der dort weggeworfene Abfall ist im persönlichen Lebensbereich nicht nachhaltig oder störend und führt insoweit nicht zu einer Nutzeneinbuße.

Entsprechendes gilt selbstverständlich auch **für Betriebe**, bei denen im Zuge der Güterproduktion Reststoffe, Abfälle, Abwässer, Abgase und z.B. Lärm entstehen. Soweit diese den Betriebsablauf potentiell störenden „Neben"-Produkte an eine entfernte Umgebung kostenfrei abgegeben werden können, wird auf den Charakter der entfernten Umgebung oder Umwelt als freies Gut zurückgegriffen.

Wenn daher Umgebungen oder die Umwelt als freies Gut erscheinen, so hat dies mit der unterschiedlichen Wahrnehmungsintensität zu tun, nach der rein persönliche oder rein innerbetriebliche Gegebenheiten anders bewertet werden als Verhältnisse oder Vergänge in der mehr oder weniger weit entfernten Nachbarschaft. Dies verleitet dann auch dazu, mögliche Nutzeneinbußen durch die Konsumtätigkeit oder mögliche Kosten des Konsums oder der Güterproduktion in Betrieben auf die entferntere Umgebung und damit die Umwelt zu verlagern, um ein höheres Nutzenniveau oder geringere Produktionskosten zu erreichen. Damit werden sogenannte **externe Effekte** oder Externalitäten ausgelöst, die hier in der Form negativer externer Effekte auftreten. Solche negativen externen Effekte bedeuten, daß Kosten des Konsums oder der Produktion nicht beim Verursacher anfallen, sondern auf andere, die weitere Umgebung, die Natur oder sonstige betroffene Wirtschaftssubjekte, verlagert werden. Die Kosten der Produktion fallen für den Produzenten geringer, der Nutzen des Konsumenten fällt entsprechend höher aus, weil die Verursacher nicht mit allen negativen Konsequenzen ihres Handelns belastet werden. **Die externen Effekte können** nun aber durchaus in der weiteren Umwelt des Verursachers **unerkannt bleiben**, wenn sie nicht hinreichend wahrgenommen werden, bzw. wenn in der weiteren Umgebung des Verursachers niemand existiert, der die Externalitäten registrieren kann. Lärm, Gestank und Abfälle von Konsumenten und Produzenten oder definitive Schädigungen von natürlichen Lebensgrundlagen durch Gifte, die weit entfernt von den Verursachern eintreten, müssen nicht in das Bewußtsein dringen. Solche Beeinträchtigungen können gegebenenfalls lange Zeit unbemerkt auftreten. Es kommt hinzu, daß wir alle unsere Umgebungen und die **Umwelt** insgesamt **nur subjektiv wahrnehmen** und beurteilen können, zumal es **keinen für alle Menschen vergleichbaren Standard einer „intakten" Umwelt** gibt.

Wenn **Umweltfragen** gleichwohl weithin und für viele **bedeutsamer** werden, hängt dies u.a. damit zusammen, daß insbesondere im Zuge der **Industrialisierung** die Güterproduktion und der damit verbundene **Ressourcenverbrauch** im Verhältnis zu früheren Wirtschaftsepochen überaus deutlich gestiegen sind. Es kommt hinzu, daß die technischen Entwicklungen in den Naturwissenschaften und der Medizin die Sterblichkeit senkten und die Lebenserwartung steigerten, so daß ein in der Erdgeschichte nie vorgekommenes **Bevölkerungswachstum** eingetreten ist. Die wachsende Bevölkerung konzentriert sich zudem in Siedlungsregionen, die nicht entsprechend ausgeweitet werden oder werden können, so daß notwendigerweise eine **Ballungstendenz** in den Wohngebieten der Menschen eintritt. Schließlich expandierte die Güterproduktion in einem solchen Maße, daß trotz steigender Bevölkerungszahlen für die Menschen in den meistern Ländern der Erde eine nachhaltige **Einkommenserhöhung** eingetreten ist, die ihrerseits zu steigendem Konsum führt. Der **Konsum** der Menschen - insbesondere aus den Industrieländern - führt zu zunehmender Inanspruchnahme von Ressourcen und ist in aller Regel mit einer Ausweitung der Lebens- oder Aufenthaltsräume der Menschen verbunden (z.B. über Reisen). **Die** mit der Güterproduktion und dem Konsum wohl immer verbundenen **negativen externen Effekte** werden angesichts dieser Entwicklungen gewichtiger und auffälliger. Sie **kumulieren sich**, was nichts anderes heißt, als daß die eher zu vernachlässigenden Belastungen oder Schäden durch einzelne Wirtschaftssubjekte infolge der Kumulation oder Summierung eine bedeutsame und auffällige Dimension erreichen. Die vielfach vorhandene **Regenerationsfähigkeit der Umwelt genügt nicht mehr**, um diese kumulierten Umweltschädigungen in der kurzen Frist zu kompensieren. Die Selbstheilungskräfte der Umwelt können die Beeinträchtigungen aus dem globalen Umweltverzehr nicht so rasch ausgleichen wie neue und zusätzliche Belastungen entstehen.

Dies hat weithin dazu beigetragen, daß die **Umwelt** auch in ferneren Umgebungen **nicht mehr** als insgesamt **freies Gut** angesehen werden kann und nicht mehr als freies Gut unterstellt wird. Der Umweltbestand erscheint vielmehr offenkundig als begrenzt. Allerdings gibt es nach wie vor die ökonomische Problematik, daß die **Begrenztheit der Umwelt eher nur global** gesehen oder akzeptiert wird, z.B. für einen Wirtschaftsraum, für eine Region oder eine Volkswirtschaft.

Für diesen Raum als Ganzes besitzt die Umwelt gleichwohl den Charakter eines **Kollektivgutes**. Das Kollektivgut Umwelt steht zwar insgesamt nur in einer beschränkten Menge zur Verfügung und ist damit für eine Gesamtheit (z.B. der Bevölkerung) ein knappes Gut. An dem Gut Umwelt können jedoch alle Wirtschaftssubjekte partizipieren und es gelten hierfür die typischen Eigenschaften des Kollektivgutes, das Nichtausschlußprinzip und das Prinzip der Nichtrivalität in der Nutzung. Aus der Sicht eines einzelnen Haushaltes, eines einzelnen Betriebs bleibt die Umwelt insoweit ein weitgehend freies Gut, für das kein individueller Preis, kein individuelles Nutzungsentgelt zu zahlen ist. Der einzelne Haushalt oder Betrieb wird zudem nach wie vor, seine individuell verursachten negativen externen Effekte als vernachlässigbar für den Gesamtzustand der Umwelt ansehen. Dementsprechend wird er auch ein Verhalten an den Tag legen, das bei Kollektivgütern vorherrscht, wonach ihre Nutzung ohne Beachtung der dabei entstehenden externen Effekte oder Kosten ausgedehnt wird, da ein einzelner die Knappheit des Gutes insgesamt nicht wesentlich beeinflussen oder verändern kann.

Solange die Umwelt diesen Kollektivgutcharakter besitzt, ist ein freiwilliger Beitrag zur Finanzierung von Maßnahmen zur Erhaltung des Umweltzustandes nicht zu erwarten. Im individuellen Verhalten gibt es daher kaum ökonomische Anreize, die Umwelt nicht mit Beeinträchtigungen (z.B. Abfällen) zu belasten. Aus dem Zusammenwirken von ökonomischen Anreizen über Kosten, Auflagen und Verboten sowie Einflußnahmen auf das Bewußtsein der Menschen und deren Nutzeneinschätzungen kommt es allerdings in den letzten Jahren zu einigen Verhaltensänderungen (z.B. dem Trennen von Abfällen), die das Gut Umwelt als knappes Gut erkennen lassen. Solche ökonomisch wirkenden Anreize sind vor allem durch die staatliche Politik und insbesondere die finanzpolitischen Maßnahmen erreicht worden.

3.3.2 Prinzipien der Umweltpolitik

Die staatliche Politik insgesamt und die Finanzpolitik insbesondere benötigen Zielvorstellungen und Prinzipien für ihre Vorgehensweisen. Für den Bereich der Umweltpolitik gibt es zwar schon lange eine systematische Analyse von Umweltproblemen, z.B. durch den Rat von Sachverständigen für Umweltfragen und dessen Gutachten (Vgl. z.B. Rat von Sachverständigen für Umweltfragen: Umweltgutachten 1974) sowie durch die Vertreter der Wissenschaft. Dies ist ein Zeichen für das spätestens seit den 70er Jahren steigende Bewußtsein, daß die Umwelt als insgesamt knappes Gut anzusehen ist. Gleichwohl hat es geraume Zeit gedauert bis die Umweltpolitik formal als Aufgabe der staatlichen Politik anerkannt und in einer Rechtsnorm fixiert worden ist. Durch das Gesetz zur Änderung des Grundgesetzes vom 27. 10. 1994 ist in das Grundgesetz der **Umweltschutz als Staatsziel** aufgenommen worden. Der in das Grundgesetz eingefügte Artikel 20 a besagt. „Der Staat schützt auch in Verantwortung für die künftigen Generationen die natürlichen Lebensgrundlagen im Rahmen der verfassungsmäßigen Ordnung durch die Gesetzgebung und nach Maßgabe von Gesetz und Recht durch die vollziehende Gewalt und die Rechtsprechung“. Diese recht allgemeine Formulierung läßt sich als Umschreibung des Ziels eines **nachhaltigen Wachstums** interpretieren, wonach das u.a. in Artikel 109, Abs. 2 Grundgesetz enthaltene Wachstumsziel so anzustreben ist, daß die wirtschaftlichen Entwicklungsmöglichkeiten für künftige Generationen nicht beeinträchtigt werden sollen.

Deutlicher als das Grundgesetz formuliert der vor allem durch die Maastricht-Verträge (1992) ergänzte **Vertrag zur Gründung der Europäischen Gemeinschaft** (EG) in Artikel 130 r **umweltpolitische Ziele und Prinzipien**. So lautet Abs. 1:

„Die Umweltpolitik der Gemeinschaft trägt zur Verfolgung der nachstehenden Ziele bei:

- Erhaltung und Schutz der Umwelt sowie Verbesserung ihrer Qualität;
- Schutz der menschlichen Gesundheit;
- umsichtige und rationelle Verwendung der natürlichen Ressourcen;
- Förderung von Maßnahmen auf internationaler Ebene zur Bewältigung regionaler oder globaler Umweltprobleme.“

Abs. 2 des Art. 130 r des EG-Vertrages konkretisiert die umweltpolitischen Prinzipien:

„Die Umweltpolitik der Gemeinschaft zielt unter Berücksichtigung der unterschiedlichen Gegebenheiten in den einzelnen Regionen der Gemeinschaft auf ein hohes Schutzniveau ab. Sie beruht auf den Grundsätzen der Vorsorge und Vorbeugung, auf dem Grundsatz, Umweltbeeinträchtigungen mit Vorrang an ihrem Ursprung zu bekämpfen, sowie auf dem Verursacherprinzip. Die Erfordernisse des Umweltschutzes müssen bei der Festlegung und Durchführung anderer Gemeinschaftspolitiken einbezogen werden.“

Als erstes läßt sich aus diesen Normen ein **allgemeines Umweltschutzziel** entnehmen, das zugleich bei der Durchführung von Maßnahmen für andere wirtschafts- oder finanzpolitsche Ziele zu beachten ist. Das Umweltziel wird damit anderen Zielen der Wirtschaftspolitik gegenüber als prinzipiell gleichrangig eingeordnet. Die allgemeine Formulierung des Umweltschutzziels geht jedoch nicht so weit, einen fixierten oder meßbaren Standard für die Umwelt vorzugeben, der zu erhalten oder zu verbessern ist. Die im Detail zu schützende und zu verbessernde Umweltsituation oder **Umweltqualität bleibt** daher unbestimmt, sie ist **ein qualitativer Wunsch**, der keineswegs naturwissenschaftlich eindeutig zu definieren ist. Das Umweltziel schreibt daneben zudem keine Leitlinien für die

Lebensweise der Menschen oder die Art des Wirtschaftens fest, die als Norm oder Standard gelten könnten. Das **Umweltziel** behält somit einen allgemeinen Charakter, ist prinzipiell **subjektiv** unterschiedlich **interpretierbar** und unterliegt zeit- und kulturabhängigen Interpretationsmöglichkeiten. Konkrete Maßgrößen für das Erreichen des Umweltschutzziels lassen sich dementsprechend nur in Teilbereichen und nur näherungsweise entwickeln (Vgl. Bundesregierung: Stand der Umweltökonomischen Gesamtrechnung, Bundestagsdrucksache 13/4435 vom 23. 4. 1996).

Unabhängig von der prinzipiell unbestimmten Zielvorstellung existieren jedoch konkretisierbare Überlegungen darüber, was mit Umweltpolitik anzustreben ist und welche möglichen Grundsätze oder Prinzipien dabei verfolgt werden können. Umweltprobleme können damit entstehen, daß Wirtschaftssubjekte externe Effekte verursachen, die bei anderen zu Schädigungen oder zumindest zu Störungen ihrer Produktions- und Konsumbedingungen führen. Ein grundlegendes Prinzip der Umweltpolitik besteht deshalb darin, sich am **Verursacherprinzip** zu orientieren. Nach dem Verursacherprinzip sind die externen Effekte, insbesondere die als **externen Kosten** entstandenen Umweltschäden **den Verursachern anzulasten**. Die externen Kosten gehen dann in die Wirtschaftsrechnungen oder die Nutzenüberlegungen der Umweltschädiger ein und werden insoweit internalisiert. Die Kostenerhöhung macht den Verursachern die ökonomischen Konsequenzen ihres Handelns deutlich, wodurch eine Tendenz entstehen dürfte, das Ausmaß der umweltschädigenden Aktivitäten zu reduzieren.

Das Verursacherprinzip beruht darauf, daß die möglichen Umweltschädigungen des Handelns von Konsumenten oder Produzenten klar erkannt werden können, so daß sich der mögliche biologische, chemische oder physikalische Effekt der Schädigungen in ökonomisch bewertbare Größen transformieren läßt, um schließlich einen direkten und vollständigen Zusammenhang zwischen Umweltbelastung und Kostenerhöhung abzuleiten. Dieser gedanklich naheliegende und schlüssige Kontext wird nun aber aus mehreren Gründen nicht hinreichend herzustellen sein. Zum einen ist es **nicht immer möglich**, den **Verursacher** von Umweltbelastungen eindeutig **zu identifizieren**. So gibt es **Umweltbelastungen**, die **erst** in ihrer **kumulativ**en Erscheinungsform durch eine Vielzahl von Verursachern überhaupt **erkennbar** werden, weil die einzelne Schädigung zu schwach ist oder z.B. durch die Regenerationsfähigkeit der Umwelt jeweils noch kompensiert wird. Die Zusammenhänge für Umweltschädigungen können zum anderen indirekt sein, so daß eine **Umweltschädigung** nur **im Rahmen einer komplizierten Wirkungskette** eintritt, die es fast unmöglich macht, die entstandenen Schäden zuzurechnen und eine verurusachergerechte Kostenaufteilung vorzunehmen. **Umweltschäden** können auch auf Handlungen **in der Vergangenheit** beruhen, die nach einer Reihe von Jahren erst offenkundig werden, so daß die Verursacher gar nicht mehr existieren oder ausfindig zu machen sind. Analog gilt dies auch für Schäden, die ihren Ursprung **im** nahen oder weit entfernten **Ausland** haben. Bei umweltpolitischen Fragen, so auch bei der Anwendung des Verursacherprinzips, darf die **prinzipielle Unsicherheit über zwingende naturwissenschaftliche Zusammenhänge** von Ursachen und Wirkungen nicht außer acht gelassen werden. Auch wenn es sicherlich im Einzelfall belegbare naturwissenschaftliche Abläufe und Ursache-Wirkungs-Ketten gibt, so erweist sich nicht selten der Zusammenhang als zeitlich begrenzt, bzw. lediglich als Teilaspekt eines größeren Komplexes von Abläufen und Wirkungen, die zudem längerfristigen Trends unterliegen können, welche ihrerseits nur schlecht oder unvollständig zu erfassen sind. Besonders deutlich erscheinen solche naturwissenschaftlichen Unsicherheiten im Zusammenhang mit klimatischen Veränderungen. So trägt beispielsweise die intensive Verwendung von fossilen Brennstoffen offenkundig (lokal) zur Erwärmung der Atmosphäre bei. Ob daraus auch schon auf eine Erwärmung der globalen Erdatmosphäre geschlossen werden kann, läßt sich nicht mit gleicher Sicherheit aussagen. Denn die Erdgeschichte ist nachweisbar dadurch gekennzeichnet, daß es größere Schwankungen in den Temperaturen gegeben hat, die unabhängig von menschlichen Verhaltensweisen aufgetreten sind. Es gibt mithin ein generelles Erfassungsproblem für die umweltschädigenden Ursachen, die ein Verursacher auslöst. Dies erschwert nicht selten administrative Kontrollen von seiten der staatlichen Verwaltung, die zu einem meßbaren und zweifelsfrei einem konkreten Verursacher zurechenbaren Ergebnis einer Umweltbelastung führen können.

Das **Gemeinlastprinzip** beruht zu einem nicht geringen Teil auf der Einsicht, daß Umweltschäden, insbesondere bereits eingetretene oder feststellbare Schäden, mangels hinreichender Kenntnisse über die Ursachen im einzelnen nur noch von der Allgemeinheit beseitigt oder behoben werden können. Der zu erhaltende Umweltzustand wird als Kollektivgut anerkannt, für das die Allgemeinheit in Form des Staates verantwortlich ist. Das **Gemeinlastprinzip** wird nicht nur **bei einer Vielzahl von** einzelnen, **kleinen** schlecht zurechenbaren **Ursachen** von Bedeutung sein, sondern auch dann, wenn eine Umweltbelastung auftritt, die nicht direkt von Wirtschaftssubjekten ausgeht (z.B. im Fall einer **Naturkatastrophe) oder wenn die Internalisierung der** externen **Kosten** im jeweiligen Einzelfall **mit zu hohem Aufwand verbunden** ist, so daß von vornherein eine globale Lösung für die Minderung oder Beseitigung der Umweltbeeinträchtigung kostengünstiger erscheint.

Das **Vorsorgeprinzip** stellt der Umweltpolitik schließlich die Aufgabe, **Umweltschäden von vornherein** zu **vermeiden**. Es geht bei der Verfolgung dieses Prinzips darum, die Knappheit des Kollektivguts Umwelt in das Bewußtsein zu rufen, um die Wirtschaftssubjekte zu einem Verhalten zu bewegen, das den Wert der Umwelt als Lebensraum anerkennt und dazu beiträgt, Umweltbeeinträchtigungen möglichst zu unterlassen. Das Vorsorgeprinzip stellt insoweit besonders auf die Nachhaltigkeit des Wirtschaftens ab. Die Umwelt soll mittels geeigneter Maßnahmen geschützt werden, um sie in ihrem für die menschliche Existenz erforderlichen Bestand zu erhalten. Ziel ist mithin die Vorbeugung vor Beeinträchtigungen des Umweltzustandes über die Zeit hin, was einer längerfristigen Ausrichtung staatlicher Politik entspricht.

3.3.3 Finanzpolitische Instrumente der Umweltpolitik

Die staatliche Allokationspolitik kann grundsätzlich mit allen ihr zur Verfügung stehenden Instrumenten umweltpolitischen Zielsetzungen nachgehen. Insoweit haben die im Abschnitt 3.1 unter den allgemeinen Aufgabenbereichen des Staatshandelns dargestellten Möglichkeiten des Ressourceneinsatzes oder der Wahrnehmung von Aufgaben auch die für die Umweltpolitik einsetzbaren Instrumente bereits angesprochen. Für die engere Fragestellung der Umweltpolitik ist lediglich auf den spezifischen Einsatz oder die besondere Gestaltung dieser Instrumente zu achten, bzw. es sind die zwischenzeitlich vorliegenden Ergebnisse der wissenschaftlichen und der finanzpolitischen Diskussion zu einzelnen Maßnahmen mit einzubeziehen.

Rechtliche Rahmenbedingungen, Normen

Umweltprobleme entstehen, wie wir gesehen haben, zu einem großen Teil aus dem Vorhandensein von externen Effekten, die von Konsumenten oder Produzenten verursacht und auf andere verlagert werden, so daß sie dort zu Belastungen führen. Es liegt daher die Frage nahe, ob sich nicht rechtliche Regeln oder Normen finden lassen, die das Entstehen von externen Effekten verhindern könnten, die ihrerseits mit dem Charakter der Umwelt als freies Gut oder zumindest als Kollektivgut ohne Ausschlußprinzip zusammenhängen.

Ein Gut ist dann für ein Wirtschaftssubjekt nicht mehr als freies Gut verfügbar, wenn andere Wirtschaftssubjekte hierfür Ansprüche dafür geltend machen können, die z.B. durch Eigentumsrechte abgesichert sind. Die **Umwelt** kann nun durchaus als ein ökonomisches Gut, insbesondere **als** ein **Vermögensgegenstand** angesehen werden, **an dem Eigentumsrechte** von einzelnen oder von einer Gesamtheit **bestehen**. Eine beispielhafte Formulierung findet sich in Art. 89 Grundgesetz; Abs. 1 lautet dort: „Der Bund ist Eigentümer der bisherigen Reichswasserstraßen." Diese Vorschrift bezieht sich zwar von ihrem Ursprung her vorrangig auf die verkehrstechnische Nutzung der Wasserstraßen. Aus heutiger Sicht kann sie allerdings auch unter Umweltaspekten betrachtet werden, womit sich ein Recht und eine Pflicht eines Eigentümers nach Art. 14, Abs. 2 Grundgesetz ableiten läßt. Der Eigentümer hat ein Verfügungsrecht und kann sich gegen Schädigungen von außen zur Wehr setzen. Der Eigentümer hat aber auch die Pflicht, daß von seinem Eigentum keine Nachteile für Dritte ausgehen. Daß Wasserstraßen in Deutschland mithin sehr lange in zunehmendem Maße verschmutzt wurden und von ihnen wegen der Verschmutzung auch negative Wirkungen für die Bevölkerung ausgehen konnten, lag zu einem nicht geringen Teil daran, daß der Eigentümer nicht pflichtgemäß mit seinem Eigentum umgegangen ist, was die Umweltqualität des Gutes betrifft oder betraf.

Ein privater Eigentümer mag vielfach eine direktere Beziehung zu seinem Vermögensgegenstand haben, so daß zumindest bei negativen Einwirkungen von außen eine Abwehrreaktion erfolgen wird. Die Rechtsordnung schützt im übrigen Eigentümer bei Diebstahl oder Sachbeschädigung vom Grundsatz her schon seit Urzeiten. Im Zusammenhang mit Umweltschädigungen ist das Durchsetzen von Eigentumsrechten, bzw. ein Schutz durch die Rechtsordnung erst in den jüngsten Jahren zu erkennen. Wenn mithin der Staat durch Rechtsnormen Eigentumsrechte an Gütern aus der jeweiligen Umwelt von Konsumenten oder Produzenten nicht nur definiert und abgrenzt, sondern auch deren Durchsetzung mittels der Polizei und der Justiz durchsetzt, wird es zumindest für einzelne Verursacher schwerer, Handlungen zu begehen, die eindeutige Schädigungen der Rechte anderer zur Folge haben. An dieser Stelle könnte daher die **staatliche Umweltpolitik** ansetzen und **mit rechtlichen Rahmenbedingungen** den **Schutz von Eigentum** auch dann gewährleisten, wenn nicht nur Diebstahl oder Sachbeschädigung vorliegen, sondern wenn Schädigungen in der Umweltqualität eines Vermögensgegenstandes bewirkt werden. In zumindest gleichem Maße gilt dies selbstverständlich auch für den **Schutz der körperlichen Unversehrtheit** nach Art. 2, Abs. 2 Grundgesetz, die über den Schutz vor physischer Gewalt hinaus auch den Schutz vor Umweltbeeinträchtigungen umfassen kann. Mit einer solchen Interpretation und Durchsetzung der Rechtsnormen ergäbe sich andererseits auch ein wachsendes Bewußtsein bei Eigentümern von Gütern, bei Konsumenten und bei Produzenten, daß die von ihrem Gut oder ihrer Tätigkeit ausgehenden Schädigungen in Form von Umweltbelastungen (Lärm, Abfall, Abgase etc.) geahndet werden, da die Eigentumsrechte von Dritten tangiert sind. Die **Haftung der Verursacher** von Umweltschäden, die in Eigentumsrechte oder Persönlichkeitsrechte Dritter eindringen, würde damit ausgeweitet.

Diese am **Verursacherprinzip** orientierte Möglichkeit der Umweltpolitik beruht auf der Voraussetzung, daß die Verursacher von Umweltbeeinträchtigungen hinreichend erkennbar sind, so daß sie für konkret zuzuordnende Maßnahmen oder Handlungen in Haftung genommen werden können. **Nicht immer** ist **ein** solch **eindeutiges Ursache-Wirkungs-Verhältnis** gegeben. Ursachen für Umweltbelastungen bei Dritten können sich beispielsweise erst in kumulierter Form als überhaupt feststellbar und nachprüfbar ergeben. Damit ist die Konsequenz verbunden, daß ein einzelner Verursacher relativ unbedeutend bleibt, unterhalb einer Maßgröße oder einer Norm aber nicht mehr als Ursache der Belastung erkannt werden kann, so daß ein geschädigter Eigentümer keinen Verursacher zur Haftung konkret heranziehen kann. Es kommt hinzu, daß neben der Vielfalt von Umwelteinflüssen, auch die Bezugsgröße oder der Umweltstandard ohne schädliche Einflüsse in vielen Fällen nicht definitiv feststeht. Die Schädigung durch einen

Verursacher läßt sich dann nicht hinreichend eingrenzen, messen oder objektivieren.

Auch wenn eine Ausweitung der Garantie von Eigentumsrechten oder Persönlichkeitsrechten durch den Staat dazu beiträgt, belastende Umwelteinflüsse von außen zu reduzieren, werden allein mit diesem Instrumentarium nicht alle Umweltprobleme zu klären sein. Eine **Erweiterung der Eigentumsrechte** durch einen besseren Schutz seitens der Polizei und der Ordnungshoheit des Staates sowie der Justiz erlaubt zwar **einerseits** sicherlich prinzipielle Möglichkeiten, sich **gegen Schädigungen von Dritten** besser **zur Wehr** zu setzen, um sie von vornherein zu unterbinden. Hinreichend weite Eigentumsrechte können **andererseits** im Rahmen einer **Verhandlungslösung** der Beteiligten auch dazu führen, daß - wie im **Coase-Theorem** unterstellt - die **Schädigung** nicht unterbleibt, sondern durch Vereinbarungen oder Verhandlungen zwischen den Beteiligten (Verursacher und Betroffenen der Umweltbelastung) lediglich toleriert wird und sei es unter Einbeziehung interner Entschädigungsleistungen., die zwischen den Beteiligten in einem jeweiligen Fall auf freiwilliger Basis ausgehandelt werden können (Vgl. Coase 1960).

Staatliche Politik kann im Rahmen von Normen auch auf die Umweltsituation einwirken, ohne direkt die Rechte von Eigentümern oder Personen zu stärken. Das aus Sicht des Staates naheliegende Mittel sind dann typische **Verbote** von Handlungen oder Maßnahmen, die als umweltgefährdend eingestuft werden, wie z.B. die Verwendung von FCKW, von Asbest oder Quecksilber in einigen Güterproduktionen oder die Benutzung von Antibiotika in der Tierzucht. Solche Verbote sind als einseitige, hoheitliche Maßnahme relativ rasch auszusprechen und in aller Regel auch gut kontrollierbar, zumal sie nicht wie die Eigentumsrechte einer Interpretation durch die Beteiligten und die Justiz unterliegen. Ähnlich wirken **Gebote und Auflagen**, sofern sie hinreichend strikt abgegrenzt und kontrolliert werden. Schließlich kann der Staat durch **Rahmenplanungen** auf die Art und das Ausmaß von Umweltbelastungen einwirken, bzw. sie in ihrer regionalen Verteilung beeinflussen. Die Ausweisung eines Naturschutzgebietes, die Raumplanung einschließlich der Infrastrukturplanung und auch die Siedlungsplanung in Form von Bauleitplänen (einem Master Plan) und Bebauungsplänen haben umweltpolitische Konsequenzen und lassen sich als Steuerungsmittel einsetzen.

Ausgaben

Umweltschutzziele lassen sich auch mit der Hilfe staatlicher Ausgaben erreichen. Diese **Ausgaben** werden unter Umweltaspekten zunächst **zur „Reparatur"** bereits **eingetretener Schäden** getätigt. Lärmschutzwände oder Kläranlagen erscheinen hierfür als Beispiele geeignet, auch wenn bei Kläranlagen oder Deponien eine recht direkte Beteiligung der Bürger an den Kosten über steigende Gebühren eingefordert wird. In den letzten Jahren nehmen daneben die staatlichen Ausgaben zu, mit denen vorbeugend eine **Förderung von Umweltzielen** oder eine Vermeidung von erwarteten Umweltbelastungen angestrebt wird. So fließen Ausgaben in neu angelegte oder erweiterte Grünanlagen, Straßenbegleitgrün oder auch in Grundstücke bzw. Grundstücksflächen, die von der Bebauung ausgenommen werden sollen. Ausgaben werden im übrigen für eine weniger belastende Infrastruktur geleistet und umfassen beispielsweise den Ausbau des Schienenverkehrs und der Wasserstraßen (auch wenn diese kleinräumlich oder regional wegen der Kanalisierung und veränderter Grundwasserspiegel ihrerseits mit Beeinträchtigungen verbunden sind).

Ausgaben des Staates bestehen vielfach in **Subventionen**, d.h. hier Finanzhilfen, für private Wirtschaftssubjekte, um umweltverbessernde Aktivitäten auszulösen oder zu unterstützen. Die Maßnahmen reichen dabei von der Förderung von Lärmschutzfenstern, über Zuschüsse zu FCKW-freien Kühlschränken und energiesparenden Waschmaschinen bis hin zur Subventionierung von Solartechnik, Fernwärmeeinrichtungen oder der Stromerzeugung aus Windkraftanlagen.

Mit Hilfe von **Ausgaben** kann der Staat insoweit auf Umweltziele einwirken als er **im Rahmen seiner Beschaffungspolitik** umweltfreundliche Produkte bevorzugt und seine Investitionen, z.B. in Gebäuden, auf ihre Umweltqualität hin überprüft. Anwendungsbeispiele hierzu lassen sich in unterschiedlichsten Bereichen der Beschaffungspolitik finden. Sie schließen die Verwendung von Schreibpapier aus Altpapier ein, können sich in der Beschaffung von abgasarmen Kraftfahrzeugen mit geringem Verbrauch niederschlagen und umfassen die energiesparende Bauweise von Verwaltungsgebäuden sowie die Verwendung von Einrichtungsgegenständen (z.B. Schreibtischen), die nicht aus Tropenholz, sondern aus problemlos nachwachsenden heimischen Holzsorten bestehen. Ob sich der Umweltaspekt in der Beschaffungspolitik aber überall durchsetzen läßt, hängt nicht nur von den Umweltgesichtspunkten selbst ab, sondern wird auch von den Kosten der zu beschaffenden Güter beeinflußt und ist nicht zuletzt auch ein Resultat der Entwicklung der Technik in der Produktion der öffentlichen Güter insgesamt und in der Gestaltung und Abwicklung von Verwaltungsabläufen.

Indirekte Auswirkungen auf die Umwelt können **Ausgaben** des Staates besitzen, die er für Projekte verwendet, die sich mit umweltrelevanter **Forschung** befassen, bzw. mit denen umweltbedeutsame **Entwicklungs**vorhaben gefördert werden. Schließlich ist auch der Aufbau einer **Umweltadministration** zu nennen, mit der vielfach überhaupt erst ein zusammenhängendes Bild der Umweltsituation und ihrer Veränderung ermittelt werden kann. Hinzuweisen ist dabei auch auf den durch einen Erlaß des Bundesministers des Innern vom 28. Dezember 1971 eingerichteten **Rat von Sachverständigen für Umweltfragen**, der 1972 seine Tätigkeit aufgenommen hat und im Rahmen seiner seit 1974 publizierten Gutachten zur Information und Bewußtseinsbildung über Umweltbedingungen beiträgt.

Einnahmen

Der Staat betreibt umweltpolitisch motivierte Politik auch mit Hilfe von Einnahmen, insbesondere mit **Steuern**, bei denen der fiskalische Aspekt nicht unbedingt im Vordergrund steht, sondern die **Lenkungsaufgabe** wichtiger ist, die mit den Steuerwirkungen erreicht werden soll. Solche Umweltsteuern wollen Handlungen oder Maßnahmen verteuern, z.T. im Rahmen von Steuerermäßigungen aber auch verbilligen, die belastende oder eher fördernde Wirkungen auf die Umwelt und ihre Nutzung haben. Unter dem ökologischen Aspekt sind in den vergangenen Jahren nur ausgewählte Einzelsteuern als Lenkungsinstrumente eingesetzt worden. So ist die **Kraftfahrzeugsteuer** seit Ende der 80er Jahre mehrfach modifiziert worden, um Umweltwirkungen der Motoren zu berücksichtigen. Die früher vorrangig nach dem Hubraum gestaffelte Steuer hat nach der Einführung von Katalysatoren für die Reinigung der Motorenabgase eine Reihe von Umgestaltungen erfahren. Einerseits gab es völlige Befreiungen für Personenkraftwagen mit Katalysatoren oder für Wagen mit Nachrüstungen. Andererseits weist das Kraftfahrzeugsteuergesetz zwischenzeitlich eine breite Vielfalt von unterschiedlichen Steuerbeträgen je 100 cm^3 Hubraum auf, je nachdem ob ein PKW die Euro-1, die Euro-2, die Euro-3 oder die Euro-4- Norm erreicht, ob es ein 3-l-Auto oder ein 5-l-Auto ist und ob es sich beim Motor um einen Otto- oder einen Dieselmotor handelt. Das Schadstoffemissionsverhalten eines PKW ist damit neben der Hubraumgröße, bzw. neben dem verkehrsrechtlich zulässigen Gesamtgewicht bei Lkws (bei denen ergänzend Schadstoff- und Geräuschemissionen für den Tarif entscheidend sind) zu einem wesentlichen Bestandteil der Kraftfahrzeugsteuer geworden.

Die **Kraftfahrzeugsteuer** enthält somit typische **Elemente einer** Umweltsteuer oder **Ökosteuer**, mit der umweltbelastendes Verhalten verteuert (bzw. im umgekehrten Fall relativ verbilligt) wird. Das Ziel dieser Preisveränderungen besteht darin, die davon betroffenen Wirtschaftssubjekte zu einem Verhalten zu bewegen, das auf dem ökonomischen Kalkül beruht, wonach das teurere Gut durch ein relativ billigeres substituiert wird. Dieses Substitutionsverhalten erfolgt nicht notwendigerweise aus einer gestiegenen Einsicht seitens der Wirtschaftssubjekte in die Umweltkonsequenzen des eigenen Handelns, sondern aus dem ökonomischen Eigeninteresse, das unter dem Aspekt der Nutzenmaximierung zu sehen ist. Derartige **Steuerwirkungen** treten jedoch nicht mit Notwendigkeit ein. Die Instrumente der Steuerpolitik wirken **indirekt**, „indem sie durch die Wahl geeigneter Bemessungsgrundlagen und Steuersätze das Verhalten der potentiellen Umweltnutzer zu beeinflussen suchen. Daß solche Verhaltensänderung gelingt, ist nicht selbstverständlich: Letztlich ist es Sache der privaten Nutzer, ob sie sich entsprechend lenken lassen." (Bundesministerium der Finanzen, Umweltsteuern aus finanzwissenschaftlicher Sicht, 1997c, S. 10). Hierbei kommt es im Einzelfall nicht nur auf die relativen Preisänderungen und ihr Ausmaß an, sie sind vielmehr immer in Verbindung mit den jeweiligen einzelwirtschaftlichen und gesamtwirtschaftlichen Entwicklungen zu sehen, die gegebenenfalls ein größeres ökonomisches Gewicht besitzen und somit die „kleineren" Preisveränderungen gar nicht zum Tragen kommen lassen.

Die **Mineralölsteuer** wird in der umweltpolitischen und finanzpolitischen Diskussion immer wieder als ein besonders geeignetes Instrument hervorgehoben, mit dem über Steuerwirkungen umweltpolitische Ziele erreicht werden können. Es trifft auch zu, daß die Mineralölsteuer in der Vergangenheit deutlich erhöht wurde. So betrug sie z.B. im Jahr 1975 noch 0,44 DM je Liter Benzin, hatte 1990 den Betrag von 0,57 DM je Liter unverbleites Benzin erreicht und beläuft sich seit 1993 auf 0,98 DM je Liter unverbleites Benzin, wobei verbleites Benzin seit Ende der 80er Jahre einen um 0,10 DM höheren Mengensteuersatz je Liter zu tragen hat. Die Mineralölsteuer, die neben den genannten Steuermerkmalen auch die Besteuerung für Dieselkraftstoff und andere fossile Energieträger regelt, wird insbesondere wegen der Belastungswirkung beim Benzin und damit der Verteuerung des individuellen Kraftfahrzeugverkehrs als geeignetes finanzpolitisches Instrument der Umweltpolitik angesehen. Es gibt daher auch viele Vorschläge, diese Steuer weiterhin und in verstärktem Maße als Ökosteuer einzusetzen.

Gerade **am Beispiel der Mineralölsteuer** sind jedoch **andere Ziele und Wirkungen** der Finanzpolitik **neben dem Umweltziel** und der Reduktion von Emissionen durch den Gebrauch von Pkws deutlich zu erkennen. Dies darf nicht überraschen, denn Allokationspolitik mit Hilfe finanzpolitischer Instrumente besitzt in aller Regel auch Einfluß auf andere finanzpolitische sowie auf finanzwirtschaftliche Ziele. Die **Mineralölsteuer** ist typischerweise als **vornehmlich fiskalisches Instrument** benutzt worden, um dem Bund zu Einnahmen zu verhelfen, die ausschließlich ihm zustehen, da die Mineralölsteuer eine reine Bundessteuer ist. Bis zum Jahr 1963 haben beispielsweise die Einnahmen aus der ebenfalls nur dem Bund zustehenden Tabaksteuer noch die Einnahmen der Mineralölsteuer übertroffen. Ab 1964 liegen jedoch die Einnahmen aus der Mineralölsteuer deutlich höher und werden für 1998 auf 67 Mrd. DM geschätzt, während die Tabaksteuer mit 21 Mrd. DM nur knapp ein Drittel davon ausmachen soll (Finanzbericht 1998). Die Mineralölsteuer steigt damit seit Beginn der 60er Jahre um das 20-fache, die Tabaksteuer lediglich um das 5-fache.

Neben dem fiskalischen Aspekt der Mineralölsteuer ist ihre **Lenkungsaufgabe**, d.h. in diesem Fall: ihr umweltpolitische Zielsetzung, von Bedeutung. Die mehrfache Erhöhung des Tarifs der Mineralölsteuer kann als ein Beitrag zur Entwicklung und Verwendung von Motoren mit einem geringeren Kraftstoffverbrauch gewertet werden, wobei der Einfluß hiervon nicht definitiv auszumachen ist. Es kommt nämlich hinzu, daß das mögliche **Substitutionsverhalten** hin zu Motoren mit geringerem Verbrauch **überlagert** ist **durch die Zunahme der Kraftfahrzeuge** insgesamt, so daß global mehr Benzin oder Diesel verbraucht wurde. Das **steigende gesamtwirtschaftliche Einkommen** hat mithin zu einer steigenden

Kraftfahrzeugdichte und einer größeren Fahrleistung der Kraftfahrzeuge geführt, die trotz nachweisbar geringerem Streckenverbrauch eine Ausweitung der Nachfrage nach Mineralöl zur Folge hatten. Diese eher technische Feststellung läßt zwei unterschiedliche Interpretationsmöglichkeiten zu: zum einen war die Tariferhöhung nicht deutlich genug, um ein ausgeprägteres Substitutionsverhalten zu bewirken, das sich auch angesichts des Wirtschaftswachstums als bestimmend für die Nachfragemengen nach Mineralölprodukten hätte durchsetzen können. Zum anderen war wohl aufgrund der nationalen industriepolitischen Gegebenheiten (z.B. der bedeutenden Stellung der Autoindustrie für die Volkswirtschaft), der zu erwartenden verteilungspolitischen Auswirkungen für die privaten Haushalte sowie der internationalen Wettbewerbsbedingungen und umweltpolitischen Entwicklungen eine weitergehende Erhöhung der Mineralölsteuer nicht möglich oder politisch erwünscht. Dies zeigt schließlich, daß eine allokationspolitische Entscheidung zugunsten eines geringeren Ressourcenverbrauchs (hier beim Mineralöl) im politischen Entscheidungsprozeß immer abzuwägen ist mit den eventuellen Nebenwirkungen auf andere Ziele der Wirtschafts- und Finanzpolitik und nicht allein nach den Kriterien der Umweltpolitik beurteilt werden kann.

Im Rahmen der Einnahmengestaltung unter Umweltgesichtspunkten ist noch eine Steuer hervorzuheben, die fast ausschließlich wegen ihrer **Lenkungsaufgabe** eingeführt wurde und die in dem von ihr betroffenen engeren Wirtschaftsbereich durchaus das angestrebte Substitutionsverhalten erreicht hat. Es handelt sich um die **Verpackungsteuer** im allgemeinen oder die Getränkeverpackungsteuer im besonderen, die in einigen Gemeinden als örtliche Verbrauchsteuer bereits erhoben oder deren Einführung erwogen wurde. Die Verpackungsteuer knüpft an nicht wiederverwendbare Verpackungen und nicht wiederverwendbares Geschirr an, wenn Speisen und Getränke darin zum Verzehr an Ort und Stelle verkauft werden. Die Getränkeverpackungsteuer sieht als Steuertatbestand den Verkauf eines Getränkes in einer nicht wiederverwendbaren Getränkeverpackung im Gemeindegebiet an einen Endverbraucher an. Soweit diese Steuern eingeführt wurden (z.B. ab 1. Juli 1992 in der Stadt Kassel), ist der Substitutionseffekt durch die Verteuerung von Einwegverpackungen oder Einweggeschirr durchaus beobachtbar, d.h. es kommt zu einer Verdrängung von Einweggeschirr und zu einer Reduktion der entsprechenden Abfallmengen. Die Steuern auf Verpackungen oder Getränkeverpackungen sind vom Bundesverwaltungsgericht gebilligt worden (Vgl. Graf 1988, BVerwG 1994). Sie sind daher als ein möglicher Versuch einer Ökosteuer zu bewerten. Das Bundesverfassungsgericht hat jedoch mit seiner Entscheidung vom 7. Mai 1998 (2 BvR 1991/95 und 2 BvR 2004/95) die Verpackungsteuer als mit dem Rechtsstaatsprinzip des Grundgesetzes unvereinbar und nichtig erklärt.

Die beiden Beispiele einer tatsächlichen umweltpolitisch motivierten Gestaltung oder Erhebung einer Steuer (KfZ-Steuer, Verpackungsteuer) zeigen, daß die Finanzpolitik mit Hilfe von Regelungen **bei den steuerlichen Einnahmen nur in**

geringem Umfang Umweltpolitik betreibt. Eine weitergehende Veränderung des Steuersystems unter ökologischen Gesichtspunkten dürfte demnach größeren Widerständen begegnen und nicht allzu rasch zu erwarten sein. Dabei ist selbstverständlich im Auge zu behalten, daß Steuern immer auch mit Konsequenzen für andere finanzpolitische Ziele verbunden sind, so daß sie sich keinesfalls ausschließlich anhand ihrer Umweltwirkungen beurteilen lassen. Mögliche von einer Ökosteuer ausgehenden gesamtwirtschaftlich bedeutsamen Wirkungen sind im übrigen nicht nur national steuerbar, sondern hängen in einer offenen, außenhandelsorientierten Volkswirtschaft auch von internationalen Wirtschaftsentwicklungen und den Umweltbedingungen in anderen Ländern ab.

Steuern sind eine Möglichkeit einer Zwangsabgabe, mit der von seiten des Staates umweltpolitische Zielsetzungen angestrebt werden können. Abgaben müssen allerdings nicht nur die Form von Steuern annehmen, sondern können auch mit den hoheitlichen Instrumenten der Gebühren und Beiträge realisiert werden. Als **Mittel der Umweltpolitik** sind hierbei **vornehmlich Gebühren** anzuführen, die vorsorgend wie nachsorgend eingesetzt werden. Die Gebühren betreffen von der Vorsorge her beispielsweise die **Abwasserabgabe**, insbesondere in der Form von Zuschlägen für Verschmutzer der Abwässer (**Starkverschmutzerzuschläge**). Speziell die Gebühren für Abwasser (Kanalbenutzungsgebühren) werden daneben auch mit Blick auf die Erfordernisse der Kläranlagen, d.h. der Reinigung der Abwässer festgelegt und enthalten damit ein Element der Nachsorge oder der „Reparatur“ im Wasserkreislauf der Umwelt. Als Instrument mit dem Charakter der Nachsorge lassen sich auch die Abfallgebühren ansehen, da sie in den letzten Jahren nicht unwesentlich durch die Investitionen für die Deponien beeinflußt waren. Erwähnt seien dabei auch die **Gebühren**, die **im Rahmen des Dualen Systems** erhoben werden. Die in diesem Zusammenhang erfolgten Gebührenerhöhungen haben sicherlich einerseits das Bewußtsein für umweltpolitische Fragen verstärkt und gegebenenfalls ein Substitutionsverhalten hin zur Vermeidung von Abwässern und Abfällen gefördert. Allerdings kam es wegen des großen Gewichts der Fixkosten beim Betrieb der Kläranlagen und der Deponien auch zu Gebührenerhöhungen, die sich als Folge des umweltbewußten Verhaltens vieler Bürger ergeben haben, d.h. die geringere Nutzung der Abwasser- und Abfallkapazitäten aufgrund einer größeren Sorgfalt oder Sparsamkeit der Bürger mit den Ressourcen der Umwelt hat in der Konsequenz zu einem negativen ökonomischen Anreiz, nämlich zu einer „Bestrafung“ durch höhere Gebühren geführt.

Steuern und die als Gebühren erhobenen Abgaben entfalten ihre umweltpolitische Wirkung in erster Linie durch die Verteuerung der damit belasteten Güter oder Tätigkeiten und regen auf diesem Weg die Wirtschaftssubjekte zu einem Verhalten an, das zu einer Reduktion der ökonomisch relativ ungünstiger gewordenen Alternativen Anlaß geben soll. Diese „negative“ Anreizwirkung unterscheidet sich deutlich von hoheitlichen Verboten, die definitive Verhaltensänderungen erreichen wollen. Die Verteuerung eines Gutes durch eine Steuer oder eine andere

Abgabe muß - wie beim Benzin - nicht zu einer nachhaltigen Substitution führen, sie kann jederzeit an anderer Stelle des Budgets der Wirtschaftssubjekte mit Einsparungen verbunden sein oder durch einzelwirtschaftliche bzw. durch gesamtwirtschaftliche Veränderungen überlagert und kompensiert werden.

Der **Effekt der Verteuerung** kann nun aber **mit** dem Effekt **einer definitiven Mengenreduktion verknüpft** werden, wenn z.B. ein umweltbelastendes Gut nicht nur mit einer Steuer belegt, sondern mit einer fixen Mengenbeschränkung in der Produktion gekoppelt wird, die sich ihrerseits über die Zeit hin auf jeweils geringerem Niveau festlegen läßt. Dies sind die Schwerpunkte des Instruments der **Umweltlizenzen**. Danach wird die **Berechtigung zur Produktion eines umweltbelastenden Gutes in Form von Lizenzen** durch den Staat **versteigert**, so daß einerseits eine **Verteuerung** in der Produktion eintritt, weil die Lizenzen nicht unentgeltlich erworben werden können, und andererseits die Lizenzen fixe **mengenmäßige Höchstgrenzen** (die zu überwachen sind!) für die Produktion des Gutes bei den einzelnen Herstellern vorsehen. Die Lizenzen berechtigen die Hersteller nur im Rahmen der Höchstgrenzen zu der Produktion des umweltbelastenden Gutes, wobei die Lizenzen eine zeitliche Beschränkung aufweisen. Nach dem Auslaufdatum der Lizenzen kann der Staat neue Lizenzen zu einem höheren Preis und mit einer geringeren Mengengrenze anbieten. Hierbei wäre insbesondere die Verringerung der Mengengrenze rechtzeitig bekannt zu geben, um die Produzenten nachhaltig zu einer neuen Produktionsmethode oder einem neuen Gut ohne Umweltbelastung anzuregen. Die Produzenten (und Konsumenten) können daher relativ verläßlich planen: sie kennen die mögliche Verteuerung des Produkts, sie können die begrenzte Dauer der Lizenzen in ihre Umstellungsplanungen einbeziehen und sie wissen auch, wann die zulässigen Höchstmengen durch die Lizenzen so weit reduziert sind, daß die Produktion und der Konsum des umweltbelastenden Gutes wirtschaftlich nicht mehr vorteilhaft ist.

Umweltlizenzen vereinigen also einen Preis- und Mengeneffekt und regen von beiden Seiten zu einem Substitutionsverhalten an, zumal diese Effekte von ihrer Dimension und Dauer kalkulierbar sind. Umweltlizenzen haben sich in Deutschland als Mittel der Umweltpolitik allerdings nicht durchgesetzt, da sie in besonderem Maße auf Marktanreizen aufbauen, das Denken in Kategorien von Märkten aber in Mitteleuropa - insbesondere bei Personen mit Umweltinteressen - nach wie vor nicht hinreichend entwickelt erscheint. Da Umweltlizenzen in jedem Fall auch mit staatlichen Überwachungskosten einhergehen (müssen), hat die Umweltpolitik z.B. im Fall der FCKW-Produktion stattdessen gleich zum Mittel der Verbote gegriffen. In den USA gibt es jedoch konkrete Anwendungsfälle von Umweltlizenzen, die im übrigen auch bei internationalen Umweltkonferenzen als mögliches Instrument vorgeschlagen wurden (z.B. auf der Konferenz von Tokyo 1998). (Vgl. zudem Wicke 1993 und die dort zitierte Literatur).

Wirkungen umweltpolitischer Instrumente

Die staatliche **Umweltpolitik**, die sich insbesondere der Instrumente der Finanzpolitik bedient, um umweltpolitische Ziele zu erreichen, strebt selbstverständlich **in erster Linie ein Allokationsziel** an, das darin besteht, die Ressourcen in einer Volkswirtschaft zu schonen, Umweltgefährdungen zu reduzieren und die Güterzusammensetzung insgesamt in einer Weise zu beeinflussen, daß der Wirtschaftsprozeß nicht zu dauerhaften Schädigungen künftiger Generationen und deren Lebensmöglichkeiten führt. Die Verringerung von Emissionen, der sparsamere Umgang mit Rohstoffen, die Vermeidung von Giften sind z.B. bereits beobachtbare Wirkungen.

Gleichwohl kann nicht unterstellt werden, daß die bekannten umweltpolitischen Instrumente quasi aus sich heraus die angestrebte ökologische Wirkung besäßen, die **grundsätzlich ein Hinterfragen der naturwissenschaftlichen Zusammenhänge** erübrigte. So ist zumindest **bei jedem Instrument zu klären, ob** es an einer Stelle oder **Ursache** ansetzt, die **naturwissenschaftlich gesichert** als Grund für Belastungen der Umwelt gelten kann. Dieser Aufgabenstellung haben sich zwar nicht vorrangig die Ökonomen zu widmen. Es kann allerdings nicht prinzipiell ausgeschlossen werden, daß aus ökonomischer oder finanzpolitischer Sicht vielleicht ein Instrument geeigneter erscheint, das sich eher mit naturwissenschaftlichen Randproblemen oder vorübergehenden bzw. einmaligen Erscheinungen befaßt, so daß ein Einfluß auf wesentliche naturwissenschaftlich belegbare Abhängigkeiten gar nicht oder nur unzureichend eintritt. Diese Möglichkeit ist dann nicht von der Hand zu weisen, wenn man **naturwissenschaftliche Erkenntnisse** auch **als** einen **vorübergehend erreichten Forschungsstand** anerkennt, der im Lichte künftiger Entwicklungen unter Umständen falsifiziert wird. Es ist ebenfalls nicht auszuschließen, daß **ein tendenziell wirksames finanzpolitisches Instrument** naturwissenschaftliche Zusammenhänge verändert oder wegen des geänderten Verhaltens der Wirtschaftssubjekte **an anderer Stelle naturwissenschaftliche Probleme** kreiert, die zumindest die globale Umweltsituation nicht positiv beeinflussen. Beiden Aspekten wird in der Diskussion der Wirksamkeit finanzpolitischer Instrumente wenig Raum gewidmet, obwohl sie von fundamentaler Bedeutung für die Sinnhaftigkeit von Umweltpolitik generell sind.

Viele **umweltpolitische Instrumente** besitzen **neben ihrer allokativen Hauptwirkung Einfluß auf andere Ziele der Wirtschafts- und Finanzpolitik**. Diese treten insbesondere dann ein, wenn der Einsatz des Instruments in seinem engeren Bereich erfolgreich ist, also z.B. ein Verbot eingehalten wird, eine Subvention den Empfänger und die gewünschte Verwendung erreicht oder die Wirtschaftssubjekte wegen der Verteuerung eines Gutes durch eine Ökosteuer das Gut meiden und ihr Verhalten ändern. Die Nebenwirkungen auf andere Ziele können dabei erwartet oder beabsichtigt werden, sie können in offenen Gesellschaften und offenen sowie globalisierten Volkswirtschaften aber auch den Wünschen der finanzpolitischen Entscheidungsträger zuwider laufen, so daß in einem Abwägungsprozeß eine nicht notwendigerweise von allen begrüßte Schwerpunktbildung bei einem von mehreren finanzpolitischen Zielen erfolgen mag. Im Extrem kann dies dazu führen, daß das allokative, umweltpolitische Ziel hinter anderen Zielen zurückstehen muß.

Umweltpolitische Instrumente wollen in aller Regel **zu einem Substitutionsverhalten führen**, um beispielsweise in der Produktion und im Konsum umweltbelastende durch umweltfreundliche Güter zu ersetzen. Damit gehen jedoch Auswirkungen auf die Wirtschaftstätigkeit einher. So wird in der kurzen Frist mit **Umstellungs- oder Suchkosten für die Alternativen** zu rechnen sein, die sich eher belastend auf das Niveau der globalen Wirtschaftstätigkeit niederschlagen. Die Befürchtungen, daß sich umweltpolitische Maßnahmen oder Instrumente **negativ auf das Wirtschaftswachstum** auswirken können, beruhen vorrangig auf den Umstellungs- oder Suchkosten bzw. der Verteuerung von Produktions- oder Konsumalternativen. Sofern die Kosten der Maßnahmen so hoch sind, daß nicht nur Güter, sondern Standorte der Produktion bzw. Regionen der Nachfrage substituiert werden, ist selbstverständlich mit noch größeren Einbußen bei der Wirtschaftstätigkeit oder dem Wachstum an den Standorten oder in den Regionen zu rechnen. Ein einfache Anwendung dieses Effekts findet sich seit geraumer Zeit in den Innenstädten deutscher Großstädte. Aus begründbaren Umweltaspekten ist dort der Individualverkehr verteuert oder durch Normen erschwert worden. Diese Instrumente zeigen zwischenzeitlich durchaus ihre Wirksamkeit. Sie haben jedoch die weitere Konsequenz, daß die Produktion von Dienstleistungen und die Nachfrage nach Gütern sich in andere Gebiete verlagert, was nicht nur Wachstumseinbußen in den Innenstädten zur Folge hat, vielmehr schlägt sich das auch in der Sozialstruktur der Personen nieder, die sich dort überwiegend (noch) aufhalten. Im Extrem führt der Einsatz umweltpolitischer Instrumente zu Verlagerungen von Güterproduktion und Konsum auch über die nationalen Grenzen hinweg, wobei im Einzelfall neben den umweltpolitischen Maßnahmen ergänzende (wirtschaftliche) Überlegungen hinzukommen werden. Das Wirtschaftswachstum steht somit in einem zumindest kurzfristig negativen Zusammenhang mit dem Umweltziel.

Mit umweltpolitischen Instrumenten können auch **neue Produktionstechniken** gefördert werden und **neue Güter** entstehen, die wegen ihrer Umweltqualität oder ihres insgesamt höheren technischen Standards im Konkurrenzkampf mit traditionellen Verfahren oder Gütern eine höhere Nachfrage auf sich ziehen. Zugleich kann in diesem Zusammenhang nicht nur eine Nachfrageverlagerung von umweltschädlicheren zu umweltfreundlicheren Gütern auftreten, sondern es ist auch im Zusammenhang mit grenzüberschreitenden Wirtschaftsbeziehungen, d.h. Exporten, ein globale Mehrnachfrage nicht auszuschließen. Sofern dieser eher in der mittleren Frist zu erwartende Effekt eintritt, wird die **Wirtschaftstätigkeit zunehmen** und das Wirtschaftswachstum angeregt. Auch in diesem nicht nur denkbaren, sondern beobachtbaren Fall mögen allerdings noch weitere wirtschaftliche Bedingungen erforderlich sein, damit das schließliche Resultat erreichbar wird.

Umweltpolitische Instrumente besitzen neben ihrer allokativen Wirkung und ihrer möglichen Effekte auf die globale Wirtschaftstätigkeit vielfach **auch verteilungspolitische Konsequenzen**. Die Verteilung von Einkommen in einer Volkswirtschaft wird zunächst durch die Umstellung und Verlagerung von Produktionsprozessen beeinflußt. So können Mitarbeiter von Unternehmen mit einer umweltbelastenden Güterproduktion eventuell um ihren **Arbeitsplatz** und ihr Einkommen fürchten. Soweit umweltbelastende Güter teurer werden oder umweltfreundliche Güter teurer sind als bisher, führt eine starre Nachfrage nach diesen Produkten bei gegebenem Einkommen der Nachfrager zu einer Einbuße bei anderen Gütern und wirkt eventuell wie eine **Realeinkommensminderung**. Schließlich sind verteilungspolitische Auswirkungen daraus zu erwarten, daß Personen mit höherem Einkommen insgesamt bessere Möglichkeiten besitzen, sich mit Gütern zu versorgen, die z.B. auch aus dem Ausland stammen und dem Verteuerungseffekt der nationalen Umweltpolitik nicht ausgesetzt sind.

Sofern Umweltpolitik in der Form von staatlichen Einnahmen erfolgt, bleibt zuletzt die Frage zu stellen, **welchen Verwendungen die staatlichen Einnahmen zufließen** und wie damit die Wirtschaftstätigkeit gefördert bzw. die Einkommensverteilung geändert wird. Umgekehrt gilt dies natürlich auch für die **Ausgaben, die im Rahmen der Umweltpolitik** geleistet werden, und die an anderer Stelle des Wirtschaftskreislaufs **einen Finanzierungseffekt besitzen**. Diese Fragen lassen gewissermaßen nur noch die Problemstellung erkennen, die durch die mögliche gegenseitige Beeinflussung von Zielen durch Instrumente der Allokationspolitik, hier der Umweltpolitik, entsteht. Eine allgemeine Antwort hieraus ist nicht möglich; sie wird sich selbst im Einzelfall nur schwerlich geben lassen, da situationsabhängig andere wirtschaftliche Ergebnisse zu erwarten sind und überdies - wie bei den Wachstumswirkungen angedeutet - der Zeithorizont für die letztendlich ausschlaggebenden Ergebnisse von Bedeutung ist.

4. Verteilungspolitik

4.1 Verteilungswirkungen staatlicher Einnahmen und Ausgaben

4.1.1 Inzidenzanalyse

Die Verteilungspolitik des Staates erfolgt mit Hilfe unterschiedlicher Instrumente, die nicht nur die Form von Einnahmen mit Zwangscharakter besitzen, sondern auch den weiten Bereich staatlicher Ausgaben von Sachausgaben über Personalausgaben und Subventionen bis zu den Transferausgaben umfassen. Staatliche Verteilungspolitik hat vielfach ein Distributionsziel, das keineswegs ausschließlich auf die Egalisierung von Einkommen oder Vermögen zwischen den Personen gerichtet ist, jede andere Zielrichtung kann ebenso möglich und historisch beobachtbar sein. Wann immer der Staat aber **Verteilungspolitik** mit gleich welcher konkreten Zielrichtung betreibt, ist davon auszugehen, daß seine Instrumente **nicht völlig mechanisch** ein feststehendes Ergebnis hervorrufen. Sie werden vielmehr auf **ökonomisch handelnde Menschen** stoßen, die in Abhängigkeit von den wirtschaftlichen Gegebenheiten und Möglichkeiten **den** je **unterschiedlichen Instrumenteneinsatz** des Staates in ihren Nutzenüberlegungen berücksichtigen. Die Wirtschaftssubjekte werden mit anderen Worten gegebenenfalls Anpassungen oder Verhaltensänderungen zeigen und die Wirkung staatlicher Maßnahmen **nach ihren individuellen Vorstellungen modifizieren**. Es müssen sich dabei nicht immer größere Veränderungen in den Wirkungsrichtungen ergeben, gleichwohl hat es staatliche Verteilungspolitik nicht mit einem relativ einfachen Instrumenteneinsatz und jeweils kalkulierbaren Ergebnissen zu tun, sie muß ein breites Feld von unterschiedlichen Reaktionen berücksichtigen, falls sie ein konkretes Ziel verfolgen will. Dies erfordert, daß seitens der Finanzwissenschaft untersucht wird, welche Substitutionsmöglichkeiten generell bestehen und wie die Wirkung eines finanzpolitischen Instruments ausfallen kann bzw. im allgemeinen zu erwarten ist. Soweit es um Verteilungswirkungen geht, ist damit der Aufgabenbereich der Inzidenzanalyse umschrieben.

Die **Inzidenzanalyse stellt die Frage nach der privaten Einkommensverteilung**, die durch staatlichen finanzpolitischen Mitteleinsatz beeinflußt wird. Der Begriff „Inzidenz" ist in dieser Bedeutung seit Musgrave (1959, S. 207 f.) in der Finanzwissenschaft üblich und soll hier auch ausschließlich für die **Verteilungswirkungen** der Finanzpolitik verwendet werden. Musgrave macht mit der Definition des Begriffs „Inzidenz" bereits deutlich, daß Verteilungswirkungen keineswegs nur auf wenige Instrumente der Finanzpolitik beschränkt sind, sondern daß sie von der gesamten Breite finanzpolitischer Maßnahmen zu erwarten sind, wobei ähnliche Instrumente keineswegs auch gleiche oder vergleichbare Verteilungswirkungen besitzen müssen. Durch den Austausch von finanzpolitischen Instrumenten oder Maßnahmen können damit unterschiedliche Verteilungsergebnisse hervorgerufen werden, auch wenn das Gesamtvolumen des Staatshaushalts oder Budgets völlig unverändert bleibt. Die Inzidenzanalyse bemüht sich um die Feststellung dieser unterschiedlichen Wirkungen, die finanzpolitische Instrumente auf die Verteilung haben können, indem sie die zu erwartenden ökonomischen Reaktionen auf den Instrumenteneinsatz herausarbeitet.

Einnahmeninzidenz

Die **Steuerinzidenz** stellt die Frage nach den Verteilungswirkungen, die mit der Erhebung einer Steuer verbunden sind. Sie ist im Rahmen der Inzidenzanalyse ein **Bestandteil des Aufgabenbereichs der Einnahmeninzidenz** insgesamt. Mit einer Steuer werden Mittel privater Wirtschaftssubjekte auf den Staat verlagert, wobei diese Verlagerung nicht freiwillig, sondern zwangsweise erfolgt. Die Einkommenssituation des Steuerschuldners ändert sich dadurch unmittelbar. Der Steuerschuldner wird nun aber in aller Regel auf eine solche Belastung mit unten (Abschnitt 4.1.2) noch näher darzustellenden Verhaltensänderungen reagieren, so daß die Verteilungswirkung des ersten Steueranstoßes keinesfalls der Inzidenz nach Abschluß aller Anpassungen entsprechen wird. Zum Teil sind, wie beispielsweise bei Verbrauchsteuern, die Anpassungswege schon vom Steuergesetzgeber vorgezeichnet oder beabsichtigt, nämlich die Weitergabe oder Überwälzung der Verbrauchsteuer auf die Konsumenten, so daß die möglichen Verteilungswirkungen ebenfalls als Absicht des Gesetzgebers feststehen. Dies wird vielfach als **gewünschte oder formale Inzidenz** bezeichnet. Die gewünschte Verteilungswirkung seitens des Gesetzgebers muß sich nun aber keineswegs automatisch ergeben, sie ist vielmehr abhängig von den Marktbedingungen, unter denen die Steuerschuldner ihre Anpassungen oder Überwälzungen vornehmen oder vorzunehmen versuchen. Diese Marktbedingungen sind ihrerseits keine konstante Größe, sondern ändern sich über die Zeit hin, was dann auch die Überwälzungsmöglichkeiten beeinflußt und die letztlich eintretende Verteilungswirkung nur noch näherungsweise (wenn überhaupt) nachvollziehbar werden läßt.

Die **tatsächliche Konsequenz der Steuererhebung auf die Einkommensverteilung**, d.h. die **materielle oder effektive Inzidenz**, bleibt **nicht selten ungewiß**, da hierzu alle Reaktionen und Anpassungsvorgänge in der Folge der Besteuerung miteinbeziehen sind. Diese Reaktionen hängen jedoch vom Verhalten der Wirtschaftssubjekte, den jeweiligen Marktbedingungen und von den gesamtwirtschaftlichen Prozessen im Rahmen des Wirtschaftskreislaufs ab. Bei einer Verbrauchsteuer werden sich unter Umständen die materiellen Verteilungswirkungen noch eher mit der gewünschten oder formalen Inzidenz decken. Bei Einkommensteuern mag die formale Inzidenz (= der Steuerschuldner erfährt die Einkommensteuer als Verringerung seines Einkommens) im Einzelfall durchaus weit entfernt sein von der effektiven Inzidenz, die sich nach einer Fülle von Maßnahmen und Handlungen einstellt und die mit einer völligen Verwischung der vom Gesetzgeber beabsichtigten Verteilungswirkung einher gehen kann. Die effektive Inzidenz ist deshalb auch nicht besonders leicht festzustellen, da die Handlungen und Anpassungen eines Wirtschaftssubjektes in Abhängigkeit von bestimmten Niveaus der Steuerbelastung anders ausfallen können, zumal sich manche Anpassungen seitens der Wirtschaftssubjekte nur dann als ökonomisch sinnvoll erweisen, wenn einige Größenordnungen in der Steuerbelastung oder in den Rückwirkungen aus dem Kreislaufzusammenhang überschritten sind, weil Handlungsalternativen in ihrer relativen Vorteilhaftigkeit erst ab einer gewissen Gewichtigkeit zum Tragen kommen.

Verteilungswirkungen gehen nicht nur von Steuern aus. Im Rahmen der **Einnahmeninzidenz** werden daher auch die Auswirkungen anderer staatlicher Einnahmen auf die Einkommensverteilung der Wirtschaftssubjekte dargestellt oder analysiert. Prinzipiell sind mit der Höhe und der Erhebungsart aller Einnahmen auch mögliche Verteilungswirkungen verbunden. Dies reicht von günstigen Beförderungsentgelten im öffentlichen Personennahverkehr über den freien Schwimmbadbesuch für Schulkinder oder Seniorenermäßigungen bei der Nutzung vieler staatlicher und kommunaler Einrichtungen bis hin zu unentgeltlichen Parkplätzen für Behinderte. Insoweit besitzen **Erwerbseinkünfte** manche bewußt angestrebten **Verteilungswirkungen** (formale Inzidenz), die allerdings zum einen nicht der materiellen Inzidenz entsprechen müssen und in jedem Fall von anderen verteilungspolitischen oder allokativen Zielen überlagert sein können.

Die **Verteilungswirkungen von Gebühren und Beiträgen** stehen nicht immer im Vordergrund finanzwissenschaftlicher Untersuchungen, obwohl sie durchaus bedeutsam sein mögen. Häufiger finden sich in der Finanzwissenschaft Überlegungen zu den **Verteilungswirkungen der staatlichen Kreditaufnahme** u.a. in Form der Frage nach der Lastenverteilung zwischen den Generationen. Mögliche Anworten hierzu hängen dann aber auch davon ab, wie die kreditfinanzierten Ausgaben eingesetzt werden, und wer hiervon ökonomische Vorteile oder Nachteile hat.

Ausgabeninzidenz

Die Inzidenzanalyse muß sich daher grundsätzlich auch mit den Ausgaben und deren Verteilungswirkungen befassen. Die **Ausgabeninzidenz** umschreibt die **Verteilungswirkungen staatlicher Ausgaben**. Die Ausgaben des Staates können in verschiedenster Form erfolgen, so daß es naheliegt, bei der Analyse ihrer Verteilungswirkungen von einer weiteren Untergliederung auszugehen, um gegebenenfalls von daher bereits mögliche Unterschiede der verteilungspolitischen Absichten zu erkennen, bzw. um die allgemeine Unterschiedlichkeit in der Verteilungswirkung der Ausgabearten leichter deutlich werden zu lassen. In **Tabelle 6** (auf S. 77 oben) ist eine **Gruppierung der Ausgaben** der öffentlichen Verwaltung **nach Arten** enthalten, die sich in einem ersten Ansatz durchaus anbietet, um daran die Fragestellung nach der formalen und der materiellen Inzidenz der Ausgaben beispielhaft zu erläutern. Die Zugrundelegung einer solch vollständigen Ausgabenübersicht wie in Tab. 6 verhindert, daß von vornherein spezifischen Ausgaben eine besondere Verteilungswirkung zugebilligt wird, bzw. daß spezifische Ausgaben ungeprüft als die verteilungspolitisch wichtigsten in den Vordergrund gestellt werden. Solche Aussagen sind nur als Ergebnis einer gründlichen Analyse und Abwägung zwischen den Ausgabearten gerechtfertigt.

Die **Personalausgaben** erlauben zunächst die plausible Überlegung, daß der Staat damit Verteilungswirkungen anstrebt, die sich nicht am Ziel der Gleichverteilung, sondern der Differenzierung nach Leistung orientieren. Allerdings enthalten die Personalausgaben auch sozialpolitisch motivierte nivellierende Komponenten wie z.B. Haushaltszuschläge, so daß die Inzidenz nicht mehr so deutlich zutage treten kann. Die **Sachausgaben** (einschließlich der für Investitionen) besitzen einerseits recht direkte Verteilungswirkungen, insoweit als sie abgrenzbaren Personen oder Personengruppen zugute kommen, wie beispielsweise den Nutzern von öffentlichen Einrichtungen (Universitäten, Opernhäuser, Schwimmbäder, Straßen), andererseits dürfte gerade bei Sachausgaben die Verteilungswirkung nicht gut erkennbar sein, da Sachausgaben in der Regel zunächst Unternehmen zufließen und die Verteilungseffekte dann alle Kreislaufbeziehungen mit einbeziehen müssen, in denen die Unternehmen und die dort tätigen Personen stehen. **Zinsausgaben** fließen selbstverständlich den Gläubigern der Staatsschulden als Einkommen zu, so daß von daher ihre Verteilungswirkung rasch festzustehen scheint. In aller Regel werden die Zinseinkommen aber ihrerseits erneut zu Ausgaben mit Verteilungswirkungen, die sich im Wirtschaftskreislauf ergeben, so daß sich der erste Eindruck zur Inzidenz der Zinsausgaben des Staates nicht unbedingt bestätigen muß, zumal auch die Seite des Zuflusses der Mittel an den Staat zu klären ist, mit denen er überhaupt Zinsausgaben leisten kann. **Zuweisungen** an andere öffentliche Stellen sowie Zuweisungen an private Haushalte und Unternehmen können vom Adressatenkreis her relativ leicht eingegrenzt werden, so daß ihre Verteilungswirkung naheliegen mag. Es ist jedoch bei der Verteilungswirkung z.B. einer Transferzahlung nicht nur die formale Inzidenz zu berücksichtigen, sondern es müssen die Verhaltensänderungen, Anpassungen der Empfänger und die Verwendungsmöglichkeiten der Transfers, seien es Sozialtransfers oder Subventionen, in Betracht gezogen werden, ehe verläßliche Rückschlüsse auf die effektive Inzidenz möglich sind. Hierbei ist im Unterschied zur Analyse der Steuerinzidenz nicht nur das Verhalten der direkt Betroffenen (hier der Transferempfänger) von Bedeutung, vielmehr können in deren wirtschaftlichen Umfeld aus der Kenntnis der Transfers Preisveränderungen eintreten, die zu einer sogenannten Vorteilswegnahme führen, so daß die beabsichtigte Verteilungswirkung nicht eintreten muß.

Es zeigt sich insgesamt, daß **staatliche Ausgaben** neben anderen Zielen **durchaus dem Ziel der Einflußnahme auf die Verteilung dienen** können. Die Verteilung wird dabei zum Teil durch direkte monetäre Zahlungen beeinflußt, zum Teil aber auch, wie bei den Sachausgaben, durch die von den Zahlungen ausgehenden Nutzungsmöglichkeiten, die für die Begünstigten vornehmlich in einem (subjektiven) Nutzenzuwachs bestehen. Insbesondere im letzten Fall ist dessen monetäre Komponente nur näherungsweise als Indikator der effektiven Inzidenz zu werten. Die effektive Inzidenz der Ausgaben des Staates wird darüber hinaus generell nur schwerlich festzustellen sein, da es kaum geeignete Möglichkeiten gibt, die Anpassungen im Rahmen des Kreislaufzusammenhangs vollständig nachzuvollziehen.

Budgetinzidenz

Verteilungswirkungen treten im Zusammenhang mit staatlichen Einnahmen und Ausgaben auf. Es liegt daher nahe, auf die zusammengefaßte Wirkung zu achten, die sich im Rahmen des staatlichen Budgets, das Einnahmen und Ausgaben enthält, ergibt. Die **Budgetinzidenz** stellt auf die **Verteilungswirkungen insgesamt** ab, die bei spezifischen Personen oder Gruppen **durch** ihre Beteiligung an den staatlichen **Einnahmen** (z.B. über Steuern) **und** ihre Begünstigung durch staatliche **Ausgaben** eintritt. Die Fragestellung der **Budgetinzidenz** ist insoweit **ökonomisch fundiert und** sogar **notwendig**, weil Wirtschaftssubjekte nach aller Erfahrung nicht nur lediglich mit einer Seite des Budgets vom Staatshandeln betroffen sind, sondern durchweg von seiten der Einnahmen und der Ausgaben des Staates mit ökonomischen Einflüssen zu rechnen haben. **Finanzpolitik, die ein klar definiertes Verteilungsziel anstrebt, hat deshalb immer nach der Budgetinzidenz zu fragen**, will sie sich nicht mit Teilergebnissen und möglicherweise unzutreffenden Folgerungen für ihre Wirksamkeit oder Wirkungsrichtung begnügen. Diese Aussage mindert selbstverständlich den Wert aller feststellbaren separaten Verteilungswirkungen von finanzpolitischen Instrumenten je für sich, denn erst eine Zusammenschau von Einnahmeninzidenz und Ausgabeninzidenz gibt ein vollständiges Bild der per Saldo eintretenden Verteilungswirkungen.

Die **Budgetinzidenz** läßt sich nun aber im wesentlichen nur als **gedankliches Hilfsmittel** oder gedanklicher Bezugspunkt konstruieren, denn der von ihr beabsichtigten umfassenden Einbeziehung aller vom Budget des Staates ausgehenden Verteilungswirkungen stehen methodische und praktische Problemen entgegen, die sich in der Summe vielfach so auswirken, daß es zur **Unmöglichkeit** kommt, die **Budgetinzidenz tatsächlich festzustellen**. Dies beruht zum einen darauf, daß prinzipiell alle Bevölkerungsgruppen und Einkommensschichten durch eine **Mehrzahl von Verteilungswirkungen** sowohl **seitens der Einnahmen** als auch **seitens der Ausgaben** des Staates betroffen ist. Dabei kommt hinzu, daß die belastenden Wirkungen angesichts vielfach sich unterscheidender persönlicher Merkmale (z.B. bei der Steuerfestsetzung) sowie die begünstigenden Wirkungen wegen des subjektiv anderen Verhaltens der Menschen und der je individuell unterschiedlichen Nutzung von öffentlichen Einrichtungen oder öffentlichen Gütern auch in vergleichbaren Bevölkerungsgruppen differieren. Eine Summe oder ein Saldo von monetären Zu- und Abströmen, die durch finanzpolitische Maßnahmen bei spezifischen Bevölkerungsgruppen ausgelöst wird, läßt sich kaum mit hinreichender Zuverlässigkeit bilden. Die Bevölkerung wird aufgrund der finanzpolitischen Maßnahmen nicht nur mit den davon ausgehenden monetären Strömen konfrontiert. Daneben ist die Bevölkerung auch Nutznießer von realen, güterwirtschaftlichen Strömen, die sich besonders schlecht bestimmten Personen zurechnen lassen. Selbst wenn einige monetäre Ströme in ihrer Verteilungswirkung zugeordnet werden können, wird dies für alle Ströme einschließlich der Nutzung von realwirtschaftlichen Vorteilen nicht mehr möglich sein. Dies liegt im übrigen nicht nur an der Vielzahl von Einnahmen und Ausgaben mit ihren je unterschiedlichen Verteilungswirkungen, sondern auch daran, daß die **Wirkungen der finanzpolitischen Maßnahmen** sich von vornherein **nicht definitiv abgegrenzten Bevölkerungsgruppen** oder Einkommensschichten **zuordnen** lassen oder darauf beschränkt sind. Zum Teil liegt dies an Überschneidungen von Maßnahmen oder an Überschneidungen von Merkmalen, die bei Personen vorliegen, so daß sich kompensierende oder sich kumulierende Wirkungen ergeben. In jedem Fall ist ergänzend zu berücksichtigen, daß sich **die aus dem Kreislaufzusammenhang** der Volkswirtschaft **resultierenden weiteren Verteilungseffekte**, die Rückkoppelungen über Anpassungen und Verhaltensänderungen nicht allgemein oder gruppenspezifisch nachvollziehen lassen, weil die Unterschiedlichkeit der Verteilungswirkungen zu groß wird. Die Interdependenzen von finanzpolitischen Maßnahmen, dem Verhalten der Wirtschaftssubjekte und den letztlich über Kreislaufbeziehungen eintretenden Wirkungen verhindern somit eindeutige Aussagen zur Budgetinzidenz.

In der finanzpolitischen und insbesondere in der verteilungspolitischen Diskussion stößt man jedoch immer wieder auf eindeutige Ziele, die mit einem finanzpolitischen Instrument erreicht werden sollen. Die **Verteilungspolitiker,** die ein spezifisches Verteilungsziel anstreben oder propagieren und hierfür finanzpolitische Mittel vorsehen, beschränken sich aber in aller Regel auf die Verteilungswirkung eines ersten Impulses dieses Instruments. Sie vernachlässigen ebenso regelmäßig kumulierende Wirkungen, sehen vom Substitutionsverhalten der Menschen ab und lassen Kreislaufzusammenhänge in der Volkswirtschaft unberücksichtigt. Durch die **Konzentrierung auf ausgewählte Verteilungswirkungen** läßt sich sowohl eine Zielvorstellung formulieren als auch ein möglicher Instrumenteneinsatz rechtfertigen. Das verteilungspolitische Ziel muß durch das Außerachtlassen des größeren ökonomischen Wirkungszusammenhangs gleichwohl nicht in jedem Fall verfehlt werden. Es bleibt jedoch ein prinzipiell mehr oder weniger großer Bereich der Unbestimmtheit in der Zielerreichung, der zudem wegen der Vielzahl der Einflüsse nicht näher eingegrenzt werden kann.

4.1.2 Reaktionen auf eine Steuererhebung

Eine Steuererhebung in Form der Erhöhung einer bestehenden Steuer oder der Einführung einer neuen Steuer kann mit einer Reihe unterschiedlicher Reaktionen bei den davon betroffenen Wirtschaftssubjekten verbunden sein. Diese Reaktionen und Anpassungen hängen dabei von der Steuerart, der Merklichkeit der Steuererhebung, den subjektiven Gegebenheiten bei einzelnen Wirtschaftssubjekten und gesamtwirtschaftlichen Umständen in der jeweiligen Situation ab, so daß sich von vornherein kein einheitliches Ergebnis als Resultat der Steuererhebung abzeichnet. Wohl aber können die prinzipiellen Möglichkeiten skizziert werden, die Wirtschaftssubjekte in der Folge einer Steuererhebung erwägen mögen. Diese Möglichkeiten zeigen **Anpassungen als Umsetzung eines** durch die Steuerbelastung verursachten **ersten Impulses** auf. Sie sind daher **nur einzelwirtschaftliche**, auf ein Instrument bezogene **separate Reaktionen**, die in einem weiteren Schritt im Licht der Ausführungen zur Budgetinzidenz zu überprüfen wären.

Ausweichung oder Vermeidung

Aus Sicht eines privaten Wirtschaftssubjekts, für das eine **Steuererhebung**, sei es in Form einer Erhöhung oder einer Neueinführung einer Steuer, immer mit einer **Reduzierung der ökonomischen Möglichkeiten** mittels staatlichen Zwangs verbunden ist, steht in Abhängigkeit von der subjektiven Wahrnehmung oder der Merklichkeit der Steuer der legale Weg offen, durch **Ausweichen oder Vermeiden** des steuerpflichtigen Tatbestandes der ökonomischen Belastung zu entgehen.

Dieses **Ausweichen** kann **sachlich** erfolgen und darin bestehen, daß der steuerpflichtige Tatbestand nicht (mehr) realisiert wird. Ein Raucher kann beispielsweise einer Tabaksteuererhebung dadurch begegnen, daß er den Tabakkonsum verringert oder gänzlich einstellt. Die sachliche Vermeidung des steuerlichen Tatbestandes ist bei einer Reihe von Verbrauchsteuern möglich und historisch beobachtbar. Weniger leicht dürfte ein sachliches Ausweichen bei einer Änderung des Einkommensteuertarifs möglich sein, bzw. bei der Einführung von Zuschlägen zur Einkommensteuerschuld, wie dem Solidaritätszuschlag.

Wirtschaftssubjekte werden **daneben** prüfen, ob sie der Steuererhebung **räumlich ausweichen** können, indem sie den Tatbestand in ein Gebiet verlagern, in dem geringere oder gar keine entsprechenden Steuerpflichten bestehen. **National** können hierbei die Verlagerung des Wohnsitzes oder des Produktionsstandorts in Frage kommen, um höheren Hebesätzen bei der Grundsteuer oder der Gewerbesteuer zu entgehen. Da vielfach Großstädte besonders hohe Belastungen mit der Festsetzung ihrer Hebesätze bei diesen Realsteuern vorsehen, haben sie zur räumlichen Ausweichung beigetragen und Wohnsiedlungen oder Gewerbegebiete in ihrem jeweiligen Umland indirekt gefördert. Die **räumliche Ausweichung** wird für einige Wirtschaftssubjekte auch in einer **grenzüberschreitend**en Verlagerung des Wohnortes oder Produktionsstandortes bestehen, um damit dem Zugriff des nationalen Steuerstaates umfassender entgehen zu können. Solche grenzüberschreitenden Verlagerungen erfordern einerseits ein Mindestmaß an steuerlicher Belastung oder Spürbarkeit bzw. Merklichkeit der Steuererhebung. Sie werden sich andererseits nicht für alle Wirtschaftssubjekte gleicherweise anbieten, da vielfach die Einkommensentstehung oder die Produktion an das Inland (auf Dauer) gebunden sind. Schließlich muß aber immer damit gerechnet werden, daß derartige Entscheidungen zur Verlagerung im Einzelfall regelmäßig anstehen (z.B. bei größeren Investitionen in einem Unternehmen) und es deshalb genügen mag, wenn geringfügige Belastungsverschiebungen eintreten, die einen Standort nun definitv wirtschaftlich vorteilhafter werden lassen als er es bisher war, so daß es im Endeffekt zur Verlagerung kommt. Relativ problemlose räumliche Möglichkeiten des Ausweichens ergeben sich im übrigen bei einer Reihe von Verbrauchsteuern, wenn im Zusammenhang mit grenzüberschreitenden Reisen steuerliche Belastungsunterschiede (im Rahmen der Freigrenzen) wahrgenommen werden können.

Die **Ausweichung** eines steuerpflichtigen Tatbestandes läßt sich zudem **zeitlich** in dem Sinne realisieren, daß der **Tatbestand in eine Wirtschaftsperiode verlagert** wird, die (noch oder wieder) **mit einer geringeren steuerlichen Belastung** verbunden ist. Das erfolgreiche zeitliche Ausweichen erfordert aber einen hinreichenden Gestaltungsspielraum, so daß es sich aus Sicht eines Wirtschaftssubjekts als gewichtig für ein tatsächliches Handeln erweist. Im Falle einer Mineralölsteuererhöhung ist es in aller Regel kaum mit spürbaren Vorteilen verbunden, wenn ein Pkw-Besitzer seinen Tank vor der Steuererhöhung mit einer separaten Fahrt zur Tankstelle füllt, da die separaten Fahrtkosten unter Umständen den Einsparungseffekt bei der Steuer überschreiten (Hierbei ist angenommen, daß es für Benzin kaum Lagerungsmöglichkeiten gibt, die zulässig oder vorteilhaft sind). Ein Raucher hat eventuell bessere Möglichkeiten der zeitlichen Verlagerung steuerlicher Tatbestände, da sich Zigaretten in Stangen sicherlich über einige Zeit lagern lassen und daher bei einem vorgezogenen Kauf vor einer Tabaksteuererhöhung ein nennenswerter Geldbetrag für die künftig höhere Steuer eingespart werden kann. Gleichwohl sind solche Einsparungen auch vor dem Hintergrund der Kosten der Kapitalbindung für die Lagerzeit zu sehen, so daß bei dauerhaften Steuererhöhungen nur eingeschränkte Vorteile aus der zeitlichen Ausweichung in Aussicht stehen. Die zeitliche Ausweichung könnte bei einem Unternehmen gegebenenfalls dann zu einer definitiven Nettoentlastung führen, wenn mit Hilfe von Gestaltungsmöglichkeiten bei Abschreibungen oder anderen betrieblichen Aufwendungen, die Gewinnhöhe in einzelnen Wirtschaftsperioden so verändert werden kann, daß in Zeiten einer hohen steuerlichen Tarifbelastung ein geringer Gewinn ausgewiesen wird und die höheren Gewinne erst dann steuerlich erheblich werden, wenn der Tarif gesunken ist. Ändern sich die steuerlichen Tarife für Gewinne aber nicht, lassen sich bei Unternehmen, die auf Dauer angelegt sind, durch zeitliche Verlagerungen von Gewinnen allenfalls Liquiditätsvorteile erzielen, die jedoch im Einzelfall durchaus von wirtschaftlicher Bedeutung sein können.

Mit den angesprochenen Ausweichungsreaktionen können bereits beabsichtigte Verteilungswirkungen finanzpolitischer Maßnahmen sowie deren allokative Zielsetzungen modifiziert werden. Es ist hierbei ergänzend zu berücksichtigen, daß die Reaktionen nicht nur vom Handeln eines finanzpolitischen Entscheidungsträgers (einer Kommune, eines Landes) abhängen, sondern neben anderen ökonomischen Rückwirkungen auch durch gleichzeitig wirksame Entscheidungen anderer finanzpolitischer Entscheidungsträger beeinflußt werden können (z.B. Steuersenkung im Ausland), die gegebenenfalls eine Ausweichreaktion fördern.

Reduzierung der Zahllasten

Eine **Reaktionsweise** hat sich in den letzten Jahren bei der Steuererhebung als besonders bedeutsam herausgebildet. Sie ist nicht dem lehrbuchhaften Muster des Ausweichens oder Vermeidens eines steuerlichen Tatbestandes zuzuordnen ist. Sie entspricht auch nicht den nachfolgend behandelten weiteren Anpassungsmöglichkeiten auf eine Steuererhebung. Die **Reduzierung der Zahllasten** ist vielmehr ein **Resultat des deutschen Steuerrechts**, das insbesondere seit der deutschen Vereinigung (aber nicht nur deshalb) erweitert und für das Verhalten einer Vielzahl von Wirtschaftssubjekten relevant geworden ist. Das ökonomische Grundproblem entspricht dem der sachlichen oder räumlichen Ausweichungsreaktion. Der Staat erhebt oder erhöht Steuern, die zu ökonomischen Belastungen bei privaten Wirtschaftssubjekten führen. Diese Belastung wollen nun nutzenmaximierende private Wirtschaftssubjekte reduzieren, wobei nicht **der steuerliche Tatbestand** vermieden wird, er **wird** vielmehr **weiter realisiert**. **Er wird darüber hinaus jedoch um einen weiteren** steuerlichen **Tatbestand ergänzt**, der im Besteuerungszeitraum mit negativen Einkünften verbunden ist. **Dieser** weitere Tatbestand **wird** im Rahmen der Ermittlung des zu versteuernden Einkommens als Summe der Einkünfte aus den sieben Einkunftsarten, die das Einkommensteuergesetz (EStG) unterscheidet, **als negative Größe mit den positiven Einkünften zusammengefaßt und verrechnet,** so daß in der Folge die Steuerlast verringert, in jedem Fall aber eine zeitliche Verlagerung eintritt. Diese Kumulation steuerlicher Tatbestände (mit unterschiedlichen Vorzeichen bei den Einkunftsarten) führt im Ergebnis dazu, daß die steuerliche Belastung im Besteuerungszeitraum reduziert wird, obwohl sich der bisherige steuerliche Tatbestand nicht ändert. **Es ändern sich** mithin zumindest **die Zahllasten**, die allerdings zum ökonomischen Kern des steuerlichen Zugriffs des Staates gehören. Diese Art der Anpassung kann daher als **„steuerliche Kumulation mit Reduzierung der Zahllasten“** bezeichnet werden.

Die **Verteilungswirkungen** dieser seit einer Reihe von Jahren zunehmenden Reaktion auf die Steuererhebung sind höchst **ambivalent**. Soweit das deutsche

Steuerrecht höhere Einkommen mit höheren tariflichen Belastungen belegt, treten diese als ökonomische Belastung nicht ein, weil die höhere Zahllast wegen der Verrechnungsmöglichkeit reduziert wird. Die Möglichkeit der Verrechnung schafft aber gleichzeitig an anderer Stelle der Volkswirtschaft Nachfragewirkungen und Einkommen, die sich jedoch nur indirekt ermitteln und nur näherungsweise konkreten Bevölkerungsgruppen zuordnen lassen. Im übrigen treten in der Folge des privatwirtschaftlichen Verhaltens viele denkbaren weiteren Verhaltensänderungen und Kreislaufeffekte auf, so daß das Gesamtergebnis nicht völlig untypisch für mögliche verteilungspolitische Aktivitäten mittels finanzpolitischer Instrumente ist: es bleibt prinzipiell unbestimmt.

Überwälzung

Einer steuerlichen Belastung kann man sich insoweit anpassen, als die ökonomische Last auf andere Wirtschaftssubjekte überwälzt oder weitergewälzt wird. Die **Überwälzung** von Steuerlasten ist bei Verbrauchsteuern zudem ein bewußtes Ziel des Gesetzgebers, der mit den Verbrauchsteuern u.a. allokative Wirkungen anstrebt und daneben auch Verteilungswirkungen auslöst. Die Überwälzung kann aus Sicht eines Wirtschaftssubjekts, z.B. eines Unternehmens, auf nachgelagerte Absatzstufen erfolgen, d.h. das Unternehmen versucht dann, die steuerliche **Belastung auf die Abnehmer** seiner Güter fortzuwälzen. Als Resultat einer solchen **Fortwälzung oder Vorwälzung** dürften die Absatzpreise steigen und die Last aus der Besteuerung wird auf die Kunden überwälzt. Das Unternehmen kann aber auch versuchen, die Last in Form einer **Rückwälzung auf die Lieferanten** zu verlagern, so daß durch entsprechend reduzierte Einkaufspreise die steuerliche Belastung kompensiert wird.

Ein **erster** verteilungspolitischer **Impuls** der Überwälzung in Form **der Fortwälzung** kann mit Hilfe eines mikroökonomischen Marktdiagramms verdeutlicht werden. Hierzu soll Abbildung 3 dienen, in der die Marktgegebenheiten auf der Absatzseite eines Unternehmens für das Gut x dargestellt sind. Ausgangspunkt für die Überwälzungsvorgänge soll eine Einführung oder **Erhöhung einer Mengensteuer** (wie z.B. der Mineralölsteuer oder der Schaumweinsteuer) **im Ausmaß des Steuerbetrages t** sein.

Das **anfängliche Gleichgewicht** auf dem Markt für das Gut x wird in Abb. 3 durch den Schnittpunkt der Nachfragefunktion, N, mit der Angebotsfunktion, A_0, charakterisiert. Der Gleichgewichtspunkt **in E** ist mit einer Absatzmenge x_0 und einem Preis p_0 verbunden. Wird nun die Mengensteuer auf das Gut x im Ausmaß des Steuerbetrages t erhoben oder erhöht, so hat dies bei einem Unternehmen, das die Steuer fortwälzen möchte, zur Konsequenz, daß sich die Angebotsfunktion parallel um den Steuerbetrag nach oben verlagert, da das Unternehmen für gleiche Angebotsmengen wie bisher nun einen um den Steuerbetrag höheren Angebotspreis erzielen möchte. Die gleiche Verschiebung ergibt sich, wenn man unterstellt, daß das Unternehmen wegen der Steuererhöhung zum gleichen Preis von bisher nur noch jeweils geringere Mengen anbieten wird. Die Angebotsfunktion nach der Steuererhöhung läßt sich mithin durch A_1 abbilden.

Abb. 3: Mikroökonomische Analyse der Überwälzung einer Mengensteuer

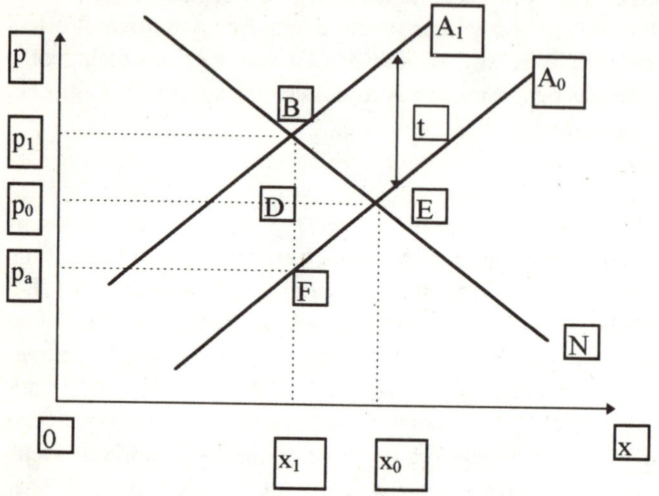

Auf seiten der Nachfrager muß eine Steuererhöhung für das Gut x nicht notwendigerweise zu gleichzeitigen Veränderungen führen, wenn unterstellt wird, daß keine zeitlichen oder räumlichen Ausweichungsreaktionen eintreten. Die Nachfragefunktion, N, bleibt damit unverändert erhalten. In Abb. 3 ist im übrigen eine endliche Elastizität der Nachfrage angenommen, was sich im durchgängig negativen Verlauf der Nachfragefunktion widerspiegelt und was im allgemeinen das typische Verhalten der Nachfrager repräsentiert. Die Steuererhebung führt folglich im Marktzusammenhang zu **einem neuen Gleichgewicht im Punkt B**, d.h. an der Stelle, wo sich die unveränderte Nachfragefunktion, N, und die durch die Verlagerung entstandene Angebotsfunktion, A_1, schneiden. Der Schnittpunkt in B markiert nun die neue (geringere) Menge x_1 und den höheren Preis p_1, die sich im neuen Markgleichgewicht ergeben.

Abb. 3 läßt erkennen, daß die **Preiserhöhung** von p_0 nach p_1 **kleiner** ausfällt, **als** die zugrunde liegende Erhöhung des **Steuerbetrag**es um t. Dies hängt hier damit zusammen, daß die Nachfrager gemäß der Nachfragefunktion elastisch reagieren und bei steigenden Preisen ihre nachgefragte Menge einschränken. Daraus resultiert wiederum, daß die **Überwälzung** im Sinne einer vollständigen Fortwälzung des Steuerbetrages t **nicht in vollem Umfang** gelingt. Das gesamte Steueraufkommen nach der Steuererhebung entspricht dem Rechteck, das in Abb. 3 durch die Punkte p_1, B, F und p_a gebildet wird. Im Verhältnis zum Ausgangsgleichgewicht wird die **Belastung durch das Steueraufkommen zwischen Nachfrager**

und Anbieter aufgeteilt, wobei die Nachfrager im Ausmaß des Rechtecks p_1, B, D, p_0 die Finanzierungslast tragen und die Anbieter wegen des für sie sinkenden Angebotspreises ebenfalls zur Finanzierung der Steuerlast herangezogen werden, und zwar in einem Umfang, der dem Rechteck p_0, D, F und p_a entspricht. Das Aufteilungsverhältnis wird von den Neigungen der Nachfragefunktion und der Angebotsfunktion bestimmt. Die in Abb. 3 unterstellten Gegebenheiten für den Markt des Gutes x lassen demnach keine vollständige Überwälzung zu, die Anbieter müssen daher einen Teil der (erhöhten) Steuerlast selbst tragen, was bei Aussagen zur Verteilungswirkung der Maßnahme zu berücksichtigen ist.

Neben der Aufteilung der Steuerlast infolge der nicht vollständigen Überwälzung läßt das neue Marktgleichgewicht im Punkt B erkennen, daß wegen der dort vorliegenden geringeren Menge eine **sachliche Ausweichungsreaktion** der Nachfrager stattgefunden haben muß. Die Nachfrager schränken mit steigendem Preis des Gutes ihre nachgefragte Menge ein und vermeiden damit zu einem Teil den an dem Gut anknüpfenden steuerlichen Tatbestand. Das Ausmaß der sachlichen Ausweichungsreaktion wird wiederum durch die Neigungen der Nachfragefunktion und der Angebotsfunktion bestimmt. Die Ausweichungsreaktion wird in der Regel dazu führen, daß **das tatsächliche Steueraufkommen geringer** ausfällt **als** möglicherweise **kalkuliert**. Rechnet der Staat mit einem Steueraufkommen im Ausmaß des Produkts aus Steuerbetrag t und der bisherigen Marktmenge für das Gut von x_0, so bleibt das tatsächliche Steueraufkommen dahinter zurück, weil im neuen Marktgleichgewicht nur noch die geringere Menge x_1 gehandelt wird.

Abb. 3 und die dazu gegebenen bisherigen Erläuterungen für die Analyse von **Verteilungswirkungen** sind zumindest **in zweierlei Hinsicht zu ergänzen**. **Zum einen** ist klarzustellen, welche Konsequenzen aus den Annahmen folgen, die für die **Neigungen von Nachfrage- und Angebotsfunktion** gemacht wurden. Die Neigungen der Funktionen geben einen Hinweis auf die jeweiligen Preiselastizitäten. Auf seiten der Nachfrage kann hierbei eine weitgehend starre oder eine sehr elastische Reaktionsweise vorliegen, was bei gegebener Preiselastizität des Angebots zu unterschiedlichen Möglichkeiten für die Weiterwälzung einer Steuerbelastung führt. **Abbildung 4** stellt die **Überwälzungsmöglichkeiten** einer Mengensteuer für die Fälle einer **starren Nachfrage (Abb. 4 a)** und einer sehr **elastischen Nachfrage (Abb. 4 b)** dar.

Im **Fall der starren Nachfrage** liegt eine Nachfragefunktion vor, die zwar sehr steil aber noch mit einer negativen Neigung verläuft. Tritt nun hier wegen der Steuererhöhung die Verlagerung der Angebotsfunktion von A_0 nach A_1 auf, so werden die Nachfrager trotz steigender Angebotspreise ihre nachgefragte Menge kaum reduzieren (die Reduktion der Menge von x_0 auf die geringere Menge des neuen Gleichgewichts ist in Abb. 4 a aus zeichentechnischen Gründen gar nicht mehr dargestellt). Die Veränderung des Preises von p_0 nach p_1 entspricht zugleich weitgehend dem Ausmaß der Steuererhebung, so daß die Anbieter die **Steuerbelastung annähernd vollständig überwälzen** können.

Abb. 4: Überwälzungsmöglichkeiten einer Mengensteuer bei alternativen Preiselastizitäten der Nachfrage

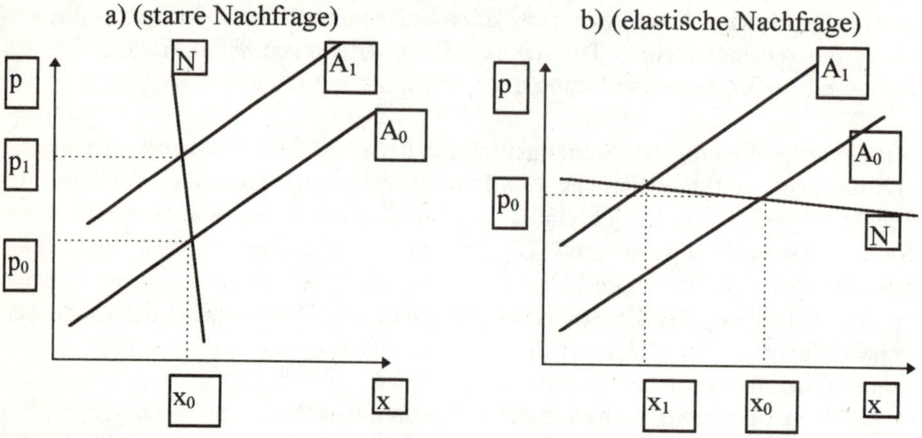

Eine **sehr elastische Nachfrage** bedeutet, daß die Nachfragefunktion annähernd horizontal und mit nur geringer negativer Neigung verläuft. Ergibt sich bei dieser Ausgangssituation wiederum eine Steuererhöhung, die von seiten der Anbieter überwälzt werden will, so verschiebt sich die Angebotsfunktion wie bisher von A_0 nach A_1. Abb. 4 b macht jedoch deutlich, daß wegen der hohen Elastizität der Nachfrage beim Versuch der Weitergabe der steuerlichen Belastung eine deutliche Mengenreduktion von x_0 nach x_1 eintritt, während der Preis im neuen Marktgleichgewicht kaum über das bisherige Niveau von p_0 ansteigt (was wiederum aus zeichentechnischen Gründen nicht besonders hervorgehoben wurde). Die sachliche Ausweichung der Nachfrager fällt mithin so deutlich aus, daß eine **Überwälzung der steuerlichen Belastung** von den Anbietern auf die Nachfrager **nahezu auszuschließen** ist.

Bei gegebener Preiselastizität des Angebots, die sich in der Verlaufsform der Angebotsfunktion widerspiegelt, hängt es von der Preiselastizität der Nachfrage ab, inwieweit sich eine Steuererhebung überwälzen läßt. Damit werden auch die Verteilungswirkungen des ersten Impulses der Steuererhebung von vornherein unterschiedlich ausfallen.

Selbstverständlich können auf einem Markt auch verschiedene Verlaufsformen für die Angebotsfunktion vorliegen, was wiederum bei gegebener Nachfrage die Möglichkeiten der **Überwälzung** beeinflußt. **Abb. 5** stellt die Ergebnisse für ein **starres Angebot (Abb. 5 a)** und ein **elastisches Angebot (Abb. 5 b)** nebeneinander.

Im **Fall des starren Angebots** (Abb. 5 a) führt eine Steuererhebung, die von den Anbietern überwälzt werden soll, zu einer Verlagerung der Angebotsfunktion von A_0 nach A_1, wobei der vertikale Abstand dem Ausmaß des Steuerbetrages entspricht (und durch den Pfeil angedeutet ist). Das mit den Koordinatenwerten x_0 und p_0 abgebildete ursprüngliche Gleichgewicht ändert sich durch die Steuererhebung und den Überwälzungsversuch aber nur geringfügig. Im Schnittpunkt von A_1 mit der unveränderten Nachfragefunktion, N, wird deutlich (auch wenn die Details zeichentechnisch nicht hervorgehoben sind), daß die **Überwälzung** des Steuerbetrages **lediglich zu einem Bruchteil erfolgreich** ist.

Wenn die **Anbieter sehr preiselastisch** reagieren, verläuft die Angebotsfunktion wie in Abb. 5 b) nahezu horizontal. Eine steuerliche Belastung durch eine Mengensteuer, die von den Anbietern überwälzt werden soll, führt zu einer Verschiebung der Angebotsfunktion von A_0 nach A_1, was durch den Pfeil angedeutet ist. Gemessen am ursprünglichen Gleichgewicht mit den Koordinatenwerten x_0 und p_0 liegt im Schnittpunkt der Angebotsfunktion A_1 mit der unveränderten Nachfragefunktion, N, sowohl eine **weitestgehende** tatsächliche **Überwälzung der Steuerlast** vor, als auch ein deutliches Absinken der Menge des Gutes. Die Details des neuen Gleichgewichts sind in der Abbildung nicht nochmals hervorgehoben.

Abb. 5: Überwälzungsmöglichkeiten einer Mengensteuer bei alternativen Preiselastizitäten des Angebots

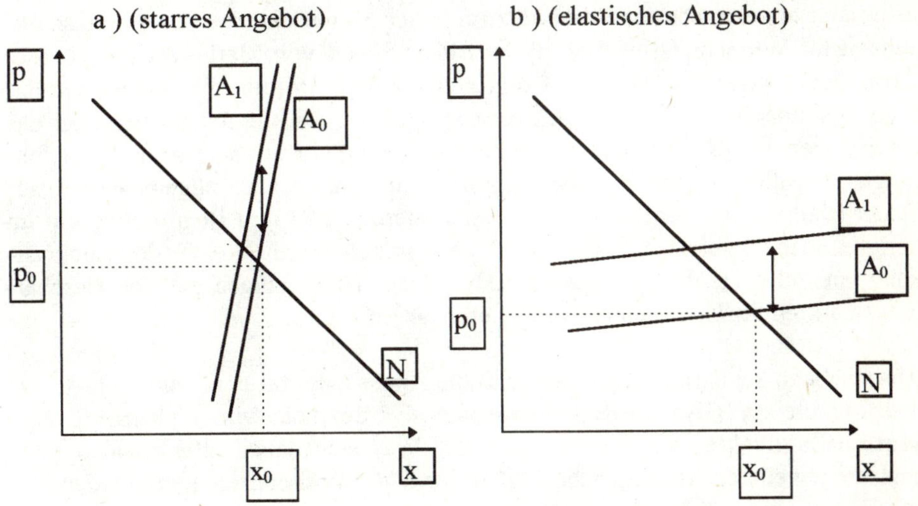

Diese wenigen Variationen der Annahmen über die Verlaufsform der Angebotsfunktion zeigen erneut, daß die **Verteilungswirkungen** als Resultat eines Überwälzungsversuchs bereits beim ersten Impuls zu sehr unterschiedlichen Ergebnissen führen. **Allgemeine Schlußfolgerungen** sind damit **nicht zu erwarten**. Es muß im übrigen in Betracht gezogen werden, daß die in den Abbildungen 3 bis 5 veranschaulichten Bedingungen für Überwälzungsvorgänge u.a. auch darin bestehen, daß der Markt des betreffenden Gutes x zu einem jeweiligen Zeitpunkt beleuchtet wird. Die Folgerungen für den Umfang der Überwälzung sind somit nicht nur auf den ersten Effekt des steuerlichen Impulses beschränkt, sondern konzentrieren sich daneben auf eine **kurzfristige Betrachtung** der Marktreaktionen bei weitgehender Konstanz des wirtschaftlichen Umfelds der einzelnen Märkte.

Die **Überwälzung** ist in ihrer verteilungspolitischen Konsequenz **zum anderen**, d.h. außer durch die Preiselastizitäten der Nachfrage und des Angebots auf einem jeweiligen Markt, davon abhängig, welche **sonstigen Reaktionsmöglichkeiten** für ein von der Steuerlast betroffenes Wirtschaftssubjekt offenstehen, welche Kreislaufzusammenhänge sich einstellen und wie die jeweils gleichzeitig vorhandenen Ausgabeninzidenzen die Verteilung beeinflussen. Wechselseitige Abhängigkeiten können auch an dieser Stelle nicht ausgeschlossen werden, so daß schließlich bereits in mittlerer Frist die ceteris-paribus-Bedingung für einen Einzelmarkt nicht aufrecht erhalten bleiben muß. So lassen sich Überwälzungsvorgänge für eine steuerliche Last schon in kürzerer Frist selbst bei elastischer Nachfrage realisieren, wenn sich die Nachfrage aufgrund von Einkommenssteigerungen ihrerseits ausweitet (was in den Abb. 3 bis 5 einer Verschiebung der Nachfrage nach rechts oben entspräche) und wenn damit die Spielräume für Überwälzungen vergrößert werden.

Insgesamt erweist sich die **Überwälzung** einer Steuer als eine Anpassungsmöglichkeit für Wirtschaftssubjekte, die in Abhängigkeit von Marktgegebenheiten in Form einer **ersten Reaktion auf den steuerlichen Impuls** die Weitergabe der Steuerlast anstreben. Ob dabei das verteilungspolitische Ziel des Staates oder das der privaten Wirtschaftssubjekte eher erreicht wird, kann nach unseren Ausführungen allenfalls kurzfristig und in Einzelfällen, nicht aber allgemein und auf Dauer beantwortet werden. Diese Schlußfolgerung und ihre Begründung gilt im übrigen auch für die hier nicht näher betrachteten Möglichkeiten der Rückwälzung einer Steuer, die sich nur im Rahmen der Bedingungen auf den Beschaffungsmärkten für Unternehmen analysieren lassen.

Abschließend sei darauf verwiesen, daß die Anpassung mit dem Mittel der Überwälzung, die am Beispiel eines Unternehmens verdeutlicht wurde, prinzipiell allen Wirtschaftssubjekten zur Verfügung steht. Was sich dabei unterscheiden mag, sind die jeweiligen Marktgegebenheiten, bzw. die Preiselastizitäten auf den Beschaffungs- wie auf den Absatzmärkten. Arbeitnehmer können selbstverständlich die auf sie zukommenden steuerlichen Belastungen ebenfalls weiterzuwälzen versuchen. Es mag ihnen beispielsweise im Rahmen von kollektiven Lohnvereinbarungen vielfach auch gelingen, die steuerliche Belastung zu überwälzen, so daß die Unternehmen und der Staat selbst die Steuer zu tragen haben, was wiederum weitere Anpassungen hervorrufen wird. Inwieweit das von der Finanzpolitik beabsichtigte verteilungspolitische Ergebnis schließlich überhaupt eintritt oder Bestand hat, bleibt daher ungewiß und kann lediglich im Einzelfall und unter der Annahme spezifischer Ergebnisse der vielfältigen anderen Reaktionen und Anpassungen eingegrenzt werden.

Einholung

Ein Wirtschaftssubjekt kann die **Last** durch eine Steuererhebung **akzeptieren** und tragen, zugleich aber versuchen, die Einbuße an ökonomischen Möglichkeiten **durch zusätzliches Einkommen** zu **kompensieren**, so daß die ökonomische Situation wiederhergestellt wird, die vor der Steuererhebung bestanden hat. Durch einen zusätzlichen oder einen rationelleren Einsatz von Ressourcen erfolgt eine **Einholung** der ursprünglichen ökonomischen Situation, nachdem das Wirtschaftssubjekt wegen der Steuererhebung gewissermaßen in seinen ökonomischen Verfügungsmöglichkeiten zurückgefallen ist.

Ein **privater Haushalt** kann im Zusammenhang mit dieser Form der Anpassung auf eine Steuererhebung versuchen, durch zusätzliche Tätigkeiten (Überstunden, Nebentätigkeiten) zu einem höherem Einkommen zu gelangen, so daß ihm trotz der Steuerlast im gleichen Umfang wie bisher ökonomische Mittel zur freien Verfügung stehen. Sein **verfügbares Einkommen** wird daher im Endeffekt **nicht geschmälert**. Reagiert mithin der private Haushalt mit einer Einholung, so ergibt sich zwar bei ihm selbst keine Verteilungswirkung, wohl aber sind im Kreislaufzusammenhang weitere Wirkungen zu erwarten, die einerseits in einer vergrößerten Güterproduktion bestehen, sich andererseits aber auch in Preisveränderungen der Faktorleistungen und der Güter niederschlagen können, wodurch gegebenenfalls der Wert der Güter insgesamt unverändert bleibt. Die mit der Steuererhebung ausgelöste Verteilungswirkung läßt sich dann kaum noch eingrenzen oder lokalisieren. Die Möglichkeiten für eine Einholung durch Mehrverdienst werden zudem nicht bei allen Haushalten in gleicher Weise vorliegen und hängen im übrigen auch von der Einschätzung der Freizeit als ökonomisches Gut ab.

Unternehmen haben bei einer Anpassung auf eine Steuererhebung in Form einer Einholung auch die Möglichkeit, ihre Güterproduktion auszuweiten, um auf diesem Wege ihre ökonomischen Mittel (Liquidität oder Gewinn) wieder auf einen Stand zu bringen, der in der Ausgangssituation gegeben war. Ob sich damit das gewünschte Ergebnis erreichen läßt, bleibt jedoch fraglich, weil beispielsweise die Absatzmärkte nicht beliebige zusätzliche Mengen an Gütern zum gleichen Preis wie bisher aufnehmen, bzw. weil sich die Produktionskosten bei einer Ausweitung der Produktion ändern können. Es ist daher damit zu rechnen, daß ein Unternehmen die Einholung vornehmlich in Form einer Rationalisierung oder Kosteneinsparung vornimmt. Dies kann jedoch wiederum mit dem zweigeteilten Resultat einhergehen, daß es zum einen seine Verteilungssituation unverändert erhält, zugleich jedoch an anderer Stelle des Wirtschaftskreislaufs Rückwirkungen eintreten, die durchaus verteilungspolitisch bedeutsam sein können.

Passive Anpassung

Bei einer Reihe von Steuern, u.a. auch der Lohnsteuer oder der Einkommensteuer, unterstellt der Staat, daß die davon betroffenen Wirtschaftssubjekte sich vornehmlich **passiv** anpassen, d.h. die **Last der Steuererhebung tragen**. Die Einbuße an ökonomischen Möglichkeiten wird **jedoch bei privaten Haushalten** durch **Einsparungen bei Konsumgütern oder eine geringere Ersparnis** kompensiert werden müssen. Die passive Anpassung besteht deshalb nur insoweit in einem passiven Verhalten, als die Steuerlast akzeptiert wird und als keine Bemühungen vorkommen, die bisherige ökonomische Situation durch Überwälzung oder Einholung wiederherzustellen. Gleichwohl sind bei der passiven Anpassung auch eher aktive Möglichkeiten der Reaktion zu berücksichtigen, die den ersten verteilungspolitischen Impuls zwar noch nicht verändern, die verteilungspolitische Gesamtwirkung einer finanzpolitischen Maßnahme jedoch beeinflussen werden. Dies betrifft sowohl die Entscheidungen der Haushalte über Art und Ausmaß der Einschränkungen bei Konsumgütern mit den dadurch ausgelösten Produktions- und Preiswirkungen, als auch die Konsequenzen, die mit einem verringerten Kapitalangebot entstehen, sofern die Ersparnis der Haushalte zurückgeht. In jedem Fall sind weitere Verteilungswirkungen zu erwarten, die sich nicht generell mit der verteilungspolitischen Zielsetzung der Steuererhebung decken müssen.

Die **passive Anpassung bei Unternehmen** bedeutet vielfach im ersten Moment das Hinnehmen einer **Schmälerung des** verwendungsfähigen **Gewinns** oder gar das Entstehen eines Verlustes. Dadurch entstehen jedoch wiederum Folgewirkungen, sei es durch Einkommenseinbußen bei den Eigentümern der Unternehmen, sei es durch eine verringerte Investitionsnachfrage wegen der reduzierten Liquidität, sei es durch eine verstärkte Kreditnachfrage, um die Pläne des Unternehmens weiterhin finanzieren zu können. Diese Anpassungen führen ihrerseits nicht durchweg zu gleichen ökonomischen Resultaten, so daß die letztlich sich ergebende Verteilungswirkung erneut nicht allgemein anzugeben ist.

Hinterziehung

Wirtschaftssubjekte konzentrieren sich beobachtbar nicht nur auf die bisher behandelten legalen Möglichkeiten der Reaktion auf eine Steuererhebung, um der steuerlichen Belastung oder der beabsichtigten Verteilungswirkung in mehr oder weniger weitem Umfang entgegenzutreten. Es kommt in Einzelfällen auch immer wieder zu der **illegalen Reaktion der Steuerhinterziehung** (eventuell ergänzt um die Hinterziehung weiterer Abgaben wie den Sozialversicherungsbeiträgen). Die Hinterziehung besteht darin, daß ein Wirtschaftssubjekt den steuerlichen Tatbestand (weiter) realisiert, daß der Tatbestand jedoch nicht im Rahmen der Erklärungspflichten deklariert wird. Durch die Nichtangabe entfällt die Steuerfestsetzung, und es entsteht keine Zahllast, die zur Schmälerung der ökonomischen Verfügungsmöglichkeiten des Wirtschaftssubjekts führen könnte. Mit der **Hinterziehung verstößt** ein Wirtschaftssubjekt **gegen** seine Mitwirkungspflichten nach **§ 90 der Abgabenordnung**, wonach es „die für die Besteuerung erheblichen Tatsachen vollständig und wahrheitsgemäß" offenzulegen hat. Damit ergibt sich eine Verletzung des Gebots der nach dem Gesetz gleichmäßigen Festsetzung der Steuern (§ 85 Abgabenordnung). Schließlich bedeutet die Hinterziehung wegen der dadurch entstehenden ungleichen Behandlung gleicher ökonomischer Sachverhalte, daß das Grundrechtsgebot der **Gleichheit vor dem Gesetz** nach Artikel 3 des Grundgesetzes **verletzt** wird. Ungeachtet der mit der Hinterziehung einhergehenden Gesetzesverstöße ist sie als Reaktion auf eine Steuererhebung nicht völlig auszuschließen. Sie wird im übrigen um so wahrscheinlicher, je höher die Belastung durch die Steuererhebung ist oder wird und je sicherer der oder die Beteiligten sich vor der Entdeckung der Hinterziehung wähnen.

Die **Hinterziehung** einer Steuer **verhindert** im Rahmen der hier betrachteten verteilungspolitischen Absichten des Staates, **daß der erste Impuls** einer finanzpolitischen Maßnahme überhaupt **zum Tragen kommt**, weil die Besteuerung eines Sachverhaltes nicht umgesetzt wird und somit der beabsichtigte Verteilungseffekt entfällt. Daneben können allerdings zusätzliche Wirkungen auftreten, sofern die Realisierung der Hinterziehung mit Aufwendungen oder mit verändertem Verhalten verbunden ist. Vielfach wird darüber hinaus als besonders gewichtig unterstellt, daß dem Staat durch die Hinterziehung Einnahmen definitiv entgehen. Hierzu ist jedoch anzumerken, daß globale steuerliche Mindereinnahmen in einem Kreislaufzusammenhang nur dann entstehen können, wenn die hinterzogenen Beträge nachhaltig aus dem legalen Kreislauf herausfließen und an keiner anderen Stelle zurückfließen und zu deklarierten steuerlichen Tatbeständen beitragen. Dies ist in aller Regel nicht zu erwarten (Es würde entweder ein Verstekken oder Vergraben der hinterzogenen Beträge oder ein sich nicht in ökonomischen Veränderungen niederschlagendes dauerhaftes Verbringen der Beträge ins Ausland voraussetzen). In jedem Fall kommt es gleichwohl zu einem Unterlaufen der verteilungspolitischen Ziele und zu möglichen weiteren Rückwirkungen aus der Verwendung der hinterzogenen Beträge, die das verteilungspolitische Ergebnis des staatlichen Handelns ungewiß werden lassen.

Alle angesprochenen Reaktionen auf eine Steuererhebung sind gleicherweise möglich und werden gegebenenfalls von den Wirtschaftssubjekten in unterschiedlichem Maße gleichzeitig angestrebt. Das mit einer Steuer angestrebte verteilungspolitische Ziel der Finanzpolitik mag daher im Extremfall unerreichbar werden. Dies resultiert daraus, daß der Staat mit seinem hoheitlichen Instrument der Steuer nicht den gesamten Bereich des Lebens und Wirtschaftens selbständiger und an ihren eigenen Nutzenüberlegungen orientierter Wirtschaftssubjekte vorgeben oder bestimmen kann. Substitutionsverhalten und Anpassungsreaktionen sind vielmehr immer zu erwarten. Es kommt hinzu, daß selbst im Fall der passiven Anpassung das schließliche Resultat des staatlichen Handelns nicht eindeutig feststeht, sondern daß es durch Kreislaufzusammenhänge modifiziert wird. Es wäre allerdings zu weitgehend, wollte man der staatlichen Finanzpolitik jegliche systematische Möglichkeit für verteilungspolitische Maßnahmen absprechen. Wohl aber sollte die Erörterung deutlich gemacht haben, daß es hierfür einer gründlichen situationsabhängigen Untersuchung bedarf und daß die Wirkung des ersten steuerlichen Impulses nicht gleichzusetzen ist mit dem tatsächlich zu erwartenden Verteilungsergebnis nach Ablauf der Reaktionen und Anpassungsvorgänge im volkswirtschaftlichen Kreislauf insgesamt.

Die Finanzwissenschaft untersucht die Inzidenz von Steuern zum Teil mit recht komplexen Modellen, um zu näheren Ergebnissen zu gelangen. Es liegen auch empirische Schätzungen über die Verteilungswirkungen vor, die allerdings auf wenigen speziellen Annahmen zu den Reaktionen der Wirtschaftssubjekte beruhen. Insgesamt können die Modelle und die Schätzungsversuche vornehmlich als Möglichkeit verstanden werden, die Inzidenzproblematik im Einzelfall strikter zu fassen und einige Rückwirkungen einzufangen. Wirtschaftspolitisch verwertbare Aussagen liefern die Ansätze allerdings in aller Regel nicht, da sie hierfür wiederum zu eng formuliert sind, bzw. mit zu einfachen Reaktionshypothesen arbeiten (müssen).

4.1.3 Reaktionen auf staatliche Ausgaben

Die Verteilungswirkungen staatlicher Ausgaben hängen - wie die Verteilungswirkungen von Steuern - unter anderem von den Reaktionen der Wirtschaftssubjekte ab, denen die staatlichen Ausgaben zufließen oder zugute kommen. Es kann mithin nicht nur eine formale Ausgabeninzidenz betrachtet werden, sondern es müssen wiederum die weiteren ökonomischen Auswirkungen einbezogen werden, ehe Aussagen zu den verteilungspolitischen Konsequenzen der Staatsausgaben gemacht werden können. **Im Unterschied zu** der Analyse der Verteilungswirkungen von **Steuern** ist bei **Staatsausgaben** zu beachten, daß sie den Personen oder den Personengruppen in bestimmten Einkommensschichten **weitgehend nicht mit Zwang** zufließen. Wer eine staatliche Ausgabe nicht akzeptieren will, bzw. wer eine staatliche Sachleistung nicht in Anspruch nimmt, kann in der überwiegenden Zahl der Fälle nicht zur Entgegennahme oder zur Nutzung verpflichtet werden. Dies erschwert von vornherein die Möglichkeit, den mit einer staatlichen Ausgabe verbundenen Verteilungseffekt von seinem ersten Impuls her überhaupt zu erfassen.

Allgemeinen Regierungsleistungen bzw. den Ausgaben hierfür mag sich niemand entziehen können, es dürfte jedoch problematisch sein, diese Leistungen in ihrer unterschiedlichen Verteilungswirkung auf einzelne Einkommensgruppen zuzuordnen. Deutlicher lassen sich **verteilungspolitische Wirkungen feststellen**,

wenn eine **Verbindung zwischen** den **Ausgaben und** dem Empfänger- oder **Nutzerkreis** eindeutig **festliegt**, so daß auch der Zusammenhang zwischen einer Ausgabensumme und dem damit verknüpften Einkommenseffekt nachprüfbar ist. Dieser relativ enge Zusammenhang liegt beispielsweise bei der Schulpflicht, zumindest in der Grundschule vor. Die Ausgaben für den Schulbesuch im Rahmen der Schulpflicht sind Personen- und Einkommensgruppen zuzurechnen, was die Ermittlung eines direkten Einkommenseffekts erlaubt. Die Wirkung wird hierbei nivellierend sein, da die Schulleistungen während der Schulpflicht (in der Grundschule) allen Einkommensschichten gleichermaßen zugute kommen. Jenseits der Schulpflicht kann der weitere Besuch von Schulen und Bildungseinrichtungen nicht mehr gleicherweise zweifelsfrei einer spezifischen Einkommensgruppe zugeordnet werden, so daß die Inzidenz der Ausgaben für das weiterführende Bildungssystem nur mittels Hilfsannahmen über dessen einkommensspezifische Nutzung abzuleiten ist. Damit erscheint die Frage nach der **materiellen Inzidenz von Sachausgaben** des Staates bereits in ihrer generellen Problematik angedeutet. Wem Sachausgaben des Staates einkommensmäßig zugute kommen, hängt vom Umfang der Nutzung ab. Die Nutzung von weiterführenden Schulen, Straßen, Plätzen, Bürgerhäusern, Sportanlagen oder Staatstheatern mag einkommensabhängig differieren, läßt sich jedoch vielfach **nur im Einzelfall** nachvollziehen oder **belegen**. Es gibt im übrigen hierbei keine zwangsweise Nutzung für einzelne Einkommensschichten. Außerdem können Wirtschaftssubjekte auf die vom Staat angebotenen Sachleistungen unterschiedlich reagieren (z.B. mit Einkommenseinsparungen für die Sachleistungen, die der Staat anbietet und die sie ansonsten über den Markt bezogen hätten, oder mit Mehrausgaben für andere Zwecke etc.), so daß jede Aussage zur **Verteilungswirkung** aus der Nutzung **der Sachausgaben ungewiß** bleibt und an mehr oder weniger plausible Verhaltenshypothesen gebunden ist.

Sofern der Staat direkte **monetäre Ausgaben** leistet, mag auf den ersten Blick der verteilungspolitische Impuls eindeutiger einzugrenzen sein. So fließen beispielsweise Transferausgaben im Bereich der Sozialhilfe, der Arbeitslosenunterstützung oder der Altersversorgung in Form von Renten vom Ansatz und der finanzpolitischen Zielsetzung her spezifischen Personen zu, die einkommensmäßig als schwach oder unterstützungswürdig erscheinen, da sie im jeweiligen Zeitraum kein Erwerbseinkommen beziehen oder dies (altersbedingt) nicht mehr beziehen (können). Für den Staat sind daher derartige Transferleistungen wesentliche Instrumente seiner Verteilungspolitik, mit denen er einen Ausgleich von Verteilungsunterschieden anstrebt.

Die vielfach unterstellte **„reine“ Verteilungswirkung** kommt jedoch **nur** dann zustande, **wenn die Empfänger der staatlichen Ausgaben sich in keiner Weise darauf einstellen**, sie in ihrem Verhalten gewissermaßen nicht berücksichtigen und sie nur passiv akzeptieren. Dies mag für einen Teil des Empfängerkreises staatlicher Transfers zutreffen, wie beispielsweise für Personen, die in eine plötzliche unverschuldete Notlage geraten und damit eine Anspruchsberechtigung für Sozialhilfeleistungen erfüllen. Sozialhilfeleistungen können aber auch aktiv in Reaktionen oder Handlungsweisen eingeplant werden, so daß sich der vom Staat beabsichtigte Zweck des Schutzes seiner Bürger vor Notlagen nicht notwendigerweise als der wichtigste erweist. So sind die deutschen Sozialhilfestandards für eine Vielzahl von Menschen weltweit zu einem wesentlichen wirtschaftlichen Anreiz geworden, der sie zur Verlagerung des Wohnsitzes veranlaßt und ihnen zugleich einen erträglichen Lebensstandard verspricht. Die beabsichtigte Verteilungswirkung innerhalb der Volkswirtschaft wird damit zumindest in seiner Breite der angesprochenen Personen verändert.

Im übertragenen Sinne gilt dies auch für das Rentensystem, das dazu veranlaßt, das mögliche Finanzierungsrisiko im Alter auf den Staat zu verlagern, da der angestrebte Lebensunterhalt auch ohne eine individuelle Vorsorge erreicht werden kann. Eine individuelle Vorsorge würde Konsumreduktion und Kapitalbildung nahelegen. Das gegenwärtig existierende Umlagesystem mit einer Fülle beitragsunabhängiger Rentenbestandteile bietet aber hinreichend andere Möglichkeiten des wirtschaftlichen Verhaltens, ohne einkommensmäßige Einbußen im Alter befürchten zu müssen.

Mit den Beispielen soll die prinzipielle Verteilungswirkung der Maßnahmen nicht in Abrede gestellt werden. Die beabsichtigten Verteilungseffekte der staatlichen Ausgaben kommen aber nicht notwendigerweise nur dem Personenkreis zugute, der zunächst Anlaß für die Einführung der finanzpolitischen Maßnahmen gewesen sein mag. Wegen ihrer (relativen) Attraktivität ziehen die Transferausgaben des Staates auch zusätzliche Wirtschaftssubjekte an, die nicht von vornherein zum Adressatenkreis der nationalen Verteilungspolitik zählen. Angesichts der beachtlichen finanziellen Dimension der laufenden Übertragungen einschließlich der Subventionen mit rd. 50 % der Staatsausgaben liegt es für viele Wirtschaftssubjekte nahe, ihre ökonomischen Bemühungen darauf zu richten, an diesen Ausgaben zu partizipieren. Es erscheint im Rahmen einer Nutzenüberlegung zumindest sinnvoll, die Mühen gegeneinander abzuwägen, die sich einerseits beim Erzielen eines Markteinkommens ergeben, und diese andererseits im Verhältnis zu dem Aufwand zu sehen, der mit dem Erlangen einer staatlichen Transferleistung verbunden ist.

Insgesamt ergibt sich damit wiederum die Konsequenz, daß **verteilungspolitische Maßnahmen des Staates**, die er mittels seiner Ausgaben realisieren möchte, zu wirtschaftlich begründeten **Reaktionen und Anpassungen** der Wirtschaftssubjekte führen, welche nicht von vornherein in ihrer Richtung und in ihrem Ausmaß definitiv feststehen. Die **verteilungspolitische Absicht kann** u.a. **durch Mitnahmeeffekte modifiziert werden**, so daß das tatsächliche Resultat nur schwerlich einzuschätzen ist. Es kommt hierbei hinzu, daß die Anpassungen und Reaktionen keinesfalls nur auf legale Mitnahmeeffekte beschränkt sein müssen, sondern daß beobachtbar immer wieder auch illegale Wege der „**Ausgabenerschleichung**" (z.B. Subventionsbetrug) vorkommen, deren ökonomische Vorteilhaftigkeit aus Sicht der Wirtschaftssubjekte mit dem Volumen der staatlichen Transfers zunimmt.

Die angesprochenen Reaktionen auf staatliche Ausgaben sollten lediglich beispielhaft andeuten, daß Staatsausgaben für spezifische sachliche Aufgaben oder für spezifische persönliche Tatbestände keinesfalls nur den beabsichtigten direkten oder eingrenzbaren Verteilungseffekt besitzen und ansonsten neutral in dem Sinne sind, daß sie keinerlei zusätzliche Reaktionen oder Anpassungen auslösen würden. Mit solchen Reaktionen ist in jedem Fall zu rechnen. Allerdings lassen sich die Reaktionen nicht generell und von vornherein einschränken, so daß auch die Verteilungswirkungen insgesamt und der davon betroffene Personenkreis nicht eindeutig feststehen.

4.2 Maßnahmen und Ergebnisse der Einkommensverteilungspolitik

4.2.1 Einfluß auf die Primärverteilung

Der Staat betreibt mit einer Reihe von Maßnahmen Einkommensverteilungspolitik, wobei nicht alle der eingesetzten Instrumente ausschließlich oder in erster Linie einer verteilungspolitischen Zielsetzung dienen. Gleichwohl lassen sich beispielhaft solche Maßnahmen hervorheben, die in jedem Fall auf die Einkommensverteilung einwirken und die einzeln oder in ihrer Summe dem Verteilungsziel zugeordnet werden können.

Von ganz grundsätzlicher Bedeutung für die Einkommensverteilung in einer Volkswirtschaft ist zunächst die **Primärverteilung**, die sich als Resultat der Marktprozesse einstellt. Die **Produktionsfaktoren Arbeit und Kapital erhalten** über ihren Einsatz im Produktionsprozeß der Volkswirtschaft **ein marktmäßiges Faktorentgelt** in Form von Erwerbseinkommen oder Kapitalertrag. Damit fließen den Haushalten, die über diese Produktionsfaktoren verfügen und sie einsetzen, Arbeitseinkommen und Kapitaleinkommen zu, womit sich die Primärverteilung ergibt. Die Primärverteilung ist dabei ein Resultat der auf den jeweiligen Märkten für die Produktionsfaktoren herrschenden Knappheiten und ihrer ökonomischen Bewertungen. Die Primärverteilung spiegelt insoweit die Einschätzung der Marktteilnehmer insgesamt für die Produktionsfaktoren und deren situationsabhängigen ökonomischen Wert wider.

Damit eine solche Primärverteilung über Marktprozesse (für längere Zeiträume) überhaupt zustande kommen kann, sind bereits **staatliche Normen erforderlich**, die allgemein einen Rechtsrahmen bilden müssen, innerhalb dessen freie Marktprozesse (dauerhaft) ablaufen können. Bestandteile dieses rechtlichen Rahmens bilden u.a. Art. 12, Abs. 1 Grundgesetz, der die Berufsfreiheit garantiert, Art. 14, Abs. 1 Grundgesetz, der das Eigentumsrecht sichert, und auch Art. 9, Abs. 3 Grundgesetz, womit die Koalitionsfreiheit für Vereinigungen zur Wahrung und Förderung der Arbeits- und Wirtschaftsbedingungen (insbesondere die Tarifautonomie) gewährleistet ist. Weitere Rechtsnormen beispielsweise aus dem Bürgerlichen Recht und dem Wettbewerbsrecht tragen zur Verläßlichkeit der Marktprozesse bei und **fördern** insoweit auch die zu erwartenden **Ergebnisse aus der Primärverteilung**.

Die Primärverteilung läßt jene Wirtschaftssubjekte unberücksichtigt oder leer ausgehen, die nicht über Produktionsfaktoren verfügen oder sie nicht einsetzen können. Eine traditionelle Aufgabenstellung des Staates besteht mithin darin, die **Ergebnisse der Primärverteilung** zumindest zu **ergänzen** um Maßnahmen, die sicherstellen, daß Haushalte oder Personen ohne Markteinkommen entweder mit Einkommen ausgestattet werden (durch Transfers) oder Sachleistungen erhalten, so daß sie über ein situationsabhängiges oder kulturabhängiges Existenzminimum verfügen können. Es kommt hinzu, daß der Staat weitere verteilungspolitische Ziele anstreben mag, deren Realisierung die Besteuerung von Wirtschaftssubjekten voraussetzt, die ein Markteinkommen erzielen. **Mit Hilfe** der beiden Instrumente **Besteuerung und Transfers** wird somit eine **Sekundärverteilung** erreicht.

4.2.2 Transferausgaben

Insbesondere die **Transferzahlungen** des Staates werden **zur Absicherung eines Mindesteinkommens** benutzt und haben damit die Funktion der Angleichung der Einkommen von Haushalten oder Personen, dadurch daß sie ein Absinken von Einkommensniveaus in die Nähe von null verhindern. Typische Instrumente sind hierbei die Sozialhilfe, die Zahlungen aus den Sozialversicherungen, das Kindergeld und das Wohngeld. Soweit staatliche Finanzhilfen an Unternehmen gewährt werden, kann neben dem Allokationsziel durchaus auch ein Einkommensziel Grundlage für die Maßnahmen sein. Nicht alle Transfers werden ausschließlich in Abhängigkeit von der (geringen) Einkommenssituation geleistet, sie können an andere sachliche Bezugsgrößen gebunden sein, wie z.B. einige Finanzhilfen für die Landwirtschaft oder die Finanzhilfen für den Steinkohleabsatz, aber auch die Rentenzahlungen in einem jeweiligen Zeitpunkt, die keinen Zusammenhang mit den Einkommensverhältnissen eines Rentners im gleichen Zeitpunkt aufweisen. Daraus folgt, daß diese vielfach aus sozialen Gründen festgelegten **Transfers nicht nur** der Einkommensabsicherung (nach unten) dienen und **nivellierend** wirken, **sondern** daß sie zumindest zum Teil die Primärverteilung **auch** in ihrem **differenzierend**en Einfluß verstärken können. Es kommt hinzu, daß in Ergänzung zu Transferleistungen weitere Einflüsse von seiten anderer staatlicher Maßnahmen ausgehen, die die Einkommenssituation oder die für Haushalte verfügbaren Gütermengen bestimmen, und damit im Einzelfall das Verteilungsergebnis nachhaltig verändern.

4.2.3 Steuern auf Einkommenszufluß und Einkommensverwendung

Das **Besteuerungssytem** in Deutschland steht mit seiner wichtigsten Einzelsteuer, der **Einkommensteuer**, unter dem **Gebot der „finanziellen Leistungsfähigkeit"**. Die finanzielle Leistungsfähigkeit wird dabei in einem grundsätzlich positiven Zusammenhang mit der Einkommenshöhe gesehen, woraus sich wiederum die Konsequenz ergibt, daß geringe Einkommen weniger an Steuerlast tragen sollen als höhere Einkommen. Die Anwendung des Leistungsfähigkeitsprinzips im Bereich der Einkommensteuer führt daher zu tendenziell nivellierenden Wirkungen für die in absoluten Beträgen zu messenden Einkommensverhältnisse der Haushalte (nach der Besteuerung). Durch Freibeträge bei geringen Einkommen und ansteigende Steuersätze bei höheren Einkommen wird die Nivellierung der Haushaltseinkommen (nach Steuern) im übrigen unterstützt. Die in Abschnitt 6.3 noch näher dargestellte Gestaltung des Einkommensteuertarifs kann in isolierter Betrachtung als eine wesentliche Maßnahme der Finanzpolitik gesehen werden, um das verteilungspolitische Ziel der Veränderung der Primärverteilung in Richtung auf eine **Annäherung der Einkommensverhältnisse zwischen den Haushalten nach der Besteuerung**, d.h. der Sekundärverteilung, zu erreichen. Das tatsächliche Besteuerungsverfahren bei der Einkommensteuer erlaubt jedoch, wie in Abschnitt 6.3 unten ebenfalls noch näher zu erläutern ist, daß im Rahmen von Anpassungen u.a. eine Reduzierung von Zahllasten erreicht werden kann, womit das beabsichtigte Verteilungsziel zumindest für bestimmte Wirtschaftsperioden oder Veranlagungszeiträume nicht realisiert und eventuell der differenzierende Einfluß der Primärverteilung noch verstärkt wird.

Das deutsche **Steuersystem** besitzt ein **weiteres Schwergewicht bei** der Besteuerung der Einkommensverwendung in der Form von **Verbrauchsteuern**, die sowohl in einer allgemeinen Verbrauchsteuer, der Mehrwertsteuer, als auch in speziellen Verbrauchsteuern, z.B. auf Mineralöl oder Tabak, bestehen. Die Verbrauchsteuern, insbesondere die Mehrwertsteuer, stellen von ihrer Konstruktion nicht auf den Einkommenszufluß ab und orientieren sich insoweit nicht an Einkommensverteilungszielen, auf die aktiv Einfluß zu nehmen wäre. Sie gehen vielmehr prinzipiell von einer gegebenen Einkommensverteilung in Form der Sekundärverteilung aus und belasten eher passiv bestimmte Verwendungsformen des Einkommens. Ein Zusammenhang zu verteilungspolitischen Aspekten stellt sich gleichwohl dadurch her, daß mit steigendem Einkommen in aller Regel auch der Verbrauch an Konsumgütern ansteigt. Wird der Verbrauch mit einer **allgemeinen Verbrauchsteuer belastet**, deren vollständige Überwälzung unterstellt werden muß, ergibt sich zunächst eine Belastung oder Einschränkung von **realen Verfügungsmöglichkeiten über Güter** im Ausmaß der Verbrauchsbesteuerung. Gäbe es einen einheitlichen Satz der Verbrauchsteuer, wäre die Belastung entsprechend **proportional** zu den Verbrauchsausgaben. Haushalte mit höherem Verbrauch würden daher auch entsprechend höhere steuerliche Belastungen tragen und höhere Einbußen in ihrer realen Verfügungsmöglichkeit über Güter (d.h. nach Abzug des jeweiligen im Preis enthaltenen Verbrauchsteuerbetrags) hinnehmen müssen.

Diese naheliegende Überlegung zur Verteilungswirkung einer allgemeinen Verbrauchsteuer ist in zweierlei Hinsicht zu ergänzen. **Zum einen** ist zu fragen, **ob mit steigendem Einkommen auch steigende Verbrauchsausgaben** verbunden sind, die der Steuer unterliegen. **Zum anderen** kann nicht davon abgesehen werden, daß **das „allgemeine" System der deutschen Verbrauchsteuer** in Form der Mehrwertsteuer eine Reihe von **Sonderregelungen** enthält, die sich auf das Verteilungsergebnis niederschlagen.

Was den an erster Stelle angeführten **Zusammenhang zwischen Einkommen und Verbrauchsausgaben** anbetrifft, wird in der Literatur vielfach auf die Möglichkeit verwiesen, daß mit höherem Einkommen der Anteil der Verbrauchsausgaben abnehmen könnte. Als Begründung kann gegebenenfalls auf die „General Theory" von Keynes zurückgegriffen werden, in der diese Tendenz als denkbares Konsumverhalten angedeutet ist (Keynes 1936, S. 97). Steigende Einkommen würden demnach nicht proportional steigend mit Verbrauchsteuern belastet, da das Sparen in seinem Anteil anstiege. Hierzu muß nun allerdings zunächst berücksichtigt werden, daß die von Keynes angedeutete Tendenz in einer gesamtwirtschaftlichen Betrachtung nicht notwendigerweise zutrifft. Vielmehr führen steigende gesamtwirtschaftliche Einkommensniveaus tatsächlich zu proportional steigenden Verbrauchsniveaus in den betrachteten Volkswirtschaften. Eine abnehmende Konsumneigung ist als gesamtwirtschaftliches Phänomen seit der Zeit von Keynes in keiner Volkswirtschaft zu beobachten (Vgl. Graf 1997, S. 162 f.).

Es kommt hinzu, daß ersparte Beträge nicht dauerhaft nur in Form von Geldvermögen angelegt werden und insoweit der Verbrauchsteuer entgehen. Sobald über die Sparbeträge verfügt wird, u.a. aber erst zeitlich verschoben in späteren Wirtschaftsperioden, unterliegen sie wiederum der Verbrauchsteuer. Lediglich die reine Kapitalbildung im Bereich des Produktionskapitals außerhalb des Wohnungsbaus kann zur Vermeidung der Verbrauchsteuer führen, wird dann jedoch der in der Regel höheren Belastung durch die Kapitalertragsteuer oder die Einkommensteuer insgesamt unterliegen.

Mit einer proportionalen realen Einkommenseinbuße durch eine allgemeine Verbrauchsteuer ist nur dann zu rechnen, wenn sie in der Tat alle Verbrauchsausgaben gleichmäßig belastet. Die zweite oben angeführte Einschränkung muß daher in Erwägung gezogen werden. Die „allgemeine" Verbrauchsteuer in Form der deutschen **Mehrwertsteuer** sieht nämlich **neben dem Regelsatz** der Besteuerung (ab April 1998: 16 %) nach § 12, Abs. 2 Umsatzsteuergesetz auch einen **ermäßigten Steuersatz** (7 %) im wesentlichen für Lebensmittel vor und läßt nach § 4 Umsatzsteuergesetz für eine Reihe von Lieferungen und sonstigen Leistungen völlige **Steuerfreiheit** zu, so u.a. für die Vermietung und Verpachtung (§ 4 Nr. 12 UStG). Die Ermäßigungen und die Steuerbefreiungen wirken sich nun allerdings in ihrem absoluten und relativen Gewicht nicht unabhängig vom Einkommen auf die Haushalte aus, sondern konzentrieren sich nach dem beobachtbaren Verbrauchsverhalten deutscher Haushalte vornehmlich auf die Haushalte mit geringerem Einkommen. Das Deutsche Institut für Wirtschaftsforschung hat lediglich unter Berücksichtigung von Befreiungen und Ermäßigungen daher festgestellt, daß „eine Anhebung der Mehrwertsteuer die Haushalte unterschiedlicher Einkommenshöhe nahezu gleichmäßig [träfe]" (DIW 1996, 631). Die Umsatzsteuer als Einkommensverwendungssteuer besitzt demnach unter den hier angesprochenen Voraussetzungen keinen besonderen verteilungspolitischen Einfluß, mit dem die Sekundärverteilung, welche Grundlage der Verbrauchsausgaben ist, außer einer im wesentlichen proportionalen Belastung noch zusätzlich modifiziert würde.

Die **Einkommensverwendung unterliegt** neben der Belastung durch die allgemeine Verbrauchsteuer in Form der Mehrwertsteuer auch einer Reihe von zusätzlichen **steuerlichen Lasten**, die **aus** den **speziellen Verbrauchsteuern** aber auch aus den **Verkehrssteuern** sowie den (lokalen) **Aufwandsteuern** resultieren. Um deren Verteilungswirkungen lokalisieren zu können, wären detaillierte Informationen über die Verbrauchsgewohnheiten der Haushalte nach Einkommensschichten erforderlich, die allerdings nicht vorliegen. So lassen sich jeweils nur in Einzelfällen und bei Unterstellung eines spezifischen Verhaltens ausgewählte Aussagen zur Verteilungswirkung von speziellen Verbrauchsteuern, Verkehrsteuern und Aufwandsteuern machen. In der wirtschafts- und finanzpolitischen Diskussion sind zwar derartige Aussagen immer wieder anzutreffen, die u.U. auch für eine Gruppe von Haushalten nachvollziehbar sein mögen. Der eindeutige Verteilungseffekt ergibt sich in der Regel aber nur deshalb, weil ein Großteil der anders gelagerten Fälle unerwähnt bleibt und im übrigen mögliche weitergehenden gesamtwirtschaftlichen Rückwirkungen vernachlässigt werden.

4.2.4 Staatliche Ausgaben

Die **Einkommensverteilung** wird schließlich bewußt **durch Ausgaben** des Staates **für öffentliche Güter** beeinflußt. Da öffentliche Güter von ihrer Definition her allen Nutzern ohne Ausschluß zur Verfügung stehen, kann mit deren Angebot durchaus das finanzpolitische Ziel der **Chancengleichheit** oder der Gleichheit der Verfügbarkeit von Gütern für Haushalte angestrebt werden, die ansonsten nach dem Ergebnis der Primärverteilung und auch dem der Sekundärverteilung von der Nutzung von Gütern oder Ressourcen in einer Volkswirtschaft ausgeschlossen wären. Dieser prinzipiell nivellierende Einfluß stellt zunächst ab auf die Güterverteilung zwischen den Haushalten und nicht auf die Einkommensniveaus und ergibt sich insoweit eher als indirekte Maßnahme der Verteilungspolitik, die Zielvorstellungen zu absoluten Einkommensgrößen für Haushalte verfolgt. Gleichwohl können unentgeltlich zur Verfügung gestellte öffentliche Güter aus Sicht der Haushalte ein vollwertiger Ersatz für monetäres Einkommen darstellen, sofern die Güter von den Haushalten in gleicher Menge konsumiert worden oder ansonsten über Marktpreise zu bezahlen gewesen wären. Das Ausmaß der Nutzung öffentlicher Güter wird von Haushalten allerdings nicht nur unter dem Aspekt der möglicherweise damit zu erreichenden Verteilungsgleichheit gesehen, sondern ist wie bei allen Gütern von der individuellen Wertschätzung der öffentlichen Güter im Vergleich zu allen anderen Gütern abhängig. Daraus ergeben sich individuelle Nutzungsunterschiede, die sich der Steuerungsmöglichkeit durch den Staat entziehen und im Zweifel einem verteilungspolitischen Ziel entgegen laufen können.

Ähnliches gilt für **Sachausgaben**, die der Staat leistet, und mit denen bestimmte öffentlich zugängliche Einrichtungen (z.B. Schwimmbäder oder Universitäten) oder Güter (z.B. Transportleistungen im öffentlichen Personennahverkehr, Sozialwohnungen) subventioniert werden. Im Einzelfall mögen hierbei nivellierende und differenzierende Wirkungen nahe beieinander liegen und sich innerhalb eines Haushaltes überschneiden, so daß die Verteilungswirkung nur im Einzelfall und nicht für Einkommensschichten im allgemeinen feststellbar ist.

Für alle behandelten Maßnahmen der staatlichen Verteilungspolitik lassen sich einerseits durchaus verteilungspolitische Konsequenzen erkennen. Da diese Konsequenzen indessen nicht durchweg mechanisch oder mit Zwangsnotwendigkeit eintreten, sondern vom Verhalten der Wirtschaftssubjekte abhängen und schließlich durch andere Einflüsse der staatlichen Finanzpolitik überlagert sein können, stößt man immer wieder auf das Phänomen der Unbestimmtheit des Resultats der staatlichen Einkommensverteilungspolitik. Dies macht wie dargestellt Verteilungspolitik nicht prinzipiell unmöglich, erfordert aber in aller Regel entweder besondere Kenntnisse des zu beeinflussenden Sachverhalts einschließlich der ökonomischen Nebenbedingungen (beides liegt keinesfalls immer vor) oder einen bewußten Verzicht auf eine „reine" Lösung einer verteilungspolitischen Aufgabe bis hin zum Eingeständnis des potentiellen Mißlingens des verteilungspolitischen Ziels.

4.2.5 Schichtung der privaten Haushalte nach Einkommensklassen und sozialer Stellung

Die amtliche Statistik erhebt im Rahmen der alle fünf Jahre durchgeführten Einkommens- und Verbrauchsstichproben Daten zur Einkommenssituation der privaten Haushalte und bildet hierbei Schichtungsmuster, die zwar vom möglicherweise angestrebten Ziel einer personenbezogen Aussage zur Verteilung abweichen, gleichwohl aber zumindest grobe Anhaltspunkte für die **tatsächlichen Einkommensverhältnisse** und ihre Streuung geben. Die Ergebnisse dieser Statistiken zeigen die Einkommenssituation der privaten Haushalte wie sie insgesamt als **Resultat der monetären Ströme** in einem Kalenderjahr festzustellen ist. Auf die monetären Ströme haben selbstverständlich nicht nur der Staat, sondern alle anderen Wirtschaftssubjekte ebenfalls eingewirkt, weshalb die Werte der statistischen Daten nicht nur auf den Einfluß des Staates zurückgehen und auch keineswegs notwendigerweise den Zielvorstellungen der staatlichen Verteilungspolitik entsprechen müssen. Die Ergebnisse lassen zudem nicht erkennen, was den Haushalten an realen Ausgaben oder Leistungen des Staates zugeflossen ist, bzw. in welchem möglicherweise unterschiedlichem Maße sie daran partizipieren konnten. Auch aus diesem Grunde ist der von den Daten vermittelte Eindruck nur grob und läßt sich nicht als Beleg für verteilungspolitische Absichten oder den Zielerreichungsgrad der Verteilungspolitik werten.

Tabelle 14 enthält ausgewählte Daten zur Schichtung der privaten Haushalte im früheren Bundesgebiet nach Einkommensklassen und Einkommensarten, wie sie sich aus der Einkommens- und Verbrauchsstichprobe 1993 für insgesamt rd. 29 Mio. Haushalte ergeben haben.

Tab. 14: Schichtung der privaten Haushalte nach Einkommensklassen (Monatseinkommen) und Einkommensarten im früheren Bundesgebiet

Haushalte mit Nettoeinkommen von ... bis unter ... DM je Monat	Anzahl der Haushalte insgesamt in 1000	Haushaltsbruttoeinkommen je Monat insgesamt DM	davon: Bruttoeinkommen aus unselbständiger Arbeit DM	davon: Bruttoeinkommen aus Unternehmertätigkeit DM	davon: Bruttoeinkommen aus Vermögen DM	davon: öff. Renten Pensionen, sonst. staatl. Transfers DM
unter 1.200	914	1.057	(76)	61	51	704
1.200-1.400	636	1.409	(215)	80	76	889
1.400-1.600	804	1.637	294	84	86	1.027
1.600-1.800	777	1.878	353	94	128	1.139
1.800-2.000	982	2.162	616	71	142	1.184
2.000-2.500	2.462	2.677	1.031	79	199	1.217
2.500-3.000	2.606	3.376	1.630	115	262	1.235
3.000-3.500	2.343	3.968	1.900	170	386	1.357
3.500-4.000	2.310	4.584	2.391	214	498	1.319
4.000-5.000	4.070	5.610	3.359	267	582	1.244
5.000 -10.000	9.163	8.693	5.765	619	1.050	1.061
10.000-25.000	1.726	16.453	8.528	4.162	2.566	887
25.000-35.000	(33)	(37.068)	(4.444)	(24.173)	(7.700)	(556)

Quelle : Statistisches Jahrbuch für die Bundesrepublik Deutschland 1997, S. 575

Tabelle 14 zeigt zunächst die privaten Haushalte in ihrer Schichtung nach dem Haushaltsnettoeinkommen je Monat, weist die absolute Zahl der Haushalte in diesen Schichten aus und stellt das durchschnittliche monatliche Haushaltsbruttoeinkommen der Schichten dar; schließlich sind die wesentlichen Einkommensarten, die zum Bruttoeinkommen beitragen, aufgeführt. Die Tabelle ist bei unteren Einkommensgruppen besonders weit aufgefächert und faßt höhere Einkommen in großen Einkommensbereichen zusammen, was gegebenenfalls zu Mißverständnissen bei der Besetzung der einzelnen Einkommensschichten führen mag. Es wird in jedem Fall erkennbar, daß rd. 14 % der privaten Haushalte zu den Schichten mit einem monatlichen Haushaltsnettoeinkommen von unter 2.000 DM zählen (die untersten vier Einkommensschichten). Rd. 6 % der privaten Haushalte können über ein Nettoeinkommen von über 10.000 DM im Monat verfügen. Die restlichen 80 % der privaten Haushalte beziehen Nettoeinkommen zwischen 2.000 und unter 10.000 DM. Dieser größte Einkommensbereich erhält sein Einkommen (ab 2.500 DM Nettoeinkommen) überwiegend aus unselbständiger Arbeit, bei den unteren Einkommensgruppen überwiegen Transferzahlungen, bei der Gruppe mit den höchsten Einkommen haben wir einen deutlichen Schwerpunkt bei den Einkommen aus Unternehmertätigkeit einschließlich der Einkommen aus freiberuflicher Tätigkeit. Eine Auswirkung der staatlichen Verteilungspolitik zeigt sich im übrigen darin, daß bei den meisten Einkommensschichten die Bruttoeinkommen höher liegen als die Nettoeinkommen. Es ist zudem auffällig, daß mit Ausnahme der obersten Einkommensschicht die Einkommensschichten weitgehend in absolut gleichem Umfang von den Transferleistungen des Staates partizipieren. Für die Durchschnittswerte der absoluten Transferleistungen spielen aber die Renten- und Pensionszahlungen eine bedeutende Rolle, da sie sich an Verteilungskriterien der Primärverteilung orientieren und insoweit nicht von vornherein der Einkommensnivellierung dienen.

Die in der Tabelle 14 enthaltenen Daten lassen somit einerseits einige nivellierende Wirkungen der staatlichen Verteilungspolitik erkennen, die sich in geringeren Nettoeinkommen im Verhältnis zu den Bruttoeinkommen zeigen und sich außerdem in Transfers niederschlagen. Daneben zeigt sich eine Differenzierung der Einkommensverhältnisse der Haushalte, die bezogen auf das Haushaltsbruttoeinkommen rechentechnisch maximal den Faktor 37 erreicht. Dabei darf allerdings nicht außer acht gelassen werden, daß sich diese Differenzierung auf die Verhältnisse eines Jahres bezieht und insoweit den möglicherweise nivellierenden Effekt nicht erfassen kann, der sich daraus ergibt, daß die höchsten und höheren Einkommen in der Tabelle den (gleichen) Haushalten in der Regel nicht ihr ganzes Leben lang zur Verfügung stehen und daß darüber hinaus das Altersversorgungssystem für Haushalte mit hohem Einkommen auf freiwilliger Basis beruht und sich vielfach auf die Erzielung von Vermögenserträgen ausrichten muß.

Tabelle 15 weist die Schichtung der privaten Haushalte nach der sozialen Stellung und dem Bruttoeinkommen aus, die im Rahmen der Einkommens- und Verbrauchsstichprobe des Jahres 1993 für das frühere Bundesgebiet ermittelt werden konnte.

Tabelle 15: Schichtung der privaten Haushalte nach sozialer Stellung und Bruttoeinkommen (je Monat) im früheren Bundesgebiet

Soziale Stellung der Bezugsperson	Haushalte insgesamt 1.000	Haushaltsbrutto-einkommen insgesamt DM
Landwirt/Landwirtin	255	6.407
Gewerbetreibende(r), freiberuflich Tätige (r)	1.744	10.602
Beamter/Beamtin	1.602	8.300
Angestellter/ Angestellte	7.042	8.146
Arbeiter/Arbeiterin	6.173	6.299
Arbeitsloser/Arbeitslose	1.246	2.877
Nichterwerbstätiger/Nichterwerbstätige	10.854	3.800

Quelle: Statistisches Jahrbuch für die Bundesrepublik Deutschland 1997, S. 575

Tabelle 15 läßt anhand der erzielten Bruttoeinkommen je Monat für unterschiedliche Haushalte einen zusätzlichen Eindruck gewinnen, da hier bereits Durchschnittswerte in einzelnen sozialen oder beruflichen Schichten gebildet sind. Zunächst ist im Unterschied zu den Daten der Tabelle 14 zu erkennen, daß die Differenzierung der Bruttoeinkommen deutlich abnimmt, so daß das Durchschnittseinkommen der Gewerbetreibenden nur noch rd. um den Faktor 3 über dem der Arbeitslosen liegt. Die aus Tab. 14 noch erkennbare größere Differenzierung der Einkommen zeigt sich mithin bei den Haushalten insgesamt, ist jedoch nicht gleicherweise auf die soziale oder berufliche Stellung der Haushalte zu übertragen. Im Extrem heißt dies, daß Arbeitslosenhaushalte oder Rentnerhaushalte an sich nicht generell nur über geringe Einkommen verfügen, ebenso wie Gewerbetreibende nicht ausschließlich wegen ihrer Erwerbstätigkeit ein besonders hohes Einkommen besitzen. Es kommen jeweils individuelle Einzelheiten hinzu, ehe ein Haushalt in der Einkommenshierarchie einzuordnen ist.

Der Einblick in die tatsächliche Einkommensverteilung zu einem bestimmten Zeitpunkt wird schließlich durch die Daten der Tabelle 16 noch erweitert. Dort sind Haushalte nach der Haushaltsgröße und dem Bruttoeinkommen aufgegliedert. Auffällig an den Daten der Tabelle 16 ist die Tatsache, daß mit steigender Haushaltsgröße auch das Bruttoeinkommen der Haushalte steigt, so daß Einpersonenhaushalte das geringste und Haushalte mit fünf und mehr Personen das höchste durchschnittliche Einkommen haben. Hierfür bietet sich als Erklärung an, daß einerseits zu den Einpersonenhaushalten auch die Vielzahl der älteren alleinstehenden Personen zählen, die als Nichterwerbspersonen kein besonders hohes Einkommen besitzen. Die Haushalte mit fünf und mehr Personen setzen sich andererseits zu einem wesentlichen Teil aus den Haushalten zusammen, die sich gewissermaßen Kinder „finanziell leisten" können und die daher als Voraussetzung für die steigende Personenzahl im Haushalt zunächst ein relativ höheres Einkommen benötigen.

Tab. 16: Schichtung der privaten Haushalte nach Haushaltsgröße und Bruttoeinkommen (je Monat) im früheren Bundesgebiet

Haushaltsgröße (Haushalte mit ... Personen)	Haushalte insgesamt 1000	Haushaltsbruttoeinkommen insgesamt DM
1 Person	9.848	3.391
2 Personen	9.183	6.380
3 Personen	4.705	7.843
4 Personen	3.656	8.733
5 Personen und mehr	1.525	8.975

Quelle: Statistisches Jahrbuch für die Bundesrepublik Deutschland 1997, S. 575.

Als ein Zwischenergebnis läßt sich ableiten, daß steigende Bruttoeinkommen einhergehen mit steigender Personenzahl in den Haushalten, so daß hierdurch eine Nivellierung der Einkommensverhältnisse pro Haushaltsmitglied oder pro Kopf verbunden ist. In den Durchschnittswerten für die Einkommen der Haushaltsschichten sind allerdings auch Haushalte mit geringeren Einkommen enthalten. Soweit hierbei die Abweichung vom Einkommensdurchschnitt deutlich nach unten ausfällt, ergibt sich dann ein entsprechend geringes Einkommen pro Kopf der Haushaltsmitglieder.

Die in den Tabellen 14 bis 16 enthaltenen ausgewählten Daten der Einkommens- und Verbrauchsstichprobe aus dem Jahr 1993 könnten nun noch mit den Ergebnissen für die neuen Länder und Berlin-Ost verglichen werden. Die im Statistischen Jahrbuch ausgewiesenen entsprechenden Daten (Vgl. Statistisches Jahrbuch für die Bundesrepublik Deutschland 1997, S. 576) lassen jedoch kein prinzipiell anderes Urteil im Verhältnis zu den westdeutschen Daten zu, liegen allerdings - was die absoluten Einkommensniveaus anbetrifft - noch deutlich unterhalb der westdeutschen. Wenn man anhand der Statistiken schließlich aber der Frage nach Nivellierung oder Differenzierung der staatlichen Einkommensverteilungspolitik nachgehen wollte, wird man wie bei den vorangegangenen abstrakten Erörterungen der Verteilungspolitik kein völlig eindeutiges Ergebnis gewinnen können. Es bleibt im wesentlichen festzuhalten, daß zum einen über Transfers auch für erwerbslose Haushalte ein Mindesteinkommen sichergestellt wird und daß zum anderen die Einkommensdifferenzierung nach oben keine definitive Begrenzung erfährt.

4.2.6 Erfassung der Verteilungsergebnisse

Will man die Auswirkungen der staatlichen Verteilungspolitik in einer **Gesamtbewertung** würdigen, könnte dies beispielsweise **mit Hilfe der Lorenzkurven** erfolgen. Lorenzkurven sollen - wie in Abb. 6 verdeutlicht - **die Abweichung von einer Gleichverteilung** (z.B. des Einkommens) sichtbar machen. Die Gleichverteilung bedeutet, daß beispielsweise jeder Haushalt den gleichen Anteil am Einkommen insgesamt erhält. Ordnet man daher die Einkommensbezieher auf einer horizontalen und die von ihnen bezogenen Einkommen auf der vertikalen Achse an und kumuliert man gleichzeitig noch die Zahl der Einkommensbezieher und ihr Einkommen von null bis 100 %, so liegen im Fall der Gleichverteilung die kumulierten Anteile auf der Winkelhalbierenden. Die **Winkelhalbierende ist** damit die **Gleichverteilungsgerade**. Bei einer ungleichen Verteilung führt die Anordnung der Einkommensbezieher nach steigenden (d.h. von den geringsten zu den höchsten) Einkommen dazu, daß die kumulierte Einkommenssumme zunächst weniger stark wächst als die kumulierte Anzahl der Einkommensbezieher. Die tatsächliche Verteilung ergibt somit in Abb. 6 eine Kurve, die unterhalb der Winkelhalbierenden liegt und sich im allgemeinen davon um so weiter entfernt, je ungleicher die Verteilung ist. Die grafische Abbildung der tatsächlichen Werte von kumulierter Zahl der Einkommensbezieher und deren kumuliertem Einkommen wird Lorenzkurve genannt. Je größer mithin die Fläche zwischen der Lorenzkurve und der Winkelhalbierenden, desto ungleichmäßiger ist die Verteilung. Eine ungleichmäßigere Verteilung bedeutet im übrigen eine stärkere Konzentration des insgesamt verfügbaren Einkommens bei wenigen Einkommensbeziehern.

Abb. 6: Die Erfassung von Verteilungswirkungen mit Hilfe von Lorenzkurven

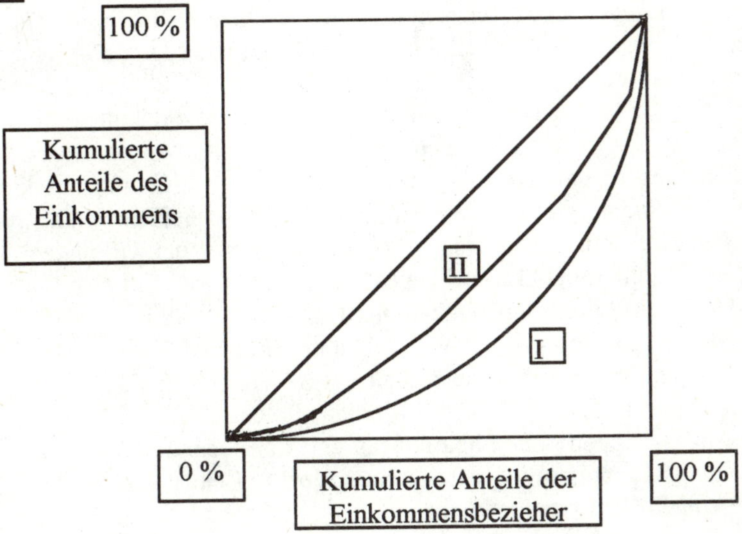

Die Aussage aus der Abbildung der Lorenzkurven kann auch mit Hilfe eines analytischen Verteilungsmaßes gefaßt werden. Aus der Vielzahl der hierfür möglichen Konzentrationsmaße wird in der Finanzwissenschaft am häufigsten der **Gini-Koeffizient** benutzt. Dieser wird gebildet aus der Relation der Fläche zwischen der Lorenzkurve und der Winkelhalbierenden im Verhältnis zur gesamten Fläche unter der Winkelhalbierenden. Bei völliger Gleichverteilung des Einkommens ist der Gini-Koeffizient null, bei völliger Ungleichverteilung (= nur ein Einkommensbezieher erhält das gesamte volkswirtschaftliche Einkommen) nimmt der Gini-Koeffizient den Wert von eins an. Der Gini-Koeffizient kann allerdings die Auswirkung unterschiedlicher Verlaufsformen der Lorenzkurve, die mit einem gleichen Flächeninhalt zwischen der Lorenzkurve und der Winkelhalbierenden einhergehen, nicht zusätzlich berücksichtigen und damit die Konzentration oder Ungleichverteilung nicht weiter differenziert zum Ausdruck bringen.

Abb. 6 läßt nun folgende Erfassungsmöglichkeit der staatlichen Verteilungspolitik zu: Eine staatliche Verteilungspolitik, die beispielsweise das Ziel einer Einkommensnivellierung verfolgt, wird aus der Einkommensverteilung mit einer größeren Ungleichverteilung, die durch die Lorenzkurve I erfaßt werden kann, eine Einkommensverteilung entstehen lassen, die mit Hilfe der Lorenzkurve II abgebildet ist. Die Lorenzkurve II liegt näher bei der Winkelhalbierenden oder der Kurve der Gleichverteilung. Der Wert des entsprechend zu errechnenden Gini-Koeffizienten würde damit sinken.

In der Literatur gibt es Versuche, diese Verteilungsänderungen auf konkrete staatliche Maßnahmen zurückzuführen und jeweils mit dem vorgestellten Instrumentarium zu messen (Vgl. Grüske 1985). Diese Untersuchungen tragen in jedem Fall zum Verständnis der Problemstellung bei und sind auch geeignet, die möglichen Verteilungswirkungen einer finanzpolitischen Maßnahme in ihrem ersten Impuls aufzuzeigen. Sie bleiben jedoch aus mehreren Gründen hypothetisch. So ist die Ausgangssituation, d.h. eine Primärverteilung ohne Staat, grundsätzlich nicht feststellbar, weil alle Verteilungsdaten schon durch das vorhandene Staatshandeln geprägt sind. Außerdem entziehen sich die vielfältigen Anpassungen der Wirtschaftssubjekte auf verteilungspolitische Maßnahmen der Erfassung; sie können zumindest vollständig errechnet werden. Es kommt schließlich hinzu, daß auch die über den Kreislaufzusammenhang zu erwartenden Rückwirkungen auf die staatlichen Maßnahmen unbekannt bleiben. Insgesamt wird man sich mit einem **relativ groben Eindruck der Wirksamkeit** und **der** Ergebnisse staatlicher **Verteilungspolitik** begnügen müssen. Wollte man mit größerer Sicherheit definitive Aussagen machen, wäre außerdem die Kenntnis detaillierter Zielvorstellungen der Einkommensverteilungspolitik erforderlich. Solche Ziele sind indes nur für wenige Haushaltsgruppen oder Einkommensschichten formuliert, so daß tatsächliche Verteilungsergebnisse von vornherein schlecht in einen Ziel-Wirkungs-Zusammenhang eingeordnet werden können.

4.3 Maßnahmen und Ergebnisse der Vermögensverteilungspolitik

4.3.1 Ansatzpunkte der Vermögensverteilungspolitik

Die staatliche Finanzpolitik kann aus einer verteilungspolitischen Zielsetzung heraus auf die Vermögenssituation der privaten Haushalte einwirken. Wie bei jeder Verteilungspolitik sind hierbei unterschiedliche Zielrichtungen und Ansatzpunkte möglich, so z.B. die **Ziele** der **Differenzierung oder** der **Nivellierung** der Vermögensbestände. Beide Ziele können mit Hilfe der **Förderung von Vermögensaufbau oder** der **Wegnahme von Vermögensgrößen** bei jeweils zu begünstigenden oder den in ihrer Vermögensposition zu mindernden privaten Haushalten angestrebt werden. Vermögensverteilungspolitik muß sich **nicht ausschließlich** auf das **Gesamtvermögen** der Haushalte konzentrieren, sondern kann sich auf **einzelne Vermögensarten** beschränken, wie z.B. auf Realvermögen oder Finanzvermögen, auf Humankapital oder auf ein noch zu definierendes Versorgungsvermögen oder sie begnügt sich mit dem Ziel der (vergleichbaren) Ausstattung von privaten Haushalten mit Gegenständen des Gebrauchsvermögens (z.B. Fernsehgeräte, Autos, Waschmaschinen). Vermögenspolitik läßt sich zudem **direkt** betreiben, dadurch daß Enteignungen durchgeführt oder die Bildung von Vermögensanlagen gefördert werden. Vermögenspolitik kann **indirekt** erfolgen in Form von Maßnahmen, die auf die Einkommensentstehung oder Einkommensverwendung wirken, und somit den Aufbau von Vermögenswerten über die Zeit hin erleichtern oder erschweren. Bei allen einzelnen Maßnahmen kommen im übrigen immer wieder verhaltensabhängige weitere Wirkungen zum Tragen und es ergeben sich schließlich Einflüsse auf das Vermögen und seine Bestandteile durch die Kreislaufzusammenhänge. Im Zusammenhang mit Kreislaufwirkungen sind nicht zuletzt Fragen der **Umbewertung der Vermögensgegenstände** zu erwähnen, die sich in Form von relativen Preisänderungen einzelner Vermögensbestandteile einstellen können, aber auch z.B. in der Form von Inflationen oder der Annullierung von Forderungen an den Staat in längeren historischen Perioden immer wieder zu beobachten sind.

Staatliche Vermögensverteilungspolitik muß außerdem im Zusammenhang mit anderen Zielrichtungen der staatlichen Wirtschaftspolitik im allgemeinen und der Finanzpolitik im besonderen gesehen werden. Nicht immer stehen beim Einsatz von finanzpolitischen Maßnahmen die Gesichtspunkte der Vermögensverteilung im Vordergrund; sie werden unter Umständen - sofern sie überhaupt erkannt werden - lediglich passiv hingenommen. Auf der anderen Seite können vermögenspolitische Ziele ihrerseits in Abhängigkeit von ihren Rückwirkungen auf andere Ziele mehr oder weniger intensiv verfolgt werden, wodurch das vermögenspolitische Ziel in den Hintergrund treten kann oder für Außenstehende nicht mehr hinreichend deutlich wird. Die im folgenden angeführten vermögenspolitischen Maßnahmen sind insoweit nur als eine beispielhafte Auswahl zu verstehen, bei denen eine vermögenspolitische Zielsetzung wohl in jedem Fall vorliegt. Daneben mag es durchaus weitere und im Einzelfall bedeutendere vermögenspolitische Handlungen des Staates geben, die an dieser Stelle jedoch nicht näher untersucht werden sollen.

4.3.2 Ausgewählte Maßnahmen der Vermögensverteilungspolitik

Vermögenspolitische Maßnahmen sind zunächst in den **Rahmen der Rechtsordnung** in Deutschland einzuordnen. Das **Grundgesetz** enthält hierzu einerseits **direkte Normen**, wie z. B. Art. 14, Abs. 1, wonach das **Eigentum** gewährleistet ist. Daneben wird das Eigentum, worunter vorrangig das Realvermögen zu verstehen ist, durch den Absatz 2 des gleichen Artikel folgendermaßen beschränkt: „Eigentum verpflichtet. Sein Gebrauch soll zugleich dem Wohle der Allgemeinheit dienen." Schließlich ist nach Absatz 3 auch eine Enteignung zulässig. Darüber hinaus sieht Artikel 15 des Grundgesetzes die Möglichkeit der Sozialisierung oder Vergesellschaftung vor. Das Eigentumsrecht des Grundgesetzes ist daher kein absolutes, sondern ein relatives, dessen Bestand durch Gesetze jederzeit angegriffen werden kann. Zu den eher **indirekten grundgesetzlichen Eigentumsgarantien** können die Freizügigkeit (Art. 11) und die Berufsfreiheit (Art. 12) gezählt werden, die das Erwerben von Einkommen und Vermögen absichern. Schließlich ergibt sich aus Artikel 109 des Grundgesetzes (Haushaltswirtschaft in Bund und Ländern) der Verweis auf das Gesetz zur Förderung der Stabilität und des Wachstums der Wirtschaft (Stabilitätsgesetz), in dem das gesamtwirtschaftliche Gleichgewicht als eine Summe von wirtschaftspolitischen Zielen erläutert ist, die „im Rahmen der marktwirtschaftlichen Ordnung" (§ 1, Satz 2 Stabilitätsgesetz) anzustreben sind. Eine marktwirtschaftliche Ordnung eröffnet den Wirtschaftssubjekten durch das Ausnutzen von Marktchancen wiederum Möglichkeiten für steigendes Einkommen und eine Vermögensakkumulation. Märkte führen aber auch immer wieder zu Umbewertungen von Vermögensbestandteilen bis hin zum völligen Vermögensverlust. Offene und freie Märkte lassen schließlich Anpassungen der Wirtschaftssubjekte zu, die prinzipiell nicht im einzelnen vorher bestimmbar sind und im übrigen auch die Wirkung sowie die Zielrichtung von staatlichen Maßnahmen modifizieren können.

Staatliche Vermögenspolitik im engeren besteht u.a. aus folgenden Maßnahmen:

- **Lastenausgleich**. Mit dem Lastenausgleichsgesetz aus dem Jahr 1952 sollte ein Ausgleich der Kriegslasten in der Weise erreicht werden, daß die von Vermögensverlusten in Folge des Zweiten Weltkrieges betroffenen Personen einen Ausgleich erhalten von dem Personenkreis, der von den Kriegsereignissen nicht geschädigt wurde. Das Ziel des Lastenausgleichs war mithin eine Vermögensumverteilung, um zumindest den völlig vermögenslos gewordenen Personen ein Mindestmaß an Vermögen (z.B. Hausrat) zu ermöglichen. Insoweit stand hinter dem Lastenausgleich eine Nivellierungsabsicht. Dadurch daß die Belastungen für die Nichtgeschädigten aber über eine längere Zeitspanne verteilt wurden, mußten sie den Lastenausgleich nicht aus der Vermögenssubstanz finanzieren, sondern konnten hierfür im wesentlichen auf die Vermögenserträge zurückgreifen. Die Vermögensverteilung ist demnach durch Einflußnahme auf die bestehenden Vermögen nicht wesentlich verändert worden. Die Neubildung von Vermögen wurde allerdings erleichtert, so daß insoweit ein Aufholen in der Vermögenshierarchie begünstigt wurde.

- **Sparförderung**. Die Sparförderung erfolgt über Sonderausgabenregelungen im Rahmen der Einkommensteuerfestsetzung und durch Prämien, mit denen eigene Sparbeiträge ergänzt werden. Hierzu hat der Staat ein Wohnungsbauprämiengesetz (1952), ein Sparprämiengesetz (1959), und Vermögensbildungsgesetze erlassen. Das erste Vermögensbildungsgesetz stammt aus dem Jahr 1961. Das zum 1.1.1999 in Kraft tretende Vermögensbeteiligungsgesetz ändert das fünfte Vermögensbildungsgesetz von 1994. Die Wirksamkeit dieser Regelungen läßt sich im wesentlichen nur danach beurteilen, ob die Haushalte die Sparförderung nutzen, was in einem beträchtlichen Ausmaß geschieht. Es läßt sich allerdings nicht erkennen, ob mit Hilfe der Sparförderungsmaßnahmen zusätzliche Sparleistungen und eine sonst nicht zu erwartende Vermögensbildung angeregt werden. Mitnahmeeffekte können nicht ausgeschlossen werden und mögen durchaus der entscheidende Grund für die Inanspruchnahme der Sparförderung sein. Soweit Mitnahmeeffekte dominieren und kein zusätzliches Sparen oder keine zusätzliche Vermögensbildung entsteht, tragen die Sparförderungsmaßnahmen nicht zum Ausgleich der Vermögensverhältnisse bei, zumindest nicht, was die Verhältnisse von bisher vermögenslosen Haushalten anbetrifft. Mit der Sparförderung setzt der Staat gleichwohl ein Zeichen für eine positive Bewertung der Vermögensbildung.
- **Förderung des Wohnungsbaus.** Der Wohnungsbau wurde und wird seit den 50er Jahren durch eine Fülle von Förderungsmaßnahmen unterstützt. Diese reichen von zinsgünstigen Baudarlehen, über Zinszuschüsse, Grunderwerbsteuerbefreiungen, Grundsteuerermäßigungen, Abschreibungsvergünstigungen bis zu Eigenheimzulagen und Kinderzulagen. Neben dem Ziel der Vermögensbildung in Form von Grundvermögen stand dabei immer auch das Ziel der gesamtwirtschaftlichen Nachfragesteigerung oder Nachfragestabilisierung. Gerade die Förderung des Wohnungsbaus eignet sich für unterschiedliche Bewertungen der Vermögenspolitik des Staates. Sie hat einerseits sicherlich dazu beigetragen, daß vermögenslose Haushalte wie z. B. Aussiedler Grundvermögen bilden konnten. Sie hat andererseits auch den Mitnahmeeffekt unterstützt, wonach insbesondere Haushalte in den Genuß der Förderungsmaßnahmen kommen, die sich im wesentlichen das teure Gut Grundvermögen „leisten" können. Diese Haushalte erreichen im Extrem die Vermögensbildung, ohne sich wegen der staatlichen Leistungen beim laufenden Konsum einschränken zu müssen. Das Ziel der Vermögensbildung durch selbstgenutzten Wohnraum, was angestrebt und erreicht wurde, hat weitere ökonomisch bedeutsame Kon-

sequenzen ausgelöst, wie u.a. die Ausweitung der Siedlungsflächen, die Zunahme des Verkehrs und die Reduzierung der Mobilität von Haushalten, wenn es um die Verlagerung der Erwerbstätigkeit an einen vom bisherigen Wohnort entfernten Ort geht.

- **Privatisierung.** In einem eingeschränkten Maße ist die Privatisierung öffentlicher Unternehmen zur Förderung der Vermögensbildung privater Haushalte in Form von Beteiligungskapital (z.B. Volksaktien; VW, Preußag, VEBA, Telekom) benutzt worden. Einen besonders nachhaltigen Effekt für die Vermögensverteilung oder für Funktionsweise auf den Kapitalmärkten konnte mit der Privatisierung nicht erreicht werden. In der jüngsten Vergangenheit steht vielmehr das fiskalische Ziel bei Privatisierungsvorhaben im Vordergrund. Privatisierungserlöse sollen danach zur Finanzierung der öffentlichen Haushalte herangezogen werden und dienen nicht vorrangig der Einflußnahme auf die Vermögensverteilung.

Vermögenspolitik wird wie oben bereits erwähnt nicht nur mit den im engeren Sinne vermögenspolitischen Maßnahmen betrieben. Überaus bedeutsam sind vor allem die **eher indirekt** wirkenden Einflüsse des Staates sowie seine Einflüsse, die nicht nur der Bildung von Finanzvermögen oder Grundvermögen zugute kommen sollen, sondern **andere Vermögensarten** betreffen. Von den **indirekt wirkenden Einflüssen** sollen hier ausgewählte Aspekte des **Steuersystems** insgesamt hervorgehoben werden, denen eine vermögenspolitische Wirkung zugeschrieben werden kann. Naheliegend ist dabei die Frage nach dem Einfluß der **Vermögensteuer**, die bis 1996 erhoben worden ist. Soweit die Vermögensteuer von Betrieben für ihre betrieblichen Vermögensgegenstände (das Produktionsvermögen) zu bezahlen war, konnte sie als eine Sonderlast in der Güterproduktion angesehen werden, die das Niveau der Produktionskosten anhebt und im übrigen keine besondere Verteilungswirkung besitzt. Die Vermögenssteuer auf das Vermögen für private Haushalte wirkt(e) als proportionale Abgabe, die auch wegen der Freibeträge eine eingeschränkt nivellierende Wirkung besaß. Problematisch war hierbei in jedem Fall die Ermittlung und Bewertung des Vermögens und die dabei gegebene Ungleichbehandlung von Vermögensgegenständen im Vermögensteuerrecht.

Die **Erbschaftsteuer** (einschließlich der **Schenkungsteuer)** knüpft an den Erbanfall an und belastet den durch ein Erbe entstehenden Vermögenszuwachs. Damit wird tendenziell die Vermögensakkumulation über Generationen hin erschwert.

Die Bildung von Vermögen für (relativ) vermögenslose Haushalte kann in der Mehrzahl der Fälle nur über Ersparnisse aus dem laufenden Einkommen erreicht werden. Konsumverzicht im klassischen Sinne kann daher zur Akkumulation von Kapital führen, bzw. zum Anwachsen von Vermögenswerten, die späterem Konsum dienen oder als dauerhaftes Vermögen zur Verfügung stehen und als solches einen Ertrag abwerfen oder einen Nutzen stiften. Damit nennenswerte Ersparnisse zustande kommen, müssen vom verfügbaren Einkommen nach der Besteuerung noch hinreichende Beträge „übrig“ bleiben und sie müssen über eine hinreichend lange Zeit wertstabil oder gar wertsteigernd akkumuliert werden. Auf diesen Prozeß wirken neben den Marktgegebenheiten, die zur Primärverteilung der laufenden und der Vermögenseinkommen führen, vornehmlich die Normen des **Einkommensteuer**rechts ein.

Die deutsche **Einkommensteuer erschwert** mit ihrem progressiven Verlauf die Möglichkeit der Ersparnisbildung und führt mit der progressiven Besteuerung auch kleinerer Kapitalerträge dazu, daß der **Aufbau von Vermögen** nicht besonders gefördert wird. Die Sparförderung und die Förderungsmaßnahmen für Wohnraum reduzieren allerdings zu einem Teil die Gesamtbelastung für die Haushalte, die an Vermögensbildung interessiert sind. Bereits bestehende Vermögen werden durch die Einkommensteuer nicht reduziert, aber in ihren weiteren Expansionsmöglichkeiten begrenzt. Die **deutsche Einkommensteuer gibt** allerdings auch **Anreize zur Vermögensbildung** in einer bestimmten Form, soweit da**durch** zunächst **steuerliche Verluste** realisiert und die steuerlichen Zahllasten progressiv reduziert werden können. Diese letztgenannte Möglichkeit steht in erster Linie den Haushalten zur Verfügung, die bereits über ein Vermögen verfügen oder zumindest ein relativ höheres Einkommen haben und insoweit auch in klassischer Weise Vermögen akkumulieren könnten. Es läßt sich deshalb nicht eindeutig feststellen, ob das bisherige System der deutschen Einkommensteuer die Vermögensverteilung in Richtung auf eine Annäherung der Vermögenswerte von privaten Haushalten beeinflußt oder ob es gar zu einer weiteren Differenzierung beigetragen hat.

Recht bedeutsam für den Aufbau und den Erhalt von Vermögenswerten ist der Versorgungsaspekt, den Vermögen bieten kann. Daher betreibt der Staat auch **Vermögensverteilungspolitik mit** den unterschiedlichen **Gestaltungsmöglichkeiten für das Versorgungsvermögen**, das den Haushalten nach ihrem Ausscheiden aus dem Erwerbsleben ein laufendes Einkommen sicherstellt. Zunächst sind die **Wirkungen** zu beachten, die **beim Aufbau des Versorgungsvermögens** eine wesentliche Rolle spielen können. Durch das System der gesetzlichen Rentenversicherung werden den Haushalten in Abhängigkeit von der Einkommenshöhe (bis zu jeweiligen Höchstgrenzen) Zwangsbeiträge abverlangt, die zum Erwerb einer Anwartschaft auf eine Altersrente berechtigen, die ihrerseits den relativen Einkommensstatus der Beitragszahler reflektiert. Die Beitragspflicht vermindert nun einerseits das verfügbare Einkommen für die Beitragszahler und begrenzt somit die Möglichkeiten einer Vermögensakkumulation für Zwecke der späteren Altersversorgung. Andererseits wird wegen der Beitragspflicht der Anreiz verringert, ein individuelles oder zusätzliches Versorgungsvermögen anzusparen, zumal der Prozeß des Ansparens (sofern es nicht in Form von Wohneigentum oder z.T. in Lebensversicherungen geschieht) durch das Steuerrecht nicht besonders gefördert wird. **Haushalte mit Beitragspflicht** haben daher **nur eingeschränkte Möglichkeiten oder geringe Anreize** ein individuell **verfügbares Versorgungsvermögen aufzubauen**, das sich durch Fungibilität, Beleihbarkeit und Vererbbarkeit auszeichnet.

Für **Haushalte ohne Beitragspflicht** zur Rentenversicherung besteht, soweit sie keine Beamtenhaushalte sind, ein sehr starker Anreiz zum Aufbau eines Versorgungsvermögens. Sie müssen daher bestrebt sein, ihr verfügbares Einkommen hinreichend zu erhöhen und gegebenenfalls ihre Steuerzahllasten zu reduzieren, um ein den Lebensgewohnheiten entsprechendes Versorgungsniveau aus dem zu akkumulierenden Versorgungsvermögen sicherstellen zu können. Dies wirkt sich zumindest bei einer Betrachtung einzelner Wirtschaftsperioden in einer **Differenzierung der Vermögensbestände** der Haushalte insgesamt aus. Die erkennbare Differenzierung wird noch dadurch datentechnisch größer ausgewiesen, daß für das Versorgungsvermögen aus der gesetzlichen Rentenversicherung keine den einzelnen Haushalten zurechenbaren Marktwerte existieren, die mit den Marktwerten anderer Vermögensgegenstände vergleichbar sind.

Neben der Phase des Aufbaus ist die **Phase der Verwendung des Versorgungsvermögens** zu beachten. Das Versorgungsvermögen der Bezieher von gesetzlicher Rente nimmt mangels marktmäßiger Erfassung weder optisch ab, noch hat es bislang als Anspruch für eine jeweilige Wirtschaftsperiode an Wert verloren. Allerdings geht der Anspruch mit dem Tod des Rentenbeziehers unter und ist nicht vererbbar. Bei den marktmäßig akkumulierten Versorgungsvermögen wird sich ein zweigeteiltes Bild einstellen. Es kann - und soll - über die Zeit hin verbraucht werden. Soweit es nicht verbraucht ist, dient es der nachfolgenden Erbengeneration als Vermögensgrundlage. Die Differenzierungswirkung auf die Vermögenssituation der Haushalte wird sich mithin nicht durchweg erhalten müssen, sondern hängt von Schicksalen und Entwicklungen im Einzelfall ab.

Der Staat betreibt **Vermögensverteilungspolitik** auch, indem er auf die Möglichkeiten einwirkt, **Humankapital oder Arbeitsvermögen** zu erwerben und zu akkumulieren. Hierzu dienen vornehmlich die Maßnahmen im Schul- und Bildungssektor sowie in den Bereichen der Forschungsförderung und der Kulturförderung, mit denen Personen in die Lage versetzt werden, ein dauerhaftes höheres Einkommen zu erreichen, das wiederum die Grundlage für eine Vermögensakkumulation bildet. Große Teile unseres Schul- und Bildungssystems sind auf das Ziel der Chancengleichheit und damit ein vermögenspolitisch nivellierendes Ziel abgestellt. Die tatsächlich Nutzung der Einrichtungen muß und wird allerdings nicht gleichförmig erfolgen. Inwieweit daraus eine Differenzierung resultiert, kann nicht allgemein dargestellt werden, zumal das Schulsystem in Deutschland im Unterschied zu vielen anderen Ländern nicht auf Elitenbildung abzielt. Die Maßnahmen der Forschungs- und Kulturförderung des Staates lassen sich zudem keineswegs ausschließlich verteilungspolitischen Zielen zuordnen, sondern sind im Zusammenhang zu sehen mit Allokationszielen (der Versorgung mit öffentlichen Gütern) sowie mit dem Ziel der Einflußnahme auf die globale Wirtschaftsentwicklung, das unter Umständen ein vermögenspolitisches Ziel dominiert. Obwohl über die Bildung von Humankapital oder Arbeitsvermögen durchaus weitgehend auf einzelwirtschaftliche und gesamtwirtschaftliche Einkommen und Vermögen Einfluß genommen wird und werden kann, läßt sich kein generelles Bild erkennen.

4.3.3 Erfassungsmöglichkeiten der Vermögensverteilung

Eine **Erfassung aller Vermögenswerte** für einzelne Personen oder Haushalte **liegt** in Deutschland **nicht vor**. Gleichwohl existiert wiederum aus den **Einkommens- und Verbrauchsstichproben** Datenmaterial, das zu einem Zeitpunkt - hier für das Jahr 1993 - einen globalen Eindruck zu **ausgewählten Vermögensgrößen** liefert. Dieses Datenmaterial spiegelt nicht notwendigerweise die Ergebnisse der staatlichen Einkommensverteilungspolitik wider, sondern zeigt das Resultat aller in der deutschen Volkswirtschaft vorherrschenden Einflüsse auf die Vermögensverteilung auf. Es läßt keinen direkten Rückschluß auf Wirksamkeit staatlicher Maßnahmen zu, schließt aber deren Konsequenzen mit ein. Die nachfolgenden Tabellen greifen ihrerseits nur wenige spezielle Ergebnisse aus dem Datenmaterial heraus und wollen damit die Verteilungssituation am Beispiel einzelner Vermögenskomponenten aufzeigen, die für die Charakterisierung der Vermögensverteilung nicht unerheblich erscheinen. Sie konzentrieren sich auf das Geldvermögen sowie das Grundvermögen und strukturieren die Vermögensverteilung nach Einkommenshöhe, Alter der Bezugsperson im Haushalt und der Höhe des Vermögensbestandes.

Die in der oberen Hälfte von **Tabelle 17** enthaltenen Daten zum **Geldvermögen** der Haushalte **im früheren Bundesgebiet**, die hier in ihrer Schichtung nach dem Einkommen aufgegliedert sind, machen zunächst deutlich, daß mit steigenden Haushaltsnettoeinkommen auch höhere Bruttogeldvermögen und Nettogeldvermögen einhergehen. Diese Tatsache überrascht grundsätzlich nicht, da ein höheres Einkommen in der Regel auch eine notwendige Voraussetzung dafür ist, daß größere Geldvermögen angespart werden können. Die Geldvermögensdaten entwickeln sich andererseits im wesentlichen proportional zu den Einkommenswerten, was die Vermutung nahelegt, daß höhere Einkommen sowohl zu einem entsprechend größeren Konsumvolumen als auch zu einem in gleichem relativem Maße wachsenden Geldvermögen beitragen. Einkommensunterschiede bewirken mit anderen Worten keine weitergehende oder verstärkte Unterschiedlichkeit oder Differenzierung bei den Geldvermögen. Auffällig ist daneben, daß die Kreditverpflichtungen (zu denen die Hypotheken oder Baudarlehen nicht mit eingerechnet sind), verhältnismäßig gering ausfallen und im übrigen das Verteilungsbild nicht verändern.

Die in Tab. 17 ausgewiesenen **Geldvermögensdaten für die neuen Bundesländer** lassen zum einen erkennen, daß im Durchschnitt nur rund ein Drittel des Geldvermögensbestandes der alten Bundesländer vorhanden ist. Zum anderen zeigt sich eine stärkere Differenzierung der den einzelnen Einkommensschichten zuzuordnenden Geldvermögensbestände als im früheren Bundesgebiet.

Tab. 17: Bruttogeldvermögen, Kreditverpflichtungen und Nettogeldvermögen privater Haushalte am 31. Dezember 1993

Gegenstand der Nachweisung	Früheres Bundesgebiet			Neue Länder und Ostberlin		
	Bruttogeldvermögen	Kreditverpflichtungen	Nettogeldvermögen	Bruttogeldvermögen	Kreditverpflichtungen	Nettogeldvermögen
	im Durchschnitt der Haushalte DM je Haushalt					
Haushalte insgesamt	63.100	2.000	61.100	22.800	1.600	21.300
nach dem monatlichen Haushaltsnettoeinkommen von ... bis unter .. DM						
unter 1.800	21.600	1.000	20.600	11.900	500	11.400
1.800 - 2.500	37.500	1.600	36.000	20.700	1.200	19.500
2.500 - 4.000	56.200	2.100	54.100	26.500	2.300	24.200
4.000 - 6.000	80.500	2.500	78.000	38.100	3.200	34.900
6.000 - 10.000	135.900	3.500	132.400	60.100	2.600	57.600
10.000 - 35.000	278.800	3.800	275.000	227.700	6.000	221.800
nach dem Alter der Bezugsperson von ... bis unter ... Jahre						
unter 30 Jahre	25.100	2.700	22.500	11.200	1.800	9.400
30 - 35	39.100	3.200	35.900	19.900	2.700	17.200
35 - 40	52.600	3.100	49.500	24.300	2.300	22.100
40 - 45	67.000	3.200	63.800	25.900	2.700	23.200
45 - 55	90.400	2.800	87.600	30.000	1.700	28.300
55 - 65	89.400	1.400	88.000	27.000	1.100	25.800
65 und mehr	55.600	300	55.300	19.200	200	19.000

Quelle: E. Guttmann: Geldvermögen und Schulden privater Haushalte Ende 1993, Wirtschaft und Statistik 5/1995, S. 398

Die in der unteren Hälfte der Tab. 17 dargestellte Schichtung der Geldvermögensbestände nach dem Alter der Bezugsperson in den jeweiligen Haushalten spiegelt ein ausgeprägtes Generationenmuster des Geldvermögens wider. In den jüngeren Altersjahren fällt das Geldvermögen geringer aus, steigt dann bis zur

Altersgruppe der 45 - 55-jährigen deutlich an und fällt bei den höheren Altersjahrgängen wiederum nachhaltig ab. Die Geldvermögensbildung wird dementsprechend von den Haushalten als Maßnahme der Altersvorsorge betrieben und dient nicht dem Ziel einer Vermögensakkumulation über Generationen hinweg, so daß von dieser Seite her keine Tendenz zur stärkeren Differenzierung der Vermögensbestände zu erkennen ist.

Tabelle 18 weist ergänzende Daten zu Höhe und Verteilung des Bruttogeldvermögens privater Haushalte am 31. Dezember 1993 aus. Die in der Quelle enthaltenen Angaben zu den Nettogeldvermögen sind dabei nicht mit angegeben, da sie mit einer Ausnahme keine grundsätzliche weitere Information liefern.

Tab. 18: Höhe und Verteilung des Bruttogeldvermögens privater Haushalte am 31. Dezember 1993 im früheren Bundesgebiet

Bruttogeldvermögensbestände je Haushalt von ... bis unter ... DM	Haushalte mit Bruttogeldvermögen		Durchschnittliches Bruttogeldvermögen	Bruttogeldvermögen insgesamt	
	1000	%	DM	Mio. DM	%
unter 2.500	1.822	6,5	1.000	1.858	0,1
2.500 - 5.000	1.464	5,2	3.600	5.331	0,3
5.000 - 7.500	1.281	4,6	6.100	7.855	0,4
7.500 - 10.000	1.181	4,2	8.700	10.271	0,6
10.000 - 15.000	2.049	7,3	12.300	25.277	1,4
15.000 - 20.000	1.671	6,0	17.300	28.951	1,6
20.000 - 25.000	1.380	4,9	22.400	30.891	1,7
25.000 - 30.000	1.411	5,0	27.300	38.491	2,1
30.000 - 35.000	1.202	4,3	32.300	38.752	2,1
35.000 - 40.000	1.112	4,0	37.500	41.672	2,3
40.000 - 50.000	2.069	7,4	44.600	92.166	5,0
50.000 - 75.000	3.754	13,4	61.200	229.639	12,6
75.000 - 100.000	2.319	8,3	86.400	200.355	11,0
100.000 - 200.000	3.686	13,2	138.100	508.902	27,9
200.000 und mehr	1.575	5,6	359.600	566.356	31,0

Quelle: E. Guttmann: Geldvermögen und Schulden privater Haushalte Ende 1993, Wirtschaft und Statistik 5/1995, S. 398.

Aus Tabelle 17 war bereits zu entnehmen, daß die den Einkommensschichten und Altersschichten zuzurechnenden Kreditverpflichtungen nur relativ gering ausfallen und das Verteilungsbild der Bruttogeldvermögen nicht nennenswert verändern. Dies gilt auch, wenn die Haushalte nach ihren Vermögensbeständen angeordnet werden. Lediglich bei der in Tab. 18 dargestellten untersten Vermögensschicht machen die Kreditverpflichtungen einen größeren Betrag aus, so daß deshalb die Zahl der Haushalte mit geringem Nettogeldvermögen relativ höher ist als die der

Haushalte mit geringem Bruttogeldvermögen und daß das Nettogeldvermögen der untersten Vermögensschicht negativ wird. Dies reflektiert u.a. einen sozialpolitischen Brennpunkt, der im Extrem zur Überschuldung führen kann. Das heißt, es gibt Haushalte mit einer Schuldnerposition z.B. in Form von Konsumentenkrediten. Sofern bei diesen Haushalten noch Ausfälle beim laufenden Einkommen entstehen (wegen Arbeitslosigkeit, Krankheit oder Scheidung) droht Überschuldung mit im Einzelfall sozialpolitisch bedeutsamen Konsequenzen.

Tabelle 18 belegt bei der Schichtung der Haushalte nach ihren Bruttovermögensbeständen eine deutliche Konzentration bei den höheren Vermögensbeständen. Dies zeigt sich bei der absoluten Zahl der Haushalte, ihren Prozentanteilen an der Gesamtzahl der Haushalte und - noch auffälliger - bei den Werten des durchschnittlichen Bruttogeldvermögens sowie dem Bruttogeldvermögen insgesamt, das bei den Haushalten mit höherem Vermögen konzentriert ist. Aus den Grunddaten der Einkommens- und Verbrauchsstichprobe ergibt sich zudem noch die Möglichkeit einer Verzerrung des Gesamtbildes, dadurch daß Haushalte mit Werten des Monatseinkommens von über 35.000 DM nicht in die Erhebung einbezogen sind.

Tab. 19: Höhe und Verteilung des Bruttogeldvermögens privater Haushalte am 31. Dezember 1993 in den Neuen Ländern und Berlin-Ost

Bruttogeldvermögensbestände je Haushalt von ... bis unter ... DM	Haushalte mit Bruttogeldvermögen		Durchschnittliches Bruttogeldvermögen	Bruttogeldvermögen insgesamt	
	1000	%	DM	Mio. DM	%
unter 2.500	638	9,8	1.100	702	0,5
2.500 - 5.000	539	8,3	3.700	1.975	1,3
5.000 - 7.500	634	9,7	6.100	3.865	2,5
7.500 - 10.000	477	7,3	8.700	4.144	2,7
10.000 - 15.000	894	13,7	12.200	10.900	7,1
15.000 - 20.000	706	10,8	17.300	12.177	8,0
20.000 - 25.000	513	7,9	22.100	11.343	7,4
25.000 - 30.000	429	6,6	27.200	11.691	7,7
30.000 - 35.000	291	4,5	32.100	9.351	6,1
35.000 - 40.000	231	3,5	37.300	8.618	5,6
40.000 - 50.000	416	6,4	44.400	18.463	12,1
50.000 - 75.000	475	7,3	59.900	28.476	18,7
75.000 - 100.000	160	2,5	85.200	13.645	8,9
100.000 - 200.000	97	1,5	127.600	12.431	8,1

Quelle: E. Guttmann, ibid.

Tabelle 19 stellt in Analogie zu Tab. 18 die Schichtung der privaten Haushalte nach ihren Bruttogeldvermögensbeständen in den Neuen Ländern und Berlin-Ost dar. Die höchste Vermögenskategorie ist dabei mangels Besetzung nicht mehr mit aufgeführt. Tabelle 19 läßt den Schluß zu, daß nicht nur die Vermögensbestände in den neuen Bundesländern (noch) geringer sind, sondern daß sie sich auch (noch) auf die geringeren Durchschnittsvermögen konzentrieren. Andererseits ist eine ebenfalls nennenswerte Differenzierung bei den Vermögensbeständen der Haushalte erkennbar.

In den Geldvermögensbeständen und ihrer Differenzierung nach Einkommensschichten, Altersgruppen und Vermögensschichten spiegelt sich die gesamte Fülle der Einflüsse auf die Vermögensbildung wider, von denen nur ein Teil auch der jeweiligen staatlichen Vermögensverteilungspolitik direkt zuzuschreiben ist, zumindest insoweit als der Vermögenserwerb und das dauerhafte Eigentum an Vermögen vom Staat nicht im Detail reglementiert werden, sondern auch vom wirtschaftlichen Verhalten der Haushalte und ihrer Familiengeschichte abhängen. Dabei muß jeweils in Betracht gezogen werden, daß Vermögen nicht nur aufgebaut und akkumuliert werden kann, sondern daß Vermögensbestände Wertschwankungen unterliegen und von Haushalten auch abgebaut und verbraucht werden können, wodurch Verteilungsergebnisse eine Veränderung erfahren und keine nachhaltigen Trends erkennen lassen müssen. Im einfachsten Fall spielt sich der Aufbau und der Abbau von Vermögen innerhalb eines gleichen Haushaltes ab, wenn das aufgebaute Vermögen der Alterssicherung dient und dafür auch benutzt und damit noch in der Lebenszeit des Haushaltes verbraucht wird, was die Ergebnisse in Tab. 17 nahelegen. Die Einflüsse auf die Vermögensverteilung sind in vielen Fällen beträchtlich komplizierter, wenn ergänzende wirtschaftliche Verhaltensweisen vorliegen und wenn zudem längerfristige wirtschaftsgeschichtliche Entwicklungen hinzukommen, die in Deutschland wegen der Kriege in diesem Jahrhundert, der Währungsreformen sowie der Flüchtlings- und Wanderungsbewegungen besonders weitreichende Konsequenzen für die Vermögensbestände hatten. Insbesondere die Bestände an **Grundvermögen** sind unter diesem weiteren Aspekt zu werten, der eine leichte Interpretation der Vermögensverteilung erschwert.

Zu den Angaben in **Tab. 20** über das **Grundvermögen der privaten Haushalte** ist zunächst im Unterschied zu den Tab. 17 - 19 zu berücksichtigen, daß dort die Grundgesamtheit nicht aus allen privaten Haushalten besteht, weil nicht alle dieser Haushalte über Grundvermögen verfügen. Der Eindruck über die Vermögensverteilung kann hierdurch bereits verzerrt werden, denn im früheren Bundesgebiet stellen die rd. 14,6 Mio. Haushalte mit Grundvermögen 50,5 % der privaten Haushalte dar, in den neuen Bundesländern und Berlin-Ost beträgt der Anteil der Haushalte mit Grundvermögen nur 27,7 % (Vgl. E. Laue: a.a.O., S. 489 f.). Es läßt sich aus der Zusammenschau der Vermögenswerte in den Tabellen 17 - 20 auch erkennen, daß die Verkehrswerte der Grundvermögen insgesamt deutlich höher liegen als die ausgewiesenen Bruttogeldvermögen. Die Vermögensverteilung wird insoweit schwerpunktmäßig durch das Grundvermögen der privaten Haushalte geprägt.

Tab. 20: Private Haushalte mit Grundvermögen nach dem Verkehrswert am 31. Dezember 1993

Höhe des Verkehrswertes von ... bis unter ... DM	Haushalte mit Grundvermögen		Verkehrswert		
			im Durchschnitt je Haushalt	insgesamt	
	1000	%	DM	Mio. DM	%
	Früheres Bundesgebiet				
unter 30.000	158	1,1	14.100	2.225	0,0
30.000 - 100.000	423	2,9	68.800	29.127	0,5
100.000 - 180.000	1.208	8,3	143.900	173.861	2,8
180.000 - 250.000	1.948	13,3	211.600	412.362	6,6
250.000 - 350.000	3.536	24,2	291.600	1.031.013	16,6
350.000 - 420.000	2.612	17,9	382.900	1.000.292	16,1
420.000 - 560.000	1.988	13,6	487.500	968.882	15,6
560.000 - 700.000	1.037	7,1	622.100	645.208	10,4
700.000 - 1.000.000	939	6,4	825.500	774.989	12,5
1.000.000 und mehr	745	5,1	1.587.600	1.183.520	19,0
Zusammen	14.595	100	426.300	6.221.479	100
	Neue Länder und Berlin-Ost				
unter 30.000	245	13,2	14.000	3.434	0,9
30.000 - 100.000	396	21,4	62.700	24.825	6,3
100.000 - 180.000	314	17,0	136.600	42.929	11,0
180.000 - 250.000	319	17,2	213.200	67.946	17,4
250.000 - 350.000	330	17,8	291.600	96.191	24,6
350.000 - 420.000	111	6,0	377.600	42.090	10,8
420.000 - 560.000	69	3,7	487.600	33451	8,6
560.000 - 700.000	(24)	(1,3)	(623.700)	(15.210)	(3,9)
700.000 - 1.000.000	(16)	(0,9)	(837.300)	(13.548)	(3,5)
1.000.000 und mehr	(28)	(1,5)	(1.831.000)	(51.347)	(13,1)
Zusammen	1.853	100	211.000	390.971	100

Quelle: E. Laue: Grundvermögen privater Haushalte Ende 1993, Wirtschaft und Statistik 6/1995, S. 492, Angaben in Klammern sind geschätzte Werte.

Innerhalb der Gruppe der Haushalte mit Grundvermögen gibt es zudem weitere Konzentrationstendenzen bei der Vermögensverteilung. Dies drückt sich u.a. darin aus, daß im früheren Bundesgebiet ein Viertel der Eigentümerhaushalte über ein Grundvermögen mit einem Verkehrswert bis zu 250.000 DM verfügt, was jedoch nur knapp ein Zehntel des Verkehrswertes des Grundvermögens insgesamt ausmacht. Fünf Prozent der privaten Haushalte im früheren Bundesgebiet besitzen Grundvermögen mit einem Verkehrswert von über einer Million DM, ihr Anteil am gesamten ausgewiesenen Grundvermögen beträgt aber annähernd 20 Prozent. In den neuen Bundesländern und Berlin-Ost sind ebenfalls Konzentrationstendenzen auszumachen, die u.a. darin bestehen, daß dort zwei Drittel der Eigentümerhaushalte über ein Grundvermögen mit einem Verkehrswert bis zu 250.000 DM verfügen, ihr Anteil am gesamten Grundvermögen liegt jedoch nur bei etwas über einem Drittel. Die wenigen Grundeigentümerhaushalte mit den höchsten Verkehrswerten besitzen überproportional mehr am gesamten Grundvermögen. Schließlich zeigt Tab. 20 einen deutlichen Unterschied zwischen den Durchschnittswerten des Grundvermögens im früheren Bundesgebiet und den neuen Ländern im Ausmaß des rd. Doppelten; beim ausgewiesenen Grundvermögen insgesamt beträgt der Unterschied das rd. 16-fache, was im letzteren Fall den Unterschied bei der Zahl der Haushalte oder der Bevölkerung weit übersteigt. Seit Ende 1993 dürften sich allerdings wegen der intensiven Bautätigkeit in den neuen Ländern die Verhältnisse in den Werten des Grundvermögens angenähert haben.

Die in den **Tabellen 17 - 20** dargestellten Vermögenswerte und die damit zum Ausdruck kommende **Vermögensverteilung** bei den privaten Haushalten in Deutschland beruhen auf einer **Auswahl** der Daten **aus der Einkommens- und Verbrauchsstichprobe** (des Jahres 1993). Die hier vorgenommene Auswahl vernachlässigt die Angaben zur Ausstattung der privaten Haushalte mit langlebigen Gebrauchsgütern (Vgl. hierfür: H. Pöschl: Ausstattung privater Haushalte mit langlebigen Gebrauchsgütern im Januar 1993, Wirtschaft und Statistik 12/1993, S. 924 - 928). Die Vermögensverhältnisse werden aber nicht nur deshalb unvollständig wiedergegeben. Die **Einkommens- und Verbrauchsstichprobe** verfolgt ihrerseits von vornherein ein **eingeschränktes Untersuchungsziel**, was die Ausstattung der Haushalte mit Vermögenswerten angeht. Sie macht beispielsweise **keine Aussagen zur personellen Verteilung** des **Produktivvermögens**, des **Versorgungsvermögens** insgesamt, des **Arbeitsvermögens** oder Humankapitals und des Vermögens, das die privaten Haushalte in Form von **Sammlungen** besitzen. Eine weitere Unvollständigkeit besteht darin, daß im Rahmen der Einkommens- und Verbrauchsstichprobe u.a. Haushalte mit besonders hohem Einkommen (hier: über 35.000 DM Monatsnettoeinkommen) nicht in die Aufbereitung der Daten einbezogen sind, was zu einem Teil auch besonders hohe Vermögenswerte bei einzelnen Haushalten unberücksichtigt läßt. Bei der Interpretation der Vermögensverhältnisse wie sie in der Einkommens- und Verbrauchsstichprobe erfaßt werden, ist außerdem zu beachten, daß die Vermögenswerte die **Ergebnisse zu einem Stichtag** angeben (**Querschnittsanalyse**) und daher **nicht automatisch** auch **für längerfristige Betrachtungen** (im Rahmen einer **Längsschnittsanalyse) repräsentativ** sein müssen. Dies gilt sowohl für die Vermögensverhältnisse über die Lebenszeit eines Haushaltes hin als auch über Generationen hinweg. Besonders auffällig tritt dies in den Vermögenswerten für die

Haushalte in den neuen Bundesländern zutage, die sich im Jahr 1993 noch in einem dynamischen Prozeß der Aufholung und Anpassung an die wirtschaftlichen Verhältnisse im früheren Bundesgebiet befunden haben. Die Erfassungsmöglichkeiten der Vermögensverteilung sind daher insgesamt begrenzt und lassen jeweils nur wenige Strukturen erkennen. Selbst wenn die Ergebnisse mehrerer Einkommens- und Verbrauchsstichproben miteinander verbunden werden, bleiben große Unsicherheitsbereiche bestehen, die nicht beliebig zu reduzieren sind. Wenn allerdings die Ergebnisse der Vermögensverteilung nicht hinreichend vollständig bekannt sind, fehlt zu einem wesentlichen Teil auch der Bezugspunkt, bzw. die Ausgangssituation, die durch verteilungspolitische Maßnahmen des Staates systematisch zu modifizieren wäre.

4.4 Die Verteilung zwischen den Generationen

4.4.1 Steuern als Instrument der intergenerationellen Verteilung

Der Staat verfolgt mit seiner Steuererhebung und der Art und Weise der Ausgestaltung des Steuersystems nicht nur Ziele der Einkommensverteilungspolitik in der Form der Einflußnahme auf die Einkommensverhältnisse der Haushalte zu einem jeweiligen Zeitpunkt oder in einem jährlichen Veranlagungszeitraum. Er kann daneben (bewußt oder unbewußt) auch auf die Einkommensverhältnisse von einzelnen Haushalten über die Zeit hin einwirken und damit über die Vermögensbildung auch die Vermögensverteilung von Haushalten oder Personen in unterschiedlichen Altersgruppen oder über Generationen hin beeinflussen. Hierbei besitzt er drei separate Möglichkeiten, um das Steuersystem oder einzelne Steuern als Instrument der intergenerationellen Verteilung einzusetzen.

Zum einen kann der Staat über die **Festlegung der Besteuerungsperioden** auf die Verteilung zwischen den Lebensabschnitten und den Generationen von Haushalten einwirken. Derzeit liegt das Schwergewicht der Besteuerung in der Zugrundelegung einer Steuerbemessungsgrundlage eines relativ kurzfristigen Zeitabschnittes, in der Regel ein **Kalender- oder Wirtschaftsjahr.** Bei sich im allgemeinen über das Leben einer Person oder eines Haushalts hin ändernden Bemessungsgrundlagen für die Besteuerung können gleich große Lebenseinkommen durchaus zu unterschiedlichen Steuerbelastungen führen, je nachdem ob das Lebenseinkommen eher gleichmäßiger oder ungleichmäßiger auf einzelne Besteuerungsperioden verteilt und im Rahmen des progressiven Einkommensteuertarifs dem unterschiedlichen steuerlichen Zugriff ausgesetzt ist. Die Unterschiedlichkeit fällt wegen haushaltsspezifischer Elemente (Kinderfreibeträge, Splittingtarif, Altersfreibeträge etc.) gegebenenfalls noch größer aus. Die Problematik einer Besteuerung des Lebenseinkommens liegt aber weniger an der mangelnden Einsicht des Staates, daß die Besteuerungsperiode eines Jahres zur Ungleichbehandlung gleicher Lebenseinkommen führen könnte, sondern vielmehr darin, daß eine am Lebenseinkommen anknüpfende Besteuerung praktisch nicht möglich erscheint: „da die künftige Einkommensentwicklung weder für einzelne Wirtschaftssubjekte noch für die Gesamtwirtschaft voraussehbar ist." (Brümmerhoff, 1977, S. 115). Der Staat konzentriert sich daher auf jährliche Besteuerungsperioden, da sich der Ermittlung des Lebenseinkommens (als abdiskontierter Summe der erwarteten Einkommen über eine ungewisse Zeitspanne in der Zukunft) prinzipielle Probleme entgegenstellen.

Die Besteuerungsperiode fällt bei der Einkommensteuer besonders ins Gewicht und ist bei Einkommensverläufen mit Schwankungen oder Trends mit leicht erkennbaren Ungleichbehandlungen verbunden, wenn als Referenzperiode ein längerer Zeitabschnitt herangezogen wird. Noch deutlicher tritt die an kurzfristigen wirtschaftlichen Vorgängen orientierte Besteuerung beispielsweise bei der Erbschaftsteuer zutage, bei der eine zu einem Zeitpunkt eintretende momentane Veränderung der Vermögenssituation des Erben beim Erwerb durch Erbanfall die steuerliche Bemessungsgrundlage darstellt und unabhängig ist von der weiteren Vermögens- oder Einkommenslage des Erben über die Zeit hin. Selbstverständlich stellen sich praktisch unüberwindbare Hindernisse entgegen, wenn längere künftige Zeitperioden oder gar die gesamte Lebenszeit bei der Besteuerung zu berücksichtigen wären. Der Staat benutzt mithin aus eher praktischen Erwägungen die **Festlegung der Besteuerungsperioden** für die Abgrenzung der Steuerbemessungsgrundlage vorrangig unter dem Aspekt der Einflußnahme auf die Einkommensverteilung oder der Vermögensverteilung zu einem Zeitpunkt bzw. in einer kurzen Periode und **nicht im Sinne eines Instrumentes der intergenerationellen Verteilung**.

Der Staat kann **zum anderen** dadurch auf die Verteilungsverhältnisse zwischen Generationen einzuwirken versuchen, daß er das **Verhältnis zwischen Einkommen- und Verbrauchsteuern** festlegt oder verändert und damit eher die sofortige Einkommensverwendung oder eher eine Vermögensbildung und von daher eine spätere Einkommensverwendung fördert. Hierbei kann angenommen werden, daß Verbrauchsteuern oder indirekte Steuern im Unterschied zu den Einkommensteuern oder den direkten Steuern über die Verteuerung des Verbrauchs eher einschränkend auf diese Art der Einkommensverwendung wirken. Wenn mithin der Staat seine Steuereinnahmen aus diesen beiden großen Besteuerungsquellen erhalten und entsprechend umschichten kann, ergibt sich die Möglichkeit, auf die Verteilung von Einkommen und auch Vermögen über die Zeit hin Einfluß auszuüben.

Höhere Einkommensteuern, die mit **geringeren Verbrauchsteuern** einhergehen, werden einerseits wegen der direkten Steuerzahlungen das erkennbare verfügbare Einkommen der Wirtschaftssubjekte mindern und andererseits den sofortigen Verbrauch fördern, weil dieser verhältnismäßig preisgünstig ist. Zugleich verringern höhere Einkommensteuern die Möglichkeiten der Akkumulation, zumal beispielsweise Zinserträge oder Kapitalerträge wiederum relativ hoch besteuert werden. Insoweit trägt eine solche Gestaltung des Steuersystems zur Stabilisierung einer gegebenen Verteilung bei und begrenzt Verteilungsänderungen zwischen Generationen. Verlegt der Staat dagegen das **Schwergewicht** der Steuerlasten **auf** die **Verbrauchsteuern** und werden dafür die **Einkommensteuern abgesenkt**, so ist das direkt erkennbare verfügbare Einkommen der Wirtschaftssubjekte höher und der sofortige Verbrauch erscheint teurer. Es kommt von daher zu einer Erleichterung der Akkumulation und einer Verschiebung von Verbrauchsentscheidungen auf spätere Zeiträume. Hierdurch ergeben sich in jedem Fall Tendenzen zur Veränderung einer gegebenen Verteilung auch über Generationen hinweg. Dies muß nicht unbedingt eine weitere Konzentration des Vermögens fördern, wird diese allerdings nicht notwendigerweise behindern.

Schließlich wirkt der Staat auf die Verteilung nicht nur in einer jeweiligen Wirtschaftsperiode, sondern über die Zeit und über Lebensabschnitte dadurch ein, daß er **steuerliche Sachverhalte und Steuertarife** bei einem global gegebenen Steuersystem **im Detail** so **festlegt**, daß damit unterschiedliche Anreize für sofortigen Verbrauch von Einkommen, die Vermögensbildung oder die Vermögenserhaltung einhergehen. Hierbei spielen vorrangig Detailvorschriften des Einkommensteuerrechts eine Rolle, wie z.B. die Wahl einer Zinsabschlagsteuer oder eine Zinsabgeltungsteuer, unterschiedliche steuerliche Belastungen von thesaurierten, ausgeschütteten, gewerblichen oder nichtgewerblichen Gewinnen, unterschiedliche steuerliche Belastungen (in der früheren Einheitswertbesteuerung) von verschiedenen Vermögensarten oder Sparformen sowie nicht zuletzt fast alle Einzelfallregelungen in Gesetz, Durchführungsverordnung und Richtlinien, mit denen die Höhe des verfügbaren Einkommens oder die Art der Einkommensverwendung beeinflußt werden. Neben dem Einkommensteuerrecht haben selbstverständlich auch die Vorschriften zu Bemessungsgrundlage, Tarif und Freibeträgen bei der Erbschaftsteuer Konsequenzen für die Verteilung von Einkommen und Vermögen zwischen den Generationen. Gegebenenfalls läßt sich zudem mit Hilfe differenzierter Verbrauchsteuersätze oder spezieller Verbrauchsteuern ein Anreiz für mehr oder weniger Kapitalbildung und Vermögensakkumulation geben.

Wie bei der Behandlung der staatlichen Verteilungspolitik schon mehrfach angesprochen, sind Verteilungsziele der staatlichen Finanzpolitik keinesfalls immer ganz eindeutig feststellbar oder als solche formuliert. Sie stehen darüber hinaus nicht selten in einer Konkurrenzbeziehung zu anderen finanzpolitischen Zielen, so daß vielfach eher kürzerfristige Aspekte dominieren werden, die sich aus Sicht der politischen Entscheidungsträger rascher als Ergebnis des politischen Handelns interpretieren lassen. Daher finden neben der Erbschaftsteuer die anderen Steuern trotz ihrer tendenziellen Eignung kaum eine systematische Anwendung bei dem längere Zeitperioden umfassenden Komplex der Einflußnahme auf die Verteilung zwischen den Generationen.

4.4.2 Das Sozialsystem als Instrument der intergenerationellen Verteilung

Das System der sozialen Sicherung, das in Deutschland in den 80er Jahren des 19. Jahrhunderts entstand, verdankt seine Entstehung u.a. der Tatsache, daß es sich als Instrument der intergenerationellen Verteilung anbot und zur Lösung konkreter sozialpolitischer Probleme geeignet erschien. Der Industrialisierungsprozeß im 19. Jahrhundert, der mit Wanderungen großer Bevölkerungsgruppen, der zunehmenden Verstädterung und dem Trend zur Kleinfamilie (Zweigenerationenfamilie, d.h. Eltern und Kinder) verbunden war, hat die negativen Konsequenzen offenkundig gemacht, die mit fehlendem oder ausfallendem Einkommen einhergehen. Die sich unter (Konjunktur-)Schwankungen entwikkelnden Industriestaaten ließen deutlich erkennen, daß **Lebensabschnitte** von Menschen **immer auch Phasen der Nichterwerbstätigkeit** mit einschließen und daß deshalb **die im Erwerbsleben stehenden Personen** die **Versorgung für ihre anderen Lebensphasen** mit übernehmen sollten.

In traditionellen vorindustriellen Gesellschaften hatten einerseits Großfamilien diese Aufgabe übernommen oder sie wurde andererseits dem Sozialsystem der Kirchen überantwortet. Mit der größeren Dimension des Problems der Nichterwerbstätigkeit aus Gründen von Krankheit, Alter und Invalidität wurde die Frage der intergenerationellen Verteilung als Aufgabengebiet der staatlichen Politik dringlicher und durch die Sozialgesetzgebung als neu erkannte Aufgabe des Staates aufgegriffen. Hierbei lag das Schwergewicht auf den Systemen der **gesetzlichen Krankenversicherung** (1883) und der **gesetzlichen Rentenversicherung** (Invaliditäts- und Alterssicherung (1889)). Beide soziale Sicherungssysteme haben als Teilziel oder als Hauptziel den Ausgleich zwischen Lebensabschnitten der gleichen Personen, so daß Einkommensbeträge der Erwerbstätigen für die Phasen zurückgelegt werden, in denen wegen Krankheit oder Alter eine Erwerbstätigkeit nicht (mehr) möglich ist.

Diese sozialen Sicherungssysteme enthalten **daneben** aber auch Elemente einer größeren **Solidarhaftung der Versichertengemeinschaft**, so daß es **nicht nur** zu **Umverteilungen von Einkommen einer gleichen Person** über die Zeit hin kommt, **sondern** daß **auch Umverteilungen zwischen den Personen** der Versichertengemeinschaft eintreten. Der Aspekt der Solidarhaftung der Versichertengemeinschaft oder der Bevölkerung insgesamt spielte bei der noch im 19. Jahrhundert entstandenen **Unfallversicherung** (1884) sowie bei den erst im 20. Jahrhundert entstandenen Systemen der **Arbeitslosenversicherung** (1927) und der **Sozialhilfe** (die die traditionelle Armenpflege und die Sozialfürsorge abgelöst hat) eine größere Rolle, hinter der die Aufgabe des Einkommensausgleichs zwischen Lebensabschnitten der gleichen Person vielfach zurücksteht. Recht deutlich kommt der **intergenerationelle Ausgleichsgedanke** (bei der gleichen Person) aber wieder in der erst seit 1995 in Kraft getretenen **Pflegeversicherung** zum Tragen, mit der das Risiko der Pflege für die gesamte Bevölkerung abgesichert ist.

Das heutige System der Krankenversicherung enthält in dem für rd. 90 % der Bevölkerung entscheidenden System der **gesetzlichen Krankenversicherung (GKV)** einen deutlichen Aspekt der Umverteilung zwischen Generationen. Die **Beitragszahler finanzieren** mit ihrem Beitrag, der sich vorwiegend an ihren Bruttoerwerbseinkünften orientiert, nicht nur die Krankheitskosten für Kinder und Jugendliche, sondern tragen **in Form eines Umlageverfahrens** die höheren Gesundheitsausgaben der **älteren Versicherten** mit. Dadurch daß Rentner eine nachhaltig steigende Lebenserwartung besitzen und zudem wegen des Alters auch häufiger Leistungen der Krankenversicherung in Anspruch nehmen, zugleich aber nur einen Teilbetrag hiervon selbst finanzieren, ergibt sich ein beträchtlicher Zuschußbedarf, den die im Erwerbsleben Stehenden an die älteren Personen leisten. Dieses **Umlageverfahren umfaßt mehrere Generationen** und besteht in einer Einkommensumverteilung **zwischen Personen**. Die generelle Anwendung des Umlageprinzips in der gesetzlichen Krankenversicherung bedeutet zwischenzeitlich auch, daß Beitragszahler mit ihrem individuellen Beitrag faktisch keine Vorsorge für sich selbst in nachfolgenden Wirtschaftsperioden oder Lebensabschnitten treffen, sondern daß sie lediglich ihren Beitrag zur Verwendung für alle Ausgaben des Krankenversicherungssystems während der Periode der Beitragszahlung zur Verfügung stellen.

Die **private Krankenversicherung (PKV)** ist demgegenüber, zumindest was die Finanzierung von Krankheitskosten älterer Versicherter anbetrifft, anders strukturiert, da sie mit der Konzeption des **Kapitaldeckungsverfahrens** arbeitet und im Wege von **Altersrückstellungen** aus den laufenden Beiträgen der Mitglieder die zu erwartenden höheren Ausgaben für die späteren Jahre der Versicherten „anspart". Ältere Versicherte, die langjährig privat krankenversichert sind, zahlen somit im Alter einen geringeren Beitrag als sie dann durchschnittlich für die Kostendeckung der Versicherungsausgaben leisten müßten. Vom Ergebnis her - der Beitragshöhe von einerseits erwerbstätigen und andererseits nicht mehr erwerbstätigen, älteren Personen - erscheinen beide Systeme vergleichbar. Der Unterschied besteht gleichwohl darin, daß bei der **PKV** die jüngeren Mitglieder ihre eigenen Krankheitskosten im Alter vorfinanzieren und insoweit **bei den Personen** jeweils **selbst** ein **intergenerationeller Umverteilungsvorgang** stattfindet. Die **GKV** stellt dagegen mit dem Umlageverfahren von vornherein auf die Gesamtheit der Versicherten ab und führt zu einer **intergenerationellen Umverteilung** auch **zwischen unterschiedlichen Personen**.

Die **gesetzliche Rentenversicherung (GRV)** insgesamt (d.h. Rentenversicherung der Arbeiter, Rentenversicherung der Angestellten und Knappschaftliche Rentenversicherung) bildet den größten einzelnen Bestandteil des Sozialsystems in Deutschland. Wie unten noch näher dargestellt, machen die **Rentenzahlungen** rd. ein Drittel des Sozialbudgets aus. Sie **dienen** im wesentlichen **der intergenerationellen Umverteilung zwischen Personen**, zumal sie durchweg im Rahmen des **Umlageverfahrens** von Beitragszahlern an Rentenempfänger weitergeleitet werden, wobei die beteiligten Personenkreise in der Regel nicht der gleichen Generation angehören. Man spricht deshalb auch vom **„Generationenvertrag"**, mit dem die jüngere und die ältere Generation finanziell miteinander verbunden sind. Die Umverteilung betrifft im übrigen unterschiedliche Personen, findet mithin **zwischen Personen** statt, die nur durch ihre (Zwangs-)Mitgliedschaft in der Rentenversicherung eine Solidargemeinschaft bilden. Im übrigen enthält die GRV auch einige Elemente der Umverteilung innerhalb der Generationen selbst (Vgl. hierzu Börsch-Supan 1997, S. 198 ff).

Die **Rentenversicherung** war jedoch von ihrer **Konzeption im 19. Jahrhundert** her nicht als Umlagesystem vorgesehen, sondern sollte in Form des **Kapitaldeckungsverfahrens** für spezifische Beitragszahler eine individuelle Alterssicherung bereitstellen, die aus den angesparten Rentenbeiträgen besteht. Das **Kapitaldeckungsverfahren will** von seiten der Beitragszahlungen und der späteren Rentenzahlungen die **intergenerationelle Umverteilung auf die gleichen Personen konzentrieren** und möchte zunächst die Solidargemeinschaft außer durch Einbeziehung in der Form des allgemeinen Versicherungsprinzips nicht in das Rentensystem einbinden. Diese Absicht erfaßt aber nur eine Wirkung des Rentensystems in der Volkswirtschaft.

Tatsächlich sind Beitragszahlungen zum Rentensystem nicht nur eine Minderung der Konsumausgaben in der gleichen laufenden Periode, sondern auch ein Mehrangebot an Kapital, das auf die Kapitalmärkte zufließt und der Akkumulation des Kapitalstocks für die späteren Renten dienen soll. Ein bereits viele Jahre existierendes Kapitaldeckungsverfahren muß daneben die laufenden Rentenzahlungen wiederum dem Kapitalstock entnehmen, was einer Mehrnachfrage nach Kapital entspricht. Bei einer stationären Bevölkerung sind beide Ströme gleich, so daß der Kapitalstock wie ein Umweg im Rahmen eines Umlageverfahrens wirkt. Mit der Auszahlung der Renten ergibt sich in jedem Fall für die Rentenbezieher die Möglichkeit zur Steigerung der Konsumausgaben, so daß als volkswirtschaftlicher Effekt lediglich die geänderte Zusammensetzung der Konsumausgaben erscheint - Beitragszahler mindern ihren Konsum nicht notwendigerweise bei den gleichen Gütern, wie sie von den Rentenempfängern zusätzlich nachgefragt werden.

Ergänzend zu dieser vereinfachten Möglichkeit des **Vergleichs von Umlage- und Kapitaldeckungsverfahren**, aus dem **kein wesentlicher volkswirtschaftlicher Unterschied** der Verfahren und auch keine Unterschiede in der intergenerationellen Verteilung ersichtlich sind, müssen für fundiertere Vergleiche zwei weitere Aspekte berücksichtigt werden. **Zum einen** können sich **Zinsveränderun-**

gen mit weiteren volkswirtschaftlichen Konsequenzen ergeben, wenn statt des Umlageverfahrens ein Kapitaldeckungsverfahren für die Alterssicherung benutzt wird. Diese Zinsveränderungen können daraus resultieren, daß **beim Kapitaldeckungsverfahren Kapitalangebot und Kapitalnachfrage** durch die Zahlungsströme von Beiträgen und Renten **nicht übereinstimmen müssen**. Jede beliebige Konstellation ist hierbei möglich. Es kommt möglicherweise gewichtiger hinzu, daß **beim Kapitaldeckungsverfahren** im Verhältnis zum Umlageverfahren die **Sparneigung** und damit das Kapitalangebot **höher** sein kann, da die Beitragszahler einen direkten Zusammenhang zwischen Alterssicherung und Beitragshöhe erkennen, der beim Umlageverfahren so nicht existiert, weil dort die fehlende eigene Vorsorge durch die Umlage kompensiert wird. Dieser Unterschied gilt allerdings nur, wenn das Umlagesystem über seine Festsetzung der Zwangsbeiträge nicht bereits eine Höhe erreicht hat, die ohnehin über dem Niveau liegt, das für ein langfristig geplantes Kapitaldeckungsverfahren erforderlich ist. Schließlich können sich **Zinswirkungen** mit entsprechenden volkswirtschaftlichen Einflüssen dadurch ergeben, daß die Anlage des Kapitals (und auch seine Auflösung) **beim Kapitaldeckungsverfahren** nicht nur in nationalen Anlageformen (assets) erfolgen muß. Durch **internationale Diversifizierung** könnten die **Vermögensanlagen** eventuell eine höhere Rendite erzielen und damit die Dimensionen der Finanzströme des Alterssicherungssystems beeinflussen.

Neben den erwähnten jedoch nicht eindeutig in ihrer Richtung einzuordnenden **Zinswirkungen hat das Kapitaldeckungsverfahren** mögliche volkswirtschaftliche **Konsequenzen** dadurch, daß es sich **im ökonomischen Verhalten** der Wirtschaftssubjekte auswirkt und dabei zu Änderungen führt, die sich im Verhältnis zum Umlagesystem durchaus bemerkbar machen können. Die Verhaltensänderungen beruhen darauf, daß ein **angesparter Kapitalstock als individuelles Vermögen** gewertet werden kann, das je nach der Konstruktion des Systems auch für eine Beleihung oder eine (teilweise) Vererbung zur Verfügung stehen könnte. Einzahlungen in ein Umlagesystem sind dagegen sofort verbraucht. Die mit der Einzahlung zu erreichende Anwartschaft auf die spätere Alterssicherung bleibt im allgemeinen nicht belegbar und sie steht den Wirtschaftssubjekten nicht für eigenständige ökonomische Handlungen zur Disposition.

Die ergänzenden Anmerkungen zu den beiden Alterssicherungssystemen wären noch zu erweitern um die Problematiken der sich verändernden Bevölkerungsstruktur mit der in Deutschland anhaltenden Erhöhung des Altersquotienten bei tendenziell schrumpfender Bevölkerung und der Situation auf dem Arbeitsmarkt, die wegen der Minderauslastung des Erwerbspersonenpotentials zu einer geringeren Zahl von Beitragszahlern für die Rentenversicherung führt. Gleichfalls müßten die Ergebnisse des Kapitaldeckungsverfahrens daraufhin überprüft werden, ob der Beitrag in gleicher Höhe oder in einem anderen Ausmaß mittels staatlichem Zwang zu leisten ist wie im geltenden Umlageverfahren. Für definitive Aussagen über Vergleiche zwischen beiden Systemen sind mithin Modelle mit einem engen Rahmen von Annahmen erforderlich, wie sie sich in der entsprechenden Literatur finden (Vgl. beispielsweise Börsch-Supan 1997 und die dort zitierte Literatur sowie Külp 1991). Die aus den Modellen abzuleitenden Konsequenzen für die intergenerationelle Verteilung sind dabei ihrerseits keinesfalls deckungsgleich, so daß sich daraus unterschiedliche oder zumindest interpretationsfähige Ergebnisse herauslesen lassen.

Das Alterssicherungssystem umfaßt neben der gesetzlichen Rentenversicherung (GRV) auch die **staatlichen Pensionen für Beamte**. Hierfür wird auf ein **„erweitertes“ Umlagesystem** zurückgegriffen. Die Erweiterung besteht darin, daß sich an der Finanzierung der Pensionen nicht nur aktiven Beamten beteiligen, sondern die Steuerzahler insgesamt, die mit ihren Steuern nach dem Gesamtdeckungsprinzip zu allen Staatsausgaben und damit auch zu den Pensionszahlungen beitragen. Es tritt hierbei **grundsätzlich** eine **intergenerationelle Umverteilung** auf, die sich allerdings nicht auf einen Finanzstrom von den Erwerbstätigen zu den Pensionären beschränkt, sondern wegen der Steuerfinanzierung alle anderen Gruppen von Steuerzahlern und nicht zuletzt die Pensionäre selbst mit umfaßt, da diese in der Regel neben den Verbrauch- auch Einkommensteuern zahlen. Der Umverteilungseffekt zwischen den Generationen kommt insoweit nur eingeschränkt zum Tragen. Die intergenerationelle Umverteilung erstreckt sich im übrigen in erster Linie auf unterschiedliche Personen.

Die Zusatzversorgung im öffentlichen Dienst beruht ebenfalls auf einem Umlagesystem und führt zu einer intergenerationellen Umverteilung von den aktiven Bediensteten zu den Ruheständlern.

Die **Pflegeversicherung** greift für die in der GKV versicherten Personen vorrangig auf das Umlageverfahren zurück und stützt sich für den Teil der Bevölkerung, der nicht bei der GKV pflichtversichert ist, auf die private Pflegeversicherung, die mit dem Kapitaldeckungsverfahren arbeitet. In jedem Fall kommt es durch die Pflegeversicherung zu einer intergenerationellen Umverteilung, die einen Großteil der Bevölkerung mit einbezieht.

4.4.3 Das Konzept des „Generational Accounting“

Das Konzept des **„Generational Accounting“** geht von der zutreffenden Überlegung aus, daß das finanzpolitische **Handeln** und Wirken **des Staates** sich **nicht in den jährlichen Finanzströmen** von Einnahmen und Ausgaben sowie in dem daraus folgenden Defizit (oder dem Überschuß) einer laufenden Periode **erschöpft**. Vielmehr steht gerade der Staat in einem längerfristigen Zusammenhang und hat deshalb nicht nur eine Budgetrestriktion in einem Jahr zu beachten. **Der Staat muß eine intertemporale Budgetrestriktion berücksichtigen**, wonach die abdiskontierten Nettosteuerzahlungen der gegenwärtigen und der künftigen

Generationen ausreichen müssen, um sowohl den Gegenwartswert des künftigen Staatsverbrauchs als auch die Rückzahlung der anfänglichen Nettoverschuldung des Staates zu finanzieren. Mit Hilfe von „Generational Accounts“ oder Generationenkonten werden die längerfristigen Wirkungen der vom Staat ausgelösten Finanzströme erfaßt. **Generationenkonten zeigen die Gegenwartswerte der Nettozahlungen** (Steuern abzüglich Transfers) auf, **die jede Generation jetzt und in der Zukunft zu erwarten hat**. Die Generationenkonten umfassen nicht nur die existierenden Generationen, sondern beziehen auch die Zahlungslasten der künftigen Generationen ein. Über die intertemporale Budgetrestriktion wird zudem deutlich, daß diejenigen Staatsausgaben, die von heutigen Generationen nicht bezahlt werden, als Zahlungslasten auf künftige Generationen zukommen.

Das Konzept des „Generational Accounting“ ist von Auerbach, Gokhale und Kotlikoff (1991) entwickelt und u.a. in einem Aufsatz aus dem Jahr 1994 (Auerbach, Gokhale, Kotlikoff 1994) einem weiteren Leserkreis vermittelt worden. Das Konzept geht bewußt ab von der kurzfristigen, jahresbezogenen Betrachtung der Finanzströme des Staates, die in vielen Keynesianischen Analysen im Vordergrund steht und die dem Risiko ausgesetzt ist, unzutreffend oder zumindest unzureichend zu sein, was u.a. auch die Theorie der rationalen Erwartungen hervorhebt, die ihrerseits den Analysezeitraum nicht auf ein Jahr beschränkt. Das **„Generational Accounting“** stellt darüber hinaus **nicht nur global** die **längerfristige Budgetrestriktion** für die Analyse des Staatshandelns in den Vordergrund, **sondern** arbeitet nicht unwesentliche **Strukturinformationen** heraus und erfaßt **intergenerationelle Umverteilungen in einem** relativ breit angelegten und **geschlossenen Ansatz**, der Steuern, Transfers und die Staatsverschuldung umfaßt. Die in den vorangegangenen Teilabschnitten (4.4.1 und 4.4.2) behandelten Problemstellungen konnten insoweit nur beispielhaft und an begrenzten Sachverhalten die Umverteilung zwischen den Generationen als finanzpolitische Aufgabe oder Handlungsmöglichkeit darstellen. **Das Konzept des „Generational Accounting“** läßt sich im übrigen nicht nur für eine bessere Analyse der intergenerationellen Verteilungswirkungen des Staatsdefizits oder der Staatsverschuldung verwenden, obwohl damit zunächst vorrangig dieser Frage nachgegangen wurde und es unter dieser engeren Sicht in die deutsche Literatur Eingang gefunden hat (Vgl. v. Weizsäcker 1997). Das Konzept **eignet sich** vielmehr (nach noch vorzunehmenden Erweiterungen um die intergenerationellen Umverteilungswirkungen von öffentlichen Gütern) **für** die Untersuchung der **Verteilungswirkungen, die der Staat mit seinen Aktivitäten insgesamt** zwischen den Generationen **auslöst** oder beeinflußt.

Die Darstellung des Konzepts des **„Generational Accocunting“** bei Auerbach, Gokhale und Kotlikoff **(1994)** beginnt mit der Formulierung der **intertemporalen Budgetrestriktion**. Danach gilt, daß die Summe des Gegenwartswerts der noch zu erwartenden Nettosteuerzahlungen der gegenwärtig lebenden Generationen zuzüglich des Gegenwartswerts der Nettosteuerzahlungen der künftigen Generationen gleich sein muß dem Saldo aus dem Gegenwartswert des künftigen Staatsverbrauchs und dem anfänglichen Nettovermögen des Staates (ibid., S. 75). Für die Finanzpolitik ergeben sich nach dieser Restriktion eindeutige Begrenzungen. Bei gegebenem Gegenwartswert des künftigen Staatsverbrauchs führt eine Verringerung des Gegenwartswerts der Nettosteuerzahlungen der gegenwärtig lebenden Generationen zwangsweise zu einer Erhöhung des Gegenwartswerts der Nettosteuerzahlungen künftiger Generationen. Deren steuerliche Belastung läßt sich andererseits auch nur dann zutreffend erkennen, wenn das künftige Staatsausgabeverhalten und die Steuerzahlungen bekannt sind, die von den bereits lebenden Generationen erwartet werden können.

Zur Umsetzung und Anwendung der Budgetrestriktion auf konkrete finanzpolitische und intergenerationelle Fragen ist es erforderlich, **Generationenkonten** zu berechnen. Die Autoren haben hierzu die lebende Generation nach Alter und Geschlecht strukturiert und getrennt für die Altersgruppen (von 0- bis 90-jährigen) der beiden Geschlechter Generationenkonten ermittelt. Die Generationenkonten erfassen auf der Grundlage gegenwärtiger Steuer- und Transferverhältnisse die durchschnittlichen Steuerlasten und Transferbezüge jeder Generation für jedes Jahr, in dem Mitglieder der Generation noch am Leben sind (ibid., S. 77). Für künftige Generationen werden offizielle Bevölkerungsprognosen verwendet, und es wird die Annahme benutzt, daß sich wesentliche Steuer- und Transferprogramme gleichförmig mit der Bevölkerungsentwicklung und dem Produktivitätswachstum verändern. Der Gegenwartswert des künftigen Staatsverbrauchs geht einerseits aus von den bekannten Staatsausgabenprogrammen und ordnet soweit wie möglich die Ausgaben drei Altersgruppen zu (den Jungen, dem mittleren Alter und den Alten); „reine" öffentliche Güter kommen allen Altersgruppen gleichermaßen zugute. Über den Prognosezeitraum sollen die öffentlichen Ausgaben insgesamt mit dem Produktivitätswachstum steigen. Für das Errechnen der Gegenwartswerte wird ein Zinssatz von 6 % unterstellt. Das Nettovermögen wird schließlich nur in Form des Finanzvermögens erfaßt und als Summe der staatlichen Defizite (einer negativen Größe) ausgewiesen (ibid. S.77-79).

Für die im Jahr 1991 **lebende Bevölkerung** der USA zeigt sich zunächst ein deutlicher **intergenerationeller Verteilungseffekt**, insoweit als der Gegenwartswert der künftigen Steuerzahlungen von Personen im jüngeren und im mittleren Alter den Gegenwartswert ihrer zu erwartenden Transfers übersteigt. Den höchsten Wert der künftigen Nettozahlungen kann man bei 30jährigen männlichen und bei 25jährigen weiblichen Personen feststellen. Die ältere Bevölkerung wird entsprechend zum Nettoempfänger staatlicher Finanzströme.

Wegen der intertemporalen Budgetrestriktion ergibt sich zudem **für künftige Generationen** ein **Ansteigen der Belastungen um** durchschnittlich **111,1 % gegenüber den 0-jährigen** des Jahres 1991 (ibid., S.79-82). In einer längerfristigen Perspektive läßt die Modellanwendung erkennen, daß die im Jahr 1900 geborenen Personen eine Nettosteuerrate oder einen Lebenszeitsteuersatz von rd. 22 % zu tragen hatten. Dieser Satz ist für spätere Geburtsjahrgänge angestiegen und liegt in den 90er Jahren bei rd. 34 %. Aufgrund der bis zum Jahr 1991 aufgelaufenen staatlichen Verpflichtungen haben sich Finanzierungslasten kumuliert, die unter den Modellannahmen dazu führen, daß **künftige Generationen** mit einem **Lebenszeitsteuersatz von 71 %** für ihr über das ganze Leben hin zu erwartendes Erwerbseinkommen rechnen müssen (ibid., S. 85-86). Unabhängig davon, ob die Modellkonstruktion in allen Annahmen plausibel erscheint, sind derartige Ergebnisse der intergenerationellen Lastenverteilung neu und aussagekräftig und sind in jedem Fall ein Beleg für ökonomische Zusammenhänge, die sich allein mittels bisheriger kurzfristiger Analysen oder Maßgrößen nicht hätten verdeutlichen lassen.

Die Deutsche Bundesbank hat zwischenzeitlich das Konzept des **„Generational Accounting"** auch **auf deutsche Verhältnisse angewandt** (Deutsche Bundesbank, Monatsbericht November 1997). Für die deutsche Volkswirtschaft stellt sich das Problem der Lastenverteilung zwischen den Generationen noch nachhaltiger als für die USA, die mit einem dauerhaften Bevölkerungswachstum rechnen können. In Deutschland ist jedoch eine schrumpfende Bevölkerung zu erwarten, bei der gleichzeitig der Anteil der älteren Jahrgänge, die üblicherweise Nettotransferempfänger sind, wegen der steigenden Lebenserwartung zunimmt, so daß die vorhandenen Finanzierungslasten aus der Gegenwart und die in der Zukunft noch entstehenden auf immer weniger Schultern verteilt werden müssen. Die Deutsche Bundesbank geht von den Basisdaten des Jahres 1996 aus, unterstellt ein Produktivitätswachstum von 2 %, einen Diskontierungsfaktor von 4 %, rechnet mit einer Bevölkerungsveränderung auf rd. 57 Mio. Personen bis zum Jahr 2100 und legt einen staatlichen Vermögensbestand im Basisjahr zugrunde, bei dem die finanziellen Forderungen und die Sachanlagen mit der Verschuldung saldiert sind (ibid., S. 22-23).

Für die lebenden Generationen des Basisjahres 1996 ergibt die Modellrechnung der Bundesbank ein ausgeprägtes altersabhängiges Muster der Nettobelastungen durch den Staat. Kinder und Jugendliche erhalten Nettozahlungen vom Staat, wobei sich insbesondere das Kindergeld auswirkt. Die im Erwerbsleben stehenden Personen tragen als Nettozahler zu den Finanzierungslasten des Staates bei. Ihre Zahlungen folgen weitgehend der Veränderung des Einkommens und liegen für Männer deutlich höher als für Frauen. Schon im mittleren Alter erhalten die Personen wieder positive Nettotransferzahlungen vom Staat, die für die 60 bis 70-jährigen am höchsten ausfallen. Tabelle 21 gibt die Generationenkonten wieder. Die in **Tab. 21** ausgewiesenen Zahlungen sind die auf das Basisjahr abdiskontierten zu erwartenden Zahlungen für die einzelnen Altersjahrgänge in ihrer restlichen Lebenszeit. Sie stellen einen Aspekt der **intergenerationellen Umverteilung** durch den Staat dar, und zwar den **für die im Basisjahr lebende Bevölkerung**. Den besten Gesamteindruck über die dauerhaften finanziellen Verpflichtungen und Vorteile durch staatlichen Finanzströme vermitteln dabei die Werte für die im Basisjahr Geborenen oder 0-jährigen, denn sie spiegeln den Gesamtumfang der staatlichen Abgaben und Leistungen wider. Die im Basisjahr geborenen männlichen Personen haben staatliche Abgaben in Höhe von 908 Tsd. DM zu leisten und können mit Transfers in Höhe von 491 Tsd. DM rechnen. Bezieht man die Nettobelastung auf das zu erwartende Lebenseinkommen, läßt sich ein **Lebenszeitsteuersatz** von 28 % errechnen. Bei weiblichen Neugeborenen liegt der Lebenszeitsteuersatz nur bei etwa 16 %.

Tab. 21: Struktur der Generationenkonten

Alter am Jahresende 1996	Männer			Frauen		
	Abgaben	Transfers	Netto-belastung	Abgaben	Transfers	Netto-belastung
	Tsd. DM					
0	908	491	417	482	393	89
5	948	488	460	511	397	114
10	996	490	506	544	403	141
15	1.062	498	564	587	412	175
20	1.096	507	590	612	422	190
25	1.026	487	540	595	418	176
30	916	477	439	560	412	148
35	811	482	330	509	400	109
40	682	487	195	457	415	43
45	546	504	42	396	425	- 29
50	404	535	- 131	314	460	- 146
55	258	555	- 297	223	469	- 246
60	158	558	- 401	158	471	- 313
65	116	511	- 395	121	440	- 318
70	91	427	- 336	91	391	- 300
75	66	338	- 272	65	313	- 248
80	50	294	- 244	55	294	-239
85	33	221	- 244	37	207	- 170
90 und älter	8	65	- 58	8	51	- 44

Quelle: Deutsche Bundesbank: Monatsbericht November 1997, S. 24

Die Fortrechnung der Generationenkonten für künftige Generationen ergibt bei Konstanz der gegenwärtigen Finanzpolitik, daß **künftige Generationen** eine **um 140 Prozent höhere Nettosteuerbelastung** zu tragen haben als 1996 Geborene, so daß der Lebenszeitsteuersatz für Männer beispielsweise auf 67 % und der für Frauen auf 38 % ansteigt (ibid., S. 24 - 25).

Die Untersuchung der Bundesbank stellt schließlich anhand einiger **Musterrechnungen** dar, **wie** sich die offenkundigen **intergenerationellen Belastungsunterschiede** (gemessen am zu erwartenden Lebenszeitsteuersatz) **reduzieren** ließen. **Drei** unterschiedliche **Möglichkeiten werden** dabei **geprüft**, die als Einzelmaßnahmen jeweils sehr weitgehend wären, jedoch das Ausmaß des Anpassungs- oder Veränderungsbedarfs verdeutlichen sollen, das erforderlich ist, um die Belastungen zwischen lebenden und künftigen Generationen einander anzunähern. **Zum einen** wird mit einer **Erhöhung des Beitragssatzes zur gesetzlichen Rentenversicherung** auf 28,5 % gerechnet, um die angesichts der demografischen Entwicklung steigenden Ausgaben für künftige Rentenzahlungen finanzieren zu können. Hierdurch verringern sich die intergenerationellen Belastungsunterschiede. Künftige Generationen hätten gegenüber der Ausgangssituation **nur noch eine um 70 % höhere Nettosteuerbelastung** zu erwarten. Verbunden damit wäre allerdings ein höherer Lebenszeitsteuersatz der im Ausgangsjahr lebenden Generation, insbesondere der im Basisjahr Geborenen, die sich an der Erhöhung des Beitrags zur Rentenversicherung beteiligen müßten.

Zum anderen wird eine **Erhöhung der Steuerlast um rd. 30 %** unterstellt, wodurch die volkswirtschaftliche Steuerquote auf 30 % ansteigen würde. Hiermit könnte das Ziel erreicht werden, die **Nettosteuerbelastung** zwischen **der** heutigen Bevölkerung und den **künftigen Generationen völlig anzugleichen**. Die bereits lebenden Generationen müßten sich damit aber ebenfalls schon an der höheren Steuerlast beteiligen und hätten dementsprechend mit höheren Lebenszeitsteuersätzen als im Basisjahr zu rechnen (34 % für Männer statt 28 %).Dieses Niveau der Lebenszeitsteuersätze würde dann für die künftigen Generationen fortbestehen.

Schließlich nimmt die Untersuchung der Bundesbank eine **Senkung der Leistungen der Alterssicherung um 38 %** an, die neben den Renten auch die Beamtenpensionen mit umfaßt. Daraus würde wiederum eine **völlige Annäherung der Belastungsverhältnisse** von gegenwärtig lebenden und künftigen Generationen resultieren, allerdings ist damit erneut bereits eine Erhöhung des Lebenszeitsteuersatzes der im Basisjahr lebenden Bevölkerung verbunden (ibid., S. 28 -29), der dann für die künftigen Generationen weiterhin gilt.

Die Ergebnisse, die mit dem Konzept des „Generational Accounting“ für die deutschen Verhältnisse gefunden wurden, stehen unter den Vorbehalten, die mit einer Reihe von Modellannahmen zu machen sind. Gleichwohl zeigen sie eindrucksvoll grundsätzliche Probleme der intergenerationellen Verteilung und der Belastungsunterschiede zwischen lebenden und künftigen Generationen auf, die in dieser Weise sonst nicht und vor allem nicht quantitativ zu verdeutlichen gewesen wären. Das **„Generational Accounting“** dient unmittelbar dazu, die Verteilungs- und **Umverteilungsprozesse zwischen den Generationen** zu erfassen und beschränkt sich dabei keineswegs nur auf die Untersuchung der Belastungsverschiebungen, die mit staatlichen Kreditaufnahmen verbunden sind. Das Konzept ist weitergehender und kann mit entsprechenden Ergänzungen das **Staatshandeln insgesamt in seinen intergenerationellen Verteilungswirkungen erfassen**. Die dabei verwendete ökonomische Grundüberlegung besteht in der Berücksichtigung einer Bilanzrestriktion über die Zeit hin und ist damit eine Anwendung ökonomischen Denkens, das immer von Knappheitsrestriktionen auszugehen hat, sofern Grundprinzipien der Disziplin nicht aufgegeben werden. Manche kurzfristig orientierten Betrachtungsweisen, die sich mit der Betrachtung von Finanzströmen oder Salden der Ströme in einem Jahr begnügen, stehen immer in der Gefahr, grundlegende ökonomische Knappheitsrestriktionen zu übersehen, womit den Aussagen die ökonomische Basis entzogen ist. Das Konzept des „Generational Accounting" hat somit einen Verdienst auch in der Rückbesinnung auf grundsätzliche Vorgehensweisen der ökonomischen Analyse.

4.5 Sozialpolitik

4.5.1 Aufgabenstellungen der Sozialpolitik

Die staatliche Sozialpolitik in Deutschland beruht ganz allgemein auf dem **Sozialstaatsgebot des Artikels 20, Abs. 1 des Grundgesetzes**, wonach die Bundesrepublik Deutschland ein demokratischer und sozialer Bundesstaat ist. Dieses Sozialstaatsgebot des Grundgesetzes wird in einer Reihe von weiteren Normen interpretiert und inhaltlich näher bestimmt. An erster Stelle ist hierbei das **Sozialgesetzbuch (SGB) aus 1975** anzuführen, das im **SGB 1** - Allgemeiner Teil - im Artikel I unter § 1, Abs. 1 seine Aufgabenstellung wie folgt definiert: „Das Recht des Sozialgesetzbuches soll zu Verwirklichung sozialer Gerechtigkeit und sozialer Sicherheit Sozialleistungen einschließlich sozialer und erzieherischer Hilfen gestalten. Es soll dazu beitragen,

ein menschenwürdiges Dasein zu sichern,
gleiche Voraussetzungen für die freie Entfaltung der Persönlichkeit, insbesondere auch für junge Menschen zu schaffen,
die Familie zu schützen und zu fördern,
den Erwerb des Lebensunterhaltes durch eine frei gewählte Tätigkeit zu ermöglichen und
besondere Belastungen des Lebens, auch durch Hilfe zur Selbsthilfe, abzuwenden oder auszugleichen."

Das Sozialgesetzbuch sowie mehrere Einzelgesetze, die nach Artikel II SGB 1, § 1 enumerativ erwähnt sind (u.a. das Bundessozialhilfegesetz, BSHG), stellen nicht nur **sozialpolitische Ziele** auf, sondern **ergänzen** diese **um soziale Rechte** (SGB 1, Art. I, § 2, Abs. 1), die zwar nur insoweit zu Ansprüchen führen können, als „deren Voraussetzung und Inhalt durch die Vorschriften der besonderen Teile dieses Gesetzes im einzelnen bestimmt sind.“ Gleichwohl fordert Abs. 2 der gleichen Vorschrift u.a., daß bei der Auslegung der Vorschriften und bei der Ausübung des Ermessens, das von Einzelnormen zugelassen wird, die sozialen Rechte möglichst weitgehend verwirklicht werden. Zu den sozialen Rechten zählen hierbei nicht nur die im Gesetz vorgesehenen Dienst-, Sach- und Geldleistungen (Sozialleistungen), sondern auch Aufklärung, Beratung und Auskunft durch die Leistungsträger (SGB 1, Art. I, §§ 11 - 15).

In diesen Grundnormen der Sozialpolitik kommen bereits einige für die **Sozialpolitik** tragende **Prinzipien** zum Ausdruck. Die staatliche Sozialpolitik beruht auf der **Grundüberlegung**, daß **der Einzelne** in der modernen Gesellschaft **nicht in der Lage** ist, **für alle Wechselfälle** des Lebens wie Krankheit, Invalidität, Arbeitslosigkeit oder Alter **individuell Vorsorge zu treffen**. Einzelne Personen oder einzelne Familien könnten zwar freiwillig einen individuellen Versicherungsschutz anstreben. Eine solche nach dem **Individualprinzip** aufgebaute Versicherung läßt sich jedoch nur für Risiken realisieren, die von ihrem Eintritt und ihrer Wahrscheinlichkeit her eingrenzbar sind. Selbst dann stößt das **Versicherungsprinzip** auf weitere Grenzen, die darin bestehen können, daß der Versicherungsschutz nicht ausreicht, ein menschenwürdiges Leben zu führen oder daß Risiken hinzutreten, die sich wie Kriege, Katastrophen und weitgehend auch die Arbeitslosigkeit einer versicherungsmathematischen Kalkulation entziehen. Der Staat tritt dann nach dem Sozialprinzip ein. Zudem strebt der Staat meritorische Ziele an, wie z.B. Ausbildung oder berufliche Qualifikation, Familienförderung und die Alterssicherung, die gegebenenfalls von einzelnen mangels eines entsprechend langfristigen Erwartungshorizonts nicht hinreichend selbst verfolgt werden, so daß sich erst über finanzielle Anreize oder über Zwang ein aus Sicht des Staates gewünschtes Versorgungsniveau ergibt. Damit kann er unter Umständen auch dazu verhelfen, künftige soziale Notlagen zu reduzieren und deren finanzielle Folgen für die Betroffenen und die Allgemeinheit zu vermeiden oder geringer zu halten.

Der Staat handelt mithin u.a. nach dem **Solidaritätsprinzip**. Aus der Erkenntnis der wechselseitigen Verbundenheit zwischen einzelnen Personen und den Mitgliedern der Gesellschaft insgesamt ergibt sich ein Zusammengehörigkeitsgefühl, das beispielsweise im Rahmen von Versicherungen dazu beiträgt, gemeinsame Risiken zu tragen und gegenseitig auszugleichen. Die vom Staat auch mittels Zwang eingerichteten Versicherungen bauen auf dem Solidaritätsprinzip auf, wobei der Zwang insoweit erforderlich erscheint, als sich größere Solidargemeinschaften in ihrer Eigenschaft als große Gruppen auf rein freiwilliger Basis nicht mehr gut organisieren lassen.

Die Sozialpolitik des Staates orientiert sich daneben an dem **Subsidiaritätsprinzip**. Danach soll eine größere Entscheidungs- oder Wirtschaftseinheit wie der Staat keine Aufgaben an sich ziehen, die eine kleinere Einheit wie die Familie oder eine einzelne Person mindestens gleich gut lösen kann. Selbsthilfe steht also vor der Fremdhilfe, bzw. Hilfen sollen darauf beschränkt sein, die Selbstverantwortung zu fördern, allerdings auch sie gegebenenfalls erst zu ermöglichen. Um dies zu erreichen, hat der Staat mit sozialpolitischen Maßnahmen für seine Mitglieder einzutreten und letztendlich auch dann bereitzustehen, wenn einzelne Personen oder Gruppen trotz der Hilfen nicht in der Lage sind, bzw. in die Lage versetzt werden können, ihre eigenen Angelegenheiten so zu regeln, daß ihr menschenwürdiges Dasein gesichert ist. Das Subsidiaritätsprinzip entspricht insoweit dem **Sozialstaatsprinzip** (Vgl. Lampert 1996, S. 403; Blüm 1997, S. 26). Danach ist der Staat nicht nur für die Gestaltung des Sozialsystems zuständig, sondern dazu verpflichtet, die materiellen Voraussetzungen für die Inanspruchnahme menschlicher Grundrechte, z.B. Würde des Menschen (Art. 1 GG) und freie Persönlichkeitsentfaltung (Art. 2 GG), zu schaffen.

Die Aufgabenstellungen der Sozialpolitik nach dem Sozialstaatsprinzip sind recht weitgehend angelegt, da sie die Lebenslage der Menschen insgesamt und nicht nur ihre rein materielle oder physisch-technische Existenz ansprechen. Wegen der Vielfalt der damit verbundenen Einzelfragen, der einzelnen Lebensumstände der Personen, der sich über die Zeit hin ändernden Risiken und der wirtschaftlichen sowie allgemeinen politischen Entwicklungen verfolgt der Staat die sozialpolitischen Aufgaben mit unterschiedlichen Schwerpunkten. Dabei richtet er an unterschiedliche Prinzipien aus. So benutzt er u.a. das **Versicherungsprinzip** als eine Vorgehensweise, bei der individuelle Sachverhalte, z.B. Beiträge, Grundlage für mögliche oder zu erwartende äquivalente Leistungen sind. Im Extrem werden Versicherungen nach dem **Individualprinzip** abgeschlossen, und die Leistungen aus dem Versicherungsvertrag entsprechen dem **Äquivalenzprinzip**. Die Ausgestaltung einer Versicherung als Zwangsversicherung führt hierbei zu keiner grundsätzlichen Beeinträchtigung dieser Prinzipien, sie muß zumindest hieran nichts wesentliches verändern.

Das Sozialsystem des Staates beruht aber keineswegs nur auf Versicherungen, sondern hat dieses Prinzip ergänzt um das **Versorgungsprinzip**. Die Kosten der Risikoabsicherung werden danach nicht von den Leistungsempfängern getragen, sondern von der größeren Solidargemeinschaft des Staates insgesamt. Der Staat setzt in diesem Zusammenhang mithin laufende Steuermittel ein, um spezifische Sozialleistungen zu finanzieren. Beispiele hierfür sind Beamtenpensionen (bisher), die Kriegsopferversorgung, der Bundeszuschuß zur Rentenversicherung. Fehlende eigene Beitragsleistungen zur sozialen Aufgabe liegen auch vor, wenn der Staat im Rahmen des **Fürsorgeprinzips** tätig wird. Beispielhaft läßt sich das Fürsorgeprinzip an der Sozialhilfe darstellen, die allein auf den Notstand des einzelnen abstellt, der also: „seinen notwendigen Lebensunterhalt nicht oder nicht ausreichend aus eigenen Kräften und Mitteln, vor allem aus seinem Einkommen und Vermögen, beschaffen kann“ (§ 11, Abs. 1 BSHG). Wie beim Versorgungsprinzip tritt zur Finanzierung des Fürsorgeprinzips die Solidargemeinschaft des Staates insgesamt auf und stellt die Mittel aus Steuern zur Verfügung. Die Prinzipien können sich im Einzelfall, d.h. bei Personen oder Leistungsarten, durchaus überlagern und ergänzen.

Die **Aufgabenstellungen der staatlichen Sozialpolitik** werden im Rahmen einer **Fülle von Einzelnormen** angegangen. Das Sozialgesetzbuch enthält davon keineswegs alle Sachverhalte, sondern beschränkt sich im wesentlichen auf die Sozialversicherung. Es ist im übrigen schwer, einen abschließenden Katalog sozialpolitischer Aufgaben darzustellen, zumal Sozialpolitik immer auch verteilungspolitische Absichten verfolgt, die Verteilungspolitik ihrerseits aber nicht auf wenige finanzpolitische oder sozialpolitische Maßnahmen des Staates beschränkt ist. **Aus dem großen Aufgabenbereich der staatlichen Sozialpolitik können im vorliegenden Lehrbuch** mithin **nur wenige Bausteine herausgegriffen werden**, um daran die Grundüberlegungen der Sozialpolitik deutlich zu machen und wirtschaftliche Dimensionen und Entwicklungen aufzuzeigen. Wir beschränken uns daher auf einige Grundzüge der **Sozialhilfe und** der **Sozialversicherung**. Diese sind Bestandteile des **Sozialbudgets**, mit dem schließlich die finanzielle Dimension der staatlichen Sozialpolitik insgesamt in Deutschland erläutert werden soll.

4.5.2 Die Sozialhilfe

Die **Sozialhilfe stellt eine soziale Grundsicherung dar**, die für die Bevölkerung zur Verfügung steht, wenn andere Sozialleistungssysteme keine oder keine ausreichenden Leistung (mehr) vorsehen. Die Empfänger von Sozialhilfe sollen ein Leben führen können, „das der Würde des Menschen entspricht." (§ 1, Abs. 2 BSHG). „Sozialhilfe erhält nicht, wer sich selbst helfen kann oder wer die erforderliche Hilfe von anderen, besonders von Angehörigen oder von Trägern anderer Sozialleistungen, erhält." (§ 2, Abs. 1 BSGH). Insoweit ist die **Sozialhilfe** subsidiär zu anderen Quellen **für das Bestreiten des Lebensunterhalts auf einem kulturabhängigen Mindestniveau**.

Die Grundsicherung des Menschen vor Armut, die unabhängig von fremdem oder eigenem Verschulden eintreten kann, ist als staatliche Aufgabe jünger als grundlegende Bestandteile des Sozialversicherungssystems. Im **19. Jahrhundert** waren das **Armenwesen** und die Fürsorge in erster Linie privater sowie kirchlicher Initiative und den Gemeinden überlassen, zumal „nach damaliger Auffassung der Arme sein Los mehr oder weniger selbst verschuldet hatte." (Bundesministerium für Arbeit und Sozialordnung 1997, S. 559). Erst nach dem Ersten Weltkrieg wurde das Armenwesen durch die öffentliche Fürsorge abgelöst und mit der **Fürsorgepflichtverordnung von 1924** zu einer Pflichtaufgabe der Gemeinden gemacht (Vgl. Lampert 1977, S. 70-71). Das **Bundessozialhilfegesetz** (BSHG) vom 1. 6 **1962** hat schließlich die Sozialfürsorge ersetzt und die Sozialhilfe mit einem Rechtsanspruch ausgestattet. Die Sozialhilfe will allerdings Hilfe zur

Selbsthilfe sein, um die Empfänger der Sozialhilfeleistungen soweit wie möglich zu befähigen, unabhängig von ihr zu leben (§ 1, Abs. 2 BSHG). Die Leistungen der Sozialhilfe sind nicht normiert, sondern: „richten sich nach der Besonderheit des Einzelfalles, vor allem nach der Person des Hilfeempfängers, der Art seines Bedarfs und den örtlichen Verhältnissen." (§ 3, Abs. 1 BSHG). „Wünschen des Hilfeempfängers, die sich auf die Gestaltung der Hilfe richten, soll entsprochen werden, sofern sie angemessen sind." (§ 3, Abs. 2 BSHG).

Die **Hauptbestandteile der Sozialhilfe** sind die **Hilfe zum Lebensunterhalt** und die **Hilfe in besonderen Lebenslagen**. Mit der **Hilfe zum Lebensunterhalt** soll das kulturabhängige Existenzminimum sichergestellt werden. „Der notwendige Lebensunterhalt umfaßt besonders Ernährung, Unterkunft, Kleidung, Körperpflege, Hausrat, Heizung und persönliche Bedürfnisse des täglichen Lebens. Zu den persönlichen Bedürfnissen des täglichen Lebens gehören in vertretbarem Umfang auch Beziehungen zur Umwelt und eine Teilnahme am kulturellen Leben." (§ 12, Abs. 1 BSHG). Darüber hinaus wird u.a. die Übernahme von Beiträgen für die Pflege- und Krankenversicherung sowie für eine angemessene Alterssicherung gewährleistet. Das Existenzminimum wird in Form von pauschalen **Regelsätze**n für den Haushaltsvorstand oder für alleinstehende Personen durch Rechtsverordnungen der Landesregierungen festgelegt (§ 22, Abs. 3 BSHG). Die Regelsätze umfassen die laufenden Kosten für den Lebensunterhalt. Für zusätzliche Mitglieder im Haushalt eines Sozialhilfeempfängers werden nach dem Alter gestaffelt von 50 - 90 % des Regelsatzes gewährt. **Mehrbedarfszuschläge** gelten für besondere Lebensumstände wie Alter, Schwangerschaft und Behinderung (§ 23 BSHG). Darüber hinaus können einmalige Leistungen in Anspruch genommen werden, um beispielsweise Hausrat, Kleidung oder Brennstoffe zu beschaffen, wobei hierbei gleichfalls die Weihnachtsbeihilfen zu erwähnen sind. Die Kosten der Unterkunft werden in der Regel vollständig übernommen, so daß die Aufwendungen für Miete, Nebenkosten und Heizung abgedeckt sind.

Hilfe in besonderen Lebenslagen wird nach § 28 BSHG gewährt, soweit dem Hilfesuchenden, seinem nicht getrennt lebenden Ehegatten und, wenn er minderjährig und unverheiratet ist, auch seinen Eltern die Aufbringung der Mittel aus dem Einkommen und Vermögen nicht zuzumuten ist. Die Arten der Hilfe umfassen Hilfe zum Aufbau oder Sicherung der Lebensgrundlage, vorbeugende Gesundheitshilfe, Krankenhilfe und sonstige Hilfe, Hilfe zur Familienplanung, Hilfe für werdende Mütter und Wöchnerinnen, Eingliederungshilfe für Behinderte, Blindenhilfe, Hilfe zur Pflege, Hilfe zur Weiterführung des Haushalts, Hilfe zur Überwindung besonderer sozialer Schwierigkeiten und Altenhilfe (§ 27, Abs. 1 BSHG). Hauptursache der Hilfegewährung ist dabei der Gesundheitszustand des Hilfebedürftigen, so daß hierbei vorwiegend Sachleistungen **innerhalb von Einrichtungen** bereitzustellen sind.

Eine Norm des Sozialhilferechts ist in jüngster Zeit verstärkt in den Blickpunkt geraten. Es handelt sich um den § 25 BSHG. Danach hat keinen Anspruch auf Hilfe zum Lebensunterhalt, wer sich weigert, zumutbare Arbeit zu leisten (Abs. 1). Gegebenenfalls kann die Hilfe bis auf das zum Lebensunterhalt Unerläßliche eingeschränkt werden (Abs. 2).

Die Sozialhilfe ist nicht grundsätzlich an die deutsche Staatsbürgerschaft gekoppelt. So können nach § 120 BSHG auch **Ausländer Sozialhilfe** erhalten, die sich in Deutschland aufhalten. Für sie gilt zwar ein geringerer Leistungsumfang. Gleichwohl erscheint das Leistungsniveau der deutschen Sozialhilfe gemessen am Lebensstandard der hilfesuchenden Personen weltweit nicht besonders gering, weshalb die Zahl der ausländischen Bezieher laufender Hilfe zum Lebensunterhalt nachhaltig zugenommen hat. Zwischenzeitlich wurde durch das **Asylbewerberleistungsgesetz** vom 30.6.1993 die Sicherstellung des Lebensunterhalts für Asylbewerber aus dem Bundessozialhilfegesetz herausgelöst und der Leistungsumfang reduziert, wobei die Sachleistungen ein größeres Gewicht erhalten.

Die **finanzielle Belastung** durch die Sozialhilfe ist **vorwiegend** von den **Gemeinden und Gemeindeverbänden** zu tragen. Auch wenn grundsätzlich die Länder für die Kosten der Sozialhilfe aufkommen müssen, liegt die Finanzierungslast vor allem für die Hilfe zum Lebensunterhalt bei den örtlichen Trägern, d.h. den Kommunen. Die Leistungen der überörtlichen Träger, die in erster Linie für die Hilfe in besonderen Lebenslagen zuständig sind, werden teilweise aus Landesmitteln und teilweise seitens der Kommunen finanziert, wobei die Regelungen in den einzelnen Ländern unterschiedlich sind (Bundesministerium für Arbeit und Sozialordnung 1997, S. 583).

Insgesamt steigen die Finanzierungslasten für die Sozialhilfe seit Jahren deutlich an, so daß ein Blick in die Struktur der Ausgaben bzw. der Empfänger der Sozialhilfe naheliegt. Die Bundesbank hat die Sozialhilfeleistungen, die bislang statistisch nicht allzu gut dokumentiert waren, in einer Untersuchung erfaßt (Deutsche Bundesbank 1996). Von den dort zusammengetragenen Daten, die zwar bereits einige Zeit zurückliegen, sind wesentliche in Tabelle 22 übernommen.

Die Ausgaben für Sozialhilfe insgesamt weisen in dem von Tabelle 22 erfaßten Beobachtungszeitraum in den alten Bundesländern eine Steigerung um mehr als das 3-fache auf. Im gleichen Zeitraum hat sich das Bruttoinlandsprodukt zu laufenden Preisen nur etwa verdoppelt, so daß das **finanzielle Gewicht der Sozialhilfeleistungen in der Volkswirtschaft angestiegen** ist. Die Aufgliederung der Ausgaben nach den Kategorien Hilfe zum Lebensunterhalt und Hilfe in besonderen Lebenslagen sowie nach der Einteilung außerhalb von Einrichtungen und in Einrichtungen läßt erkennen, daß die Hilfe zum Lebensunterhalt, die zumeist außerhalb von Einrichtungen gewährt wird, deutlicher zugenommen hat (um das etwa 4-fache) als die Hilfe in besonderen Lebenslagen, die eine Steigerung um das etwa 3-fache aufweist. Die Anzahl der Empfänger der Sozialhilfe hat sich im Beobachtungszeitraum in den alten Bundesländern verdoppelt. Ein nennenswerter Beitrag ist hierbei von der um eine Million steigenden Zahl der Ausländer ausgegangen, die zusätzlich Sozialhilfe erhalten konnten. Der Zuwachs bei der Zahl der deutschen Sozialhilfeempfänger geht auch auf den Personenkreis der Aussiedler zurück, die seit Ende der 80er Jahre in das Gebiet der Bundesrepublik zugewandert sind. Diese beiden letztgenannten Personengruppen dürften wohl das stärkere Wachstum der Hilfe zum Lebensunterhalt mit geprägt haben. Diese Vermutung wird auch dadurch gestützt, daß die Sozialhilfeempfänger im Alter von über 60 Jahren im Beobachtungszeitraum nur unwesentlich zugenommen haben, während alle anderen Altersgruppen, denen im übrigen die Zuwanderer vorrangig zuzuordnen sind, deutlich stärkere Zuwächse verzeichnen. Die Daten für die neuen Bundesländer lassen in der von Tab. 22 erfaßten Zeitperiode außer einem durchgängigen Anstieg von Ausgaben und Empfängern noch keine wesentlichen Besonderheiten erkennen.

Tab. 22: Sozialhilfe nach Ausgaben und Empfängern

Position	Alte Bundesländer				Neue Bundesländer	
	1980	1985	1990	1993	1991	1993
Ausgaben	Mrd. DM					
Insgesamt	13,3	20,8	31,8	43,0	3,2	5,9
Hilfe zum Lebensunterhalt	4,3	8,0	13,3	16,5	1,0	1,5
Hilfe in besonderen Lebenslagen	8,9	12,8	18,8	26,6	2,2	4,4
Außerhalb von Einrichtungen	5,0	8,6	14,3	18,1	0,6	1,3
in Einrichtungen	8,3	12,3	17,5	24,9	2,6	4,5
Empfänger	Anzahl in 1.000					
Insgesamt	2.144	2.814	3.754	4.269	489	749
Nach dem Alter						
Bis unter 18 Jahre	605	774	1.070	1.313	143	223
18 bis unter 25 Jahre	194	362	432	463	53	90
25 bis unter 60 Jahre	675	1.087	1.537	1.778	172	283
60 Jahre und älter	670	591	714	714	122	153
Nach der Staatsangehörigkeit						
Deutsche	1.981	2.488	2.941	2.993	467	654
Ausländer	163	325	813	1.276	21	95

Quelle: Deutsche Bundesbank: Monatsbericht April 1996, S. 51 - 52.

Die **Sozialhilfe** hat sich seit Inkrafttreten des BSHG **nicht nur** als **Grundsicherung** oder Auffangnetz für die einkommenslosen Mitglieder der nationalen Bevölkerung erwiesen und insoweit ihre sozialpolitische Funktion erfüllt. Sie hat vielmehr **wegen ihrer Attraktivität** gemessen an internationalen Einkommensniveaus auch **Antragsteller aus vielen Ländern** angelockt, für die vom Grunde her nicht vorrangig die Leistungen des nationalen Systems zugedacht waren. Es kommt hinzu, daß die **Leistungen der Sozialhilfe** aus rein nationaler Sicht insbesondere für Familien ohne Erwerbseinkommen wegen ihres umfassenden Charakters **ein Niveau** erreicht haben, **das durch Erwerbstätigkeit** in unteren Lohngruppen **kaum** erkennbar **überschritten werden kann**. Nachdem Sozialhilfeempfang nicht mehr in dem Maße als gesellschaftlicher Makel angesehen wird wie früher - das Sozialstaatsprinzip ist insoweit bei der Bevölkerung anerkannt und akzeptiert - , wird der Abstand zwischen dem Niveau der Sozialhilfeleistungen und dem Niveau des Nettoeinkommens aus Erwerbstätigkeit zu einer zentralen Entscheidungsgröße für die Personen, die in einer entsprechenden wirtschaftlichen Lage stehen. Die ökonomischen Anreize aus einer Erwerbstätigkeit genügen dann vielfach nicht, um die damit verbundenen Mühen zu kompensieren. Es kommt hinzu, daß die Verpflichtung zur Arbeit bei der Gewährung der Hilfe lange Zeit nicht im Vordergrund stand und es darüber hinaus angesichts der Arbeitsmarktverhältnisse nicht immer geeignete Tätigkeitsfelder bzw. Abnehmer für die Güter gibt, die von dem in Frage kommenden Personenkreis hergestellt werden könnten. Die vorhandenen Werkstätten für Behinderte oder Jugendliche (ohne Schulabschluß) können nur für einen kleinen Personenkreis eine Erwerbstätigkeit sicherstellen, kommen in der Regel aber nicht ohne dauerhafte finanzielle Unterstützungen seitens örtlicher oder überörtlicher Träger aus.

4.5.3 Die Sozialversicherung

Das **Sozialgesetzbuch (SGB)** formuliert im vierten Buch gemeinsame Vorschriften für die Sozialversicherung. Nach § 1 zählen zur Sozialversicherung die gesetzliche Kranken-, Unfall- und Rentenversicherung einschließlich der Alterssicherung der Landwirte sowie die soziale Pflegeversicherung. Die Arbeitslosenversicherung gehört nach ihren Wesensmerkmalen ebenfalls zur Sozialversicherung. Die **Sozialversicherung** umfaßt daher **mehrere Teilsysteme**, die unterschiedliche Risikobereiche abdecken und hierfür unterschiedliche Regelungen treffen, nicht durchweg den gleichen Personenkreis einbeziehen sowie historisch keineswegs gleichzeitig miteinander entstanden sind. Das SGB sieht sie gleichwohl als eine Einheit an, weil sie sich durch drei gemeinsame Merkmale von anderen Sozialsystemen unterscheidet. Bei der Sozialversicherung erfolgt die Finanzierung grundsätzlich durch Beiträge der Versicherten und ihrer Arbeitgeber. Die Gewährung von Leistungen setzt die Mitgliedschaft oder Zugehörigkeit zu den Einrichtungen voraus. Die Träger der Sozialversicherung sind in der Regel selbständige Körperschaften des öffentlichen Rechts mit Selbstverwaltung (Vgl. Bundesministerium für Arbeit und Sozialordnung 1997, S. 85). Zumeist gilt im übrigen eine Versicherungspflicht für die Mitglieder der Sozialversicherung, wobei die einzelnen Versicherungszweige auch unterschiedliche Möglichkeiten einer freiwilligen Versicherung zulassen.

Nachfolgend sollen die Teilbereiche der Sozialversicherung anhand ihrer wesentlichen rechtlichen und ökonomischen Merkmale dargestellt werden. Die Reihenfolge der Behandlung orientiert sich hierbei an der historischen Entstehung der Sozialversicherungssysteme. Der älteste Teilbereich ist die Krankenversicherung aus dem Jahr 1883. Die Unfallversicherung stammt aus dem Jahr 1884. Die Invaliditäts- und Altersversicherung als Vorläuferin der heutigen Rentenversicherung wurde 1889 eingeführt. Die Arbeitslosenversicherung entstammt dem Jahr 1927. Schließlich ist 1995/6 die Pflegeversicherung als „Schlußstein" des Sozialversicherungsgebäudes (Blüm 1997, S. 27) in Kraft getreten.

Die gesetzliche Krankenversicherung (GKV)

Die gesetzliche Krankenversicherung **(GKV)** findet ihre Rechtsgrundlage im fünften Buch des SGB. Sie ist **für den größten Teil der Bevölkerung** eine **Pflichtversicherung.** Der Versicherungspflicht unterliegen insbesondere Arbeiter, Angestellte und Auszubildende mit einem Arbeitsentgelt unterhalb einer Versicherungspflicht- oder Beitragsbemessungsgrenze, die bei 75 % der Beitragsbemessungsgrenze in der Rentenversicherung der Arbeiter und Angestellten liegt (§ 5 und 6 SGB 5). Daneben sind Arbeitslose, Landwirte, Künstler und Publizisten, Behinderte, Studenten, Praktikanten und Rentner jeweils unter bestimmten weiteren gesetzlichen Bestimmungen pflichtversichert. **Freiwillig versichern** können sich u.a. Arbeitnehmer, die aufgrund eines gestiegenen Einkommens aus der Versicherungspflicht ausgeschieden sind (§ 9 SGB 5). **Versicherungsfrei** sind vorwiegend die Arbeiter und Angestellten mit einem Jahresarbeitsentgelt oberhalb der Beitragsbemessungsgrenze, außerdem die Beamten, Richter und Soldaten und sonstige nach beamtenrechtlichen Vorschriften beschäftigte Personen, z.B. Geistliche (§ 6 SGB 5), sowie beispielsweise Personen, die eine geringfügige Beschäftigung ausüben (§ 7 SGB 5) oder während des Erziehungsurlaubs einer nicht vollen Erwerbstätigkeit nachgehen (§ 8 SGB 5). Versichert sind neben dem Mitglied der GKV in der Regel auch der Ehegatte und die Kinder von Mitgliedern (§ 10 SGB 5).

Die Versicherung in der GKV erfolgt nicht bei einem einheitlichen Versicherungsträger. **Die Träger der GKV sind** vielmehr **gegliedert** in folgende Kassenarten: Allgemeine Ortskrankenkassen, Betriebskrankenkassen, Innungskrankenkassen, die See-Krankenkasse, Landwirtschaftliche Krankenkassen, die Bundesknappschaft als Träger der knappschaftlichen Krankenversicherung und die Ersatzkassen (§ 4 SGB 5). Die Versicherungspflichtigen nach § 5 und die Versicherungsberechtigten nach § 9 SGB 5 haben das **Recht**, den **Versicherungsträger zu wählen** (§ 173 SGB 5). Sie haben ihre Entscheidung gegenüber der gewählten Krankenkasse zu erklären und diese darf die Mitgliedschaft nicht ablehnen (§ 175

SGB 5). Die **Versicherungsträger** sind in ihrer Funktion nicht völlig autonom, sondern **unterliegen dem** Solidaritätsprinzip, das sich u.a. im **Risikostrukturausgleich** niederschlägt. Danach werden mit dem jährlich durchzuführenden Risikostrukturausgleich zwischen den Kassen die finanziellen Auswirkungen von Unterschieden in der Höhe der beitragspflichtigen Einnahmen der Mitglieder, der Zahl der Versicherten und der Verteilung der Versicherten auf nach Alter und Geschlecht getrennte Versicherungsgruppen ausgeglichen (§ 266, Abs. 1 SGB 5).

Die Mitglieder der GKV haben **Anspruch auf Leistungen**, die ausreichend, zweckmäßig und wirtschaftlich sein müssen und die das Maß des Notwendigen nicht überschreiten (§ 12, Abs. 1 SGB 5). Die Leistungsarten umfassen neben der Krankenbehandlung (ärztliche und zahnärztliche Behandlung einschließlich der Versorgung mit Zahnersatz, Versorgung mit Arznei-, Heil- und Hilfsmitteln, häusliche Krankenpflege und Haushaltshilfe sowie Krankenhausbehandlung) auch Maßnahmen zur Förderung der Gesundheit sowie zur Verhütung und zur Früherkennung von Krankheiten (z.B. Krebsvorsorgeuntersuchungen) (§§ 11 ff SGB 5). Im übrigen haben die Versicherten Anspruch auf Krankengeld, wenn die Krankheit sie arbeitsunfähig macht oder sie auf Kosten der Krankenkasse in einem Krankenhaus, einer Vorsorge- oder einer Rehabilitationseinrichtung behandelt werden (§ 44 ff SBG 5). Für einige Leistungen der GKV, so für Arznei-, Verband- und Heilmittel sowie für Krankenhausaufenthalte sind Zuzahlungen der Versicherten erforderlich. Bei Zahnersatz und bei kieferorthopädischer Behandlung übernehmen die Kassen die Kosten nur anteilig.

Die **Mittel** für die Krankenversicherung werden **durch Beiträge** und sonstige Einnahmen (z.B. aus Vermögen) aufgebracht. Die Beiträge sind dabei von den einzelnen Kassen so zu kalkulieren, daß sie zusammen mit den sonstigen Einnahmen die im Haushaltsplan vorgesehenen Ausgaben und die vorgesehene Auffüllung der Rücklagen decken (§ 220, Abs. 1 SGB 5). Die Beiträge werden mithin nach dem Prinzip der Kostendeckung festgesetzt. Sie bemessen sich nach einem Prozentsatz der beitragspflichtigen Einnahmen der Versicherten, z. B. dem Arbeitsentgelt aus einer versicherungspflichtigen Beschäftigung oder dem Zahlbetrag der Rente der gesetzlichen Rentenversicherung (§ 226 ff SGB 5). Bei Beschäftigten wird der Beitrag je zur Hälfte von Arbeitnehmern und Arbeitgebern getragen und bildet somit einen Bestandteil der Lohnnebenkosten.

Das **Versicherungsprinzip** kommt in der GKV **nur eingeschränkt** zum Tragen. Ein einzelnes Mitglied finanziert nach diesem Prinzip zwar individuelle Beiträge und erhält dafür einen Versicherungsschutz, den es individuell nutzen kann. Das Ausmaß der Leistungen ist jedoch im wesentlichen unabhängig von der eigenen Beitragshöhe. Auch einem Mitglied mit geringen Beiträgen steht der volle Leistungsanspruch zur Verfügung und ein Mitglied, das höhere Beiträge leistet, kann lediglich mit den gleichen Leistungen rechnen, wie gegebenenfalls nichtzahlende mitversicherte Familienmitglieder. Beide Gruppen sowie die **Mitglieder** insgesamt **erkennen** somit **keinen ökonomischen Zusammenhang zwischen Beitragszahlung und Leistung**, zumal sie Kosten oder Preise der Leistungen aufgrund des Abrechnungssystems z.B. zwischen Ärzten und Kassen nicht erfahren. Die **Gesundheitsversorgung nimmt** aus Sicht eines Mitglieds daher **Eigenheiten eines freien Gutes an**, dessen zusätzliche Inanspruchnahme ohne weitere Aufgabe individueller ökonomischer Ressourcen möglich ist.

Es kommt hinzu, daß die **Ersteller der Leistungen** des Gesundheitssystems, Ärzte, Krankenhäuser etc., lange Zeit **für zusätzliche Leistungen mit** direkt erkennbaren **ökonomischen Vorteilen** belohnt wurden. Zusätzliche medizinische Leistungen führten zu zusätzlichen Abrechnungseinheiten, die nicht gegenüber dem Leistungsempfänger, sondern eher anonym gegenüber den Kassen geltend zu machen sind und die für den Leistungserbringer unmittelbar als Einkommen zu Buche schlagen. Ärzte, Krankenhäuser etc. hatten im Rahmen des Systems daher ein grundsätzliches individuelles Interesse an der Ausweitung des Leistungsumfangs, den sie vielfach selbst festlegen können und der sich für sie jeweils in höheren Einnahmen niedergeschlagen hat. Die **Kassen** schließlich **konnten** sich viele Jahre vornehmlich auf die **mit steigendem volkswirtschaftlichem Einkommen** steigenden Beitragseinnahmen verlassen und im übrigen darauf bauen, daß geringe Erhöhungen der Beitragssätze, die erforderlich waren, um die Ausweitung des Leistungsangebots zu finanzieren, von den Versicherten und den Arbeitgebern insgesamt jeweils akzeptiert würden.

Das **System der GKV** hatte und **hat von der Struktur der** damit verbunden **ökonomischen Anreize** her eine **Tendenz zur nachhaltigen Ausweitung der Leistungen** und damit des Umfangs der Kosten der Krankenversicherung. Die für die gesamte Volkswirtschaft mit den steigenden Beitragssätzen deutlicher gewordene Kostenbelastung, die zusammen mit anderen Kostenerhöhungen für das Sozialsystem eingetreten ist, war ein Grund für **Kostendämpfungsgesetze** und **Reformen der GKV**. Zu erwähnen sind das Gesetz zur Strukturreform im Gesundheitswesen (Gesundheitsreformgesetz) vom 25.11.1988, das Gesetz zur Sicherung und Strukturverbesserung der gesetzlichen Krankenversicherung (Gesundheitsstrukturgesetz) vom 21.12. 1992 sowie das Erste und Zweite Gesetz zur Neuordnung von Selbstverwaltung und Eigenverantwortung in der gesetzlichen Krankenversicherung (1./2. GKV-Neuordnungsgesetz) vom 23.6.1997. Diese Gesetze haben die Struktur der gesetzlichen Krankenversicherung nicht grundsätzlich verändert, aber beispielsweise über höhere Zuzahlungen der Versicherten, über Budgetierung von Ausgaben in allen Leistungsbereichen u.a. durch Fallpauschalen, Abbau von Überkapazitäten insbesondere im Krankenhaussektor, erleichterten Wechsel der Krankenkassen durch die Versicherten einige ökonomische Anreize für den weiteren dynamischen Anstieg der Kosten reduziert. Der Sachverständigenrat zur Begutachtung der gesamtwirtschaftlichen Entwicklung ist gleichwohl weiterhin der Meinung, daß bisher überwiegend Symptome therapiert werden, „statt über eine Stärkung der Marktkräfte in allen Bereichen des

Gesundheitssystems eine ursachengerechte Reform umzusetzen. ... Die beschlossenen Maßnahmen dienen vorrangig dem Ziel der kurzfristigen Sanierung der Finanzen der Gesetzlichen Krankenversicherung. Die Notwendigkeit weiterer Reformen ist absehbar." (Jahresgutachten 1997/98, Ziffer 175, S. 106). Was im Rahmen der Reformschritte nicht hinreichend aufgegriffen wurde, ist in jedem Fall der Versicherungs- oder Äquivalenzgedanke für die Mitglieder, deren Beitragszahlung nach wie vor hauptsächlich einen Solidarbeitrag darstellt und kaum einen Bezug hat zur individuellen Nutzung kostenintensiver medizinischer Leistungen. Dies führt wie bisher dazu, daß die im Erwerbsleben stehenden Mitglieder mit den höchsten Beiträgen in der Regel nur geringe Leistungen in Anspruch nehmen, während z.B. Mitversicherten oder Rentnern mit geringeren Beitragszahlungen ein nicht unwesentlich höherer Leistungsumfang zugute kommt.

Die Gesetzliche Unfallversicherung (GUV)

Die gesetzliche Unfallversicherung ist als Bestandteil der Sozialversicherung mit ihren Rechtsgrundlagen im **siebten Buch des Sozialgesetzbuchs** enthalten. Die Unfallversicherung ist eine **Pflichtversicherung**, die alle Arbeitnehmer und die ihnen gleichgestellten Personen versichert. Kraft Gesetzes sind im übrigen auch Personen versichert, die im Interesse der Allgemeinheit tätig werden, wie Zeugen und Schöffen bei Gericht, Blutspender, Helfer oder Lebensretter bei Unfällen sowie alle ehrenamtlich in Hilfsorganisationen Tätigen (§ 2 SGB 7). Zu den versicherten Personen gehören die landwirtschaftlichen Unternehmer und ihre im Unternehmen mitarbeitenden Ehegatten, außerdem Unternehmer gewerblicher Kleinbetriebe der Küstenschiffahrt und Küstenfischerei. Die Unfallversicherung schützt darüber hinaus Lernende während der beruflichen Aus- und Fortbildung. Auch Kinder während des Besuchs von Kindergärten oder Horten und Schüler während des Besuchs allgemein- oder berufsbildender Schulen sowie während der Teilnahme an unmittelbar vor oder nach dem Unterricht von der Schule oder im Zusammenwirken mit ihr durchgeführten Betreuungsmaßnahmen sind versichert. Dies gilt ebenfalls für Studierende während der Aus- und Fortbildung an Hochschulen. Versichert sind Personen, die im Rahmen der Selbsthilfe beim Hausbau mitwirken sowie Pflegepersonen bei der Pflege von Pflegebedürftigen, die nicht erwerbsmäßig einen Pflegebedürftigen in häuslicher Umgebung wenigstens 14 Stunden wöchentlich pflegen. **Versicherungsfrei** sind insbesondere Beamte, selbständig tätige Ärzte, Zahnärzte, Tierärzte, Heilpraktiker und Apotheker (§ 4 SGB 7). Auf schriftlichen Antrag können sich schließlich Unternehmer und deren im Unternehmen mitarbeitende Ehegatten **freiwillig** gegen die Folgen von Arbeitsunfällen **versichern** (§ 6 SGB 7).

Träger der gesetzlichen Unfallversicherung sind gewerbliche und landwirtschaftliche **Berufsgenossenschaften,** die Eisenbahn-Unfallkasse, die Unfallkasse Post und Telekom sowie Unfallversicherungsträger der öffentlichen Hand (§§ 114 ff SGB 7).

Die Unfallversicherung hat als **Aufgabe zunächst** die **Verhütung von Arbeitsunfällen** und Berufskrankheiten sowie von arbeitsbedingten Gesundheitsgefahren (§§ 1 und 14 ff SGB 7). Hierzu dient der überbetriebliche Arbeitsschutz, den die technischen Aufsichtsdienste der Unfallversicherungsträger und die staatlichen Gewerbeaufsichtsämter durchführen. Bei einem Arbeitsunfall oder einer Berufskrankheit tritt die gesetzliche Unfallversicherung an die Stelle der Haftung des Unternehmens. Zu den **Leistungen** der Unfallversicherung zählen die Heilbehandlung, Rehabilitation, Pflege und Geldleistungen. Im übrigen bestehen die Leistungen aus Renten, Beihilfen, Abfindungen und Hinterbliebenenrenten (§§ 26 ff SGB 7).

Die **Finanzierung** der Unfallversicherung erfolgt **durch Beiträge**, die im wesentlichen allein **von** den **Unternehmern** getragen werden (§ 150 SGB 7). Die Beitragshöhe richtet sich im Wege einer Umlage nach den Ausgaben des letzten Jahres (§ 152 SGB 7). Innerhalb der Unternehmen werden die Beiträge nach den Arbeitsentgelten festgelegt, wobei je nach Branchenzugehörigkeit des Unternehmens eine Abstufung in bestimmte Gefahrenklassen erfolgt (§§ 153 ff SGB 7). Angesichts der langjährigen relativen Konstanz der Beitragssätze der Unfallversicherung und ihrer gemessen an anderen Teilsystemen der Sozialversicherung geringen finanziellen Dimension steht die Unfallversicherung nicht im Blickpunkt der sozialpolitischen und finanzpolitischen Diskussion.

Die gesetzliche Rentenversicherung (GRV)

Die rechtliche Grundlage der gesetzlichen Rentenversicherung findet sich im **sechsten Buch des Sozialgesetzbuchs**. **Versicherungspflichtig** sind Personen, die gegen Arbeitsentgelt oder zu ihrer Berufsausbildung beschäftigt sind (§ 1 SGB 6), also alle Arbeitnehmer und Auszubildenden. Die Versicherungspflicht erstreckt sich zudem auf Behinderte, Mitglieder geistlicher Genossenschaften, Diakonissen und Angehörige ähnlicher Gemeinschaften. Nach § 2 SGB 6 unterliegen auch eine Reihe von Selbständigen der Versicherungspflicht, so selbständige Lehrer und Erzieher, Pflegepersonen, Hebammen, Seelotsen, Künstler und Publizisten, Hausgewerbetreibende, Küstenschiffer und Küstenfischer sowie Handwerker. Darüber hinaus können z.B. selbständig erwerbstätige Personen, die nicht kraft Gesetzes **versicherungspflichtig** sind, **auf Antrag** der gesetzlichen Rentenversicherung als Pflichtversicherte beitreten (§ 4, Abs. 2 SGB 6). **Versicherungsfrei** sind schließlich Beamte und Richter, sonstige Beschäftigte mit beamtenrechtlichem Versorgungsanspruch sowie Personen mit einer geringfügigen Beschäftigung (§ 5 SGB 6).

Die **Versicherungsträger** der Rentenversicherung gliedern sich in die **Landesversicherungsanstalten** (Rentenversicherung der Arbeiter), die Bahnversicherungsanstalt und die Seekasse sowie die **Bundesversicherungsanstalt** für Angestellte und die **Bundesknappschaft** (knappschaftliche Rentenversicherung) (§

125 ff SGB 6). Die Landesversicherungsanstalten sind nach § 219 SGB 6 durch einen Finanzverbund miteinander verflochten. Im übrigen zahlt die Bundesversicherungsanstalt für Angestellte den fehlenden Betrag, sofern die Rentenversicherung der Arbeiter insgesamt ein Defizit aufweist (§ 218 SGB 6).

Die **Leistungen** der gesetzlichen Rentenversicherung bestehen **zunächst** in Maßnahmen zur **Rehabilitation**, um die Erwerbsfähigkeit der Versicherten zu erhalten und ihr vorzeitiges Ausscheiden aus dem Erwerbsleben zu verhindern oder sie möglichst dauerhaft in das Erwerbsleben wieder einzugliedern (§§ 9 ff SGB 6). Die Leistungen zur Rehabilitation haben Vorrang vor den Rentenleistungen. Die **Rentenzahlungen** selbst erfolgen unter Beachtung von Wartezeiten wegen Alters (z.B. Regelaltersrente, Altersrente für Schwerbehinderte, Altersrente wegen Arbeitslosigkeit oder nach Altersteilzeit), wegen verminderter Erwerbsfähigkeit (u.a. Berufsunfähigkeit und Erwerbsunfähigkeit) sowie wegen Todes (Witwenrente, Witwerrente, Erziehungsrente und Waisenrente) (§§ 33 ff SGB 6). Schließlich leistet die Rentenversicherung auch einen **Zuschuß zur Krankenversicherung** an Rentenbezieher, die freiwillig in der gesetzlichen Krankenversicherung oder bei einem Krankenversicherungsunternehmen, das der deutschen Aufsicht unterliegt, versichert sind (§ 106 SGB 6).

Die **Hauptaufgabe** der gesetzlichen Rentenversicherung besteht in der **Zahlung von Renten**, wobei sich die Höhe vor allem nach der Höhe der während des Versicherungslebens durch Beiträge versicherten Arbeitsentgelte und Arbeitseinkommen richtet (§§ 63 ff SGB 6). Die **Rentenformel** für Neu- oder Zugangsrenten setzt sich aus vier miteinander multiplikativ verbundenen Größen zusammen. Sie wird gebildet aus dem mathematischen **Produkt von Entgeltpunkten, Zugangsgangsfaktor, Rentenartfaktor und dem aktuellen Rentenwert**. Die Entgeltpunkte berücksichtigen das individuelle Arbeitseinkommen und damit die Beitragsleistung sowie die Versicherungsdauer. Je länger mithin die Lebensarbeitszeit und je höher das beitragspflichtige Einkommen, um so höher ist die Zahl der Entgeltpunkte. Entgeltpunkte werden im übrigen für bestimmte beitragsfreie Zeiten angerechnet. Der Zugangsfaktor mindert oder erhöht den Wert der Entgeltpunkte je nachdem, ob die Rente vorzeitig oder erst später in Anspruch genommen wird. Er hat beispielsweise bei Altersrenten, die von der Vollendung des 65. Lebensjahres an bezogen werden, den Wert 1,0. Der Rentenartfaktor bestimmt das Verhältnis der Rentenarten zueinander. Alters- und Erwerbsunfähigkeitsrenten haben beispielsweise den Faktor 1,0, bei der Berufsunfähigkeitsrente beträgt der Rentenartfaktor 0,6667 und bei Witwen- und Witwerrenten 0,6. Der aktuelle Rentenwert berücksichtigt schließlich den jeweiligen Stand der Nettolohn- und -gehaltsentwicklung und bewirkt damit eine dynamische Anpassung der Renten an die aktuelle Einkommensentwicklung in der Volkswirtschaft.

„In der Rentenversicherung werden die Ausgaben eines Kalenderjahres durch die Einnahmen des gleichen Kalenderjahres und, soweit erforderlich, durch Entnahmen aus der Schwankungsreserve gedeckt." (§ 153, Abs. 1 SGB 6). Damit ist das **Umlageverfahren** für die gesetzliche Rentenversicherung normiert. Die Festsetzung der Beitragssätze erfolgt so, daß das Umlageverfahren abgewickelt werden kann. Die **Beiträge** werden von den Versicherungspflichtigen erhoben und je zur Hälfte von den Arbeitnehmern und den Arbeitgebern getragen. Sowohl Beitragssatz als auch Beitragsbemesssungsgrenze werden für jedes Jahr vom Bundesministerium für Arbeit und Sozialordnung neu festgesetzt. Außerdem leistet der **Bund** jährlich einen **Zuschuß** an die Rentenversicherer, um damit Rentenbestandteile zu finanzieren, die nicht durch Beiträge gedeckt sind, wie z. B. Kriegsfolgeleistungen, Kindererziehungszeiten, beitragsfreie Zeiten oder Fremdrentenleistungen.

Nachdem der **Beitragssatz** in der Rentenversicherung seit Einführung des Umlageverfahrens durch die Rentenreform aus dem Jahr 1957 **fast durchgängig angestiegen** ist und bereits Mitte der 80er Jahre einen Satz von über 19 % der beitragspflichtigen Einnahmen erreicht hatte (Bundesministerium für Arbeit und Sozialordnung 1997, S.115 ff, S. 192), stellt sich für die Sozialpolitik und die Finanzpolitik immer nachdrücklicher die **Frage, ob das** dynamische Rentensystem in der gegenwärtigen Form des **Umlageverfahrens unverändert beibehalten werden kann**. Diese Frage wird zwischenzeitlich noch deutlicher gestellt, da einerseits der Beitragssatz den Wert von 20 % überschritten hat (seit 1.1.1997), andererseits die Rentenfinanzierung über die Beteiligung der Arbeitgeber zu einem nicht unwesentlichen **Block der Lohnnebenkosten** führt und zudem die wirtschaftliche Entwicklung in globalisierten Märkten die Konkurrenzsituation verschärft. Es kommt hinzu, daß durch längerfristige **demografische Veränderungen** in Deutschland die Zahl älterer Menschen absolut zunimmt und auch ihr Anteil an der Gesamtbevölkerung deutlich steigen wird. Angesichts gleichzeitig zu erwartender absoluter Rückgänge der Bevölkerung im erwerbsfähigen Alter, d.h. einer Abnahme der potentiellen Beitragszahler, stellt sich die Finanzierungsproblematik noch offenkundiger.

Die zu erwartende demografische Entwicklung in Deutschland ist seit der Publikation der **achten koordinierten Bevölkerungsvorausberechnung** (Sommer 1994) allgemein geläufig. Die sich daraus ergebende Vorausschätzung bis zum Jahr 2040 weist demnach eine Abnahme der Bevölkerung in Deutschland insgesamt auf, wobei die Abnahme nicht gleichmäßig über die Altersschichten verteilt ist, sondern vorrangig die unter 20-jährigen sowie die 20- bis 60-jährigen betrifft. Der Altenquotient, d.h. der Anteil der über 60-jährigen an den 20- bis 60-jährigen verdoppelt sich im Verhältnis zum Ausgangsjahr der Berechnung (1992) bis zum Jahr 2040. Die Gruppe der im Erwerbsleben stehenden Personen nimmt damit nicht nur absolut ab, sondern wird auch mehr ältere und alte Menschen zu versorgen haben.

Die von der Bevölkerungsentwicklung aufgeworfene Problematik für das bisherige Rentensystem läßt sich durch eine **einfache Formulierung des Umlage-**

verfahrens deutlich machen. Das Umlageverfahren beruht **von den Finanzströmen** her auf **folgender Gleichung**:

Zahl der Beitragszahler x Beitragshöhe = Zahl der Rentner x Rentenhöhe
(Mittelaufkommen) = **(Mittelverwendung)**.

Nimmt mithin die absolute Zahl der Beitragszahler ab und soll die Rentenhöhe im wesentlichen unverändert erhalten bleiben, so muß angesichts der steigenden Rentnerzahlen mit einem gegenüber heute um 50 % höheren Beitragssatz gerechnet werden; der Beitragssatz müßte damit auf rd. 30 % ansteigen. Soll zum anderen die heutige Beitragshöhe nicht weiter ansteigen, so ist nicht nur eine Reduzierung der Rentenhöhe zu erwägen, sondern es wäre auch zu prüfen, inwieweit durch eine Ausweitung der Beitragspflicht weitere Beitragszahler für die Rentenversicherung gewonnen werden können oder inwieweit durch eine Verringerung der Rentenbezugsmöglichkeiten (z.B. über eine höhere Altersgrenze) die Zahl der Rentner in der Gruppe der über 60-jährigen möglichst konstant gehalten werden kann. Diese Alternativen werden gegenwärtig von der Finanzpolitik insgesamt erwogen, wobei das Umlageverfahren selbst nicht (oder noch nicht) zur Diskussion steht. Das Gesetz zur Reform der gesetzlichen Rentenversicherung (Rentenreformgesetz 1999) aus 1997 sieht eine Kombination der im Rahmen der obigen Gleichung sich ergebenden Handlungsmöglichkeiten vor und begrenzt darüber hinaus die zu erwartenden Steigerungen der Rentenhöhe durch einen demografischen Faktor.

Die **Gleichung** der Finanzströme **berücksichtigt** allerdings **nicht,** daß das Mittelaufkommen über den **Bundeszuschuß an die Rentenversicherung** erhöht werden kann und daß damit trotz geringerer Beitragszahler und gleicher Beitragshöhe die Summe für die Mittelverwendung unverändert bleiben könnte. Gleichermaßen ergäbe sich auf der rechten Seite der Gleichung, bei der Mittelverwendung, ein rechnerischer Ausgleich der abnehmenden Beitragszahler dadurch, daß die **versicherungsfremden Leistungen**, wie z.B. Kriegsfolgelasten (Ersatzzeiten und Fremdrenten), Anrechnungszeiten oder Kindererziehungszeiten, aus dem Umlageverfahren herausgenommen werden und damit die Zahl der Rentenempfänger oder die Rentenhöhe reduziert würden. Diese versicherungsfremden Leistungen könnten alternativ zum Bundeszuschuß auch direkt aus dem Steueraufkommen finanziert werden, wodurch das Umlageverfahren in seinem Mittelbedarf entlastet würde (Vgl. z.B. Karl-Bräuer-Institut 1997).

In **wissenschaftlichen Erörterungen** wird seit einer Reihe von Jahren, d.h. seit dem Erkennen der demografischen Problemstellung mit absolut abnehmender Gesamtbevölkerung und steigendem Anteil alter Menschen in der Bevölkerung, immer häufiger die **Frage** gestellt, ob nicht ein **Übergang vom Umlageverfahren zum Kapitaldeckungsverfahren** vorteilhafter wäre, da das Kapitaldeckungsverfahren zu einer höheren Ersparnis führen könnte, die ihrerseits zu einem höheren Kapitalstock, größerer Produktivität und einem höheren Pro-Kopf-Einkommen der Volkswirtschaft beitragen würde. Auch wenn eine Reihe von Gesichtspunkten diese Argumentation stützt und zudem das Kapitaldeckungsverfahren dem Versicherungsprinzip und dem Gedanken der Äquivalenz besser entspricht als das Umlageverfahren, bleibt als zusätzliches **Problem** das **des Übergangs** von einem Verfahren zum anderen. Wollte man gegenwärtig auf das Kapitaldeckungsverfahren übergehen, müßte eine Generation sich sowohl an der Finanzierung des weiterhin existierenden Umlageverfahrens beteiligen und parallel dazu durch Sparleistungen einen „eigenen" neuen Kapitalstock aufbauen, da die GRV über keinen Kapitalstock verfügt. Diese Doppelbelastung einer Generation könnte durch entsprechende Steuererleichterungen kompensiert werden, wobei die letztlichen Verteilungswirkungen innerhalb der heutigen Generation und zwischen den Generationen nicht einfach abzuschätzen sind, bzw. auf Modellüberlegungen aufbauen müssen, die nicht von allen Beteiligten getragen werden. Es kommt hinzu, daß die Problematik der sinkenden Bevölkerung in Deutschland und der Verschiebung der Altersstruktur hin zu immer mehr alten Personen allein durch ein Kapitaldeckungsverfahren nicht gelöst wird. Eventuell ließen sich aber die Strukturveränderungen im Altersaufbau der Bevölkerung durch einen Kapitalstock, der auch internationale Anlagen mit umfaßt, leichter lösen (Vgl. Börsch-Supan 1997, Sachverständigenrat zur Begutachtung der gesamtwirtschaftlichen Entwicklung 1996/97). Für deutsche Verhältnisse stehen dem Wunsch nach Aufbau eines Kapitalstocks gleichwohl Befürchtungen entgegen, daß der Staat den Kapitalstock für seine kürzerfristigen Zwecke an sich ziehen und verbrauchen könnte, wie er es im 20. Jahrhundert durch sein Engagement für und in Weltkriegen bereits zweimal getan hat.

Die Arbeitslosenversicherung (Arbeitsförderung)

Die Arbeitslosenversicherung ist erst im Jahr 1927 gesetzlich normiert worden. Das Gesetz über Arbeitsvermittlung und Arbeitslosenversicherung vom 1. 10. 1927 verknüpfte die Aufgaben der Arbeitsvermittlung und der Arbeitslosenversicherung und gründete hierzu die Reichsanstalt für Arbeitsvermittlung. Mit dem Gesetz über die Errichtung einer Bundesanstalt für Arbeitsvermittlung und Arbeitslosenversicherung vom 10. März 1952 wurde diese Aufgabe in der Bundesrepublik fortgeführt. Am 1. Juli 1969 löste schließlich das Arbeitsförderungsgesetz das Gesetz über Arbeitsvermittlung und Arbeitslosenversicherung aus dem Jahr 1927 ab. Das **Arbeitsförderungsgesetz (AFG)** bildet inzwischen das **dritte Buch des Sozialgesetzbuches**.

Der vom Arbeitsförderungsgesetz angesprochene **Personenkreis** ist sehr **weit** gefaßt und bezieht sich **grundsätzlich** auf **alle Personen**, die eine **abhängige Beschäftigung** ausüben, ausgeübt haben oder künftig ausüben wollen. Einige wesentliche Leistungen des Arbeitsförderungsgesetzes sind zwar an eine Beitragspflicht zur Bundesanstalt für Arbeit gebunden und kommen insoweit nur einem abgrenzbaren Personenkreis zugute, der allerdings nicht dauerhaft dieser Gruppe angehören muß, wie z.B. ein Arbeitsloser, der nach Aufnahme einer (neuen) Beschäftigung aus der Förderung ausscheidet. Viele Leistungen des Arbeitsförderungsgesetzes, wie beispielsweise die Vermittlung und Beratung für bisherige oder künftige Arbeitnehmer oder auch für Arbeitgeber, erfolgen unentgeltlich (§ 21 AFG), so daß sich daraus kein abgeschlossener Personenkreis ergibt.

Die **Aufgaben des AFG** werden von der **Bundesanstalt für Arbeit** durchgeführt (§ 3 AFG), die im übrigen neben ihrer Hauptstelle in Nürnberg in Landesarbeitsämter und die Arbeitsämter gegliedert ist (§ 189 AFG). Der Bundesanstalt obliegen im einzelnen folgende Aufgaben:

- die Berufsberatung,
- die Arbeitsvermittlung,
- die Förderung der beruflichen Bildung,
- die Gewährung von berufsfördernden Leistungen zur Rehabilitation,
- die Gewährung von Leistungen zur Erhaltung und Schaffung von Arbeitsplätzen,
- die Gewährung von Arbeitslosengeld,
- die Gewährung von Insolvenzausfallgeld
- Arbeitsmarkt- und Berufsforschung
- die Gewährung von Arbeitslosenhilfe im Auftrag des Bundes (§ 3 AFG).

Die Gewährung des **Arbeitslosengeld**es ist eine **Hauptaufgabe der Arbeitslosenversicherung**. „Anspruch auf Arbeitslosengeld hat, wer arbeitslos ist, der Arbeitsvermittlung zur Verfügung steht, die Anwartschaftszeit erfüllt, sich beim Arbeitsamt arbeitslos gemeldet hat und Arbeitslosengeld beantragt hat." (§ 100, Abs. 1 AFG). Mit der Vollendung des 65. Lebensjahrs besteht kein Anspruch mehr auf Arbeitslosengeld. Die notwendige **Anwartschaftszeit** für den Bezug von Arbeitslosengeld hat erfüllt, wer mindestens 360 Kalendertage in einer die Beitragspflicht begründenden Beschäftigung gestanden hat (§ 104 AFG), d.h. der Erhalt von Arbeitslosengeld setzt eigene Beiträge zur Arbeitslosenversicherung voraus, wobei allerdings weitere Zeiten (u.a. Wehr- oder Zivildienst, Mutterschafts- und Erziehungsurlaub) angerechnet werden können. Die **Höhe des Arbeitslosengelds** orientiert sich an dem zuletzt erzielten Arbeitsentgelt und an den persönlichen Verhältnissen des Versicherten (§ 111 AFG). Arbeitslosengeld steht schließlich nicht dauerhaft zur Verfügung, sondern richtet sich nach der **Dauer** der Beitragspflicht und dem Alter des Versicherten. Die Dauer kann von 156 Tagen bis auf 832 Tage ausgeweitet werden (§ 106 AFG). Der Bezug des Arbeitslosengeldes ruht im übrigen bei Arbeitslosigkeit in Folge eines Arbeitskampfes (§ 116 AFG), wenn der Arbeitslose wegen der Beendigung eines Arbeitsverhältnisses eine Abfindung, Entschädigung oder ähnliche Leistung erhält (§ 117 a AFG) oder wenn er Vorruhestandsgeld in Höhe von mindestens 65 % des Bruttoarbeitsentgelts bezieht (§ 118 b AFG). Schließlich sind Sperrzeiten zu beachten, wenn z.B. der Arbeitslose das Beschäftigungsverhältnis gelöst oder durch ein arbeitsvertragswidriges Verhalten Anlaß für die Lösung des Beschäftigungsverhältnisses gegeben hat. Die Sperrzeit beträgt hierbei acht Wochen (§ 119 AFG).

Arbeitslosenhilfe erhält, wer arbeitslos ist, der Arbeitsvermittlung zur Verfügung steht, sich beim Arbeitsamt arbeitslos gemeldet und Arbeitslosenhilfe beantragt hat. Außerdem darf kein Anspruch auf Arbeitslosengeld vorliegen. Der Antragsteller muß bedürftig sein und beispielsweise im letzten Jahr vor der Meldung als Arbeitsloser Arbeitslosengeld bezogen haben (§ 134 AFG). Die Arbeitslosenhilfe wird individuell festgesetzt und beträgt u.a. für Arbeitslose mit mindestens einem Kind 57 % des früheren um die gewöhnlich anfallenden gesetzlichen Abzüge verminderten Arbeitsentgelts (§ 136 AFG).

Zu den Leistungen des Arbeitsförderungsgesetzes zählt zudem die Übernahme der Krankenversicherungsbeiträge für die Bezieher von Arbeitslosengeld, Arbeitslosenhilfe oder Unterhaltsgeld. (§ 155 ff AFG).

Die Bundesanstalt für Arbeit erhebt **Beiträge von den Arbeitnehmern und Arbeitgebern** (§§ 167 ff AFG). Beitragspflichtig sind Arbeiter, Angestellte und Auszubildende. Für sie sind von Arbeitnehmern und Arbeitgebern jeweils 3,25 % vom Arbeitsentgelt bis zur Beitragsbemessungsgrundlage vom Arbeitgeber über die Krankenkassen (Einzugsstellen) an die Bundesanstalt abzuführen. Schließlich erhält die Bundesanstalt **Bundesmittel**, wenn sie ihren Finanzbedarf aus Einnahmen und der Rücklage nicht decken kann, sowie für die Kosten der Arbeitslosenhilfe (§§ 187, 188 AFG).

Die Arbeitslosenversicherung, die in das Rechtssystem des Arbeitsförderungsgesetzes eingegliedert ist, stellt in diesem Zusammenhang nach der gesetzlichen Rentenversicherung und der gesetzlichen Krankenversicherung die drittgrößte (Ausgabe-)Position im Sozialsystem in Deutschland dar. Angesichts der damit verbundenen Beitragszahlungen für Arbeitnehmer und Arbeitgeber, die für die letzteren einen bedeutsamen Beitrag zu den Lohnnebenkosten darstellen, ergibt sich die Frage immer nachhaltiger, wie die Position insgesamt für die Volkswirtschaft begrenzt werden kann. Die Fragestellung wird dadurch noch gewichtiger, daß die Zahl der gemeldeten Arbeitslosen seit vielen Jahren steigt und mit knapp fünf Millionen Anfang 1998 eine historischen Höchststand erreicht hat, der neben der sozialen Dimension auch mit Finanzierungsproblemen verbunden ist. Im Jahr 1997 sind zwar mit zwei Gesetzen (dem Gesetz zur Reform der Arbeitsförderung (Arbeitsförderungs-Reformgesetz vom 24. März 1997 und dem Ersten Gesetz zur Änderung des Dritten Buches Sozialgesetzbuch und anderer Gesetze (Erstes SGB III-Änderungsgesetz) vom 16. Dezember 1997) in vielen Einzelfällen Änderungen vorgenommen worden, mit denen die Arbeitslosigkeit reduziert und die Effizienz der Bundesanstalt für Arbeit gesteigert sowie der Leistungsmißbrauch bekämpft werden sollen. Das **Arbeitsförderungsgesetz enthält** trotz der Änderungen nach wie vor aber **ökonomische Anreize**, die **zur Stabilisierung der** damit verbundenen **Sozialleistungen** und zur Stabilisierung der gemeldeten Arbeitslosenzahlen beitragen (Vgl. hierfür Börsch-Supan 1997, S. 213 ff). Es kommt hinzu, daß das AFG nur indirekt oder überhaupt nicht einwirken kann auf wesentliche aktuelle Ursachen der Problematik des Arbeitsmarktes, wie beispielsweise Zuwanderungen, Tarifautonomie und die globale internationale Konkurrenz, die für das frühzeitige Ausscheiden aus dem Arbeitsleben nicht völlig ohne Bedeutung sind. Einige Regeln des AFG stellen zudem vornehmlich auf konjunkturelle Arbeitsmarktprobleme ab, die allerdings seit Mitte der 70er Jahre für das Arbeitsmarktgeschehen in Deutschland nicht im Vordergrund stehen. Das AFG kann damit zwar insgesamt Einkommensniveaus stabilisieren und soziale Notlagen mildern, die beabsichtigte Zielvorstellung aber, zu einem hohen Beschäftigungsstand beizutragen, erscheint nicht oder nicht hinreichend möglich.

Die soziale Pflegeversicherung

Mit Gesetz vom 26. Mai 1994 ist die **gesetzliche Pflegeversicherung** eingeführt und als **elftes Buch in das Sozialgesetzbuch** aufgenommen worden. Sie ist stufenweise am 1.1.1995 (Beitragszahlung), am 1.4.1995 (Leistungen zur häuslichen Pflege) und am 1.7.1996 (Leistungen zu stationären Pflege) in Kraft getreten. Die **Pflegeversicherung** stellt die **fünfte Säule der Sozialversicherung** dar. Sie greift ein soziales Risiko auf, das zwar schon immer bestand, das allerdings im Zusammenhang mit der steigenden Lebenserwartung der Menschen und dem anhaltenden Trend zur Kleinfamilie sowie dem Ein-Personen-Haushalt auch quantitativ immer bedeutender wird. Pflegebedürftige Menschen sind wegen körperlicher, geistiger oder seelischer Krankheiten oder Behinderungen für die gewöhnlichen oder regelmäßig wiederkehrenden Verrichtungen des täglichen Lebens (Körperpflege, Ernährung, häusliche Versorgung) auf Dauer auf Hilfe angewiesen (Bundesministerium für Arbeit und Sozialordnung 1997, S. 357 ff).

Versicherungspflichtig in der sozialen Pflegeversicherung sind die versicherungspflichtigen **Mitglieder der gesetzlichen Krankenversicherung** (§ 1, Abs. 2, § 20 SGB 11). Die Versicherungspflicht erstreckt sich **auch** auf die **Personen, die bei einer privaten Krankenversicherung gegen Krankheit versichert sind**, sie müssen bei einem privaten Krankenversicherungsunternehmen eine Pflegeversicherung abschließen (§ 23 SGB 11). Die Pflegeversicherung umfaßt somit fast die gesamte Bevölkerung nach dem Prinzip „die Pflegeversicherung folgt der Krankenversicherung".

Träger der Pflegeversicherung bestehen jeweils aus den Pflegekassen (§ 46 SGB 11), die bei der Krankenkasse errichtet sind, bei der eine Pflichtmitgliedschaft oder eine freiwillige Mitgliedschaft besteht (§ 48 SGB 11).

Die Pflegekassen wirken darauf hin, daß **frühzeitig** alle geeigneten Maßnahmen der **Prävention**, der Krankenbehandlung und der Rehabilitation eingeleitet werden, um den Eintritt von Pflegebedürftigkeit zu vermeiden (§ 5 SGB 11). Im übrigen sollen die **Leistungen** der Pflegeversicherung den Pflegebedürftigen helfen, trotz ihres Hilfebedarfs ein möglichst selbständiges und selbstbestimmtes Leben zu führen, das der Würde des Menschen entspricht (§ 2, Abs.1 SGB 11). Diesem Zweck dient auch das Prinzip, daß die Pflege **vorrangig** die **häusliche Pflege** und die Pflegebereitschaft der Angehörigen und Nachbarn unterstützen soll, damit die Pflegebedürftigen möglichst lange in ihrer häuslichen Umgebung bleiben können. Die Leistungen der teilstationären Pflege der Kurzzeitpflege gehen den Leistungen der vollstationären Pflege vor (§ 3 SGB 11).

Die Leistungen der Pflegeversicherung sind **Dienst-, Sach- und Geldleistungen** für den Bedarf an Grundpflege und hauswirtschaftlicher Versorgung sowie **Kostenerstattung** (§ 4 SGB 11). Die Pflegeversicherung gewährt die Leistungen **in Abhängigkeit von** der Pflegestufe, der eine pflegebedürftige Person zuzuordnen ist. **Drei Pflegestufen** werden hierbei unterschieden:

„1. Pflegebedürftige der Pflegestufe I (erheblich Pflegebedürftige) sind Personen, die bei der Körperpflege, der Ernährung oder der Mobilität für wenigstens zwei Verrichtungen aus einem oder mehrerer Bereichen mindestens einmal täglich der Hilfe bedürfen und zusätzlich mehrfach in der Woche Hilfen bei der hauswirtschaftlichen Versorgung benötigen.
2. Pflegebedürftige der Pflegestufe II (Schwerpflegebedürftige) sind Personen, die bei der Körperpflege, der Ernährung oder der Mobilität mindestens dreimal täglich zu verschiedenen Tageszeiten der Hilfe bedürfen und zusätzlich mehrfach in der Woche Hilfen bei der hauswirtschaftlichen Versorgung benötigen.
3. Pflegebedürftige der Pflegestufe III (Schwerstpflegebedürftige) sind Personen, die bei der Körperpflege, der Ernährung und der Mobilität täglich rund um die Uhr, auch nachts, der Hilfe bedürfen und zusätzlich mehrfach in der Woche Hilfen bei der hauswirtschaftlichen Versorgung benötigen." (§ 15, Abs. 1 SGB 11).

Für diese Pflegestufen können Sachleistungen z.B. einer ambulanten Pflegeeinrichtung in Anspruch genommen werden (§ 36 SGB 11). Geldleistungen kann der Pflegebedürftige als Pflegegeld beanspruchen, um entsprechend der Pflegestufe die Pflegepersonen zu belohnen oder zu bezahlen (§ 37 SGB 11). Schließlich übernimmt die Pflegekasse im Rahmen der stationären Pflege die pflegebedingten Aufwendungen, die in der Pflegestufe III bis 2.800 DM, bzw. in Härtefällen bis 3.300 DM im Monat erreichen können.

Die **Finanzierung** der Pflegeversicherung erfolgt **über Beiträge** und sonstige Einnahmen (§ 54 SGB 11). Das Finanzierungsverfahren für die Pflichtversicherten in der sozialen Pflegeversicherung besteht **im Umlageverfahren**. Die Beiträge werden (mit Ausnahme von Sachsen) von den Versicherten und deren Arbeitgeber je zur Hälfte aufgebracht (§ 58 SGB 11). In der privaten Pflegeversicherung gilt grundsätzlich das Kapitaldeckungsverfahren, auch wenn in den ersten Jahren der Pflegeversicherung zunächst Umlageelemente in die Kalkulation der Prämien einzubeziehen sind.

Die Pflegeversicherung hat in ihrer Aufbauphase Überschüsse verzeichnen können. Das für den Großteil der Betroffenen verwendete Umlageverfahren hat im Unterschied zur Krankenversicherung nicht zum dynamischen Ausgabeverhalten beigetragen. Inwieweit die gegenwärtig geltende Beitragshöhe von 1,7 % der beitragspflichtigen Einnahmen der Mitglieder (§ 55 SGB 11) dauerhaft Bestand haben kann, wird u.a. auch von der Beschäftigungsentwicklung, der Bevölkerungsentwicklung und der Veränderung in der Altersstruktur der Bevölkerung beeinflußt. Die Pflegeversicherung als Sozialeinrichtung hängt damit auch von der globalen Wirtschaftsentwicklung und den Möglichkeiten der intergenerationellen Verteilungsspielräume ab sowie von der Bereitschaft, im Rahmen dieser Gegebenheiten Bevölkerungsgruppen eher mit ökonomischen Lasten zu konfrontieren oder ihnen Vorteile zugute kommen zu lassen. Dieser allgemeine Handlungsbereich der Finanzpolitik wird schließlich von den Entscheidungsträgern immer auch im Zusammenhang mit anderen finanzpolitischen Zielen zu sehen und abzuwägen sein.

4.5.4 Die finanzielle Entwicklung des Sozialbudgets

Die **Sozialleistungen** in der Bundesrepublik Deutschland werden **im Sozialbudget zusammengefaßt** und in ihrer Entwicklung dargestellt. Dies geschieht im Rahmen des Sozialberichts, der **zuletzt** im Frühjahr 1998 **als Sozialbericht 1997** von der Bundesregierung verabschiedet wurde. Die Sozialberichte, die in jeder Legislaturperiode erstellt werden, sollen Transparenz über die soziale Sicherung schaffen, die bisherige Entwicklung der Sozialleistungen und ihre Finanzierung aufzeigen sowie den weiteren Verlauf der sozialen Leistungen und ihre Finanzierbarkeit vorausberechnen (Bundesministerium für Arbeit und Sozialordnung 1997, S. 675 ff). Der Sozialbericht 1997, der von der Bundesregierung am 16. März 1998 dem Bundestag vorgelegt wurde (Sozialbericht 1997), enthält im Anschluß an frühere Sozialberichte einen detaillierten Überblick über die Sozialleistungen insgesamt, die in der untenstehenden Tabelle 23 für ausgewählte Jahre aufgeführt sind.

Die Daten der Tab. 23 sollen vorrangig die Entwicklung der Sozialleistungen insgesamt seit 1960 verdeutlichen. Das Sozialbudget 1997 enthält zwar noch einen Schätzwert der Sozialleistungen für das Jahr 2001, auf dessen Wiedergabe wurde hier jedoch verzichtet. Die Sozialleistungen umfassen neben den staatlichen Maßnahmen auch Arbeitgeberleistungen aus dem Privatsektor. In den indirekten Leistungen ist im Wert für 1997 (mit Wirkung seit 1996) auch das Kindergeld enthalten, das nicht mehr als Ausgabe, sondern seither als Einnahmenminde-

Tab. 23: Sozialleistungen nach Institutionen in der Bundesrepublik Deutschland

	1960	1970	1980	1990	1995	1997
	Mrd. DM					
Sozialbudget	65,7	179,9	480,1	737,4	1.177,9	1.256,1
Allgemeines System	32,8	87,4	279,9	461,4	788,0	829,0
Rentenversicherung (RV)	19,5	51,7	141,5	227,5	361,1	387,4
RV der Arbeiter	11,3	29,8	77,3	117,7	182,3	193,4
RV der Angestellten	5,6	16,1	51,2	92,1	153,1	164,6
Knappschaftliche RV	2,6	5,9	12,9	17,7	25,7	26,7
Pflegeversicherung	0,0	0,0	0,0	0,0	10,3	29,3
Krankenversicherung	9,5	25,3	89,0	150,6	239,1	244,5
Unfallversicherung	1,7	4,0	9,3	12,8	20,0	20,5
Arbeitsförderung	1,2	3,6	22,9	51,4	129,0	142,6
Kindergeld	0,9	2,9	17,2	14,5	21,3	0,4
Erziehungsgeld	0,0	0,0	0,0	4,6	7,2	7,4
Sondersysteme	0,2	1,1	3,7	6,4	9,0	9,8
Alterssicherung der Landwirte	0,2	0,9	2,8	4,4	6,2	6,7
Versorgungswerke	0,0	0,2	0,9	2,0	2,8	3,1
Leistungssysteme d. öff. Dienstes	9,6	24,0	46,3	63,9	84,7	89,6
Pensionen	6,8	15,8	32,9	44,0	57,4	61,5
Familienzuschläge	2,2	6,2	7,6	9,8	13,2	13,3
Beihilfen	0,7	2,0	5,8	10,2	14,1	14,8
Arbeitgeberleistungen	4,9	18,5	46,3	75,0	99,3	93,4
Entgeltfortzahlung	3,0	12,7	28,9	39,3	55,3	47,1
Betriebliche Altersversorgung	1,2	3,1	8,7	19,6	26,6	28,1
Zusatzversorgung	0,3	1,7	5,9	11,1	12,9	13,8
Sonstige Arbeitgeberleistungen	0,4	1,0	2,8	5,1	4,6	4,4
Entschädigungen	8,1	11,7	17,5	16,6	18,3	15,4
Soziale Entschädigungen	3,9	7,3	13,3	12,8	13,9	12,3
Lastenausgleich	2,0	1,8	1,7	1,1	0,6	0,5
Wiedergutmachung	2,1	2,3	2,2	1,8	3,1	2,3
Sonstige Entschädigungen	0,1	0,3	0,4	0,9	0,6	0,4
Soziale Hilfen und Dienste	2,4	11,5	41,3	59,8	105,3	102,4
Sozialhilfe	1,1	3,3	13,3	29,1	54,4	50,8
Jugendhilfe	0,5	1,9	8,4	13,4	29,2	29,5
Ausbildungsförderung	0,1	0,6	3,1	0,8	1,9	1,8
Wohngeld	0,0	0,7	2,0	3,9	6,2	7,0
Öffentlicher Gesundheitsdienst	0,3	0,6	1,3	2,0	3,2	3,2
Leistungen zur Vermögensbildung	0,4	4,5	13,2	10,6	10,5	10,0
Direkte Leistungen insgesamt	58,0	154,2	435,5,	683,1	1.104,7	1.139,5
Indirekte Leistungen	7,7	25,7	45,1	54,3	73,2	116,6
Steuerliche Maßnahmen	7,6	21,6	39,1	48,2	73,2	66,9

Quelle: Sozialbericht 1997, Bundestagsdrucksache 13/10142, Tabelle I-4.1, S. 286. Daten ab 1990 einschl. neue Bundesländer.

rung verzeichnet wird. Die Tabelle dient im Zusammenhang mit den vorangegangenen Ausführungen zu den größeren Positionen des Sozialbudgets auch dazu, die weiteren Einzelpositionen des Sozialbudgets aufzuführen, um einen Gesamtüberblick zu ermöglichen.

Die Sozialleistungen werden von unterschiedlichen Einrichtungen finanziert. Die prozentuale Beteiligung an der **Finanzierung der Leistungen** insgesamt ist in Tabelle 24 dargestellt.

Tab. 24: Finanzierung der Sozialleistungen nach Quellen in %

	Westdeutschland				Deutschland insgesamt	
	1960	1970	1980	1990	1995	1997
Unternehmen	33,7	31,8	32,1	32,7	28,8	27,8
Bund	25,1	23,6	22,4	18,6	19,9	19,5
Länder	13,6	13,7	11,5	10,4	9,9	10,8
Gemeinden	4,9	6,7	7,2	8,0	8,9	8,6
Sozialversicherung	0,2	0,2	0,2	0,2	0,3	0,3
Private Organisationen	1,0	0,8	1,1	1,3	1,4	1,4
Private Haushalte	21,5	23,1	25,5	28,8	30,8	31,6
Übrige Welt	-	0,0	0,0	0,0	0,1	0,1
Finanzierung nach Quellen	100,0	100,0	100,0	100,0	100,0	100,0

Quelle: Sozialbericht 1997, a.a.O., Tabellen I-6.1 und I-6.2, S. 295-6.

In der von Tab. 24 erfaßten Beobachtungsperiode haben sich erkennbare **Verschiebungen bei den Finanzierungsanteilen** für die Sozialleistungen ergeben. Es wird deutlich, daß der Bund und die Länder ihre Anteile reduzieren. Die Gemeinden übernehmen einen steigenden Anteil der Sozialleistungen, da sie vorrangig für die Finanzierung der Sozialhilfe zuständig sind. Eine nachhaltige Steigerung des Finanzierungsanteils liegt auch bei den privaten Haushalten vor, wobei dies durch den Anstieg der Beiträge zu erklären ist, die von den Leistungsempfängern direkt oder über die Sozialleistungsträger zu zahlen sind.

Angesichts der in Tab. 23 ausgewiesenen beachtlichen absoluten Steigerungen der Sozialausgaben ist schließlich noch nach der Sozialleistungsquote zu fragen, d.h. der Relation von Sozialleistungen zum Bruttoinlandsprodukt. Für die ausgewählten Jahre der Beobachtungsperiode enthält Tab. 25 die Entwicklung der Sozialleistungsquote in Westdeutschland und in Deutschland insgesamt. Danach ist die Sozialleistungsquote ausgehend vom Jahr 1960 bis in die Mitte der 70er Jahre kontinuierlich gestiegen, fiel in den 80er Jahren etwas zurück und weist seit der deutschen Vereinigung vorwiegend für Gesamtdeutschland einen deutlichen Anstieg auf, der im wesentlichen durch das relativ hohe Sozialleistungsniveau in den neuen Ländern bedingt ist. Das Ausmaß der Sozialleistungen und der damit verbundenen Umverteilung soll nach den Planungen des Sozialberichts 1997 auf die Verhältnisse in den 80er Jahren zurückgeführt werden.

Tab. 25: Entwicklung der Sozialleistungsquote in %

	Westdeutschland				Deutschland insgesamt	
	1960	1970	1980	1990	1995	1997
Sozialleistungsquote	21,7	26,6	32,6	29,3	34,0	34,4

Quelle: Sozialbericht 1997, a.a.O., Tabellen I-1 und I-1a, S. 278-9

Die Sozialleistungen sind zudem - wie dargestellt - nicht die einzige Möglichkeit, mit der Sozialpolitik oder Verteilungspolitik betrieben werden kann, sie können allerdings direkter festgestellt werden als andere finanzpolitische Maßnahmen mit sozialpolitischen Konsequenzen, zumal sich die Daten des Sozialbudgets insgesamt auf einzelne Jahreswerte konzentrieren und weitere gesamtwirtschaftliche Zusammenhänge in den laufenden und im Verhältnis zu künftigen Wirtschaftsperioden sowie intergenerationelle Verteilungsverschiebungen im wesentlichen unberücksichtigt bleiben. Die Daten des Sozialbudgets liefern daher eine jeweilige Momentaufnahme, ohne notwendigerweise längerfristige finanzpolitische und verteilungspolitische Aspekte deutlich werden zu lassen.

5. Staatliche Einflußnahme auf die globale Wirtschaftstätigkeit

5.1 Stabilisierungspolitik

5.1.1 Stabilisierungspolitik als Aufgabe der staatlichen Finanzpolitik

Die Stabilisierungspolitik als Aufgabenstellung der staatlichen Finanzpolitik ist in den 50er Jahren gewissermaßen in klassisch zu nennender Weise durch Musgrave (Musgrave 1959, S. 22 ff.) formuliert worden. Danach tendiert eine freie Marktwirtschaft zu mehr oder weniger großen Schwankungen bei den Güterpreisen und in der Beschäftigung. Neben kleineren Schwankungen können dabei Ungleichgewichte größeren Ausmaßes entstehen und sich in Arbeitslosigkeit oder Inflation niederschlagen. Die **Finanzpolitik** muß daher nach Musgrave eine **Stabilisierungsfunktion** übernehmen, **um die Abweichungen von der Vollbeschäftigung und der Preisstabilität in tolerierbaren Grenzen zu halten**. Das generelle Steuerungsmittel der Stabilisierungspolitik des Staates besteht in der **Einflußnahme auf die Nachfrage** (nach Gütern) in einer Volkswirtschaft. Bei Arbeitslosigkeit soll das Nachfrageniveau gesteigert werden, um die gesamtwirtschaftlichen Ausgaben soweit anzuheben, daß die Güterproduktion ein Volumen annimmt, das mit Vollbeschäftigung einhergeht. Bei Vorliegen von Inflation soll das Nachfrageniveau reduziert werden, um die gesamtwirtschaftlichen Ausgaben zu verringern und eine Güterproduktion bei konstanten Preisen zu ermöglichen. Bei Vorliegen von Vollbeschäftigung und Preisstabilität sollen schließlich die Güternachfrage und das Niveau der gesamtwirtschaftlichen Ausgaben konstant gehalten werden, um Abweichungen in Richtung auf Arbeitslosigkeit oder Inflation zu verhindern.

Stabilisierungspolitik nimmt somit insgesamt die Form eines **antizyklischen Verhaltens** an. Der Staat setzt seine finanzpolitischen Instrumente - vornehmlich seine Ausgaben und Einnahmen - in einer Weise fest, daß er den erkennbaren Schwankungen der Nachfrage entgegensteuert, um die Ziele der Vollbeschäftigung und der Preisstabilität zu erreichen. **Der Staat kompensiert Nachfrageschwankungen** seitens der privaten Wirtschaftssubjekte. Das heißt, ausfallende Nachfrage oder übersteigerte Nachfrage **des privaten Sektors** einer Volkswirtschaft werden nicht parallel begleitet, was im Interesse jeweils jährlich ausgeglichener staatlicher Budgets erforderlich wäre. **Der Staat soll** sich nach der stabilisierungspolitischen Grundüberlegung von Musgrave **nicht** auf den jährlichen Haushaltsausgleich konzentrieren, die zu einer **Parallelpolitik** staatlicher Einnahmen und Ausgaben mit der Wirtschaftsentwicklung führen würde, sondern vielmehr einen Ausgleich der Haushalte über Konjunkturzyklen hin anstreben, um das gesamtwirtschaftliche Nachfrageniveau über größere Zeiträume hin stabilisierend beeinflussen zu können.

Diese stabilisierungspolitischen Vorstellungen von Musgrave sind in weiten Teilen der Finanzwissenschaft und von daher auch in der Finanzpolitik übernommen worden. In Deutschland haben sie in Art. 109, Abs.2 des Grundgesetzes einen nachhaltigen Niederschlag gefunden, wonach Bund und Länder bei ihrer Haushaltswirtschaft den Erfordernissen des gesamtwirtschaftlichen Gleichgewichts Rechnung zu tragen haben. Inhaltlich deutlicher ist die Stabilisierungspolitik im Gesetz zur Förderung der Stabilität und des Wachstums der Wirtschaft vom 8. Juni 1967 (StWG) - kurz: **Stabilitätsgesetz** - verankert, in dem u.a. die **antizyklische Finanzpolitik** normiert ist.

Das Stabilitätsgesetz enthält mehrere Vorschriften, mit denen dem Staat Möglichkeiten eingeräumt werden sollten, die Ziele des in § 1 formulierten gesamtwirtschaftlichen Gleichgewichts (Preisstabilität, hoher Beschäftigungsstand, außenwirtschaftliches Gleichgewicht, stetiges und angemessenes Wirtschaftswachstum) zu erreichen. So sollte über eine **verbesserte Information** wesentlicher am Wirtschaftsleben beteiligter Gruppen ein stabilitätsgerechteres Verhalten gefördert werden. § 3 StWG sieht daher vor, daß im Falle einer Gefährdung des gesamtwirtschaftlichen Gleichgewichts die Bundesregierung **Orientierungsdaten** für ein gleichzeitig aufeinander abgestimmtes Verhalten (konzertierte Aktion) der Gebietskörperschaften, Gewerkschaften und Unternehmensverbände zur Verfügung stellt. Die Informationen über die gesamtwirtschaftlichen Zusammenhänge in einer gegebenen wirtschaftlichen Situation sollten zu einer **konzertierten Aktion** der Entscheidungsträger am Wirtschaftsleben beitragen, um die Stabilisierungsziele zu gewährleisten. Daneben bestimmt § 18 StWG, daß bei der Bundesregierung ein **Konjunkturrat für die öffentliche Hand** gebildet wird, der aus den Ministern für Wirtschaft und der Finanzen, je einem Vertreter eines jeden Landes und vier Vertretern der Gemeinden und der Gemeindeverbände besteht, und alle zur Erreichung der Ziele des Stabilitätsgesetzes erforderlichen konjunkturpolitischen Maßnahmen berät.

Das Stabilitätsgesetz enthält als **Kernpunkt** aber insbesondere Vorschriften zur **antizyklischen Finanzpolitik**, die global in § 5 zusammengefaßt sind. Ergänzend hierzu bestimmt § 6, Abs. 1, daß bei „einer die volkswirtschaftliche Leistungsfähigkeit übersteigenden Nachfrageausweitung" vorgesehene Ausgaben des Bundes zurückgestellt werden können, um damit die gesamtwirtschaftliche Güternachfrage zu reduzieren. Die frei werdenden Finanzmittel sind vom Bundesminister der Finanzen zur Tilgung von Schulden (bei der Deutschen Bundesbank) oder zur Bildung einer Konjunkturausgleichsrücklage zu verwenden, die ihrerseits bei der Deutschen Bundesbank anzusammeln ist (§ 7 StWG). Wenn die Störung des gesamtwirtschaftlichen Gleichgewichts wiederum in einer übermäßigen Nachfrageausweitung besteht, können außerdem nach § 15 StWG durch Zuschläge zur

Einkommen- und Körperschaftsteuer dem Privatsektor Mittel entzogen werden, um sie gleichfalls der Konjunkturausgleichsrücklage zuzuführen.

Liegt andererseits eine die Ziele des § 1 StWG „gefährdende Abschwächung der allgemeinen Wirtschaftstätigkeit" vor, so erlaubt § 6, Abs. 2 zusätzliche Staatsausgaben, die entweder aus der Konjunkturausgleichsrücklage oder über Kredite zu finanzieren sind. Auch die im Wege von Zuschlägen zur Einkommen- und Körperschaftsteuer angesammelten Konjunkturausgleichsrücklagen stehen nach § 15, Abs. 5 als Finanzmittel zur Verfügung, wenn eine Abschwächung der allgemeinen Wirtschaftstätigkeit festgestellt ist und mit zusätzlichen staatlichen Ausgaben vermieden werden soll. Das Stabilitätsgesetz enthält im übrigen eine Reihe von ergänzenden Detailregelungen, so z.B. die Möglichkeit, Abschreibungen von Wirtschaftsgütern nach dem Einkommensteuergesetz in größerem oder geringerem Umfang vorzunehmen (§ 26 StWG), mit denen insgesamt die antizyklische Zielvorstellung wirksamer verfolgt und im Rahmen der Finanzinstitutionen von Bund und Ländern umgesetzt werden sollte.

Die **stabilisierungspolitische Aufgabe** des Staates **scheint** nach alledem sowohl von namhafter Seite der Finanzwissenschaft erforderlich als auch nach den Normen des Stabilitätsgesetzes **begründet und durchsetzbar**. Nennenswerte Abweichungen von den Zielen des in § 1 Stabilitätsgesetz formulierten gesamtwirtschaftlichen Gleichgewichts dürften daher nicht beobachtbar sein. Die Tatsache **allerdings**, daß es **immer wieder** zu vorübergehenden und auch über längere Zeit anhaltenden **Abweichungen** kommt (wie z.B. in Form von Inflation, Konjunkturschwankungen und Arbeitslosigkeit) gibt Anlaß, über Probleme oder **Beschränkungen des Ausgangsmodells** von Musgrave nachzudenken sowie **Fragen der Durchsetzung** oder der Anwendung des stabilitätspolitischen Instrumentariums des konkreten nur in Deutschland vorhandenen Gesetzeswerks zu überprüfen.

Akzeptiert man zunächst die Grundvoraussetzungen des stabilitätspolitischen Konzepts, das hinter dem Ansatz von Musgrave und hinter dem Stabilitätsgesetz steht, gibt es in der Finanzwissenschaft immer wieder Hinweise darauf, daß die bewußte Stabilisierungspolitik mit Hilfe der je einzeln einzusetzenden Maßnahmen der staatlichen Finanzpolitik, was mit **diskretionärer Finanzpolitik** bezeichnet wird, insoweit an Probleme der Anwendung oder Durchsetzung stößt, als es einige **Verzögerungen** zu beachten gilt, die in ihrer Summe die Wirksamkeit der finanzpolitischen Maßnahmen als Mittel der Konjunktursteuerung reduzieren oder gar völlig in Frage stellen. Solche Verzögerungen oder „lags" beruhen auf einfachen Beobachtungen zur Dauer wirtschaftsstatistischer Erhebungen, des Verhaltens von Entscheidungsträgern und von Bürokratien. Die Verzögerungen lassen sich beispielsweise in vier sachlich separate Arten von Verzögerungen einteilen, die jeweils mit einem eigenen Zeitbedarf einhergehen:

- **Erkennungsverzögerung**. Damit ist der Zeitbedarf gemeint, der erforderlich ist, bis die zuständigen Beobachter in den Ministerien über die aktuelle Konjunkturlage sichere Informationen vorliegen haben. Eine übersteigerte Nachfrageausweitung oder eine Abschwächung der allgemeinen Wirtschaftstätigkeit schlägt sich nicht im gleichen Zeitpunkt in wirtschaftsstatistischen Informationen nieder, sondern wird u.a. durch Indizes der Auftragseingänge, der Nettoproduktion und durch die Berechnung des Bruttoinlandsprodukts ermittelt. Hinzu kommen ergänzende Informationen zu den Verhältnissen auf dem Arbeitsmarkt, der Preisentwicklung und zu Absatz- oder Umsatzentwicklungen größerer Branchen. Solche Informationen können zwar innerhalb weniger Wochen nach dem tatsächlichen Eintritt des wirtschaftlichen Phänomens vorliegen. Bis sich daraus ein verläßliches Bild der Wirtschaftstätigkeit ergibt, das einen klaren Trend erkennen läßt, kann leicht ein Zeitraum eines halben Jahres überschritten werden.
- **Entscheidungsverzögerung**. Mit dem Erkennen einer Wirtschaftsentwicklung ist noch kein finanzpolitischer Mitteleinsatz verbunden. Hierfür muß beispielsweise im Rahmen eines wirtschaftlichen und eines allgemein politischen Abwägungsprozesses zunächst eine Bewertung derart stattfinden, ob die erkannte Wirtschaftsentwicklung so gravierend ist, daß sie den Einsatz finanzpolitischer Mittel überhaupt notwendig macht. Nicht jede geringfügige Schwankung in wirtschaftlichen Größen kann als Anzeichen einer Entwicklung gewertet werden, die eindeutig und nachhaltig eine Richtung annimmt, welche von den Zielwerten wegführt. Kurzfristige Schwankungen von wirtschaftlichen Größen und Abweichungen von Zielwerten der Wirtschaftspolitik sind immer zu erwarten. Daher kann sich die Wirtschaftspolitik gegebenenfalls schwer tun, die bereits feststehenden und erkannten Trends als Grundlage für eine Entscheidung zum Einsatz finanzpolitischer Maßnahmen zu nehmen. Eine Entscheidung wird insoweit nicht umgehend erfolgen, zumal wenn es zwischen den politischen Entscheidungsträgern Meinungsverschiedenheiten über die Interpretation der wirtschaftlichen Lage, über die Wahl der einzusetzenden Mittel und darüber hinaus Abstimmungsbedarf zwischen unterschiedlichen Interessengruppen gibt. Die Entscheidungsverzögerung läßt sich in ihrer Dauer allgemein schwer abschätzen, weil sie von der jeweils unterschiedlichen Art der Wirtschaftsentwicklung und von den nicht immer gleichen Entscheidungsstrukturen der staatlichen Entscheidungsträger abhängt. In jedem Fall ist aber mit einer Verzögerung bis zur Entscheidung über einen tatsächlichen Einsatz von finanzpolitischen Mitteln zu rechnen.
- **Durchführungsverzögerung**. Mit der Entscheidung für ein Tätigwerden der Finanzpolitik ist der Instrumenteneinsatz noch nicht notwendigerweise beschlossen. Die Festlegung der konkreten Art der Änderung von staatlichen Einnahmen oder Ausgaben kann mit einer Durchführungsverzögerung einhergehen. Damit ist der Zeitrahmen zu verstehen, der erforderlich ist, um von der Entscheidung zum Handeln bis zum definitiven Beschluß des Einsatzes spezieller finanzpolitischer Mittel zu gelangen.

- **Wirkungsverzögerung**. Eine beschlossene Veränderung staatlicher Ausgaben oder Einnahmen muß nicht sofort ihre ökonomische Nachfragewirkung entfalten, sondern kann bis zur Auswirkung auf den betroffenen Gütermärkten durchaus längere Zeit in Anspruch nehmen. Insbesondere eine Ausgabenerhöhung durch staatliche Investitionsausgaben wird nach aller Erfahrung nicht bereits mit dem Beschluß über die Ausgaben eintreten, vielmehr können längere Zeiträume (manchmal Jahre) vergehen, bis die beschlossene Ausgabe zu einer Auftragsvergabe wird und sie damit eine Nachfragewirkung entfalten kann.

Die **Verzögerungen werden immer** in mehr oder weniger großem Ausmaß **eintreten**. Es muß dabei nicht notwendigerweise dazu kommen, daß sie mehrere Jahre umfassen, gleichwohl kann der definitive Eintritt der **Nachfragewirkung** einer finanzpolitischen Maßnahme gegebenenfalls erst erwartet werden, wenn die ohnehin **verspätet** erkannte Ausgangssituation der Wirtschaft gar nicht mehr vorliegt. Würden die Mittel dann die von den Stabilitätspolitikern unterstellte Wirkung entfalten, käme es **eher** zur **Verstärkung** der nachfolgenden **Konjunkturschwankung** als zu Dämpfung der Schwankung, die zunächst Anlaß für den Mitteleinsatz gegeben hat.

Wegen dieser Verzögerungen kam es auch zum **Vorschlag**, bestimmte Abläufe quasi zu automatisieren, um die Nachfragewirkung schneller und zielgerichteter eintreten zu lassen. So könnte insbesondere die Entscheidungsverzögerung und die Durchführungsverzögerung durch einen Automatismus ähnlich einer **Regelsteuerung** verringert werden oder ganz entfallen. Ein solcher **Automatismus** würde damit nach Überschreiten oder Unterschreiten vorher festzulegender Werte wirtschaftlicher Größen (in absoluter Dimension oder in Wachstumsraten) ausgelöst, ohne daß im Einzelfall die politischen Entscheidungsträger tätig werden müßten oder könnten. Eine solche Regelsteuerung besitzt zwar durchaus einige Attraktivität, was den Aspekt einer insgesamt geringeren Reaktionszeit auf erkannte Schwankungen im Wirtschaftsablauf anbetrifft. Sie ist jedoch **nie ernsthaft erwogen** worden, weil sie die Entscheidungskompetenzen der politischen und wirtschaftspolitischen Entscheidungsträgern beschneiden würde, wozu die Entscheidungsträger nicht bereit sind. Außerdem bleiben immer noch Verzögerungen bis zum Erkennen der Handlungsnotwendigkeit bestehen und auch die Wirkungsverzögerungen lassen sich vielfach nicht weiter reduzieren. In Teilbereichen der staatlichen Finanzpolitik gibt es gleichwohl solche **automatisch eintretenden Stabilisatoren**, wie z.B. Zahlungen an Arbeitslose. Soweit Arbeitslosigkeit konjunkturell bedingt ist, wird mit den Zahlungen an Arbeitslose ein Teil des Ausfalls an Einkommen und Güternachfrage des betroffenen Personenkreises kompensiert, so daß das Nachfrageniveau nach Gütern nach den Regeln des Arbeitsförderungsgesetzes automatisch stabilisiert wird.

Im Rahmen der Grundvoraussetzungen des Modells der Stabilisierungspolitik ist neben dem kritischen Einwand der nur mit Verzögerungen zu erwartenden

Wirkungen auch zu beachten, daß die **Nachfragesteuerung** eine **hinreichend große finanzielle Dimension** besitzen muß, soll sie überhaupt makroökonomisch spürbar sein. Geringfügige Änderungen der Einnahmen oder Ausgaben des Staates können von vornherein kein gesamtwirtschaftlich bedeutsames Instrument der Nachfragesteuerung sein. Das Stabilitätsgesetz bindet zwar neben Bund und Länder u.a. über den Konjunkturrat auch die Gemeinden mit ein. Eine einheitliche Willensbildung und **ein einheitlicher Entscheidungsträger liegt** damit noch **nicht vor**, da die Handlungsautonomie der Gebietskörperschaften in ihrem jeweiligen Hoheitsbereich nicht aufgehoben ist. Es kann daher nicht erwartet werden, daß alle Entscheidungsträger in dem föderalen System der Bundesrepublik Deutschland ihre finanzpolitischen Instrumente gleichzeitig und gleichgerichtet so verändern oder einsetzen, wie es den Vorstellungen des Stabilitätsgesetzes entspricht und wie es für eine hinreichende gesamtwirtschaftliche Dimension des finanzpolitischen Mitteleinsatzes erforderlich wäre.

Das **Stabilitätsgesetz stellt** zudem bei den **zur Steuerung der Konjunktur** einzusetzen Ausgaben des Staates vorrangig **auf Investitionsmaßnahmen ab**. **Öffentliche Investitionen** erfolgen zu über 50 oder gar 60 % durch Kommunen und machen in ihrer Summe einen geringen und trendmäßig abnehmenden Teil des Bruttoinlandsprodukts aus. Ihre Bedeutung lag in den 60er Jahren bei rd. 5 % des BIP und sinkt seither auf einen Wert von ca. 2 % ab. Da die öffentlichen Investitionen in erster Linie von Kommunen durchgeführt werden, ist die mangelnde Einheitlichkeit der Entscheidungsträger besonders klar erkennbar. Außerdem ist ihr gesamtes **finanzielles Gewicht kaum** für eine gesamtwirtschaftliche Konjunktursteuerung **ausreichend** (Die Aufbaumaßnahmen in den neuen Ländern sind hierbei zum Teil als Einschränkung dieses Arguments zu werten, da dort in der Tat in kurzer Zeit ein erhebliches Investitionsvolumen des Staates realisiert wurde). Im allgemeinen sind die vom Stabilitätsgesetz vorgesehenen Instrumente aber finanziell unzureichend und können nicht von einem einheitlichen Entscheidungsträger gesteuert werden.

Das Stabilitätsgesetz verspricht sich besondere Wirksamkeit von dem Aufbau und der Verwendung einer Konjunkturausgleichsrücklage, weil damit auch Geldmengeneffekte oder Zinseffekte verbunden sein könnten, die in Ergänzung und zur Verstärkung der Nachfrageveränderungen auf dem Gütermarkt zum Tragen kommen. Die Konjunkturausgleichsrücklage kann jedoch nur dann entstehen, wenn staatliche Ausgaben nicht getätigt werden und die freien Mittel der Konjunkturausgleichsrücklage zufließen oder wenn über Steuerzuschläge (Stabilitätszuschläge) Mittel zum Aufbau der Rücklage zur Verfügung stehen. Dieser Weg ist zuletzt in den Jahren 1973 und 1974 beschritten worden und hat zu einem Volumen der Konjunkturausgleichsrücklage von rd. 10 Milliarden DM geführt. Die Verwendung der Konjunkturausgleichsrücklage erscheint jeweils unproblematisch. Aus heutiger Sicht sind jedoch ernstliche Zweifel angebracht, ob die politischen Entscheidungsträger künftighin in der Lage wären, nochmals eine Konjunkturausgleichsrücklage aufzubauen, zumal der vom Stabilitätsgesetz in erster Linie vorgesehene Weg über freie Mittel durch Minderausgaben bei geplanten Vorhaben faktisch und von der politischen Entscheidungsstruktur her nicht gangbar sein dürfte. Um zudem ein spürbares finanzielles Gewicht zu erreichen, müßten Beträge zur Verfügung stehen, die zwei bis drei Prozent der volkswirtschaftlichen Nachfrage oder zumindest zwei bis drei Prozent des Geldmengenvolumens M_3 (der geldpolitischen Steuerungsgröße) ausmachen, so daß mindestens 50 Mrd. DM bis etwa 100 Mrd. DM einer Rücklage zuzuführen wären. Für die voraussehbare Zukunft erscheint es nicht allzu wahrscheinlich, daß die Finanzpolitik die Bereitschaft aufbringt, Finanzmittel in dieser Größenordnung für den Aufbau einer Konjunkturausgleichsrücklage zu verwenden, die in späteren Jahren eine Ausweitung der Nachfrage unterstützen könnte.

Die **staatliche Finanzpolitik** in Deutschland **hat** mit dem Stabilitätsgesetz die **Aufgabenstellung der Stabilisierungspolitik** im Sinne einer antizyklischen Nachfragesteuerung **übernommen**. Sie konnte und kann als Begründung hierfür auf nicht unwesentliche finanzwissenschaftliche Überlegungen aus den 50er Jahren zurückgreifen. Aber selbst wenn man den dabei unterstellten Zusammenhängen über wirtschaftliche Abläufe folgt, ergeben sich **bei der** technischen **Umsetzung** der Vorstellungen größere, wenn nicht gar **prinzipielle Probleme**, **die** eine **Zielerreichung** erschweren oder **völlig ausschließen**. Verzögerungen bis zum Eintreten der Nachfragewirkung, mangelnde Einheitlichkeit der Entscheidungsträger und ein unzureichendes Volumen der finanzpolitisch einsetzbaren Mittel können von vornherein **die Konjunktursteuerung ad absurdum führen**. Dieser kritische Einwand gegen die Möglichkeit, erfolgreiche Stabilisierungspolitik zu betreiben, stellt zunächst ihre wirtschaftstheoretische Grundlage nicht in Frage, sondern konzentriert sich ausschließlich auf Probleme, die bei der technischen Umsetzung auftreten und die die Wirksamkeit der Nachfragesteuerung zur Stabilisierung der Wirtschaftstätigkeit zumindest behindern.

5.1.2 Wirtschaftstheoretische Fundierung der Stabilisierungspolitik

Die **Vorstellung der Stabilisierungspolitik beruht auf** einem Analyserahmen, der in der Folge der Weltwirtschaftskrise der 30er Jahre, der General Theory von Keynes (Keynes 1936) und einfachen mathematischen Formulierungen makroökonomischer Modellbestandteile entwickelt wurde und wesentlicher Inhalt des **traditionellen Keynesianismus** geworden ist. Eine Grundannahme besteht darin, daß die privaten Wirtschaftssubjekte oder die Wirtschaftssektoren der privaten Haushalte und der privaten Unternehmen von sich aus zu größeren wirtschaftlichen Schwankungen neigen, damit Instabilitäten, Störungen des gesamtwirtschaftlichen Gleichgewichts und schließlich Konjunkturzyklen auslösen, die von seiten des Staates als dem stabileren oder dem längerfristiger denkenden Sektor durch Gegensteuern zu verhindern sind. **Stabilisierungspolitik benutzt** somit die **Instabilitätshypothese des Privatsektors** einer Volkswirtschaft, um eine grundsätzliche Rechtfertigung für die antizyklische staatliche Nachfragesteuerung zu erhalten. Diese Instabilitätshypothese des Privatsektors wird im allgemeinen weder hinreichend begründet, noch ist sie belegbar. Gleichfalls unbegründet ist die Hypothese, daß der Staatssektor einer Volkswirtschaft immer der stabilere oder längerfristig orientiertere sein muß.

Die **Stabilisierungspolitik unterstellt** in der Regel außerdem gesamtwirtschaftliche Zusammenhänge, die sich aus **makroökonomischen Teilmodellen** ergeben, in denen vielfach eine gesamtwirtschaftliche Budgetrestriktion fehlt oder vernachlässigt wird. Solche **unzureichenden Teilmodelle** bestehen beispielsweise aus einer reinen Gütermarktbetrachtung, bei der staatliche Einnahmen oder Ausgaben lediglich als Nachfragekomponenten des Gütermarktes gesehen werden. Werden in einer derart **isolierten Betrachtung des Gütermarkts** Nachfragekomponenten variiert, so können sie sich selbstverständlich direkt auf die Gesamtnachfrage auswirken, zumal wenn ihre Finanzierungsseite nicht berücksichtigt wird. Im letzten, nicht selten benutzen Fall, wird aber **von einer** gesamtwirtschaftlichen **Budgetrestriktion abgesehen**, so daß die Aussagen zu realen ökonomischen Gegebenheiten keinerlei Bezug haben. Das Erfassen makroökonomischer Zusammenhänge erfordert nämlich die explizite Einbeziehung von Gütermarkt, Geldmarkt, Kapitalmarkt und Arbeitsmarkt und darf im übrigen die Verbindungen der nationalen Volkswirtschaft zum Ausland auch über zins- und wechselkursabhängige Kapitalströme nicht vernachlässigen.

Hin und wieder wird **die fehlende Budgetrestriktion** des gesamtwirtschaftlichen Systems mit dem Argument **verteidigt**, daß **angesichts von Arbeitslosigkeit** das Güterangebot gewissermaßen unendlich elastisch auf Nachfrageänderungen reagieren müßte. **Arbeitslosigkeit ist** allerdings **kein** hinreichender **Beleg** für eine **unendliche Angebotselastizität des Güterangebots**, da Arbeitslosigkeit aus verschiedensten Gründen entstehen kann und nicht generell ein Zeichen von unterausgelasteten Kapazitäten in der Güterproduktion ist. Dies gilt insbesondere dann, wenn Arbeitslosigkeit durch eine Ausweitung des Arbeitsangebots entsteht, auf die die Arbeitsmarktparteien nicht mit Preisänderungen reagieren. Außerdem bleibt immer noch der Zusammenhang über die weiteren makroökonomischen Märkte mit einzubeziehen, ehe die Wirksamkeit finanzpolitischer Maßnahmen auf das Niveau des gesamtwirtschaftlichen Einkommens und der Güterproduktion verläßlich abzuschätzen ist. Es liegt mit anderen Worten auch in wirtschaftlichen Situationen mit Arbeitslosigkeit immer noch eine gesamtwirtschaftliche Budgetrestriktion vor, der eine fundierte makroökonomische Analyse Rechnung zu tragen hat.

Schließt man neben dem **Gütermarkt** einen **Geldmarkt** mit ein, so lassen sich damit bereits einige zusätzliche Modellvariationen darstellen. In jedem Fall kann mit einer solchen Erweiterung die Frage nach der Zuordnung von Politikmaßnahmen (Assignment) zu wesentlichen Märkten und ihre unterschiedliche Wirksamkeit für spezifische Ziele (im Gütermarkt oder im Geldmarkt) geprüft werden (Vgl. Graf 1977). Die vielfach in der Literatur anzutreffenden Anwendungen des **IS-LM-Modells** zur Abschätzung der Wirksamkeit von finanzpolitischen Maßnahmen zur Stabilisierung des gesamtwirtschaftlichen Einkommens leiden in der Regel aber noch an zentralen Mängeln, die den Wert ihrer Aussagen erheblich mindern. Sie vernachlässigen weiterhin eine gesamtwirtschaftliche Budgetrestriktion, und sie mischen zudem vielfach in unzulässiger Weise reale mit nominalen Größen. So hat z.B. die Geldpolitik Verfügungsmöglichkeiten über die nominale Geldmenge. Die reale Geldmenge kann sie nicht gleicherweise steuern, da sie hierbei an das Verhalten der Wirtschaftssubjekte und an die Entwicklung der Güterproduktion gebunden ist.

Durch die **explizite Einbeziehung einer Budgetrestriktion** für eine Volkswirtschaft und die damit mögliche vollständige Erfassung der Finanzierungsseite finanzpolitischer Maßnahmen gelangt man bereits in einfachen Modellzusammenhängen zum sogenannten **„crowding-out“**, d.h. dem Verdrängen privater Nachfrage durch staatliche Nachfrage. Ein zentrales Resultat besteht darin, daß Mehrausgaben des Staates, die zur Stabilisierung der Nachfrage getätigt und die mit Hilfe von Krediten finanziert werden, über die erhöhte Kreditnachfrage auf dem Kapitalmarkt zu einer Zinssteigerung führen, wodurch die privaten Nachfrager, die zinselastisch reagieren, verdrängt werden und ihre Güternachfrage entsprechend reduzieren müssen. Abbildung 7 enthält eine vereinfachte Darstellung eines Kreditmarktes, mittels derer das Phänomen des crowding-out anschaulich gemacht werden soll.

Abb. 7: Reaktionen auf dem Kreditmarkt bei einem Staatsdefizit mit der Folge des crowding-out

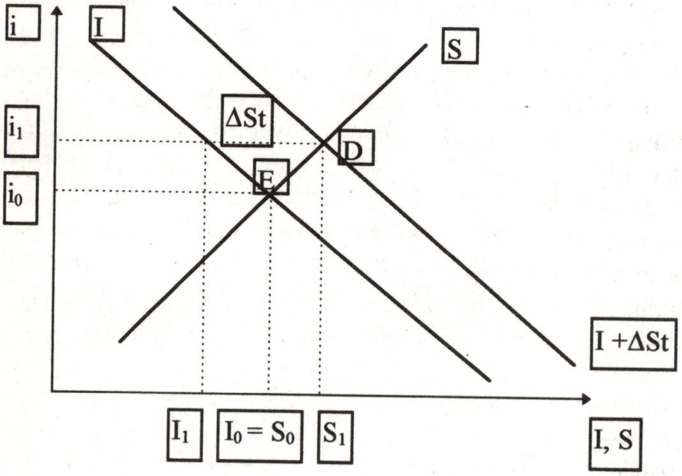

Das **Kreditangebot** wird in Abb.7 von seiten der Ersparnis, **S**, gebildet, die positiv mit der Höhe des Zinses, i, verbunden ist. Die **Kreditnachfrage** geht zunächst von den privaten Investoren aus, so daß sich die Kreditnachfrage aus der Investitionsfunktion der Unternehmen, **I**, entwickeln läßt, die einen negativen Zusammenhang mit der Zinshöhe aufweist. Im Schnittpunkt der beiden Funktionen, dem **Punkt E**, herrscht **Gleichgewicht auf dem Kreditmarkt**. **Beim Zinssatz i_0 entspricht** das Volumen des Kreditangebots durch die **Ersparnis, S_0,** dem Volumen **der Kreditnachfrage**, die von den Unternehmen ausgeübt wird, d.h. **I_0**. Tritt nun der **Staat als zusätzlicher Nachfrager nach Krediten** auf, um seine erhöhten Staatsausgaben zu finanzieren, so verschiebt sich die Nachfrage nach Krediten um die Staatsausgabenerhöhung oder sein Defizit, **ΔSt**, nach rechts. Die Verschiebung der Kreditnachfragefunktion durch das Staatsdefizit kann deshalb als parallele Verschiebung angenommen werden, da sich staatliche Kreditaufnahmen in aller Regel ausschließlich am Kreditvolumen orientieren und nicht zinsreagibel sind. Dies entspricht im übrigen der üblichen Abwicklung von Kreditaufnahmen in staatlichen Haushaltsplänen, die lediglich eine feststehende Kreditsumme ausweisen und die damit verbundene Zinsbelastung allenfalls im Zusammenhang mit der Finanzplanung global nachweisen. In der globalen Nachweisung sind aber einzelne Kreditaufnahmen und die ihnen zurechenbaren Zinskosten kaum erkennbar und insoweit für staatliche Entscheidungsträger kaum entscheidungsrelevant.

Durch die **neue Gesamtnachfrage nach Krediten, I + ΔSt,** entsteht in Verbindung mit der zunächst unveränderten Kreditangebotsfunktion, S, ein neuer Schnittpunkt und ein **neues Gleichgewicht im Punkt D**. Dort liegt nun ein **höherer Zinssatz i_1** vor. Zugleich mit der Zinssteigerung tritt die bei üblichen Elastizitäten von Anbietern und Nachfragern zu erwartende Reaktion ein. Die privaten Anbieter an Krediten werden ihre angebotenen Mengen ausweiten, von S_0 auf S_1, weil sie einen höheren Ertrag erzielen können. Die privaten Nachfrager nach Krediten werden ihre nachgefragten Mengen reduzieren, von I_0 auf I_1, weil die Kreditaufnahme teurer geworden ist und sich daher einige Investitionsvorhaben nicht mehr rentieren. Die **Reduktion der privaten** Kreditnachfrage und damit der **Investitionsnachfrage** stellt einen Teil der ausfallenden oder verdrängten privaten Nachfrage dar. Der andere Teil der Nachfrageverdrängung ergibt sich durch die Ausweitung des Sparens in der Beobachtungsperiode, da eine Mehrersparnis nur zustande kommen kann, wenn zugleich beispielsweise die **Nachfrage nach Konsumgütern** in dem Ausmaß **eingeschränkt** wird, in dem die Privaten ihre zusätzliche Ersparnis zu einer Verstärkung des Kreditangebots verwenden. Aus der Abb. 7 zeigt sich, daß die **Verdrängung der privaten Nachfrage** durch die kreditfinanzierte staatliche Nachfrageausweitung das **gleiche Ausmaß** annimmt **wie das Staatsdefizit**. Die Mehrnachfrage des Staates nach Gütern führt zu einer gleich großen Verringerung der Nachfrage nach Konsumgütern und Investitionsgütern zusammen. Es liegt **crowding-out** vor mit der Konsequenz, daß sich die gesamtwirtschaftliche Güternachfrage lediglich anders zusammensetzt als zuvor ihr globales Ausmaß aber unverändert bleibt. Eine **Stabilisierungswirkung der gesamtwirtschaftlichen Güternachfrage wird nicht erreicht, wohl aber ein allokativer Effekt** in Form einer geänderten Güterzusammensetzung, die nun mehr den Vorstellungen des Staates als denen der Privaten entspricht.

Die Überlegungen zum crowding-out, die anhand der **Abb. 7** verdeutlicht werden sollten, beruhen auf der Berücksichtigung einer (einfachen) makroökonomischen **Budgetrestriktion**, die sich im behandelten Fall **ausschließlich über** den **Kreditmarkt** auswirkt, weil sich dort die zusätzliche Kreditnachfrage des Staates im Zusammenhang mit einer defizitfinanzierten Mehrnachfrage nach Gütern unmittelbar niederschlägt. Die Veränderungen von staatlichen Einnahmen und Ausgaben müssen ihre Finanzierungswirkung aber nicht nur auf dem Kapitalmarkt haben, sie können alle anderen makroökonomischen Märkte mitbeeinflussen. **Wesentlich** hierbei ist lediglich, daß der Staat mit seiner Güternachfrage nicht außerhalb einer makroökonomischen Interdependenz auftritt und daß damit seine letztlich veranlaßten Wirkungen auf die gesamtwirtschaftliche Güterproduktion immer vor dem Hintergrund einer **Budgetrestriktion in einem Kreislauf** zu betrachten sind. Geht man von einem derart geschlossenen makroökonomischen Analyserahmen aus (der mindestens die vier makroökonomischen Märkte: Gütermarkt, Geldmarkt, Arbeitsmarkt und Markt für internationales Kapital umfaßt), so ist es aus logischen Gründen bereits kaum nachvollziehbar, daß eine Nachfrageveränderung an einer Stelle des geschlossenen Gesamtsystems, die im übrigen immer aus dem System heraus zu finanzieren ist, für das System einen global bedeutsamen Effekt haben kann. Allokative Wirkungen erscheinen als wahrscheinliches Resultat. Globale, die gesamte Güterproduktion verändernde Wirkungen, sind je nach dem Instrumenteneinsatz und den situationsabhängigen Gegebenheiten auf den makroökonomischen Märkten nicht auszuschließen, sie lassen sich jedoch allgemein keineswegs eindeutig in ihrer Größenordnung und Richtung bestimmen, wie es Musgrave oder das Stabilitätsgesetz als Epigone noch unterstellen. Die Wirkungen müssen auch nicht dort auftreten, wo sie von der Stabilisierungspolitik vermutet werden, sondern können durchaus in Veränderungen der Güternachfrage im Ausland, im Wechselkursniveau, in der realen Ertragsrate für Kapital oder den Produktivitätsverhältnissen der Gesamtwirtschaft ihren Niederschlag finden. **Stabilisierungspolitik** ist demnach innerhalb eines wirtschaftstheoretisch fundierten, makroökonomischen Ansatzes **nicht mit definitv vorhersehbaren Ergebnissen möglich.**

Diese aus dem Einbeziehen einer makroökonomischen Budgetrestriktion abzuleitende Aussage, die mit einem System mit mehreren makroökonomischen Märkten noch differenzierter dargestellt werden kann, läßt sich auch mit der **Annahme rationaler Erwartungen** begründen. Rationale Erwartungen bestehen in der Abschätzung nicht nur der unmittelbar und kurzfristig von der Wirtschaftspolitik, hier der Finanzpolitik, ausgelösten Wirkungen, sondern der Berücksichtigung auch der mittelbaren und längerfristig damit verbunden Konsequenzen. Eine

Staatsausgabenerhöhung über Kreditaufnahme führt insoweit auch zur Erwartung der Einflüsse auf dem Kreditmarkt, z.B. steigende Zinsen, und der mit der Kreditaufnahme einhergehenden Verpflichtung, diese Kredite auf Dauer zu finanzieren und zurückzahlen zu müssen, wozu der Staat auf Steuererhöhungen Zugriff nehmen wird. Der mögliche positive Nachfrageeffekt der Staatsausgabenerhöhung ist daher abzuwägen gegen die belastenden Finanzierungseffekte, die nicht nur in der Gegenwart auftreten, sondern die Wirtschaftsmöglichkeiten in nachfolgenden Perioden einschränken. Wirtschaftssubjekte mit rationalen Erwartungen werden die Gesamtwirkung der Maßnahme für ihre wirtschaftliche Situation betrachten, so daß der Nachfrageanstoß unter Umständen von vornherein unwirksam bleibt (Lucas 1976, Sargent 1983).

Die Konsequenz der **Unwirksamkeit von finanzpolitischen Anstößen** läßt sich auch durch die Übertragung der Überlegungen des **„Generational Accounting"** (Vgl. Unterabschnitt 4.4.3 oben) ableiten. Das „Generational Accounting" besteht in einem bewußten Einbeziehen der Finanzierungseffekte von finanzpolitischen Nachfrageänderungen über alle künftigen Perioden hin, berücksichtigt damit also in besonders strikter Form eine makroökonomische Budgetrestriktion, so daß von daher ein Nachfrageanstoß kaum gesamtwirtschaftlich bedeutsame Wirkungen auf die Güterproduktion oder das Einkommen der Volkswirtschaft haben kann.

Die keynesianisch orientierte neuere Makroökonomik ist gleichwohl weiterhin bestrebt, Argumente für die Wirksamkeit der Stabilisierungspolitik des Staates zu suchen. Hierfür wird dann u.a. auf mangelnde oder verzögerte Preisanpassungen sowie auf Verzögerungen in der Abstimmung von Märkten verwiesen, die in beobachtbaren Volkswirtschaften durchaus auftreten und eine Rolle spielen werden (Vgl. Romer 1996). Diese Erweiterungen sind jedoch nicht immer hinreichend in Modellzusammenhänge mit makroökonomischer Budgetrestriktion eingekleidet und lassen vielfach außenwirtschaftliche Verbindungen unberücksichtigt. Eine derart eindeutige Begründung für das stabilisierungspolitische Handeln des Staates wie in früheren simplifizierenden Modellen ergibt sich aus ihnen jedenfalls nicht.

Schließlich ist auf die **Theorie der realen Konjunkturzyklen** zu verweisen, die das Entstehen von Konjunkturzyklen nicht mit Nachfrageschwankungen erklärt, sondern dem Auftreten realer Schocks (z.B. Produktivitätsveränderungen) zuschreibt und im übrigen unterstellt, daß Volkswirtschaften auch bei schwankenden Werten der Güterproduktion jeweils im Gleichgewicht sein können, so daß Nachfrageveränderungen des Staates unnötig sind und wirkungslos bleiben (Stadler 1994).

Es darf außerdem nicht außer acht gelassen werden, daß viele stabilisierungspolitische Vorstellungen, u.a. die von Musgrave, mangels einer gründlichen Analyse der gesamtwirtschaftlichen Zusammenhänge die Aussagen zur Beschäftigung oder dem Nachfrageniveau auf dem Gütermarkt und zur Inflation in unzulässiger Weise vermengen. Eine Analyse, die makroökonomische Abläufe aus dem Zusammenwirken mehrerer gesamtwirtschaftlicher Märkte erkennt, kann und muß deutlich zwischen möglichen (realen) Nachfrageveränderungen auf dem Gütermarkt und weitgehend davon unabhängigen Preisveränderungen unterscheiden, die im wesentlichen aus dem Einsatz des engeren geldpolitischen Instrumentariums herrühren. So gibt es z.B. kaum Anlaß zur Vermutung von Musgrave, daß mit staatlichen Einnahmen und Ausgaben gesamtwirtschaftliche Preisveränderungen zu erreichen wären. Die Gestaltung und Beeinflussung der Inflationsrate ist vielmehr eine separate Aufgabe der geldpolitischen Instanzen. Diese können hierbei (wie nach Abschluß der Maastricht-Verträge besonders deutlich wurde) innerhalb kürzerer Zeitperioden eine gewünschte Inflationsrate realisieren. Angesichts der tendenziellen Unwirksamkeit globaler staatlicher Nachfragepolitik hat der Staat in diesem Zusammenhang als steuerbare Einflußgröße lediglich sein Defizit oder seinen Schuldenstand. Er kann nicht darauf bauen, mit der bloßen Veränderung von Ausgaben oder Einnahmen (als Bestandteil der Güternachfrage) realwirtschaftlich bedeutsame Multiplikatorprozesse anzustoßen oder gar konjunkturelle Impulse auszulösen bzw. zu verhindern. Insoweit sind auch Konzepte, wie ein konjunktureller Impuls oder ein sogenannter konjunkturneutraler Haushalt, die ausschließlich auf einigen Abhängigkeiten des Gütermarktes beruhen und zugleich Finanzierungseffekte staatlicher Maßnahmen sowie weitere Kreislaufzusammenhänge vernachlässigen, im wesentlichen ohne ökonomischen Gehalt. Wirtschaftspolitisch verwertbare Aussagen folgen daraus nicht. Der Einfluß des Staates auf realwirtschaftliche Abläufe mittels der Veränderungen der Ausgaben oder Einnahmen wird allenfalls ein indirekter sein und sich in aller Regel nicht mit den traditionellen Erklärungsversuchen der Stabilisierungspolitik fassen lassen.

Die **Stabilisierungspolitik** als Aufgabenstellung der staatlichen Finanzpolitik **läßt sich** nach allem **nicht** mehr wie zu Zeiten des Stabilitätsgesetzes **mit einfachen Argumenten** und wenigen verkürzten Zusammenhängen aus einer Betrachtung ausschließlich des Gütermarktes einer Volkswirtschaft wirtschaftstheoretisch **begründen**. Die **früheren Überlegungen zur Stabilisierungspolitik entbehren** dieser **wirtschaftstheoretischen Fundierung**. Der Staat mag gleichwohl mit seiner Finanzpolitik stabilisierende Einflüsse für den Wirtschaftsprozeß haben. Diese dürften allerdings weniger in tendenziell unwirksamen Nachfrageänderungen zu suchen sein, als vielmehr in der Gestaltung der Rahmenbedingungen für das Wirtschaften, der Planbarkeit und Verläßlichkeit staatlichen Handelns und damit insgesamt der Stabilisierung der Erwartungen nicht nur über die Finanzpolitik, sondern über das staatliche Handeln insgesamt. Dies bedeutet allerdings eine für viele politische Entscheidungsträger nicht einfach hinzunehmende Beschränkung ihrer Aktivitäten. Politische Entscheidungsträger, die im Konkurrenzkampf der Parteien stehen, werden immer wieder bemüht sein, neue Aktivitäten vorzuschlagen, neue Handlungsmöglichkeiten für den Staat anzuregen, um auf sich und ihre Leistungsbereitschaft hinzuweisen. Die Stabilisierung der Wirtschaftstätigkeit muß dabei nicht notwendigerweise im Vordergrund stehen, sondern kann hinter allokativen Zielen zurücktreten. Selbst bei hinreichend wirtschaftstheoretisch fundierten stabilisierungspolitischen Möglichkeiten (die gegenwärtig nicht zu erkennen sind), wird das stabilisierungspolitische Ziel für das staatliche Handeln keineswegs unumstritten sein, da allokative oder verteilungspolitische Ziele im konkreten Entscheidungszeitraum gewichtiger sein können.

5.2 Wachstumspolitik

5.2.1 Wirtschaftswachstum als Ziel staatlicher Politik

Wirtschaftswachstum bedeutet eine jährlich gegenüber der Vorperiode zunehmende Menge an Gütern oder an realem Einkommen und läßt sich daher als **Zuwachsrate des realen Bruttoinlandsprodukts oder des realen Bruttosozialprodukts** messen. Die staatliche Politik hat vielfach nicht nur den globalen Zuwachs an Gütern in der Volkswirtschaft oder des Realeinkommen der Inländer insgesamt als Ziel, sondern stellt in Ergänzung dazu auf die **Steigerung der Gütermenge pro Kopf** der Bevölkerung ab oder strebt eine **Realeinkommenssteigerung pro Kopf** an, was insbesondere bei zunehmenden Bevölkerungszahlen mit deutlicheren Zuwächsen der globalen gesamtwirtschaftlichen Leistungsgrößen BIP oder BSP verbunden sein muß. Wirtschaftswachstum kann inhaltlich noch damit näher umschrieben werden, daß die Versorgung der Bevölkerung mit Gütern und ihre Einkommenssituation verbessert wird, die es ihrerseits wiederum erlaubt, zusätzliche Güter zu erreichen, mit denen die Wirtschaftssubjekte ihre Wünsche oder Bedürfnisse erfüllen können.

Wirtschaftswachstum als globale Zunahme der Gütermenge in einer Volkswirtschaft ist von der staatlichen Wirtschaftspolitik in Deutschland als Ziel formuliert worden. Das Stabilitätsgesetz enthält in § 1 die Forderung an Bund und Länder, ihre wirtschafts- und finanzpolitischen Maßnahmen so zu treffen, daß sie zu stetigem und angemessenem Wirtschaftswachstum beitragen. Der EG-Vertrag schreibt in Art. 2 als Aufgabe der Gemeinschaft u.a. vor, ein beständiges, nichtinflationäres und umweltverträgliches Wachstum und die Hebung der Lebenshaltung zu fördern. Darüber hinaus legt Art. 102 a des EG-Vertrages fest, daß die Mitgliedstaaten und die Gemeinschaft im Einklang mit dem Grundsatz einer offenen Marktwirtschaft mit freiem Wettbewerb handeln, wodurch ein effizienter Einsatz der Ressourcen gefördert wird. Das Stabilitätsgesetz sieht somit noch eine engere Verbindung zwischen Wachstum und Konjunkturschwankungen in einer Volkswirtschaft. Die europäischen Verträge stellen in ihrer Zielformulierung eindeutig nur noch auf den zentraleren längerfristigen Aspekt des Wirtschaftswachstums ab und heben auch qualitative Nebenbedingungen hervor, die in dem von der Entstehungsgeschichte her älteren Stabilitätsgesetz nicht so deutlich gemacht wurden.

5.2.2 Beeinflussungsmöglichkeiten des Wirtschaftswachstums

Die staatliche **Finanzpolitik kann generell mit allen** ihr zur Verfügung stehenden **Instrumenten auf** die **Wachstum**sbedingungen, die Möglichkeiten der Güterproduktion und der Einkommenserzielung **Einfluß nehmen**. Vielfach haben beispielsweise allokative Instrumente auch einen längerfristigen Effekt, der sich als fördernd oder auch als hinderlich für das Wirtschaftswachstum herausstellen kann, was im jeweiligen Einzelfall zu überprüfen wäre. Im übrigen findet man die Annahme, daß der Staat vornehmlich über die von ihm getätigten **öffentlichen Investitionen** auf das Wachstum in der Volkswirtschaft Einfluß nimmt, so daß die Ausweitung staatlicher Investitionen bewußt gefördert und durch die Gestaltung der Ausgaben **angestrebt** wird. Zugleich damit erscheinen Ausgaben für den **öffentlichen Konsum** als **weniger vorteilhaft** für das Ziel des Wirtschaftswachstums.

Die **Einteilung finanzpolitischer Mittel** in Ausgaben **für investive und konsumtive Zwecke** beruht auf der prinzipiell zutreffenden Überlegung, daß Wirtschaftswachstum immer auch mit einer Ausweitung des Kapitalstocks in der Volkswirtschaft einhergeht. Wenn mithin der Staat über öffentliche Investitionen in die Ausweitung des Kapitalstocks investiert, übt er nach dieser allgemeinen Ansicht auch einen positiven Einfluß auf die Wachstumsbedingungen aus. Staatsverbrauch hingegen führt nicht zu einer Steigerung des Kapitalstocks und wirkt sich demnach nicht notwendigerweise vorteilhaft auf das Wachstumsziel aus. Diese **Einteilung** finanzpolitischer Instrumente **in investive und konsumtive Ausgaben** mag zwar mit einigen Teilaspekten hilfreich sein, sie **trifft** jedoch - **was die Wachstumswirksamkeit angeht - nicht generell zu**. Öffentliche Investitionen müssen, auch wenn sie immer zum Kapitalstock beitragen, keineswegs die Wachstumsbedingungen in der Volkswirtschaft jeweils positiv beeinflussen. Staatliche Investitionen werden als solche nach den Kriterien des Einkommensteuerrechts abgegrenzt (langlebige Wirtschaftsgüter mit einem Anschaffungswert von mindestens 800,-- DM). Diese Grenze besagt aber nichts über die Eignung der Investitionen für die Funktionsweise des Wirtschaftsprozesses. Es lassen sich im Rahmen der staatlichen Ausgabenpolitik hinreichend viele Beispiele dafür finden, wo hohe Investitionsausgaben keinerlei Wachstumseinflüsse ausüben, wie u.a. Luxusgefängnisse oder Baumaßnahmen in der Infrastruktur, die ausschließlich das Ziel verfolgen, die Nutzungsmöglichkeiten der Infrastruktur zu reduzieren. Andererseits werden dem Staatskonsum Ausgaben zugerechnet, die durchaus positive Wachstumseffekte haben können, wie Fortbildungsmaßnahmen für öffentlich Bedienstete zur Steigerung der Effizienz der öffentlichen Verwaltung. Die Einteilung in Investitionsausgaben und Konsumausgaben des Staates ist damit nicht notwendigerweise geeignet, um die Möglichkeiten aufzuzeigen, wie staatliche Finanzpolitik auf das Wirtschaftswachstum Einfluß nehmen kann.

Neuere wirtschaftswissenschaftliche **Arbeiten** geben im Rahmen eines breiteren Ansatzes, der deutlicher auf die ökonomischen Zusammenhänge abstellt, die für einen Wachstumsprozeß im allgemeinen und in konkreten Fällen erforderlich sind, eine Reihe von Hinweisen, die nachfolgend skizziert werden sollen. So faßt **Harberger** (Harberger 1998) in einem Artikel wesentliche Determinanten des Wachstumsprozesses unterschiedlicher Volkswirtschaften zusammen. Danach unterscheidet er anhand einer gesamtwirtschaftlichen Produktionsfunktion **fünf Einflußgrößen für das Wirtschaftswachstum**. Diese bestehen aus dem Wachstum des **Produktionsfaktors Arbeit**, dem Wachstum des **Humankapitals**, dem Wachstum des **Kapitalstocks**, der erwarteten **Ertragsrate der Investitionen** oder der Zuwächse zum Kapitalstock und schließlich einer **Sammelgröße**, mit der vielfältige unterschiedliche Wachstumseinflüsse erfaßt und mit der **die realen Kostenreduktionen** in der Güterproduktion zum Ausdruck gebracht werden sollen.

Der Produktionsfaktor Arbeit kann mittels der Bevölkerungszahl, bzw. deren Wachstum erfaßt werden. Das Wachstum des Humankapitals schlägt sich nach Harberger näherungsweise in den Marktlöhnen nieder, da darin Ausbildung, Qualifikation und Berufspraxis zum Ausdruck kommen. Das Wachstum des Kapitalstocks entspricht der Nettoinvestition, die Bestandteil der Wertschöpfung eines Landes ist. Die Ertragsrate des Kapitals stellt auf die realen Erträge ab, die von einem Zuwachs des Kapitalstocks erwartet werden können. Die verbleibenden Sammelgröße ist ein Residuum oder eine Restgröße, die aus einer Vielzahl von Einzeleinflüssen besteht und die nicht den Produktionsfaktoren Arbeit und Kapital direkt zurechenbar sind. Die Restgröße wirkt sich dadurch auf das Wachstum aus, daß sie zu einer realen Kostenreduktion im Produktionsprozeß führt, so daß die Produktionsfaktoren ihre Leistungen insgesamt produktiver umsetzen können.

Die **staatliche Politik kann** nach den Untersuchungen von Harberger insoweit auf den Wachstumsprozeß einwirken, als sie sich **vornehmlich** um die **Restgröße** bemüht. Danach soll der Staat Umstände schaffen oder das wirtschaftliche Umfeld der Unternehmen so gestalten, daß diese rasch die Möglichkeiten für **reale Kostenreduktionen** erkennen und die Kostenreduktionen zielgerichtet im Produktionsprozeß umsetzen können. Dieser **Haupteinfluß des Staates** auf das Wirtschaftswachstum besteht mithin in der Erleichterung für das Suchen und **Auffinden von Kostenreduktionen**, die u.a. auch mit wirtschaftlichen Reformen erreicht werden können. Harberger weist dabei auf folgende Möglichkeiten und Maßnahmen hin, die bei der Verringerung der realen Kosten des Wirtschaftsprozesses eine Rolle spielen. Inflation kann das Erkennen von realen Kosten behindern. Inflationspolitik ist daher wachstumsfeindlich, weil sie die Wahrnehmung von realwirtschaftlichen Gegebenheiten verwischen kann. Damit erschwert sie auch die Möglichkeiten, reale Kosten überhaupt festzustellen und sie zu beeinflussen. **Eine Politik, die Inflation vermeidet**, erlaubt von daher bessere Einsichten in die realwirtschaftlichen Bedingungen der Wirtschaftsprozesse und ist **fördert** insoweit das Wahrnehmen von **Kostenreduktionen**. **Bürokratische Hemmnisse** behindern ebenfalls Kostenreduktionen im Produktionsprozeß und **sind** deshalb **zu reduzieren**. Harberger dehnt diese Forderung auch auf **staatliche Handelshemmnisse** im internationalen Handel aus, die das Wirtschaftswachstum **einschränken** und die aus diesem Grunde abzubauen sind. Außerdem fördert das **Einvernehmen der Mitglieder einer Volkswirtschaft** über die allgemeinen Ziele der Wirtschaftspolitik die Konzentration auf realwirtschaftliche Abläufe und **erleichtert** das Auffinden und Umsetzen realen **Kostenreduktionen**. Schließlich sind die **Grundlinien der Ordnungspolitik** mit ihrer Ausgestaltung der Eigentumsrechte und anderer wirtschaftlicher Rechte von entscheidender Bedeutung für den Wirtschaftsablauf und beeinflussen die Möglichkeiten der Kostenreduktion in wesentlichem Maße.

Harberger erkennt daneben auch an, daß die Wirtschaftspolitik durch Rationalisierung des Staatshandelns und den Abbau von Hemmnissen oder Regulierungen zu einer verstärkten Investitionstätigkeit und einer höheren Ertragsrate beitragen und auf diesem Wege das Wirtschaftswachstum steigern kann. Damit würde der Staat sich bei gegebenen Produktions- und Kostenverhältnissen auf eine Vermehrung der Produktionsfaktoren und deren Ertragssteigerung konzentrieren, was in jedem Fall zum Wirtschaftswachstum beitragen wird. Harberger sieht die Haupteinflußmöglichkeiten der staatlichen Wachstumspolitik gleichwohl nicht in der direkten Einflußnahme auf die Produktionsfaktoren. Vielmehr besitzt der Staat über die eher längerfristig angelegte **Politik der Kostenreduktion** für den Wirtschaftsprozeß insgesamt die zentrale Möglichkeit**, auf das Wirtschaftswachstum** in einer Volkswirtschaft **einzuwirken**.

Eine Untersuchung von **Olson** (Olson 1996) unterstützt und konkretisiert die Argumente von Harberger zu der Restgröße bzw. der Größe, mit der reale Kostenreduktionen oder Produktivitätssteigerungen für den Produktionsprozeß erfaßt werden sollen. Aufgrund internationaler Vergleiche der Pro-Kopf-Einkommen und deren Wachstum gelangt er zu dem Resultat, daß als einzig plausible **Erklärung der großen Unterschiede im Wohlstand** der Volkswirtschaften die Unterschiedlichkeit in der **Qualität der staatlichen Institutionen**, d.h. dem ordnungspolitischen Rahmen **und der Wirtschaftspolitik** verbleiben. Unterschiedliche institutionelle Gegebenheiten und unterschiedliche Wirtschaftspolitiken erklären demnach das unterschiedliche Wachstum zwischen den Volkswirtschaften. Die Volkswirtschaften mit den höchsten Wachstumsraten sind nämlich niemals die mit den höchsten Pro-Kopf-Einkommen, sondern die mit einem geringeren Pro-Kopf-Einkommen. Obwohl insgesamt alle Volkswirtschaften mit einem geringeren Pro-Kopf-Einkommen schneller wachsen könnten als die wohlhabenderen Volkswirtschaften (in Form eines Aufholprozesses), trifft dies immer nur für einige von ihnen zu. Diese benötigen hierfür aber eine gute ordnungspolitische Ausstattung, d.h. einen verläßlichen Rechtsrahmen mit qualifizierten politischen Institutionen, sowie eine allgemeine Wirtschaftspolitik, die dem Wachstumsprozeß förderlich ist. Das **Wirtschaftswachstum beruht** demnach **auf** den **Anreizstrukturen**, die innerhalb eines Staates bestehen und die vornehmlich **in Form der Institutionen** (des rechtlichen Ordnungsrahmens für den Wirtschaftsprozeß) **und der Wirtschaftspolitik** ihren Einfluß auf ein mehr oder weniger großes Wirtschaftswachstum ausüben.

Die Beeinflussungsmöglichkeiten des Wirtschaftswachstums liegen nach diesen Untersuchungen nicht in erster Linie in der (mengenmäßigen) Ausstattung eines Landes mit den Produktionsfaktoren Arbeit und Kapital oder deren Wachstum. Staatliche Investitionen, die den Kapitalstock vermehren, werden nach allem nicht grundsätzlich schädlich für den Wachstumsprozeß der Volkswirtschaft sein, können diesen aber prinzipiell nur insoweit beeinflussen, als sie der Güterproduktion durch Verbesserungen oder Erleichterungen zugute kommen. Allein die Verwendung staatlicher Ausgaben für investive Zwecke im Sinn des Haushaltsrechts trägt damit zum Wachstum bei. Wesentlicher für den Wachstumsprozeß sind vielmehr die staatlichen Maßnahmen, die einerseits die globalen Kosten des Wirtschaftens reduzieren oder Produktivitätszuwächse fördern, und die dies andererseits über verbesserte Institutionen oder eine verläßlichere Wirtschaftspolitik erreichen wollen, denn damit werden die vorhandenen Ressourcen aktiviert und können überhaupt erst positiv zum Wachstumsprozeß beitragen. Wachstum entsteht nicht vorrangig über eine Vermehrung der Produktionsfaktoren, sondern durch ihren besseren oder wirtschaftlich effizienteren Einsatz.

Die staatliche Politik kann über Kostenerleichterungen die Produktivität der Produktionsfaktoren fördern, wobei sie allerdings von der Anlage und der Zielrichtung her langfristig orientiert sein muß, um somit die Erwartungen der Wirtschaftssubjekte über die Verläßlichkeit von Institutionen und der Wirtschaftspolitik hinreichend zu stabilisieren. Der Staat hat mit anderen Worten durchaus die eigenständige Möglichkeit, Wachstumspolitik zu betreiben. Soweit diese Politik den für einen Erfolg belegbaren Handlungsmustern entspricht, wird sie ein verläßliches Mittel zur Beeinflussung der globalen Wirtschaftstätigkeit in der Volkswirtschaft sein. Im Unterschied zur tendenziellen Unwirksamkeit der Stabilisierungspolitik auf die globale Wirtschaftstätigkeit verfügt der Staat mit der hier skizzierten Wachstumspolitik über eine wirksame Möglichkeit, zumindest in längerer Frist auf die Entwicklungslinien des gesamten Wirtschaftsprozesses nachhaltigen Einfluß zu nehmen. Dies erfordert jedoch einen entsprechenden Planungshorizont der staatlichen Entscheidungsträger und die Fähigkeit, gegebenenfalls staatliche Einzelregeln oder Restriktionen abzubauen, die einem Produktivitätszuwachs entgegenstehen.

5.3 Staatliche Steuerungsmöglichkeiten bei globalisierten Märkten

5.3.1 Wirtschaftliche Auswirkungen der Globalisierung auf eine Volkswirtschaft

Globalisierung bedeutet die **zunehmende internationale Verflechtung der Güter- und Faktormärkte**. Der internationale Warenhandel, der Austausch von Dienstleistungen sowie Kapitalströme zwischen Volkswirtschaften sind **einerseits** typische Erscheinungsformen außenwirtschaftlich verflochtener Volkswirtschaften. Sie tragen den Güter- und Faktoraustausch mit, machen jedoch nicht den zentralen Aspekt der Globalisierung aus, von der seit Ende der 80er Jahre immer häufiger gesprochen wird. Weitgehende außenwirtschaftliche Verflechtungen gab es auch bereits im 19. Jahrhundert. Die Weltkriege des 20. Jahrhunderts haben diesen wirtschaftlichen Verflechtungsprozeß lediglich zurückgedrängt und behindert. Selbst zwischen den Mitgliedern der Europäischen Gemeinschaft sind lange Zeit noch vorhandene Beschränkungen des Kapitalverkehrs erst im Zusammenhang mit der Europäischen Wirtschafts- und Währungsunion definitv entfallen. Insoweit ist die **Globalisierung kein neues Phänomen** der jüngsten Vergangenheit (Knorr 1998).

Andererseits ist der Prozeß der internationalen Integration von Güter- und Faktormärkten in den letzten Jahren durch **Erscheinungen** geprägt, **die** in der Tat in früheren Epochen nicht vorhanden waren und die auch **für** den Zusammenhang der **internationalen Märkte neu** und als solche charakteristisch **für die Globalisierung** anzusehen sind. **Ein Aspekt** besteht in der Zunahme der **internationalen Verflechtung von Unternehmen** über Direktinvestitionen im jeweiligen Ausland sowie in Form von Beteiligungen und Fusionen, die länderübergreifend vorgenommen werden. Damit entstehen betriebliche Entscheidungsstrukturen, die sich von vornherein nicht auf die Grenzen der Nationalstaaten beschränken lassen, sondern die globale wirtschaftliche Lage des Unternehmens im Auge haben. Die Entscheidungen eines Unternehmens erschöpfen sich daher nicht in der passiven Umsetzung von Politikmaßnahmen nationaler Entscheidungsträger in einer Volkswirtschaft, sie können vielmehr den Politikmaßnahmen mit Substitutionen und Ausweichvorgängen antworten, so daß der hoheitliche Einfluß eines jeden Staates begrenzt ist. Diese Verflechtung schlägt sich u.a. nieder in einer wachsenden **vertikalen Spezialisierung der Güterproduktion**. Vertikale Spezialisierung bedeutet die Aufteilung der Produktionsschritte für ein Fertigprodukt auf unterschiedliche Produzenten in verschiedenen Ländern (Vgl. Hummels et al. 1998). Derartige vertikale Spezialisierungen müssen nicht immer zu vermehrtem internationalem Handel führen, verbessern gegebenenfalls aber die Reaktionsmöglichkeiten von Produzenten bei staatlichen Eingriffen.

Globalisierung läßt sich **zum anderen** daran ablesen, daß die **Transportkosten** für Güter zwischen den Volkswirtschaften tendenziell **geringer** sowie die Transportzeiten erheblich kürzer werden. Der Ausbau von Infrastrukturen und schnellere Transportmittel lassen vielfach erst den wirtschaftlichen Einsatz von Gütern in anderen Ländern zu und regen somit außenwirtschaftliche Kontakte an, die in früheren Zeiten wegen der Kosten und der Transportzeiten nicht möglich waren. Als entscheidend kommt **schließlich** hinzu, daß der **Austausch von Informationen** inzwischen **mit Geschwindigkeiten mit einem Qualitätsstandard** abläuft, der **völlig neu** entstanden ist und der auf den Ausbau der Informationstechnologie zurückgeht. Damit erschließen sich auch kleineren Unternehmen Kontaktmöglichkeiten und Kontaktgeschwindigkeiten, die früher nur bei unmittelbarer räumlicher Nähe möglich waren. Die räumliche Nähe von Auftraggebern und Auftragnehmern, von Verhandlungspartnern und Controllern ist nicht mehr unmittelbare Voraussetzung für ein rasches und zuverlässiges Handeln und Abstimmen in wirtschaftlichen Entscheidungen. Von daher ergeben sich erweiterte Möglichkeiten des Ausnutzens von Kostenvorteilen, die ohne die Hilfsmittel der Informationstechnologie nicht realisierbar sind, d.h. die **Informationstechnologie erschließt Möglichkeiten eines Güteraustauschs** zwischen räumlich weit voneinander entfernten Partnern, die nunmehr on-line und sekundengenau miteinander kooperieren können. Dies erscheint vielfach als der wesentlichste Beleg für die Globalisierung, zumal sich auf diesem Weg auch jeweils rasch Anpassungen und Umstellungen vornehmen lassen. Ökonomische Transaktionskosten sinken in ihrer Bedeutung ab, wodurch die regionalen Unterschiede in den Kosten der Produktionsfaktoren und den Kosten eines jeweiligen Standorts deutlicher zutage treten. **Unterschiede in den Angebotsbedingungen** für gleichartige Güter zwischen den Regionen werden letztendlich **nicht mehr durch Transaktionskosten und Transportkosten verdeckt** oder kompensiert, **sondern werden offenkundig** und können nunmehr im ökonomischen Entscheidungsprozeß von entscheidender Bedeutung für außenwirtschaftliche Transaktionen sein.

5.3.2 Der Einfluß der Globalisierung auf die Steuerungsmöglichkeiten der Finanzpolitik

Die aufgezeigten Aspekte der Globalisierung führen auf der Ebene der privaten Wirtschaftssubjekte generell zu rascheren Reaktionsmöglichkeiten bei sich ändernden ökonomischen Bedingungen, lassen einen sachlich und räumlich erweiterten Rahmen an Handlungsalternativen zu und bedeuten inhaltlich einen verstärkten Wettbewerb nicht nur zwischen den traditionell betrachteten Produktionsfaktoren Arbeit und Kapital, vielmehr wird auch der Wettbewerb zwischen den Produktionsfaktoren Wissen, Rechte und Institutionen über die Wirtschaftsräume hin intensiver. Staatliche Grenzen bilden hierbei keine Hindernisse mehr. Die staatliche Politik, insbesondere die **Finanzpolitik ist** aber weiterhin an ihre **national beschränkte** Zuständigkeit gebunden. Sie kann lediglich innerhalb der

Grenzen der eigenen Volkswirtschaft versuchen, Einfluß auf die Wirtschaftssubjekte und den Wirtschaftsprozeß auszuüben.

In einer globalisierten wirtschaftlichen Umgebung bestehen jedoch weitergehende Möglichkeiten der Anpassung oder der Substitution, so daß generell die **Macht der Politik und** ihr **hoheitlicher Einfluß geringer** wird. Die Finanzpolitik besitzt damit unabhängig von ihrer wirtschaftstheoretischen Fundierung geringere Möglichkeiten des Einwirkens auf die globale Wirtschaftstätigkeit in der Volkswirtschaft, bzw. sie muß im Einzelfall mit größerer Intensität erfolgen, um ein vorgegebenes Ziel zu erreichen. **Staatliche Politik wird gleichwohl** insoweit **Wirkungen entfalten** können, **als sich ihr** die **Wirtschaftssubjekte nicht zu entziehen** oder ihr auszuweichen vermögen. Selbst angesichts der Globalisierung werden sich immer noch weite Bereiche der Volkswirtschaft an rein nationalen Gegebenheiten orientieren und dementsprechend auf Maßnahmen der Finanzpolitik nicht grundsätzlich anders reagieren können als bisher. Für die privaten Haushalte, die den Faktor Arbeit anbieten und die als Konsumenten an nationale Arbeitsplätze und nationale Wohnorte gebunden sind, trifft dies weitgehend zu. Auch Unternehmen, die ihren Absatzmarkt ausschließlich national finden (z.B. Handwerker und einige Dienstleistungsbetriebe) und die ihre Produktionstätigkeit dafür in unmittelbarer räumlicher Nähe erbringen müssen, werden der Finanzpolitik im wesentlichen wie früher begegnen. Verhaltensänderungen sind daher nicht überall zu erwarten oder vielfach nur längerfristig möglich. Produktionsfaktoren und Wirtschaftssubjekte, die am globalisierten Wettbewerb teilnehmen können oder ihm über Auslandskontakte direkt ausgesetzt sind, werden sich hingegen nicht mehr vorrangig nach nationalen wirtschaftlichen und finanzpolitischen Gegebenheiten richten, sondern ihr Handeln auf die internationalen Zusammenhänge abstellen. Ihre geringere Zahl geht mit einem jeweils größeren wirtschaftlichen Gewicht einher, was schließlich zur spürbaren Begrenzung für die Einflußmöglichkeiten der Finanzpolitik führt.

Die **Globalisierung** wirkt sich u.a. auf die Finanzpolitik und ihre drei typischen Steuerungsinstrumente aus. Sie betrifft steuerliche Maßnahmen, Normen und Ausgaben. Am ausführlichsten hat die finanzwissenschaftliche Literatur bislang den durch die Globalisierung ausgelösten **Steuerwettbewerb** diskutiert (Vgl. Tanzi 1998, Schreiber 1998, Genser, Haufler 1996). Der Steuerwettbewerb besteht darin, daß Konsumenten, Unternehmen und Haushalte nicht nur die nationalen steuerrechtlichen Regelungen und Steuertarife in ihrem ökonomischen Verhalten zu berücksichtigen haben, sondern daß sie die entsprechenden Regelungen in anderen Ländern in ihre Überlegungen einbeziehen und schließlich ihre ökonomischen Entscheidungen auch an der Unterschiedlichkeit der steuerlichen Belastungen zwischen den Volkswirtschaften ausrichten. Konsummöglichkeiten, Produktionsstätten und Finanzanlagen werden damit von den privaten Wirtschaftssubjekten so gesteuert, daß sich ein Nutzen- oder Einkommensmaximum ergibt.

Steuerliche Vorteile in anderen Volkswirtschaften führen zu einer **verstärkten räumlichen Ausweichung** über Ländergrenzen hinweg.

Als Resultat für die **nationale Finanzpolitik** stehen zwei prinzipiell gegensätzliche Möglichkeiten an: sie kann **einerseits** steuerliche Unterschiede zwischen den Ländern bewußt hervorrufen und durch **Senkung der nationalen steuerlichen Belastung** (gemessen an den Tarifniveaus und den Bemessungsgrundlagen der Steuern) versuchen, Zuflüsse an Produktionsfaktoren und Wirtschaftssubjekten aus anderen Ländern auszulösen. Insoweit würden Produktion und Konsum in der eigenen Volkswirtschaft gestärkt. Mit der auf diesem Weg erreichten Anregung der Wirtschaftstätigkeit in den nationalen Grenzen ergibt sich für den Staat auch die Möglichkeit, an insgesamt höheren Steuereinnahmen zu partizipieren. Ob mit der Gestaltung der Steuertarife und der steuerlichen Bemessungsgrundlagen andere Ziele der Finanzpolitik berührt oder beeinträchtigt werden, wäre ergänzend zu prüfen. Im Extrem könnten Beeinträchtigungen anderer finanzpolitischer Ziele aber angesichts der Globalisierung als notwendige Nebenwirkung der Produktions- und Einkommenssteigerung im Inland akzeptiert werden. **Andererseits** kann die nationale Finanzpolitik mit der steuerlichen Tarifgestaltung ihre nationalen finanzpolitischen **Ziele der Allokation und der Verteilung in den Vordergrund** stellen und das **Ausweichungsverhalten** der global denkenden Wirtschaftssubjekte **hinnehmen**, das sich in Abwanderungen von Wirtschaftssubjekten und Verlagerungen von Produktionsfaktoren ins Ausland niederschlägt. Sie hat dann mit einer geringeren Wirtschaftstätigkeit in der eigenen Volkswirtschaft zu rechnen, so daß gegebenenfalls trotz höherer Tarife und breiterer Bemessungsgrundlagen die Steuereinnahmen nicht entsprechend hoch ausfallen und künftige finanzpolitische Handlungsspielräume begrenzen. Finanzwissenschaftliche Modelle lassen darüber hinaus zusätzliche Gestaltungsmöglichkeiten zu in Abhängigkeit von der Wahl der Steuerarten und der zu besteuern Sachverhalte. Der internationale Steuerwettbewerb verändert damit insgesamt die Handlungsmöglichkeiten der nationalen Finanzpolitik. Dies gilt selbstverständlich auch für Lenkungssteuern, mit denen vorrangig allokative Ziele erreicht werden sollen, wie z.B. Umweltsteuern oder Ökosteuern. Deren Wirksamkeit hängt vom Ausmaß des Steuerwettbewerbs zwischen den Ländern ab. Schließlich sind hiermit Rückwirkungen auf die Wirtschaftstätigkeit in der Volkswirtschaft insgesamt verbunden, weshalb die Steuerungsmöglichkeiten der Finanzpolitik für die gesamtwirtschaftlichen Aktivitäten an engere Grenzen stoßen.

Die **Globalisierung** und die daraus resultierende Öffnung der Volkswirtschaften für Einflüsse von außen führt nicht nur **zu** möglichen **zusätzlichen Reaktionen** der Wirtschaftssubjekte bei steuerlichen Eingriffen seitens der Finanzpolitik. Finanzpolitik kann zum Erreichen ihrer Ziele auch die **Ausgaben** in allen ihren unterschiedlichen Arten (Sachausgaben, Personalausgaben, Transfers) heranziehen. Deren Einsatz mag zwar teilweise einem konkreten Ziel besser zuzuordnen sein als ein steuerliches Instrument, gleichwohl können **infolge der Offenheit der**

Volkswirtschaften internationale Vergleiche der Ausgabenniveaus angestellt werden, die eine nationale finanzpolitische Zielsetzung beeinträchtigen. Als Konsequenz könnte sich **einerseits** ergeben, daß ein nationaler Einsatz von Finanzmitteln in Form von **Ausgaben** dabei im Vergleich mit anderen Volkswirtschaften **nunmehr unzureichend** erscheint. Die beabsichtigte Wirkung (z.B. Nachfragewirkung auf dem Gütermarkt) kommt dann nicht zustande, weil die Ausgaben in anderen Volkswirtschaften weitergehender oder stärker gestiegen sind und daher eine Verlagerung wirtschaftlicher Aktivitäten in das Ausland fördern oder hervorrufen. Ausgabenniveaus des Staates müssen sich insoweit nicht nur an nationalen Gegebenheiten orientieren, sondern an vergleichbaren finanzpolitischen Mitteleinsätzen anderer Volkswirtschaften.

Staatliche **Ausgaben** haben damit **andererseits** im internationalen Kontext auch eine **Anreizwirkung** und lassen **Mitnahmeeffekte** aus anderen Volkswirtschaften erwarten, wenn sie sich erkennbar über dem Niveau anderer Länder bewegen. Die Anreizwirkung kann aus nationaler Sicht mit positiven gesamtwirtschaftlichen Einflüssen verbunden sein, wenn beispielsweise Kapitalzuströme erfolgen oder Direktinvestitionen ausgelöst werden. Der Mitnahmeeffekt kann sich darin niederschlagen, daß die höheren nationalen Ausgaben von Wirtschaftssubjekten anderer Volkswirtschaften als Grund genommen werden, z.B. ihren Wohnsitz zu verlagern, um an den vergleichsweise hohen Ausgaben zu partizipieren, wie es bei einer Reihe von Transferausgaben bereits zu beobachten ist. Das Verfolgen eines nationalen finanzpolitischen Ziels ist deshalb im Zusammenhang mit internationalen Ausgabenniveaus zu sehen, wobei die möglichen Reaktionen der Wirtschaftssubjekte national wie international keineswegs als gegebene Größen feststehen und sich vielmehr situationsabhängig verändern können, was das Erreichen finanzpolitischer Ziele nicht vereinfacht.

Schließlich sei noch auf die Wirkung der von der Finanzpolitik einsetzbaren **Normen und rechtlichen Regeln** verwiesen, die angesichts der Globalisierung ebenfalls internationale Rückwirkungen auslösen können. Diese Rückwirkungen sind im Zusammenhang mit der hier betrachteten Steuerung der gesamtwirtschaftlichen Tätigkeit ihrerseits immer nur vor dem Hintergrund der Normen und rechtlichen Regeln für den Wirtschaftsprozeß in den anderen Ländern zu sehen und können je nachdem nationale Regeln in ihrem Einfluß verstärken oder völlig entwerten. Ergänzend zu den Normen ist hierbei auch auf die für das Wirtschaftsleben bedeutsamen **Institutionen und die Qualität der Finanzpolitik** insgesamt aufmerksam zu machen, weil davon, wie in 5.2.2 dargelegt, wesentliche Konsequenzen für das Wirtschaftswachstum ausgehen. Eine rein nationale Sicht des finanzpolitischen Mitteleinsatzes ist nach alledem in globalisierten Volkswirtschaften unzureichend. Die Finanzpolitik erfährt durch die Globalisierung eine Veränderung ihrer Steuerungsmöglichkeiten, die allerdings im Einzelfall jeweils erst zu ermitteln sind.

6. Alternativen der Staatsfinanzen

6.1 Erwerbseinkünfte

6.1.1 Grundüberlegungen zur Erzielung von Erwerbseinkünften durch den Staat

Der Staat hat im Rahmen seiner Finanzierungsalternativen seit jeher die Möglichkeit, sich an der allgemeinen Wirtschaftstätigkeit zu beteiligen und daraus Erwerbseinkünfte zu erzielen. **Erwerbseinkünfte** sind mithin **Einnahmen**, die der Staat **aus** seiner **Beteiligung an der Wertschöpfung der Volkswirtschaft** erhält. Aus Sicht derjenigen Personen, die dem Staat zu dieser Einnahmenart verhelfen, liegt ein Tausch vor, bei dem der Zahlung (eines Preises) eine **äquivalente Gegenleistung** gegenübersteht. Wenn mithin der Staat eine Staatsbrauerei betreibt und das Bier verkauft, erhält er daraus Einnahmen, die der Käufer des Biers im Tauschprozeß als Preis entrichtet und die dem Käufer als äquivalente Gegenleistung für das eingetauschte Gut erscheinen. Erwerbseinkünfte beruhen daher auf einem freiwilligen Tausch; der Staat verzichtet insoweit auf seine Hoheitsfunktion.

Erwerbseinkünfte erzielt der Staat aber nicht nur lediglich als ein Wettbewerber unter vielen anderen Anbietern auf allgemeinen Konkurrenzmärkten, sondern er sichert sich vielfach - wie historisch zu beobachten - seine Einnahmenmöglichkeiten durch die Errichtung von Monopolen ab. **Staatliche Monopolbetriebe** sollen auf diesem Wege zu tendenziell höheren und dauerhaften Erwerbseinkünften beitragen. Gegenwärtige Beispiele hierfür sind das Notenbankmonopol und die noch bestehenden Monopole für Versorgungsunternehmen (soweit sie dem Staat gehören oder von ihm bestimmt werden). Die Monopole werden dabei vom Staat vor Konkurrenten geschützt und können die dadurch entstehenden **Gewinne** an den Staat als Einnahme abführen. Als zusätzliche Begründung für die Erzielung von Erwerbseinkünften durch staatliche Monopole wird im übrigen auf **produktionspolitische Steuerungsmöglichkeiten** verwiesen. Sofern der Staat sich am Wirtschaftsleben beteiligt und sich hierbei auf spezifische Güter konzentriert, kann er seine besonderen produktionspolitischen Absichten oder seine besonderen Qualitätsstandards auf direktem Wege umsetzen. Staatliche **Manufakturen** hatten nicht selten spezifische Qualitätsstandards verfolgt, die z.T. noch in den heutigen Porzellanmanufakturen nachzuvollziehen sind. Zumindest historisch zu erkennen, sind auch noch die Absichten des Staates, über seine Beteiligung an der Güterproduktion der Volkswirtschaft dem Ziel der **Wirtschaftslenkung** näher zu kommen. Verstaatlichungsprogramme dienen nicht nur (wenn überhaupt) der Einnahmenerzielung, sondern vornehmlich der Erweiterung des Einflusses auf den Prozeß der volkswirtschaftlichen Güterproduktion.

Erwerbseinkünfte kann der Staat **in** und mit unterschiedlichen Einrichtungen erzielen. Selbst weitgehend **hoheitlich tätige Ämter** greifen hin und wieder die Möglichkeit auf, sich am Erwerbsleben zu beteiligen und streben mit dem Verkauf von Waren oder Dienstleistungen privatwirtschaftliche Einnahmen an. Hierzu zählen z.B. der Verkauf von Stammbüchern in Standesämtern und Bürgschaftserklärungen von Finanzdezernaten in Kommunen für Kredite, die ihre Gesellschaften aufnehmen und wofür diese Gesellschaften eine Bürgschaftsprovision zu entrichten haben. Mit **Regiebetrieben** wie beispielsweise Schwimmbädern werden ebenfalls Erwerbseinkünfte erzielt, die allerdings in der Regel bei weitem nicht kostendeckend sind. Erwerbseinkünfte können auch in **Eigenbetrieben** oder Landesbetrieben anfallen und soweit es sich nicht ausschließlich um Zuschußbetriebe handelt, einen Finanzierungsbeitrag zum allgemeinen Haushalt leisten. Die Beteiligung an **Gesellschaften** (GmbH's und Aktiengesellschaften) kann zu Erwerbseinkünften in Form von Kapitalerträgen führen; schließlich läßt dies auch die **Vermögensverwaltung** zu, bei der u.a. Einnahmen aus Vermietung und Verpachtung oder Zinserträge entstehen.

Mit Erwerbseinkünften werden nicht immer nur fiskalische Absichten verbunden etwa in der Form einer Einnahmenerzielung mit hinreichendem Gewicht oder gar der Maximierung der Erwerbseinkünfte für den Staat oder für die Kommunen. Die Festsetzung der Entgelthöhe dient **vielfach weiteren Zielen der Finanzpolitik** - allokativen oder distributiven -, so daß die Erwerbseinkünfte notfalls nur einen geringen Beitrag zur Finanzierung der für ihre Erzielung zu unterhaltenden Einrichtungen insgesamt entstehenden Kosten leisten. Gleichwohl sind die Erwerbseinkünfte ein Bestandteil der Einnahmen, die durch ihre Freiwilligkeit gekennzeichnet sind, und die einen noch weitergehenden Zuschußbedarf aus allgemeinen Steuermitteln begrenzen. Mit Erwerbseinkünften läßt sich somit die **Belastung des Steuerzahlers z.T. reduzieren** und eine Finanzierung von öffentlichen Leistungen anstreben, die an der Verursachung der Kosten für die Leistungen anknüpft.

Die marktwirtschaftliche Betätigung der öffentlichen Haushalte, die als Grundlage der Erwerbseinkünfte dient, ist zumeist historisch bedingt (gewesen), im Falle von Mietwohnungen beispielsweise durch die Notwendigkeit, nach dem Zweiten Weltkrieg in ausgebombten Städten Wohnraum für öffentlich Bedienstete zu schaffen. Von solchen Aufgaben trennt sich der Staat in den letzten Jahren zunehmend. Selbst Staatsweingüter stehen dabei zur Disposition. Zugleich tritt aber als weiterer Grund für Erwerbseinkünfte die verstärkte Neigung des Staates hinzu, über formelle Privatisierungen marktwirtschaftliche Elemente in das Verwaltungshandeln zu integrieren. Dies reicht bis hin zu einem direkten Wettbewerb mit rein privatwirtschaftlichen Anbietern entsprechender Leistungen. Hierbei ist unter Konkurrenzaspekten zu beachten, daß die öffentlichen Haushalte zur Not nicht nur als Gewährsträger ihrer Einrichtungen zur Verfügung stehen, sondern ihnen vielfach bei der laufenden Geschäftstätigkeit durch Entlastung bei einem

Teil der Kosten verbesserte Angebotsbedingungen (im Verhältnis zu den Privaten) schaffen können. Dies kann die Wettbewerbsverhältnisse beeinträchtigen.

Erwerbseinkünfte als Finanzierungsalternative für öffentliche Haushalte sind nicht nur lediglich eine unter mehreren Möglichkeiten, um Einnahmen zu erzielen, vielmehr werden sie in Kommunalordnungen im Zusammenhang mit dort normierten „Grundsätzen der Einnahmenbeschaffung" **in** eine **Rangordnung** gebracht und hierbei **an die erste Stelle** gesetzt. Sie gehen damit insbesondere der Steuererhebung voraus, die ihrerseits der Kreditaufnahme vorgeht. (Vgl. u.a. Gemeindeordnung Nordrhein-Westfalen § 76, Abs. 2; Hessische Gemeindeordnung § 93, Abs. 2; Thüringer Kommunalordnung § 54, Abs. 2). Die Gemeinden haben daher die Quellen für Erwerbseinkünfte und damit für spezielle Deckungsmittel vorrangig auszuschöpfen, ehe sie auf die allgemeinen Deckungsmittel, z.B. Steuern, zurückgreifen.

Prinzipiell könnte man auch die **Veräußerung von Vermögensgegenständen** wie Sachanlagen und Beteiligungen zu den Erwerbseinkünften rechnen, da sie marktwirtschaftlich bestimmt werden. Solche Veräußerungserlöse besitzen jedoch in der Regel den Charakter der Einmaligkeit, stellen daher keine laufende Einnahme des Staates dar und werden aus diesem Grund nicht zu den Entgelten für die Staatstätigkeit gerechnet.

6.1.2 Finanzielle Bedeutung der Erwerbseinkünfte

Das **finanzielle Gewicht** der Erwerbseinkünfte ist für den Staat insgesamt **nicht allzu groß**. Diese Aussage ergibt sich unbeschadet der Tatsache, daß die Finanzberichte des Bundesministeriums der Finanzen die Erwerbseinkünfte nicht als geschlossene Einnahmenkategorie ausweisen. Den Erwerbseinkünften sind aber in jedem Fall die dort enthaltenen Angaben beispielsweise über Einnahmen aus wirtschaftlicher Tätigkeit (einschließlich der Mieten und Pachten) und daneben auch Zinseinnahmen, die ebenfalls zum Teil marktwirtschaftlichen Charakter haben, zuzurechnen.

Zu den Erwerbseinkünften des **Bund**es zählen die Bundesbankgewinne, die bekanntlich über die Jahre hin größeren Schwankungen unterliegen. Dies führt zu einer größeren Variabilität dieser Einnahmenart. Gemessen an den gesamten Ausgaben des Bundes schwanken die Erwerbseinkünfte seit den 80er Jahren daher in einem Bereich von zwei Prozent bis über sieben Prozent und liegen in den letzten Jahren bei etwa drei bis vier Prozent (Vgl. Finanzbericht 1998, Tabellen 6 und 8). Die Bundesländer erzielen in den 90er Jahren Einnahmen aus wirtschaftlicher Tätigkeit, die dem absoluten Ausmaß nach in der Regel weniger als die Hälfte derjenigen des Bundes betragen. Der Anteil der entsprechenden Einnahmen an den gesamten laufenden Ausgaben der **Länder** beläuft sich daher auf lediglich etwa zwei Prozent. In den 80er Jahren hatten allerdings die Länder dem absoluten Betrag nach annähernd gleich hohe Einnahmen aus wirtschaftlicher Tätigkeit zu verzeichnen, so daß damals der Deckungsgrad der laufenden Ausgaben durch Erwerbseinkünfte bei rd. vier Prozent lag. Die **Gemeinden** erzielen aus wirtschaftlicher Tätigkeit in Durchschnitt der Jahre jeweils etwas mehr als 5 Prozent der laufenden Ausgaben (Vgl. Finanzbericht, Übersicht 8).

Mit 30 bis 40 Mrd. DM jährlich (in den 90er Jahren) erreichen die Erwerbseinkünfte in Form der Einnahmen aus wirtschaftlicher Tätigkeit für alle öffentlichen Verwaltungen ein finanzielles Gewicht von drei bis vier Prozent der laufenden Ausgaben der öffentlichen Verwaltungen, was einerseits keine allzu große Gewichtigkeit erkennen läßt, zumal sich die Erwerbseinkünfte auf viele kleinere Einzelpositionen verteilen. Andererseits repräsentieren sie eine finanzielle Dimension, die nicht völlig zu vernachlässigen ist, wobei insbesondere auch die mit ihrem Einsatz verbundene allokative Zielsetzung der öffentlichen Haushalte eine nachhaltige Rolle spielt und als wesentliche Begründung für die mit der Einnahme verbundene wirtschaftliche Tätigkeit gelten dürfte.

6.2 Gebühren und Beiträge

6.2.1 Rechtliche Grundlagen für Einnahmen aus Gebühren und Beiträgen

Bei Gebühren und Beiträgen handelt es sich um **öffentlich-rechtliche Abgaben**, die auf der Grundlage von **Gesetzen** des Bundes (z.B. dem Personenstandsgesetz) und der Länder (z.B. Verwaltungskostengesetze) und daneben (zum überwiegenden Teil) mittels **kommunaler Satzungen** erhoben werden. Die Gebühren und Beiträge stehen dabei in einem Gegenleistungsverhältnis für Aktivitäten, Maßnahmen oder Möglichkeiten, die einem Wirtschaftssubjekt zugute kommen (können) und die von einem öffentlichen Haushalt bereitgestellt oder eingerichtet werden. Diese Einnahmenart weist daher insoweit einen **Äquivalenzcharakter** auf, als mit der Abgabenzahlung seitens eines Wirtschaftssubjekts auch eine Gegenleistung durch den Staat verbunden ist. In der Regel entfalten diese hoheitlich erhobenen Abgaben eine **Zwangswirkung**, die allerdings nicht so weitgehend ist wie die von Steuern, da sie von seiten der Wirtschaftssubjekte zum Teil vermieden oder durch andere Aktivitäten substituiert werden können. Gleichwohl besitzen sie für die Vielzahl der betroffenen Gebühren- und Beitragsschuldner die Eigenschaften einer **typischen hoheitlichen Abgabe**, die mittels einseitigem Bescheid erhoben und nicht in einer zweiseitigen privatrechtlichen Vertragsvereinbarung ausgehandelt wird.

Gebühren und Beiträge sind eine Einnahmenart, die unter den Gebietskörperschaften **überwiegend von Kommunen** erhoben wird. Der **Rechtsrahmen** für die dafür im einzelnen erforderlichen kommunalen Satzungen findet sich **in** den **Kommunalabgabengesetzen** der Bundesländer. Die Kommunalabgabengesetze legen dabei insbesondere die allgemeinen Gestaltungsmöglichkeiten für unterschiedliche Gebühren und Beiträge fest. Aus ihnen läßt sich u.a. die Einteilung der Gebühren in Verwaltungsgebühren und Benutzungsgebühren entnehmen.

Verwaltungsgebühren sind Geldleistungen, die im Zusammenhang mit der Regelung eines Einzelfalls auf dem Gebiet des öffentlichen Rechts als **Gegenleistung für Amtshandlungen und sonstige Verwaltungstätigkeiten** erhoben werden. Die Tätigkeit oder Amtshandlung muß vom einzelnen veranlaßt sein oder überwiegend in seinem persönlichen Interesse liegen. Eine Verpflichtung zur Erhebung von Verwaltungsgebühren (durch Kommunen) existiert nicht, jedoch können Verwaltungsgebühren durchaus in einer Höhe festgesetzt werden, daß die Kosten des betreffenden Verwaltungszweigs damit gedeckt sind.

Benutzungsgebühren sind öffentlich-rechtliche Geldleistungen, die als **Gegenleistung für die Inanspruchnahme öffentlicher Einrichtungen** erhoben werden. Zum Teil stehen die Benutzungsgebühren in Konkurrenz mit einer privatrechtlichen Entgeltlösung, d.h. es existieren unterschiedliche Gestaltungsmöglichkeiten, wie z.B. eine Kommune ihre Einrichtungen den Bürgern nahebringen und welche Finanzierungsform (öffentlich-rechtlich oder privatrechtlich) sie hierbei wählen will. Sofern auf eine Gebührenlösung zurückgegriffen wird, sind die **Gebühren** in der Regel **so zu bemessen, daß** die **Kosten** der Einrichtung **gedeckt** werden. Die Kommunalabgabengesetze lassen bei der Kostenabgrenzung **betriebswirtschaftliche Elemente** wie eine Verzinsung des Anlagekapitals und angemessene Abschreibungen zu. Die Gebühren sollen unter dem Aspekt der Äquivalenz zur Inanspruchnahme festgesetzt werden, allerdings sind Grundgebühren oder Mindestsätze zulässig und die Inanspruchnahme muß nicht nur durch einen Wirklichkeitsmaßstab, sondern kann auch durch einen Wahrscheinlichkeitsmaßstab erfaßt werden. Bei der Kostenberechnung sowie beim Zeithorizont der Gebührenkalkulation können im Einzelfall durchaus Abweichungen von der betriebswirtschaftlichen Äquivalenz zwischen dem Vorteil aus der Nutzung der Einrichtung und der Gebührenhöhe eintreten. Eine Begrenzung gibt es gleichwohl insofern, als die Gebühren die Kosten der Einrichtung nicht überschreiten dürfen (**Kostenüberschreitungsverbot**).

Beiträge können von Kommunen zur Deckung des Aufwands für die Schaffung, Erweiterung und Erneuerung öffentlicher Einrichtungen **von** den **Grundstückseigentümern** erhoben werden, **denen die Möglichkeit der Inanspruchnahme dieser öffentlichen Einrichtungen** nicht nur vorübergehende **Vorteile bietet**. Typische Beispiele sind hierbei Anliegerbeiträge oder Erschließungsbeiträge, mit denen Straßen, Wege und Plätze in einem Wohngebiet oder einem Gewerbegebiet erschlossen oder erweitert werden. Die Beiträge wollen die investiven Kosten einschließlich der Grundstückskosten der Maßnahme auf die von der Maßnahme Begünstigten verteilen. Die Vorteile werden dabei vornehmlich bei den Grundstückseigentümern gesehen, die von der geschaffenen, erweiterten oder erneuerten öffentlichen Einrichtung, z.B. in einem abgrenzbaren Erschließungsgebiet, einen Nutzen ziehen können. Die **Beitragspflicht** knüpft demnach **nicht** an die **tatsächliche Nutzung der Einrichtung** an, **sondern** an die **Möglichkeit für deren Nutzung**, die ihrerseits u.a. von der Art des Grundstücks und dessen Größe abhängig gesehen wird. Soweit eine Einrichtung neben den unmittelbar Betroffenen auch für eine weitere Allgemeinheit zur Verfügung steht, ist hierfür ein entsprechender Prozentsatz der Kosten abzusetzen, so daß die beitragspflichtigen Grundstückseigentümer nur mit dem Kostenbestandteil belastet werden, der dem ihnen zuzurechnenden Vorteil gleichkommt. Damit soll der **Beitrag** seinem Charakter **als Äquivalent** für den Vorteil aus der Nutzung der Einrichtung gerecht werden.

6.2.2 Finanzielle Bedeutung der Gebühren und Beiträge

Das finanzielle Gewicht der Gebühren und Beiträge unterscheidet sich deutlich zwischen den öffentlichen Haushalten. Die Finanzberichte lassen zwar keinen unmittelbaren Vergleich dieser Einnahmenart zwischen den öffentlichen Haushalten zu, was u.a. darin begründet ist, daß Gebühren laufende Einnahmen sind, während Beiträge als Finanzierung für vermögenswirksame Maßnahmen oder Investitionen gelten. In kommunalen Haushalten erfolgt die Buchung der Gebühren daher im Verwaltungshaushalt, die der Beiträge im Vermögenshaushalt. Gleichwohl ist zu erkennen, daß für den Bund Gebühren und Beiträge absolut und relativ die geringste finanzielle Bedeutung haben (rd. ein Prozent der laufenden Einnahmen). Für die Bundesländer besitzt diese Einnahmenart ein Gewicht von rd. fünf Prozent und trägt bei den Gemeinden bis zu zwanzig Prozent zu den Einnahmen bei.

6.3 Steuern

6.3.1 Besteuerungsprinzipien

Die Abgabenordnung definiert in § 3, Abs. 1, Satz 1 Inhalt und Aufgabe von Steuern: „Steuern sind Geldleistungen, die nicht eine Gegenleistung für eine besondere Leistung darstellen und von einem öffentlich-rechtlichen Gemeinwesen zur Erzielung von Einnahmen allen auferlegt werden, bei denen der Tatbestand zutrifft, an den das Gesetz die Leistungspflicht knüpft; die Erzielung von Einnahmen kann Nebenzweck sein." Damit ist zunächst ein **Grundprinzip der Be-**

steuerung erkennbar, das **Steuern als Zwangsabgabe** (öffentlich-rechtliche Geldleistung) **ohne spezielle Gegenleistung** normiert. Steuern wollen bewußt keinen Äquivalenzcharakter besitzen. Der Steuerzahler kann daher prinzipiell nicht damit rechnen, daß er mit seiner steuerlichen Leistung ein Äquivalent vom Staat zurück erhält, das ihm einen Vorteil oder Nutzen verspricht, der dem Wert der Zwangsabgabe vergleichbar ist. **Steuern** sind aus Sicht des Staates grundsätzlich ein **allgemeines Deckungsmittel**, das zur Finanzierung aller Aufgaben mit den unterschiedlichsten Zielsetzungen, die der Staat verfolgen mag, dient. Zweckbindungen von Steuern (z.B. bei der Mineralölsteuer) waren Ausnahmen hierzu. Sie existieren im übrigen nicht mehr, so daß gegenwärtig alle Steuern allgemeines Deckungsmittel für staatliche Ausgaben sind. Die fiskalische Absicht des Staates muß bei einer einzelnen Steuer und ihrer konkreten Ausgestaltung nicht im Vordergrund stehen, vielmehr können allgemeine finanzpolitische Ziele angestrebt werden. Insoweit ist der Einsatz von Steuern als **Lenkungssteuern** angesprochen. Mit Steuern können allokative oder distributive Ziele verfolgt werden, wobei die damit verbundene Einnahme für den Staat nur einen Nebenzweck erfüllen mag. Steuern werden schließlich allen auferlegt, bei denen der steuerliche Tatbestand zutrifft. Als Besteuerungsprinzip bedeutet dies ein **Prinzip der Allgemeinheit**, allerdings **in** dem **eingeschränkten Sinne**, daß zuvor ein gleichartiger steuerlicher Tatbestand vorliegen muß. Angesichts der im deutschen Steuerrecht vorherrschenden höchst differenzierten steuerlichen Regeln unter Einbeziehung unterschiedlichster subjektiver Sachverhalte ist das Prinzip der Allgemeinheit indes nur eingeschränkt nachzuvollziehen.

Die **normative Finanzwissenschaft** hat eine Reihe weiterer Prinzipien oder Grundsätze der Besteuerung aufgestellt und als Postulat erhoben (wie beispielsweise Gleichmäßigkeit, Bestimmtheit, Billigkeit und Bequemlichkeit der Besteuerung oder Verhältnismäßigkeit und Widerspruchslosigkeit). Diese Prinzipien haben jedoch in der Gestaltung des Steuersystems nicht vorrangig Eingang gefunden, so daß sie kaum beobachtbar sind. Einige weitere Prinzipien sind in der finanzpolitischen Diskussion immer wieder festzustellen und werden als Grundlage für Postulate an die Finanzpolitik verwendet. Sie sollen daher nachfolgend in ihren positiven ökonomischen Konsequenzen erläutert werden.

Eine **Besteuerung, die einfach und** für die einzelnen Wirtschaftssubjekte **überprüfbar** wäre, bestünde beispielsweise in einer Umlage des Finanzbedarfs des Staates auf alle Bürger, bzw. in einer **Kopfsteuer**. Jeder Bürger hätte dabei einen gleichen, allgemein geltenden und direkt feststellbaren Geldbetrag an den Staat abzuführen, so daß damit alle staatlichen Ausgaben gedeckt werden könnten. Eine solche Kopfsteuer, die in ihrer **Erhebung „billig“** wäre, könnte im übrigen mit großzügigen Stundungsmöglichkeiten für die Personen verbunden werden, die in der Besteuerungsperiode über kein Einkommen verfügen. Hiermit käme jedoch bereits ein Besteuerungsprinzip zum Tragen, das für einen Teil unseres Steuersystems von Bedeutung ist, nämlich das der finanziellen Leistungsfähigkeit.

Eine Kopfsteuer würde von ihrer Konstruktion her prinzipiell die unterschiedliche ökonomische Leistungsfähigkeit nicht berücksichtigen können, sondern vornehmlich auf die Gleichheit der Besteuerung auch bei unterschiedlicher Leistungsfähigkeit abstellen.

Wollte man das Prinzip der „**Billigkeit**“ der Besteuerung beibehalten, könnte anstelle einer Kopfsteuer selbstverständlich auch eine **Einzelsteuer** erwogen werden, die von den Bürgern zu tragen wäre und die auf die Unterschiede in der ökonomischen Leistungsfähigkeit der Bürger Rücksicht nehmen könnte. Die Einzelsteuer würde damit das weitgefächerte Steuersystem ersetzen und dafür eine **direkt erkennbare steuerliche Belastung** einführen. Ein Teil der Billigkeit der Kopfsteuer würde damit erhalten, die Steuerfestsetzung könnte sich auf wenige Sachverhalte zur Ermittlung der finanziellen Leistungsfähigkeit konzentrieren. Die **Einzelsteuer** hätte allerdings die **Eigenschaft der** direkten **Erkennbarkeit und Spürbarkeit**. Sie würde mit anderen Worten dem Bürger unmittelbar in ihrem finanziellen Ausmaß offenkundig und könnte in ihm den Wunsch nach (äquivalenten) Gegenleistungen des Staates wecken. Es ist wohl im wesentlichen der Spürbarkeit zuzuschreiben, daß Staaten generell nicht auf das Konzept einer Einzelsteuer zurückgreifen.

Ein **weitgefächertes Steuersystem**, mit dem unterschiedliche Sachverhalte steuerlich belastet werden können, hat aus Sicht der Staaten jeweils den Vorteil, **weniger spürbar** zu sein, was einzelne Steuerbeträge betrifft. Es kommt hinzu, daß die **Gesamtbelastung** durch Steuern für die Bürger in ihrer absoluten Dimension **nicht mehr erkennbar** und kaum nachvollziehbar ist. Wenn ein einzelner Bürger allerdings nicht genau weiß, was er an den Staat in Form von Steuern zahlt, kann er auch nur schwerlich begründete Forderungen für Gegenleistungen erheben. Die steuerliche Belastung erhält mittels eines **Steuersystems Aspekte der Anonymität** der Staatsfinanzierung und erleichtert für staatliche Entscheidungsträger die Verwendung der Steuermittel nach ihren Wünschen, die gegebenenfalls völlig unabhängig sein können von den Erwartungen mehr oder weniger großer Gruppen der Bevölkerung.

Es widerspricht dieser Überlegung nicht, wenn in Deutschland in den vergangenen Jahrzehnten eine Reihe von (kleineren) Steuern abgeschafft worden sind. So wurden beispielsweise die Börsenumsatzsteuer, die Essigsäuresteuer, die Gesellschaftsteuer, die Kuponsteuer, die Leuchtmittelsteuer, die Salzsteuer, die Spielkartensteuer, die Teesteuer, die Wechselsteuer, die Wertpapiersteuer, die Zuckersteuer und die Zündwarensteuer abgeschafft. Das deutsche Steuersystem ist damit überschaubarer geworden, da es sich auf weniger steuerliche Grundtatbestände konzentriert. Allerdings haben im gleichen Zeitraum die verbleibenden (größeren) Steuern eine tendenziell eher kompliziertere Gestaltung angenommen und sei es nur aufgrund ihrer fast jährlich neugefaßten Detailregelungen. Das deutsche Steuersystem kann daher weiterhin als Beispiel eines Systems gelten, das die steuerliche Belastung anonymisiert und für den einzelnen Bürger nicht nachprüfbar offenlegt. Zumindest die Gesamtbelastung durch Steuern, z.B. in einem Kalenderjahr, läßt sich nur schwerlich und nur mittels weitreichender Schätzungen nachvollziehen.

Das **Besteuerungsprinzip der finanziellen Leistungsfähigkeit** wird in der finanzpolitischen Diskussion vielfach als zentral für unser Steuersystem hervorgehoben. Demnach wäre eine steuerliche Belastung eines Bürgers oder Haushaltes danach auszurichten, was der Bürger oder Haushalt an finanzieller Leistungsfähigkeit besitzt, wobei die **Leistungsfähigkeit** in der Regel ausschließlich **in Zusammenhang mit Einkommensgrößen** einer Periode gesehen wird. Diese **Vereinfachung** für die Erfassung der finanziellen Leistungsfähigkeit abstrahiert von anderen wesentlichen ökonomischen Einflüssen, wie Vermögen, intergenerationellen Einkommensverhältnissen und auch von realen Kosten des Lebensunterhalts, so daß nur Teilaspekte der kurzfristigen und langfristigen ökonomischen Verhältnisse eines Wirtschaftssubjektes betrachtet werden. Gleichwohl lassen sich einige Probleme der Erfassung der finanziellen Leistungsfähigkeit und ihrer Berücksichtigung bei der Wahl eines Besteuerungsverfahrens beispielsweise in einem Steuertarif mit dem üblichen Vorgehen darstellen. Dabei sollte man sich allerdings der Vereinfachung bewußt bleiben und dies bei der Interpretation der Ergebnisse aus der nachfolgende Analyse im Auge behalten.

Die finanzielle Leistungsfähigkeit eines Haushalts und deren zutreffende Berücksichtigung in der durch einen Steuertarif zu realisierenden Belastung des Haushalts wird im Rahmen der **Opfertheorie** behandelt. Dabei geht es zunächst darum, den Zusammenhang zwischen der **meßbaren Größe Einkommen** und der subjektiven und nicht **direkt erfaßbaren Größe „finanzielle Leistungsfähigkeit“** darzustellen. Die Besteuerung des Einkommens führt im übrigen zu einer Einkommensreduktion, die ihrerseits die finanzielle Leistungsfähigkeit verringert, eine Nutzeneinbuße bedeutet und somit als **subjektives Opfer** interpretiert werden kann. Die **Besteuerung** des Einkommens geht somit einerseits einher mit einer **meßbaren Einkommensreduktion** und bewirkt infolge der Einschränkung der subjektiven Leistungsfähigkeit andererseits ein **subjektives Opfer** seitens des Steuerzahlers. Die Opfertheorie kommt daher bei der Interpretation des Prinzips der finanziellen Leistungsfähigkeit nicht von vornherein zu eindeutigen Ergebnissen, sondern kann gewissermaßen nur zur Klärung oder Verdeutlichung von Argumenten dienen, die bei der Entscheidung für einen Steuertarif abzuwägen sind.

Ausgangspunkt ist die Frage nach dem Zusammenhang zwischen der meßbaren Größe Einkommen und der subjektiven Größe finanzielle Leistungsfähigkeit oder Nutzen des Einkommens. Abbildung 8 stellt die Möglichkeiten dar, wie Einkommen und der Nutzen aus dem Einkommen miteinander verbunden sein können. Dabei ist der Zusammenhang zwischen Einkommen und Nutzen keineswegs von vornherein eindeutig und aus Sicht aller Beobachter gleichartig. Vielfach trifft man in der Literatur auf die durch die **Kurve I** dargestellte Beziehung. Danach steigt mit zunehmendem Einkommen der Nutzen aus dem Einkommen, die Zuwächse beim Nutzen nehmen jedoch mit steigendem Einkommen immer mehr ab. Als Begründung wird auf das **Gesetz des abnehmenden Grenznutzens** verwiesen, das für mikroökonomische Gegebenheiten beobachtbar ist, dort aber nur für ein konkretes Gut zu einem gegebenen Zeitpunkt gilt. Wenn die Nutzenzuwächse weiterer Einkommenseinheiten immer kleiner würden, müßte auch in Analogie zum 1. Gossenschen Gesetz eine Sättigung erreicht und beobachtet werden. Eine Einkommenssättigung wäre gleichbedeutend mit einer Situation, in der zusätzliches Einkommen keinen weiteren Nutzen mehr stiften kann. Aus Sicht des Staates würde an dieser Stelle eine völlige Wegnahme des zusätzlichen Einkommens naheliegen (d.h. im Wege eines von da an geltenden Steuersatzes von 100 %), zumal der entsprechende Einkommensbezieher oder Steuerzahler durch die Besteuerung in seiner subjektiven Leistungsfähigkeit oder in seinem subjektiven Nutzenniveau ab dem Sättigungsniveau nicht mehr beeinträchtigt wäre. Kurve I ist daher bereits als Begründung für eine mit dem Einkommen steigende steuerliche Tarifbelastung erkennbar.

Abb. 8: Mögliche Zusammenhänge zwischen Einkommen und Nutzen

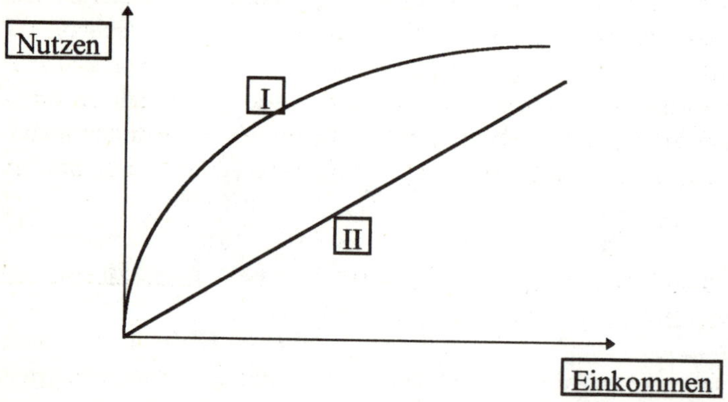

Der in Abb. 8 mit der **linearen Beziehung II** dargestellte Zusammenhang zwischen Einkommen und Nutzen unterstellt dagegen einen durchgängig proportionalen Einfluß steigender Einkommen auf das Nutzenniveau. Es ist demnach **keine Sättigungstendenz für das Einkommen** insgesamt erkennbar. Der Nutzen steigt mit zusätzlichem Einkommen weiter. Dies läßt sich auch damit begründen, daß Einkommen nicht nur für ein gleiches, konkretes Gut verwendet werden kann, sondern daß mit steigenden Einkommen auf zusätzliche, andere Güter zurückgegriffen wird, für die jeweils noch keine Sättigung vorliegt. Für dieses Argument spricht auch, daß eine Sättigung über alle möglichen Güter, die mit zusätzlichem Einkommen erreicht werden können, in keiner Volkswirtschaft beobachtbar ist. Vielmehr zeigen die durchweg linearen Zusammenhänge zwischen gesamtwirtschaftlichem Einkommen und Konsumniveau, daß es bislang keine Sättigung gegeben hat (Vgl. Graf 1997) und daß insoweit der Nutzenzuwachs von weiteren Einkommenserhöhungen nicht abnimmt, sondern mit den Einkommenserhöhungen proportional einhergeht.

Unabhängig davon, welche Hypothese für den Zusammenhang zwischen Einkommens- und Nutzenentwicklung unterstellt wird, ist ergänzend danach zu fragen, welches **Gleichheitsprinzip** bei **der Besteuerung** für Personen mit unterschiedlichen Einkommensniveaus angewendet wird. Hier sollen die **Prinzipien des gleichen absoluten Opfers, des gleichen relativen Opfers und des gleichen absoluten Nutzenniveaus** in ihren Konsequenzen für die Wahl des Steuertarifs bei den alternativen Beziehungen zwischen Einkommen und Nutzen betrachtet werden.

Das **Prinzip des gleichen absoluten Opfers** will jedem Individuum unabhängig von der Einkommenshöhe den gleichen absoluten Nutzenentgang auferlegen. Die **Abbildungen 9 a) und 9 b)** gehen von den unterschiedlichen Zusammenhängen zwischen Einkommens- und Nutzenentwickung I und II aus Abb. 8 aus und machen daran deutlich, wie sich eine bei unterschiedlichen Einkommensniveaus gleiche Nutzeneinbuße auf die dafür notwendige Besteuerung oder Einkommenseinbuße auswirkt. In Abb. 9 a) sind abnehmende Nutzenzuwächse bei steigendem Einkommen unterstellt. Das gleiche absolute Opfer bedeutet hierbei, daß von der Kurve I ausgehend die Nutzenniveaus, N, bei unterschiedlichen Einkommenshöhen, E, im gleichen absoluten Ausmaß, ΔN, reduziert werden. Um dies zu erreichen, müssen Steuerbeträge, T, entrichtet werden, die bei einem geringeren Einkommen beispielsweise T_1 betragen, und über T_2 auf T_3 bei höheren Einkommen ansteigen.

Abb. 9: Gleiches absolutes Opfer bei alternativen Zusammenhängen von Einkommen, E, und Nutzen, N.

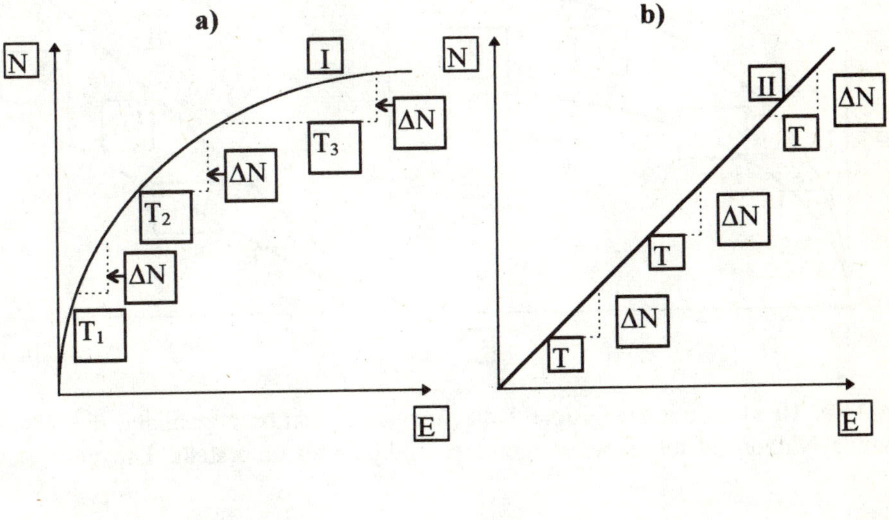

Es ist unschwer zu erkennen, daß **beim Zusammenhang I** in Abb. 9 a) zwischen Einkommen und Nutzen für die Umsetzung des **Prinzips des gleichen absoluten Opfers** mit steigenden Einkommen immer größere Steuerbeträge erforderlich wären, die sich beispielsweise **mit** einem **progressiven Einkommensteuertarif** erreichen ließen.

Geht man hingegen von dem in **Abb. 9 b)** enthaltenen **linearen Zusammenhang II** zwischen Einkommen und Nutzen aus, ist ein **absolut gleiches Opfer**, ΔN, unabhängig vom Einkommensniveau jeweils **mit dem gleichen absoluten Steuerbetrag T** erreichbar. Das gleiche absolute Opfer wäre für unterschiedliche Einkommenshöhen daher durch eine **Kopfsteuer** zu realisieren. Die Übertragung des Gleichheitsprinzips „gleiches absolutes Opfer“ kann dementsprechend für die Begründung unterschiedlicher Tarifgestaltungen für die Besteuerung des Einkommens herangezogen werden, wobei die Hypothese über den Zusammenhang zwischen Einkommen und Nutzen von grundsätzlicher Bedeutung für den Steuertarif ist.

Das **Prinzip des gleichen relativen Opfers** strebt bei den Individuen in Abhängigkeit vom Nutzenniveau den relativ gleichen Nutzenentgang durch die Besteuerung an. Ein höheres Nutzenniveau wird im Verhältnis zum geringeren Nutzenniveau im relativ gleichen Ausmaß reduziert. Die Reduktion erfolgt wiederum durch die Besteuerung, die zu einem Einkommensverlust führt. In Abbildung 10 sind für die unterschiedlichen Zusammenhänge zwischen Einkommen und Nutzen die Konsequenzen grafisch dargestellt.

Abb. 10: Gleiches relatives Opfer bei alternativen Zusammenhängen von Einkommen, E, und Nutzen, N.

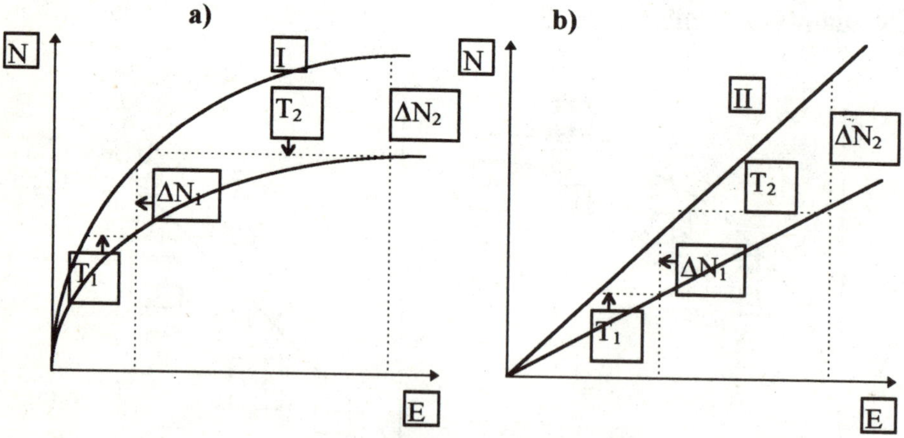

In **Abb. 10 a)** ist mit der **Kurve I** die Ausgangssituation abgebildet, die abnehmende Nutzenzuwächse bei steigendem Einkommen unterstellt. Um zum **glei-**

chen relativen Opfer zu gelangen, muß also das Nutzenniveau jeweils so weit reduziert werden, daß ein **festes Verhältnis zwischen der ursprünglichen Höhe des Nutzens und dem Nutzenentgang** vorliegt, bzw. der Nutzenentgang muß im Verhältnis zum verbleibenden Restnutzen in einem festen Verhältnis stehen. Die untere Kurve in Abb. 10 a) soll einen solchen Zusammenhang erfassen, bei dem jeweils die Ordinatenwerte zur Ursprungskurve I im gleichen relativen Ausmaß geteilt werden. Bei einem geringeren Einkommen ist der Nutzenentgang oder das Opfer im Ausmaß von ΔN_1 mit einem Steuerbetrag T_1 zu erreichen. Bei einem höheren Einkommen ist der gleiche relative Nutzenentgang ΔN_2 nur mit einem deutlich größeren Steuerbetrag T_2 zu realisieren. Als **Konsequenz** wäre ein **Steuertarif** zu wählen, der eine **ausgeprägte Progression** aufweist oder höhere Einkommen mit überproportional steigenden Steuersätzen belegt.

Abb. 10 b) geht von dem **linearen Zusammenhang II zwischen Einkommen und Nutzen** aus. Ein **gleiches relatives Opfer** bedeutet wiederum eine Kürzung der jeweiligen Nutzenniveaus im gleichen relativen Ausmaß, was durch die untere Gerade dargestellt werden soll, die jeweils ein festes Verhältnis zwischen der ursprünglichen Höhe des Nutzens und dem Nutzenentgang angibt. Bei einem geringeren Einkommen ist der Nutzenentgang oder das Opfer im Ausmaß von ΔN_1 mit dem Steuerbetrag T_1 zu erreichen. Beim höheren Einkommen fällt der Nutzenentgang im Ausmaß von ΔN_2 an und wird über den Steuerbetrag T_2 realisiert. Unabhängig von der Einkommenshöhe stehen Nutzenentgang und Steuerbetrag hier aber immer in einem gleichen festen Verhältnis zueinander. Für die Tarifgestaltung ergibt sich daher das **Postulat einer proportionalen Einkommensteuer**, bei der unterschiedliche Einkommenshöhen mit einem gleichbleibenden Prozentsatz besteuert werden.

Das **Prinzip des absolut gleichen Nutzenniveaus** sieht als Ziel der Besteuerung vor, daß die Individuen auf das gleiche absolute Nutzenniveau herunter geführt werden. Ergänzend wäre eventuell eine Anhebung von Personen mit geringerem Nutzen oder Einkommen auf das einheitliche Nutzenniveau denkbar. Das Prinzip des absolut gleichen Nutzenniveaus müßte dementsprechend nicht nur über die Besteuerung, sondern auch über Transfers durchgesetzt werden. Abbildung 11 stellt die Umsetzung bei den alternativen Zusammenhängen zwischen Einkommen und Nutzen dar.

Abb. 11 a) enthält mit Kurve I die Annahme abnehmender Nutzenzuwächse bei steigendem Einkommen. Soll bei dieser Voraussetzung das Prinzip des absolut gleichen Nutzenniveaus, z.B. auf dem Niveau von N_0 umgesetzt werden, wäre eine Besteuerung erforderlich, die nur ein **Einkommensniveau von E_0** zuläßt und alle darüber hinaus gehenden Beträge wegsteuert. **Jenseits** eines Freibetrags in Höhe **von E_0 müßte der Steuersatz also 100 %** betragen. Vom Ergebnis her nicht anders gelagert ist die Konsequenz beim linearen Zusammenhang zwischen Einkommen und Nutzen, der in Abb. 11 b) durch II dargestellt wird. Um die Individuen auf das gleiche absolute Nutzenniveau zu bringen, wären jenseits eines Einkommens von E_0 die Einkommensbeträge völlig zu konfiszieren.

Abb. 11: Absolut gleiches Nutzenniveau bei alternativen Zusammenhängen von Einkommen, E, und Nutzen, N.

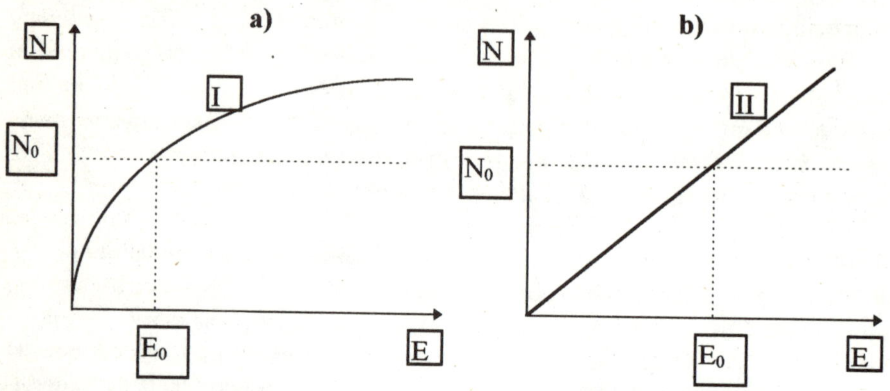

Das **Prinzip des gleichen absoluten Nutzenniveaus** ist **in Kleingesellschaften** wie in Familien und einigen klösterlichen Gemeinschaften durchaus immer wieder beobachtbar und geht dort gegebenenfalls mit Transfers einher, um die Mitglieder auf das gleiche absolute Nutzen- bzw. Einkommensniveau anzuheben. Frühe kommunistische Vorstellungen haben ebenfalls Postulate für die Einkommensverteilung aufgestellt, die sich aus dem Prinzip des gleichen absoluten Nutzenniveaus ergeben.

6.3.2 Steuerliche Tariflehre

Die steuerliche Tariflehre behandelt steuerrechtliche und ökonomische Grundbegriffe des Besteuerungsverfahrens. Im folgenden sollen ausgewählte Begriffe und Zusammenhänge erläutert werden.

Steuerquelle ist der Geld- oder Güterstrom oder die Bestandsgröße, dem die Steuerleistung entstammt (z.B. Einkommen, Vermögen, Bierkonsum).
Steuergegenstand oder Steuerobjekt ist die Sache, die Geldsumme, die wirtschaftliche Handlung oder die Transaktion, an die im konkreten Fall durch die Besteuerung angeknüpft wird (z.B. Einkommen der natürlichen Personen, Veräußerung eines Grundstücks, Bier aus Malz oder Mischungen von Bier mit nichtalkoholischen Getränken).
Steuerbemessungsgrundlage ist eine mengen- oder wertmäßige Größe, die der Ermittlung des Steuerbetrags und damit der individuellen Steuerschuld zugrunde gelegt wird. Die Steuerbemessungsgrundlage legt also im Rahmen eines Steuerobjekts nähere Maßgrößen fest, damit eine Besteuerung umgesetzt werden kann

(z.B. das zu versteuernde Einkommen, Kaufpreis eines zu verkaufenden Grundstücks, Hektoliter Bier mit einem in Grad Plato gemessenen Stammwürzegehalt).
Steuerschuldner, Steuerpflichtiger oder Steuersubjekt wird dasjenige Wirtschaftssubjekt genannt, an das sich der Staat (als **Steuergläubiger**) wendet, um die Zahlung der Steuer zu bewirken. Die **Steuerpflicht** bedarf einer jeweiligen Rechtsgrundlage, in der die Steuerpflicht festgelegt ist.
Steuerträger ist das Wirtschaftssubjekt, das die ökonomische Last der Steuer trägt. Wegen der Möglichkeiten der Überwälzung ist der Steuerträger nicht unbedingt mit dem Steuerschuldner identisch.
Steuerdestinatar ist das vom Gesetzgeber als Steuerträger vorgesehene Wirtschaftssubjekt. Der Steuerdestinatar stimmt indes nur dann mit dem Steuerträger überein, wenn es zu keinen weiteren als den vom Gesetzgeber beabsichtigten Reaktionen auf eine Steuererhebung kommt. Wie in 4.1.2 dargestellt, sind jedoch die Anpassungsmöglichkeiten der Wirtschaftssubjekte überaus vielfältig, so daß der Steuerdestinatar keinesfalls mit Notwendigkeit auch der Steuerträger sein muß.
Der **Steuertarif** bestimmt das Ausmaß der **Steuerschuld**. Mit Hilfe des Steuertarifs wird festgelegt, welcher Steuerbetrag bei einer bestimmten Höhe der Steuerbemessungsgrundlage zu entrichten ist. Dazu wird für jede Besteuerungseinheit (Einheit der Bemessungsgrundlage) ein zu zahlender Steuerbetrag für einen bestimmten Besteuerungszeitraum festgesetzt.
Ein **Steuerfreibetrag** führt dazu, daß nur der den Freibetrag übersteigende Teil der Steuerbemessungsgrundlage zu besteuern ist.
Eine **Steuerfreigrenze** wirkt sich in der Steuerschuld nur insoweit aus, als die Bemessungsgrundlage unterhalb der Freigrenze bleibt. Dann ergibt sich keine Steuerschuld. Übersteigt hingegen die Bemessungsgrundlage die Freigrenze, wird die gesamte Bemessungsgrundlage als maßgeblich für die Besteuerung herangezogen, d.h. es kommt aus Sicht eines Steuerschuldners nicht mehr zu einer Entlastung bei der Steuerzahlung oder die Freigrenze entfaltet keine Befreiungswirkung für den Steuerzahler.

Die Steuerbelastung kann mit Hilfe des **Durchschnittssteuersatz**es festgestellt werden. Der Durchschnittssteuersatz wird gebildet aus dem **Verhältnis von Steuerbetrag T zur Höhe der gesamten Bemessungsgrundlage x.** Der Durchschnittssteuersatz besteht mithin aus der Relation $\frac{T}{x}$.

Der **Grenzsteuersatz** oder der **marginale Steuersatz** wird herangezogen, um der Frage nachzugehen, **wie sich der Steuerbetrag ändert**, **wenn** es zu einer (marginalen) **Änderung der Steuerbemessungsgrundlage** kommt. Der Grenzsteuersatz ist damit das Verhältnis von ΔT zu Δx oder $\frac{\Delta T}{\Delta x}$.

Der Durchschnittssteuersatz dient zur Unterscheidung der **Steuertarife**. Von einem **proportionalen Tarif** spricht man, wenn für jede Höhe der Bemessungsgrundlage x **derselbe durchschnittliche Steuersatz** $\frac{T}{x}$ vorliegt. Als Beispiel für eine proportionale Steuer kann die Umsatzsteuer gelten, bei der unabhängig von der Höhe des steuerbaren Umsatzes oder der Bemessungsgrundlage x die gleiche Relation von Steuerbetrag zur Bemessungsgrundlage oder der gleiche Steuersatz (von z.Zt. 16 %) gilt.

Steigt hingegen **der durchschnittliche Steuersatz** mit der Bemessungsgrundlage an, spricht man von einem **progressiven Tarif.** Das Steigen des Durchschnittssatzes bei einem progressiven Tarif muß dabei, wie in Abb. 12 dargestellt, nicht nur linear erfolgen. Die Progression kann vielmehr auch abnehmend (obere Kurve) oder zunehmend (untere Kurve) oder linear (ansteigende Gerade) sein. Eine **indirekte Progression** kann eintreten, wenn nach einem Steuerfreibetrag die Steuerbemessungsgrundlage mit einem eventuell konstanten Durchschnittssteuersatz belegt wird. Bezogen auf den gesamten steuerlichen Sachverhalt steigt dadurch der Durchschnittssteuersatz an. Sinkende Durchschnittssteuersätze bei steigender Bemessungsgrundlage führen zu einem **regressiven Tarif**. Regressive Tarife existieren gegenwärtig nicht, auch wenn hin und wieder ähnliche Behauptungen zu finden sind; diese beruhen dann auf einer unzutreffenden Interpretation der Bemessungsgrundlage.

Abb. 12: Steuertarife

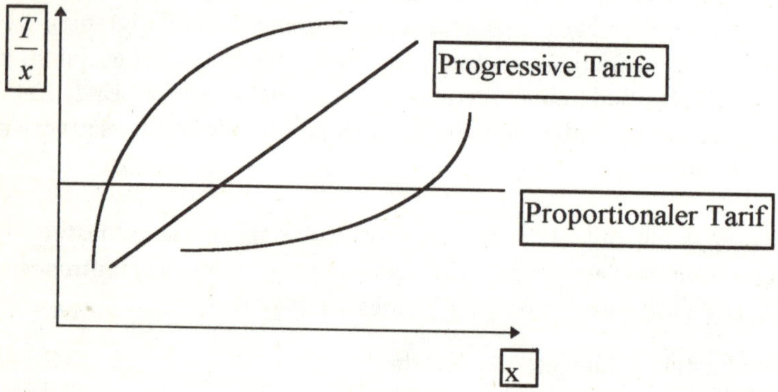

Die **Aufkommenselastizität** ist die **relative Änderung des Steueraufkommens T**, die aus einer **relativen Änderung des gesamtwirtschaftlichen Einkommens, Y**, resultiert. Die Aufkommenselastizität will damit feststellen, wie sich einzelne Steuern oder das Steuersystem insgesamt in seiner Aufkommensentwicklung verhalten, wenn das gesamtwirtschaftliche Einkommen im Zusammenhang mit Konjunkturentwicklungen oder Wirtschaftswachstum Veränderungen unterliegt.

Die Aufkommenselastizität, ε_T, kann wie folgt erfaßt werden:

$$\varepsilon_T = \frac{\frac{\Delta T}{T}}{\frac{\Delta Y}{Y}}.$$

Die **Aufkommenselastizität** wird im übrigen in ihrer Größenordnung danach unterschieden, ob sie **größer, gleich oder kleiner als eins** ist. Damit soll zum Ausdruck gebracht werden, ob sich eine Steuerart (oder das Steuersystem) im Vergleich zur gesamtwirtschaftlichen Einkommensentwicklung stärker, parallel oder weniger stark entwickelt. Die Lohnsteuer weist wegen der Progression des Einkommensteuertarifs beispielsweise in der Regel eine Aufkommenselastizität von größer eins auf, da mit steigendem Einkommen eine überproportional steigende Einkommensteuerschuld zu erwarten ist. Eine Aufkommenselastizität von gleich eins ergibt sich tendenziell bei der Umsatzsteuer, da mit steigendem gesamtwirtschaftlichen Einkommen im allgemeinen ein entsprechender Anstieg der wirtschaftlichen Transaktionen und damit der steuerbaren Umsätze einhergeht. Eine Aufkommenselastizität von kleiner eins liegt u.a. bei der Biersteuer vor, da mit steigendem gesamtwirtschaftlichem Einkommen seit vielen Jahren keine Ausweitung des Bierkonsums (mehr) feststellbar ist. Gesamtwirtschaftliche Einkommenssteigerungen führen daher nicht zu einem höheren Aufkommen an Biersteuer.

Die **Aufkommenselastizitäten dienen** im übrigen nicht nur der Kennzeichnung von Steuern nach ihrem Verhalten bei gesamtwirtschaftlichen Entwicklungen, sie werden vor allem bei **Steuerschätzungen** verwendet, wenn es darum geht, aus Prognosen für die gesamtwirtschaftliche Einkommensentwicklung in einem Finanzplanungszeitraum Einnahmeschätzungen für die einzelnen Steuerarten abzuleiten. Alle Planungen für öffentliche Haushalte beruhen daher, was die erwarteten Steuereinnahmen anbetrifft, auf der Kenntnis der Aufkommenselastizitäten oder fundierten Annahmen über deren Größenordnungen im Einzelfall.

6.3.3 Gliederung der Steuern

Die Steuern in der Bundesrepublik Deutschland werden nach einer Vielzahl möglicher Kriterien eingeteilt, wobei sich die Gesichtspunkte für die Gliederungen durchaus überschneiden können. Die Gliederungen beruhen dabei auf staatsrechtlichen, steuerrechtlichen oder verwaltungstechnischen Aspekten und zum Teil auch auf ökonomischen Einteilungsversuchen.

Ertragskompetenz

Die Gliederung der Steuern nach der Ertragskompetenz orientiert sich daran, welchem öffentlichen Haushalt die Steuern zufließen. Nach Art. 106 Grundgesetz werden Bundessteuern, Landessteuern, Gemeindesteuern und Gemeinschaftsteuern unterschieden.

Zu den **Bundessteuern** zählen:

- Zölle (die Zölle fließen allerdings an die Europäische Union weiter, gleiches gilt für Abgaben im Rahmen der Europäischen Union wie z.B. Agrarabgaben)
- Versicherungsteuer
- Solidaritätszuschlag
- Verbrauchsteuern mit Ausnahme der Biersteuer (Branntweinsteuer, Schaumweinsteuer, Zwischenerzeugnissteuer, Kaffeesteuer, Tabaksteuer, Mineralölsteuer).

Landessteuern (Ländersteuern) sind:

- Vermögensteuer
- Erbschaftsteuer
- Grunderwerbsteuer
- Kraftfahrzeugsteuer
- Biersteuer
- Rennwett- und Lotteriesteuer
- Feuerschutzabgabe
- Spielbankabgabe.

Die **Gemeindesteuern** bestehen aus:

- Grundsteuer
- Gewerbesteuer (mit Einschränkungen, da grundsätzlich Bund und Länder durch eine Umlage am Aufkommen beteiligt werden. Die Umlage in Höhe von rd. 20 % des Gewerbesteueraufkommens geht in den alten Ländern an den Bund, die Länder und den Fonds „Deutsche Einheit“, in den neuen Ländern lediglich an Bund und Länder)
- Örtliche Verbrauch- und Aufwandsteuern (Hundesteuer, Vergnügungsteuer einschließlich der Spielapparatesteuer, Getränkesteuer, Schankerlaubnissteuer, Jagd- und Fischereisteuer, Zweitwohnungsteuer).

Zu den **Gemeinschaftsteuern** zählen:

- Lohnsteuer und veranlagte Einkommensteuer (davon entfallen auf Bund und Länder jeweils 42,5 %, die Gemeinden erhalten 15 %)
- Nicht veranlagte Steuern vom Ertrag und Körperschaftsteuer (davon entfallen jeweils 50 % auf Bund und Länder)
- Umsatzsteuer einschließlich Einfuhrumsatzsteuer (die Verteilungsanteile werden häufig geändert und belaufen sich im Jahr 1997 auf 50,5 % für den Bund sowie 49,5 % für die Länder; im übrigen werden seit 1998 die Gemeinden am Aufkommen der Umsatzsteuer vorab mit 2,2 % beteiligt und nur der Restbetrag verteilt sich im oben genannten Verhältnis auf Bund und Länder).

Besitz- und Verkehrsteuern sowie Zölle und Verbrauchsteuern

Die Finanzverwaltung geht bei ihrer Bearbeitung der Steuern von der Einteilung in Besitz- und Verkehrsteuern einerseits sowie Zölle und Verbrauchsteuern andererseits aus. Folgende weitere Gliederung bzw. Zuordnung ist dabei gegeben:

Besitzsteuern:
- vom Einkommen (Einkommensteuer einschließlich Lohnsteuer und Kapitalertragsteuer, Körperschaftsteuer, Solidaritätszuschlag, Gewerbesteuer)
- vom Vermögen (Erbschaftsteuer, Grundsteuer; früher auch noch die Vermögensteuer sowie die Gewerbekapitalsteuer)

Verkehrsteuern:
Umsatzsteuer (ohne Einfuhrumsatzsteuer), Grunderwerbsteuer, Kraftfahrzeugsteuer, Rennwett- und Lotteriesteuer, Spielbankabgabe, Versicherungsteuer, Feuerschutzsteuer.

Zölle und Verbrauchsteuern
- Zölle
- Verbrauchsteuern (Branntweinsteuer, Biersteuer, Schaumweinsteuer, Zwischenerzeugnissteuer, Mineralölsteuer, Tabaksteuer, Kaffeesteuer)
- Einfuhrumsatzsteuer.

Die Besitz- und Verkehrsteuern werden von den Landesfinanzbehörden (Finanzämtern), Zölle und Verbrauchsteuern von den Bundesfinanzbehörden (Hauptzollämtern) verwaltet.

Direkte und indirekte Steuern

Als direkte Steuern werden jene bezeichnet, bei denen der Steuerzahler und der Steuerträger zusammenfallen. Es kommt insoweit zu keinen die Steuerlast verändernden oder verschiebenden Anpassungen. Bei der direkten Steuer ist der Steuerzahler auch der Steuerdestinatar. Indirekte Steuern bestehen in solchen Steuern, bei denen die Steuerlast vom Steuerzahler auf den Steuerträger überwälzt wird. Beispiel einer direkten Steuer ist die Kraftfahrzeugsteuer für einen privaten PKW-Besitzer, der seinen Wagen nur privat nutzt. Eine indirekte Steuer liegt mit der Mineralölsteuer vor, die von der Mineralölgesellschaft über den Angebotspreis u.a. bei Benzin auf den Verbraucher überwälzt wird.

Die Einteilung in direkte und indirekte Steuern kann auf den Willen des Gesetzgebers abstellen, nach dem direkte Steuern auch vom Steuerzahler ökonomisch zu tragen sind, und indirekte Steuern vom Steuerzahler auf einen Steuerdestinatar überwälzt werden sollen. Da jedoch bei allen Steuern mit Anpassungen zu rechnen ist (siehe oben 4.1.2), muß sich der Willen des Gesetzgebers zur Belastung konkreter Wirtschaftssubjekte nicht immer realisieren lassen. Es ist daher durchaus möglich, daß eine nach der Absicht des Gesetzgebers direkte Steuer, wie die Einkommensteuer, überwälzt wird, so daß die Steuerlast in Abhängigkeit von Marktgegebenheiten und Kreislaufwirkungen bei anderen Wirtschaftssubjekten anfällt. Gleichfalls sind nicht alle nach dieser Einteilung indirekten Steuern überwälzbar, so daß die ökonomische Last beim Steuerzahler verbleibt und den Steuerdestinatar nicht erreicht. Die Einteilung in direkte und indirekte Steuern ist somit vom ökonomischen Ergebnis der Besteuerung her nicht grundsätzlich eindeutig und läßt sich nicht definitiv auf eine Steuerart beziehen.

Subjekt- und Objektsteuern

Eine **Subjektsteuer** ist eine Steuer, die auf die **individuellen Verhältnisse** eines Wirtschaftssubjekts abstellt, d.h. die Steuerbemessungsgrundlage und damit auch die individuelle Steuerschuld ergibt sich erst aufgrund der Verhältnisse des Wirtschaftssubjekts im Einzelfall. Die Einkommensteuer ist eine typische Subjektsteuer, bei der eine Vielzahl individueller Gegebenheiten (z.B. Familienstand, Alter, Entfernung zum Arbeitsplatz, einzelne Sonderausgaben etc.) bei der jeweiligen Ermittlung der Steuerbemessungsgrundlage eine Rolle spielen.

Eine **Objektsteuer** stellt bei der Besteuerung auf das zugrundeliegende **Steuerobjekt** ab. Die individuellen Gegebenheiten des Steuerzahlers als Eigentümer eines besteuerten Objekts werden hierbei nicht berücksichtigt. Beispiele von Objektsteuern sind (im allgemeinen) die Grundsteuer und die Kraftfahrzeugsteuer. Die **Realsteuern** werden vielfach mit den Objektsteuern gleichgesetzt. Realsteuern sind die Gewerbesteuer und die Grundsteuer. Die hier benutzte Definition von Subjekt- und Objektsteuern stellt auf die Ermittlung der Steuerbemessungsgrundlage ab, die bei der Gewerbesteuer und z.T. auch bei der Grundsteuer nicht nur vom Objekt ausgeht, sondern an subjektiven Gegebenheiten des Wirtschaftssubjekts anknüpft. Daher sind beide Gliederungen nicht völlig deckungsgleich.

Veranlagungssteuern, Fälligkeitssteuern

Bei einer **Veranlagungssteuer** ist für die Ermittlung der Steuerbemessungsgrundlage und für die Festsetzung der jeweiligen Steuerschuld in jedem Besteuerungszeitraum eine vielfach umfangreiche Zusammenstellung und Prüfung von Besteuerungsunterlagen erforderlich. Die Steuerbemessungsgrundlage und die Steuerschuld werden bei der Veranlagungssteuer von Jahr zu Jahr variieren, wie z.B. bei der Einkommen- und der Körperschaftsteuer.

Eine **Fälligkeitssteuer** erfordert zunächst auch eine Veranlagung mit Zusammenstellung und Prüfung von Unterlagen. Die dabei festgestellte Steuerschuld wird dann aber in der Regel über mehrere Perioden hin zu einer gleichartigen Festsetzung der Steuerschuld zu einem gleichbleibenden Fälligkeitstermin führen, wie z.B. bei der Grundsteuer oder der Kraftfahrzeugsteuer.

6.3.4 Ausgewählte Steuern im Überblick

Im folgenden sollen wesentliche für das deutsche Steuersystem kennzeichnende Steuern in ihren Grundstrukturen erläutert werden, nämlich die **Einkommensteuer**, die **Körperschaftsteuer**, die **Umsatzsteuer**, die **Gewerbesteuer** und die **Grundsteuer**. Spezielle Verbrauchsteuern sowie weitere Steuern und Abgaben sind mit grundlegenden Aspekten ihrer Wirkung schon an anderer Stelle des Lehrbuchs behandelt worden, so daß sie hier nicht nochmals aufgegriffen werden.

Einkommensteuer

Gegenstand der Einkommensteuer ist das Einkommen der natürlichen Personen. „Natürliche Personen, die im Inland einen Wohnsitz oder ihren gewöhnlichen Aufenthalt haben, sind unbeschränkt einkommensteuerpflichtig" (§ 1, Abs. 1, Satz 1 EStG). Für die **Einkommensteuerpflicht** sind mithin zunächst die Eigenschaft als **natürliche Person** und der **Wohnsitz** oder Aufenthalt entscheidend. Die **unbeschränkte Einkommensteuerpflicht** erstreckt sich auf **sämtliche inländische und ausländische Einkünfte**. Soweit also nicht durch Doppelbesteuerungsabkommen oder andere zwischenstaatliche Vereinbarungen andere Regelungen bestehen, hat eine natürliche Person, die im Inland wohnt alle ihre Einkünfte, die sie weltweit bezieht, der deutschen Einkommensteuer zu unterwerfen. „Natürliche Personen, die im Inland weder einen Wohnsitz noch ihren gewöhnlichen Aufenthalt haben, sind ... beschränkt einkommensteuerpflichtig, wenn sie inländische Einkünfte ... haben" (§ 1, Abs. 4 EStG). Die **beschränkte Steuerpflicht** bezieht sich mithin auf **Personen, die im Ausland wohnen** und im Inland Einkünfte erzielen. Diese Personen sind **nur mit den Einkünften im Inland steuerpflichtig**. Nähere Einzelheiten zur beschränkten Steuerpflicht werden in den §§ 49 und 50 EStG geregelt.

Rechtsgrundlagen für die Einkommensbesteuerung sind das **Einkommensteuergesetz (EStG)** sowie die **Einkommensteuer-Durchführungsverordnung (EStDV)** in der jeweils gültigen Fassung. Außerdem sind zur Klärung von Zweifels- und Auslegungsfragen allgemeine Verwaltungsvorschriften mit Zustimmung des Bundesrates herausgegeben worden, die in Form der **Einkommensteuer-Richtlinien (EStR)** und der **Lohnsteuer-Richtlinien (LStR)** vorliegen. Die Richtlinien werden ihrerseits ebenfalls immer wieder angepaßt (z.B. 1993, 1996 und 1999). Es ist kennzeichnend für die rechtlichen Grundlagen der Einkommensbesteuerung, daß sie überaus häufigen Änderungen unterliegen. Steuerliche Sachverhalte müssen daher immer vor dem Hintergrund des für einen jeweiligen Veranlagungszeitraum gerade geltenden Rechtsrahmens gesehen werden. In anderen Zeiträumen können andere oder geänderte Rechtsvorschriften gelten, so daß über mehrere Jahre hin gleichartige Sachverhalte keineswegs immer in gleicher Weise steuerpflichtig sind. Der Grund für die häufigen Änderungen der Rechtsgrundlagen ist zumeist in der Absicht zu sehen, mit der Gestaltung der Einkommensteuerpflicht allgemeine wirtschaftspolitische Zielsetzung zu verfolgen. Die Zielsetzungen ändern sich und werden zum Teil überlagert durch Ansätze für (aus der Sicht von Dritten) systematische Gestaltungen und durch Erfordernisse, die von seiten der Verfassungsrechtsprechung gestellt werden.

Die **Besteuerungsgrundlagen** der Einkommensteuer sind die im § 2, Abs. 1 angeführten **sieben Einkunftsarten**. Der Einkommensteuer unterliegen demnach:
1. Einkünfte aus Land- und Forstwirtschaft,
2. Einkünfte aus Gewerbebetrieb,
3. Einkünfte aus selbständiger Arbeit,
4. Einkünfte aus nichtselbständiger Arbeit,
5. Einkünfte aus Kapitalvermögen,
6. Einkünfte aus Vermietung und Verpachtung,
7. sonstige Einkünfte im Sinne des § 22 EStG (z.B. Leibrenten, Einkünfte aus Spekulationsgeschäften).

Einkünfte sind bei Land- und Forstwirtschaft, Gewerbebetrieb und selbständiger Arbeit der **Gewinn, bzw**. bei den anderen Einkunftsarten der **Überschuß der Einnahmen über die Werbungskosten**. (§ 2, Abs. 2 EStG). Der Gewinn ist in der Regel durch Betriebsvermögensvergleich zu ermitteln, d.h. er entsteht aus dem Unterschiedsbetrag zwischen dem Betriebsvermögen am Schluß des Wirtschaftsjahres und dem Betriebsvermögen am Schluß des vorangegangenen Wirtschaftsjahres (§ 4, Abs. 1 EStG). Werbungskosten sind Aufwendungen zur Erwerbung, Sicherung und Erhaltung der Einnahmen. Sie sind bei der Einkunftsart abzuziehen, bei der sie erwachsen sind (§ 9, Abs. 1 EStG).

Nachdem zunächst bei jeder Einkunftsart je für sich der Gewinn (oder Verlust) bzw. der (positive oder negative) Überschuß der Einnahmen über die Werbungskosten ermittelt worden ist, werden die Einkunftsarten zur **Summe der Einkünfte** addiert (bzw. saldiert). Von dieser Summe der Einkünfte wird bei über 64 Jahre alten Steuerpflichtigen der Altersentlastungsbetrag abgesetzt sowie gegebenenfalls ein Abzugsbetrag für Land- und Forstwirte (§ 2, Abs. 3 EStG). Es verbleibt dann der **Gesamtbetrag der Einkünfte**. Zieht man von diesem Gesamtbetrag der Einkünfte die **Sonderausgaben** und die **außergewöhnlichen Belastungen** ab, ergibt sich das **Einkommen** (§ 2, Abs. 4 EStG).

Sonderausgaben werden insbesondere im § 10 EStG (einschließlich Ergänzungen) aufgeführt. Hierzu zählen insbesondere: Unterhaltsleistungen an den geschiedenen oder dauernd getrennt lebenden unbeschränkt einkommensteuerpflichtigen Ehegatten, Beiträge zu Kranken-, Pflege-, Unfall- und Haftpflichtversicherungen, zu den gesetzlichen Rentenversicherungen und an die Bundesanstalt für Arbeit, gezahlte Kirchensteuer, Steuerberatungskosten, Aufwendungen für Berufsausbildung oder Weiterbildung in einem nicht ausgeübten Beruf, Aufwendungen für hauswirtschaftliche Beschäftigungsverhältnisse, Ausgaben zur Förderung mildtätiger, kirchlicher, religiöser, wissenschaftlicher und der als besonders förderungswürdig anerkannten gemeinnützigen Zwecke sowie Mitgliedsbeiträge und Spenden an politische Parteien.

Außergewöhnliche Belastungen werden im § 33 EStG erläutert. Es sind Aufwendungen, die einem Steuerpflichtigen zwangsläufig erwachsen und die größer sind als bei der überwiegenden Mehrzahl der Steuerpflichtigen gleicher Einkommensverhältnisse, gleicher Vermögensverhältnisse und gleichen Familienstands. Die Zwangsläufigkeit besteht darin, daß der Steuerpflichtige sich den Aufwendungen aus rechtlichen, tatsächlichen oder sittlichen Gründen nicht entziehen kann und soweit die Aufwendungen den Umständen nach notwendig sind und einen angemessenen Betrag nicht übersteigen. Hierzu zählen u.a. Aufwendungen eines Alleinerziehenden für die Betreuung eines Kindes, Aufwendungen für die Unterbringung in einem Heim, Aufwendungen für Behinderte, Hinterbliebene und Pflegepersonen.

Das **Einkommen**, vermindert um den Kinderfreibetrag, den Haushaltsfreibetrag und um die sonstigen vom Einkommen abzuziehenden Beträge, ist **das zu versteuernde Einkommen**. Dieses bildet die **Bemessungsgrundlage für die tarifliche Einkommensteuer**. Von der tariflichen Einkommensteuer können nach § 2, Abs. 6 EStG nochmals Verrechnungen vorgenommen werden, um schließlich zur **festzusetzenden Einkommensteuer** zu gelangen. Die Einkommensteuer ist schließlich eine **Jahressteuer**. Die Grundlagen für ihre Festsetzung sind jeweils für ein Kalenderjahr zu ermitteln (§ 2, Abs. 7 EStG).

Der Einkommensteuertarif wird in § 32 a EStG erläutert. Für den Veranlagungszeitraum 1999 gilt folgende Fassung des Abs. 1:
„Die tarifliche Einkommensteuer bemißt sich nach dem zu versteuernden Einkommen. Sie beträgt vorbehaltlich der §§ 32b, 34, 34b und 34c jeweils in Deutsche Mark für zu versteuernde Einkommen

1. bis 13 067 Deutsche Mark (Grundfreibetrag):
   0;
2. von 13 067 Deutsche Mark bis 66 365 Deutsche Mark:
   $(101{,}22 \bullet y + 2\,590) \bullet y$;
3. von 66 366 Deutsche Mark bis 120 041 Deutsche Mark:
   $(151{,}96 \bullet z + 3\,669) \bullet z + 16\,679$;
4. von 120 042 Deutsche Mark an:
   $0{,}53 \bullet x - 22\,843$.

„y ist ein Zehntausendstel des 13 014 Deutsche Mark übersteigenden Teils des abgerundeten zu versteuernden Einkommens. „z“ ist ein Zehntausendstel des 66 312 Deutsche Mark übersteigenden Teils des abgerundeten zu versteuernden Einkommens. „x“ ist das abgerundete zu versteuernde Einkommen.“

Diese Tarifformel kann in einer Abbildung anschaulicher erfaßt werden. Die Darstellung des Einkommensteuertarifs ist in Abb. 13 enthalten. Darin wird zunächst der Grundfreibetrag deutlich, der das steuerfreie Einkommen festlegt, das für Ledige gilt. Es folgen bei den Grundfreibetrag übersteigenden zu versteuernden Einkommen zwei linear-progressive Zonen. In der ersten Zone steigt der Steuersatz von 25,9 % bis auf 33, 5 % an. In der anschließenden zweiten linear-progressiven Zone werden die Einkommen mit Steuersätzen zwischen 33,5 % bis zu 53 % belastet. In der oberen Proportionalzone wird jeder Einkommenszuwachs mit 53 % zur Einkommensteuer herangezogen.

Abb. 13: Einkommensteuertarif

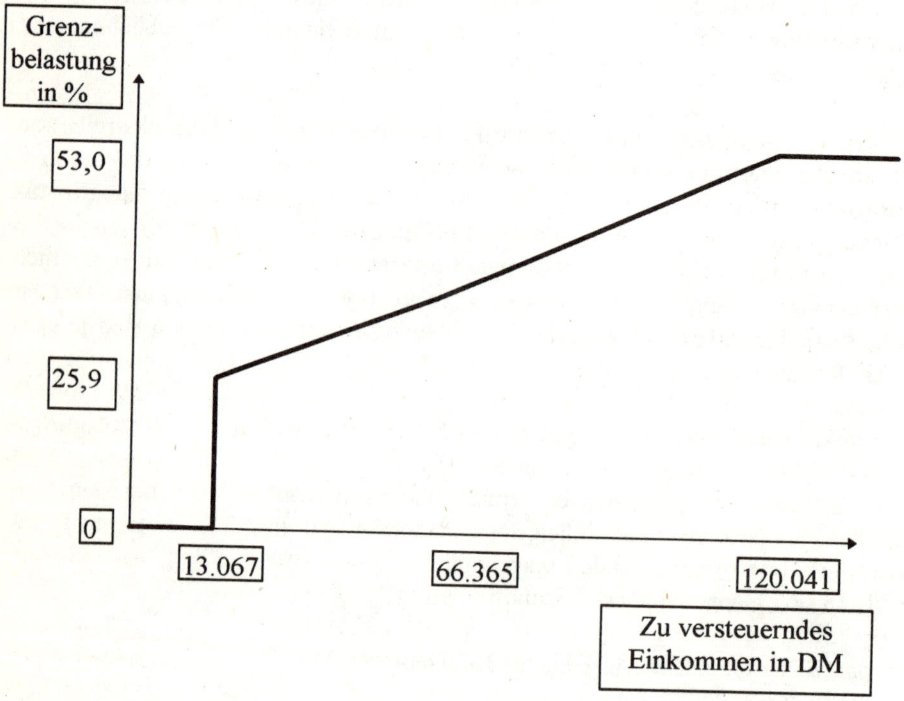

Der Einkommensteuertarif wird im übrigen in **Einkommensteuer-Tabellen** ausgewiesen, die für konkrete zu versteuernde Einkommensbeträge, die in einer Einteilung nach kleinen absoluten Schritten ansteigen, die tarifliche Einkommensteuer angeben. Für die obige Tarifformel, die sich auf Ledige bezieht, gilt die sogenannte **Einkommensteuer-Grundtabelle**.

Daneben ist auf die Regelung des § 32 a, Abs. 5 EStG zu verweisen, der das **Splitting-Verfahren** in Form des **Ehegatten-Splitting** normiert. Danach beträgt bei Ehegatten, die zusammen zur Einkommensteuer veranlagt werden, die tarifliche Einkommensteuer das Zweifache des Steuerbetrags, der sich für die Hälfte ihres gemeinsam zu versteuernden Einkommens ergibt. Die entsprechende Steuerschuld ist aus einer **Einkommensteuer-Splittingtabelle** zu entnehmen. Das Splitting-Verfahren führt bei zusammen veranlagten Ehegatten, die unterschiedlich hohe Einkommen haben, zu einem steuerlichen Vorteil, der dann am größten ist, wenn einer der Ehegatten gar kein zu versteuerndes Einkommen besitzt, weil dann das Einkommen des alleinigen Verdieners gewissermaßen auf beide verteilt und in der Regel wegen der Progressionswirkung mit einem geringeren Steuersatz belegt wird. Daneben steigt der Vorteil insgesamt über die Progressionszonen des Einkommensteuertarifs an. Haben beide Ehegatten das gleich hohe Einkommen, führt das Splitting aber zu keiner steuerlichen Entlastung mehr. Das Splitting-Verfahren dient mithin dazu, Ehegatten mit Kindern zu entlasten, sofern ein Partner u.a. auch wegen der Kinder kein Einkommen erzielen kann. Ein **Familiensplitting** würde die ökonomischen Belastungen durch eine Familiengründung noch weiter absenken, denn dann könnte beispielsweise für jedes Kind der gemeinsame Einkommensbetrag durch einen größeren Divisor geteilt werden. Die Steuerschuld eines Alleinverdieners in der Ehe wäre entsprechend der Kinderzahl geringer. Ein Familien-Splitting ist jedoch nicht realisiert worden, wobei neben den in Abhängigkeit von der Einkommenshöhe ungleichen absoluten Entlastungswirkungen für Familien auch fiskalische Gesichtspunkte eine zentrale Rolle spielen.

Eine Abweichung von der allgemeinen Norm der Ermittlung der Einkommensteuerschuld durch die Anwendung des Steuertarifs ergibt sich durch § 32 c EStG. Wenn in dem zu versteuernden Einkommen **gewerbliche Einkünfte** enthalten sind, deren Anteil am zu versteuernden Einkommen mindestens 100 278 Deutsche Mark beträgt, ist von der tariflichen Einkommensteuer ein Entlastungsbetrag abzuziehen. Diese Regelung, die mit dem Standortsicherungsgesetz zum 1. Januar 1994 in Kraft getreten ist, führt dazu, daß die Einkommensteuer für gewerbliche Einkünfte **nicht** auf den regulären **Spitzensteuersatz von 53 %** ansteigt, **sondern** daß die gewerblichen Einkünfte mit einem Satz von **maximal 47 %** belastet werden.

Die **Lohnsteuer** ist eine **spezielle Form der Erhebung der Einkommensteuer**, die bei Einkünften aus nichtselbständiger Arbeit durch Abzug vom Arbeitslohn erhoben wird, soweit der Arbeitslohn von einem Arbeitgeber gezahlt wird (§ 38, Abs. 1 EStG). Für die Durchführung des Lohnsteuerabzugs werden nach § 38 b EStG unbeschränkt einkommensteuerpflichtige Arbeitnehmer in Steuerklassen eingereiht. Mit Hilfe der Lohnsteuerklassen soll die zu erwartende Einkommensteuerschuld im Veranlagungszeitraum weitgehend angenähert werden. Wenn mithin ein Arbeitnehmer ausschließlich Einkünfte aus nichtselbständiger Arbeit erhält, entsprechen die monatlichen Lohnsteuerabzugsbeträge bei geeigneter Lohnsteuerklassenwahl weitgehend der Jahressteuerschuld. Unabhängig von der Wahl der Lohnsteuerklasse wird aber die insgesamt für ein Jahr festzusetzende Einkommensteuer die gleiche Höhe haben. Im Veranlagungsverfahren bzw. im Lohnsteuerjahresausgleich ergeben sich nur zeitlich später die Erstattungsbeträge oder Nachforderungen. Die Wahl der Lohnsteuerklasse entscheidet insoweit nicht über die Höhe der Steuerschuld für ein Jahr insgesamt, sie führt lediglich zu einer zeitlich anderen Abfolge der Zahlungsbeträge für die Jahressteuerschuld.

Die **Kapitalertragsteuer** ist wie die Lohnsteuer eine **besondere Erhebungsform der Einkommensteuer**. Sie ist in den §§ 43 bis 45 d des Einkommensteuergesetzes geregelt. Die Kapitalertragsteuer entsteht in dem Zeitpunkt, in dem die Kapitalerträge dem Gläubiger zufließen. Die Schuldner der Kapitalerträge oder die die Kapitalerträge auszahlende Stelle haben den Steuerabzug für Rechnung des Gläubigers vorzunehmen. Die Kapitalertragsteuer beträgt u.a. 25 % bei Gewinnanteilen aus Aktien, Anteilen an Gesellschaften mit beschränkter Haftung und an Genossenschaften; sie beträgt 30 % bei Zinsen aus öffentlichen Anleihen und bei Zinsen von Kreditinstituten (**Zinsabschlagsteuer**). Die im Rahmen des Quellenabzugs entrichtete Kapitalertragsteuer kann im Rahmen einer Veranlagung zur Einkommensteuer verrechnet und gegebenenfalls erstattet werden.

Die **Einkommensteuer** ist die **größte und gewichtigste Steuerart** im deutschen Steuersystem. Hierbei besitzt die Lohnsteuer ein Volumen, das in den 90er Jahren dem 6- bis 10-fachen der veranlagten Einkommensteuer entspricht. Zu Beginn der 60er Jahre haben sich die Einnahmen aus der Lohnsteuer und der veranlagten Einkommensteuer noch die Waage gehalten. Seit Mitte der 60er Jahre gehen die Entwicklungstrends jedoch auseinander. Die Lohnsteuer folgt im wesentlichen der gesamtwirtschaftlichen Einkommensentwicklung, die veranlagte Einkommensteuer, über die vornehmlich finanzpolitische Lenkungsaufgaben (z.B. die Wohnungsbauförderung) umgesetzt werden, ist sogar in der zweiten Hälfte der 90er Jahre wieder auf das absolute Niveau der 60er Jahre abgesunken. Hierbei spielt auch eine Rolle, daß die veranlagte Einkommensteuer das Schwergewicht der Anpassungen und der Substitutionsprozesse der Wirtschaftssubjekte zu tragen hat. Sie wird beispielsweise in besonderem Maße dazu herangezogen (weil sie sich auch von ihrer absoluten Belastungswirkung dazu eignet), die Reduzierung der Zahllasten aus unterschiedlichen Einkunftsarten zu erreichen. Mit dafür ausschlaggebend sind die Progression, die vergleichsweise hohen Spitzenbelastungen sowie die Gestaltungsmöglichkeiten und immer wieder neuen Gestaltungsspielräume (Abzugsmöglichkeiten, Verrechnungsmöglichkeiten), die das Einkommensteuerrecht vorsieht.

Die aktuellen **Diskussionen über eine Reform der Einkommensteuer** wollen deren Erosion (bei der veranlagten Einkommensteuer) reduzieren und, nach einigen Vorschlägen, die Befrachtung der Einkommensteuer mit zusätzlichen finanzpolitischen und wirtschaftspolitischen Lenkungsaufgaben abbauen. Erwogen werden dabei eine Minderung der Spitzenbelastung und eine Verbreiterung der Bemessungsgrundlage. Es stellt sich in dem Zusammenhang immer die Frage, wie eine Steuer, die das Leistungseinkommen direkt erkennbar belastet, zu gestalten ist, um die Bemessungsgrundlage, d.h. die Leistung, nicht von vornherein zu beschränken und andererseits gleichwohl als Basis für Maßnahmen der Einkommensverteilungspolitik zur Verfügung zu stehen. Diese Problematik wird sich künftighin nicht nur unter nationalen Gesichtspunkten klären lassen, sondern wird auch mit Blick auf den europäischen Währungsraum und die globalisierte Weltwirtschaft zu erörtern sein.

Körperschaftsteuer

Die **Körperschaftsteuer** ist eine **Einkommensteuer der nicht natürlichen Personen**. So sind folgende Körperschaften, Personenvereinigungen und Vermögensmassen, die ihre Geschäftsleitung oder ihren Sitz im Inland haben **unbeschränkt körperschaftsteuerpflichtig**:

„1. Kapitalgesellschaften (Aktiengesellschaften, Kommanditgesellschaften auf Aktien, Gesellschaften mit beschränkter Haftung, bergrechtliche Gewerkschaften);
2. Erwerbs- und Wirtschaftsgenossenschaften;
3. Versicherungsvereine auf Gegenseitigkeit;
4. sonstige juristische Personen des privaten Rechts;
5. nichtrechtsfähige Verein, Anstalten, Stiftungen und andere Zweckvermögen des privaten Rechts;
6. Betriebe gewerblicher Art von juristischen Personen des öffentlichen Rechts.“ (§ 1, Abs. 1 KStG).

Die **beschränkte Steuerpflicht** trifft u.a. Körperschaften, Personenvereinigungen und Vermögensmassen, die weder ihre Geschäftsleitung noch ihren Sitz im Inland haben, mit ihren inländischen Einkünften (§ 2, Abs. 2, Nr. 1 KStG).

Die Körperschaftsteuer besteht neben der Einkommensteuer, obwohl das Einkommen der Körperschaften in der Regel bereits der Einkommensteuer unterliegt, da die meisten Körperschaften wiederum natürliche Personen als Eigentümer und als Steuersubjekte haben. Ein von einer Kapitalgesellschaft erwirtschafteter Gewinn rechnet daher zur Bemessungsgrundlage der Körperschaftsteuer der Kapitalgesellschaft und bei der weiteren Ausschüttung an die Kapitalgeber zur Bemessungsgrundlage der Einkommensteuer der Kapitalgeber. Insoweit führt die Körperschaftsteuer zu einer Doppelbelastung der gleichen Steuerbemessungsgrundlage. Bei Ausschüttungen wird allerdings die Doppelbelastung durch das Anrechnungsverfahren vermieden, so daß die Körperschaft nur die nicht ausgeschütteten (thesaurierten) Gewinne trägt. Die Belastung der nicht ausgeschütteten Gewinne wirkt sich selbstverständlich auf die Kapitalbildung aus, beeinflußt im übrigen den Wert der Körperschaften und schlägt sich für Anteilseigner in der Kapitalrendite nieder.

Rechtsgrundlagen für die Erhebung der Körperschaftsteuer sind das **Körperschaftsteuergesetz (KStG)** und die Körperschaftsteuer-Durchführungsverordnung (**KStDV**). Zudem sind Körperschaftsteuer-Richtlinien (**KStR**) zur Klärung von Zweifels- und Auslegungsfragen als allgemeine Verwaltungsvorschriften erlassen worden.

Besteuerungsgrundlage der Körperschaftsteuer ist **das zu versteuernde Einkommen** (§ 7, Abs. 1 KStG). Was als Einkommen gilt und wie das Einkommen zu ermitteln ist, bestimmt sich nach den Vorschriften des Einkommensteuergesetzes und des Körperschaftsteuergesetzes (§ 8, Abs. 1 KStG).

Das Körperschaftsteuergesetz kennt **verschiedene Steuersätze**. Seit 1994 beträgt der **Körperschaftsteuersatz 45 %** des zu versteuernden Einkommens (§ 23, Abs. 1 KStG). Er ermäßigt sich für Körperschaften, Personenvereinigungen und Vermögensmassen, die nicht in das Anrechnungsverfahren einbezogen sind, auf 42 % (§ 23, Abs. 2 KStG). Daneben sind Freibeträge für bestimmte Körperschaften vorgesehen (§§ 24 und 25 KStG). Schütten unbeschränkt steuerpflichtige Kapitalgesellschaften Gewinne aus, so ändert sich die nach den Tarifvorschriften berechnete Körperschaftsteuer nach den **Grundsätzen des Anrechnungsverfahrens** (§§ 27 ff KStG). Das Anrechnungsverfahren soll vermeiden, daß ausgeschüttete Gewinne doppelt belastet werden. Für das Anrechnungsverfahren ist die Kombination zweier Entlastungsmethoden kennzeichnend: einerseits wird bei der Körperschaft selbst zunächst die Körperschaftsteuerbelastung vor Anwendung des Anrechnungsverfahrens festgestellt (Tarifbelastung). Diese wird dann für Ausschüttungen im Wege der Minderung bzw. Erhöhung der Körperschaftsteuer auf eine einheitliche Ausschüttungsbelastung von 30 % des Gewinns vor Abzug der Körperschaftsteuer vereinheitlicht. Andererseits wird bei den Anteilseignern die bei der ausschüttenden Körperschaft verbleibende Körperschaftsteuer nach den Grundsätzen des Einkommensteuergesetzes auf die persönliche Steuerschuld angerechnet. Das führt dazu, daß ausgeschüttete Gewinne im Ergebnis nur mit der Steuer des Anteilseigners belastet werden. Hat der Anteilseigner keine Einkommensteuer zu zahlen, wird ihm die Körperschaftsteuer vergütet.

Das **Körperschaftsteuerrecht** sieht im übrigen eine Reihe von **Befreiungen von der Körperschaftsteuer** vor. Die entsprechenden Institutionen sind im § 5 KStG aufgeführt und umfassen beispielsweise die Deutsche Post AG, die Deutsche Bundesbank, die Kreditanstalt für Wiederaufbau, Berufsverbände ohne öffentlich-rechtlichen Charakter sowie kommunale Spitzenverbände, politische Parteien, Körperschaften, Personenvereinigungen und Vermögensmassen, die nach der Satzung, dem Stiftungsgeschäft oder der sonstigen Verfassung und nach der tatsächlichen Geschäftsführung ausschließlich und unmittelbar gemeinnützigen, mildtätigen oder kirchlichen Zwecken dienen. Die Steuerbefreiung erstreckt sich nicht auf die wirtschaftlichen Geschäftsbetriebe dieser Einrichtungen.

Das **Aufkommen der Körperschaftsteuer** unterliegt wie das der veranlagten Einkommensteuer einer Vielzahl von Anpassungsreaktionen der Steuerpflichtigen, konjunkturellen und branchenspezifischen Schwankungen sowie finanzpolitischen und wirtschaftspolitischen Gestaltungsabsichten, so daß es keinesfalls in einem einfachen parallelen Zusammenhang mit der Wirtschaftsentwicklung der gesamten Volkswirtschaft gesehen werden kann. Die Körperschaftsteuer, die zu Beginn der 60er Jahre noch deutlich mehr als 50 % der Lohnsteuer ausmachte, liegt daher in den 90er Jahren (bei insgesamt großen Schwankungen) nur noch bei rd. 10 % des Lohnsteueraufkommens. Im Zusammenhang mit aktuellen Überlegungen zur Steuerreform steht deshalb auch die Körperschaftsteuer in der Diskussion. Hierbei spielt selbstverständlich auch der im Zuge der Globalisierung verschärfte internationale Steuerwettbewerb eine Rolle, zumal die deutschen Steuersätze im internationalen Vergleich hoch sind und damit Investoren abschrecken und die Kapitalbildung im Wege der Innenfinanzierung erschweren.

Umsatzsteuer

Die **Umsatzsteuer** ist eine **allgemeine Verbrauchsteuer**, mit der grundsätzlich der gesamte **private und öffentliche Verbrauch** belastet wird. Steuerdestinatare sind die Letztverbraucher, d.h. private und öffentliche Haushalte. Die Steuerzahlung ist jedoch technisch nicht an den Verbrauch, sondern an die Lieferung oder Leistung geknüpft, die ein Unternehmer gegen Entgelt im Rahmen seines Unternehmens ausführt. Schuldner der Umsatzsteuer ist daher auch der Unternehmer, der einen Umsatz tätigt.

Rechtsgrundlagen für die Erhebung der Umsatzsteuer sind das **Umsatzsteuergesetz (UStG)**, die **Umsatzsteuer-Durchführungsverordnung (UStDV)** sowie die **Einfuhrumsatzsteuer-Befreiungsverordnung (EUStDV)**.

Der Umsatzsteuer unterliegen folgende Umsätze:

- Lieferungen und sonstige Leistungen, die ein Unternehmer im Inland gegen Entgelt ausführt;
- der Eigenverbrauch eines Unternehmers im Inland;
- die Einfuhr von Gegenständen aus dem Drittlandsgebiet in das Inland;
- der innergemeinschaftliche Erwerb im Inland gegen Entgelt. (§ 1, Abs. 1 UStG).

Inland im Sinne des UStG ist das Gebiet der Bundesrepublik Deutschland mit Ausnahme des Gebiets von Büsingen, der Insel Helgoland, der Freihäfen, der Gewässer und Watten zwischen der Hoheitsgrenze und der jeweiligen Strandlinie sowie der deutschen Schiffe und der deutschen Luftfahrzeuge in Gebieten, die zu keinem Zollgebiet gehören (§ 1, Abs. 2 UStG). Zum Inland zählen auch die österreichischen Gebiete Jungholz und Mittelberg. Das **Gemeinschaftsgebiet** im Sinne des UStG umfaßt das wie oben abgegrenzte Inland sowie die Gebiete der übrigen Mitgliedstaaten der Europäischen Gemeinschaft, die nach dem Gemeinschaftsrecht als Inland dieser Mitgliedstaaten gelten (außerdem das Fürstentum Monaco und das Gebiet der Insel Man). Drittlandsgebiet ist das Gebiet, das nicht Gemeinschaftsgebiet ist (§ 1, Abs. 2 a UStG), d.h. im wesentlichen das sonstige Ausland außerhalb der EU. Als **innergemeinschaftlicher Erwerb** gilt die Lieferung eines Gegenstandes an den Erwerber aus dem Gebiet eines Mitgliedstaates in das Gebiet eines anderen Mitgliedstaates.

Unternehmer ist, wer eine gewerbliche oder berufliche Tätigkeit selbständig ausübt. Gewerblich oder beruflich ist jede nachhaltige Tätigkeit zur Erzielung von Einnahmen, auch wenn die Absicht, Gewinn zu erzielen, fehlt oder eine Personenvereinigung nur gegenüber ihren Mitgliedern tätig ist (§ 2, Abs. 1 UStG).

Die **Umsatzsteuer** ist in ihrer heutigen Form **seit 1967** als **Mehrwertsteuersystem** gestaltet und verwendet den **Vorsteuerabzug**. Das Mehrwertsteuersystem beruht darauf, daß alle Waren und Dienstleistungen, wenn sie beim Endverbraucher ankommen, in gleicher Höhe belastet sind. Die Höhe entspricht dabei dem für die Ware oder Dienstleistung geltenden Steuersatz. Es spielt keine Rolle, wieviel Wirtschaftsstufen eine Ware oder Dienstleistung auf ihrem Weg zum Verbraucher durchlaufen hat, d.h. der Vorsteuerabzug auf den Verarbeitungs- oder Lieferstufen eines Gutes schließt eine Kumulierung der Umsatzsteuer aus. Der Vorsteuerabzug berechtigt den Unternehmer, von der Steuer, die er für seine Umsätze schuldet, die Umsatzsteuerbeträge (Vorsteuern) abzuziehen, die ihm andere Unternehmer für ihre an ihn ausgeführten Umsätze offen in Rechnung gestellt haben (§ 15 UStG). Abziehbar als Vorsteuer ist auch die Umsatzsteuer auf innergemeinschaftliche Erwerbe sowie die Einfuhrumsatzsteuer, die der Unternehmer bei der Wareneinfuhr aus Nicht-EU-Staaten an das Zollamt entrichtet hat. Das Mehrwertsteuersystem hatte die Umsatzbesteuerung nach der **Bruttoallphasenumsatzsteuer** abgelöst. Danach war ein Gut grundsätzlich bei jeder Umsatzstufe mit der Umsatzsteuer belastet worden. Dies führte zur Konsequenz, daß die Gesamthöhe der Umsatzsteuer mit den Weiterverarbeitungs- oder Lieferstufen zugenommen hatte. Es gab eine Steuerkumulation, die unterschiedliche Verarbeitungs- und Vertriebswege steuerlich ungleich behandelte und damit auch zu Wettbewerbsverzerrungen beitragen konnte.

Ein **vereinfachtes Beispiel** soll das **Verfahren des Vorsteuerabzugs** darstellen. Das Beispiel benutzt drei Verarbeitungs- oder Handelsstufen, die von einem Stoffhersteller, über einen Hosenfabrikanten zu einem Einzelhändler reichen, der schließlich die Hosen an private Konsumenten verkaufen kann:

- Der **Stoffhersteller** soll durch seine Tätigkeit eine Wertschöpfung oder einen Mehrwert von 10.000 DM erreichen. Falls er selbst keine Vorlieferanten hatte, kann er den Stoffballen für den Betrag von 10.000 DM zuzüglich Mehrwertsteuer (16 % von 10.000 DM = 1.600 DM) an den Hosenfabrikanten weiterverkaufen. Die Rechnung weist dann einen Betrag von 11.600 DM aus. Zugleich hat der Stoffhersteller mit seiner Umsatzsteuervoranmeldung an das Finanzamt die eingenommene Mehrwertsteuer (1.600 DM) abzuführen.
- Der **Hosenfabrikant** soll durch seine wirtschaftliche Tätigkeit dem Stoff einen Mehrwert von 40.000 DM hinzufügen, dadurch daß er aus dem Stoff fertige Hosen produziert. Der ökonomische Wert der Hosen auf dieser Verarbeitungsstufe beträgt damit 50.000 DM (10.000 DM vom Stoffhersteller und 40.000 DM vom Hosenfabrikant). Der Hosenfabrikant verkauft die fertigen Hosen an den Einzelhändler zum Preis von 50.000 DM zuzüglich Mehrwertsteuer (16 % von 50.000 DM = 8.000 DM). Die Rechnung weist dann einen Betrag von 58.000 DM aus. Der Hosenfabrikant hat wiederum eine Umsatzsteuervoranmeldung an das Finanzamt abzugeben. Er wird darin die von ihm eingenommene Mehrwertsteuer mit seiner in der Rechnung des Stoffherstellers gezahlten Vorsteuer saldieren, so daß er dem Finanzamt einen Betrag von 6.400 DM (= 8.000 DM ./. 1.600 DM) überweist.
- Der **Einzelhändler** fügt durch seine Tätigkeit den Hosen einen Mehrwert von 100.000 DM hinzu. Der ökonomische Wert der Hosen beläuft sich daher auf insgesamt 150.000 DM. Der Einzelhändler verkauft nun die Hosen an die Konsumenten und erhält dafür als Summe einen Preis von 174.000 DM. Hierin ist die Mehrwertsteuer (16 % von 150.000 DM) enthalten. Der Einzelhändler hat ebenfalls eine Umsatzsteuervoranmeldung beim Finanzamt einzureichen. Er wird darin die eingenommene Mehrwertsteuer aus dem Verkauf der Hosen an die Konsumenten mit der gezahlten aus der Beschaffung der Hosen vom Hosenfabrikant saldieren und dem Finanzamt einen Scheck über den Betrag von 16.000 DM (= 24.000 DM ./. 8.000 DM) beilegen.
- Sofern alle drei Unternehmer ihren Sitz am gleichen Ort haben, erhält das **Finanzamt** im Zusammenhang mit den bei ihm eingegangenen Umsatzsteuervoranmeldungen insgesamt eine Umsatzsteuerzahlung in Höhe von 24.000 DM. Dies ist genau der Betrag, den die Konsumenten im Kaufpreis der Hosen als Summe entrichtet haben. Zugleich entspricht dies der Summe aus den drei Zahlungen der Unternehmer an das Finanzamt (24.000 = 1.600 + 6.400 + 16.000). Selbstverständlich kommt es bei dem Beispiel nicht wesentlich darauf an, daß die Mehrwertsteuerzahlungen beim gleichen Finanzamt ankommen, sondern daß sie die Finanzverwaltung insgesamt erreichen.

Es ist abschließend noch darauf hinzuweisen, daß der Vorsteuerabzug nicht auf die dargestellten unmittelbaren Umsatzschritte beschränkt ist, sondern die weiteren mit der Güterproduktion zusammenhängenden Aktivitäten der Unternehmer mit umfaßt. Für den Fall, daß beispielsweise der Hosenfabrikant im gleichen Zeitraum, in dem er seinen Hosenumsatz ausführt, einen LKW zum

Preis von 200.000 DM zuzüglich Mehrwertsteuer, d.h. mithin für 232.000 DM, erwirbt, kann er in seiner Umsatzsteuervoranmeldung einen Erstattungsanspruch von 25.600 DM(= 32.000 DM ./. 6.400 DM) geltend machen. Die Güterproduktion und die Investitionen werden somit durch die Mehrwertsteuer nicht belastet. Erst durch den Verkauf der Güter an die Konsumenten entsteht eine definitive Umsatzsteuerschuld.

Diese Steuerschuld hängt schließlich in ihrem absoluten Ausmaß davon ab, welchen Verkaufspreis die Güter beim Übergang an die Konsumenten erzielen. Kann der Einzelhändler die Hosen nicht zum oben unterstellten Preis verkaufen, sondern muß er sie z.B. zum halben beabsichtigten Angebotspreis abgeben, so ist auch seine ökonomische Wertschöpfung geringer. Werden mithin die Hosen für 75.000 DM zuzüglich Mehrwertsteuer verkauft, beträgt der erzielte Mehrwert beim Einzelhändler nur 25.000 DM und die im Hosenumsatz erreichte Mehrwertsteuer beläuft sich auf lediglich 12.000 DM. Die Finanzverwaltung erhält dementsprechend als Summe der Umsatzschritte nur 12.000 DM als Mehrwertsteuerzahlungen.

Das Umsatzsteuergesetz kennt **zwei Steuersätze**. Der **allgemeine Steuersatz** ist ab 1. April 1998 von 15 % auf 16 % angehoben worden. Der **ermäßigte Steuersatz** beträgt weiterhin 7 % (§ 12 UStG). Der ermäßigte Steuersatz gilt vornehmlich bei fast allen Lebensmitteln mit Ausnahme der Getränke und Gaststättenumsätze. Außerdem wird der ermäßigte Satz beim Personennahverkehr sowie bei Umsätzen von Büchern, Zeitungen und bestimmten Kunstgegenständen angewandt.

Das Umsatzsteuergesetz enthält im § 4 im übrigen eine Reihe von **Steuerbefreiungen**. Eine Gruppe von Umsätzen behält dabei die Möglichkeit des Vorsteuerabzugs, wie z.B. Ausfuhrlieferungen, innergemeinschaftliche Lieferungen, einige Umsätze für die Seeschiffahrt und die Luftfahrt. Für die andere Gruppe von steuerbefreiten Umsätzen ist zudem der Vorsteuerabzug ausgeschlossen. Hierzu zählen die Gewährung und Vermittlung von Krediten, Umsätze, die unter das Grunderwerbsteuergesetz fallen, die Vermietung und Verpachtung von Grundstücken, Umsätze der Ärzte und anderer Heilberufe, Umsätze der gesetzlichen Träger der Sozialversicherung, Umsätze der meisten Krankenhäuser und Altenheime, Umsätze der Blinden, die Leistungen der Privatschulen, Theater, Orchester, Museen, Tierparks und der jugendfördernden Einrichtungen. Bei **Kleinunternehmern** wird nach § 19 UStG keine Umsatzsteuer erhoben. Hierbei gilt die Betragsgrenze von 32.500 DM Umsatz (zuzüglich der darauf entfallenden Umsatzsteuer) im vorangegangenen Kalenderjahr sowie die Vermutung, daß der Umsatz im laufenden Kalenderjahr voraussichtlich 100.000 DM nicht übersteigen wird. Sofern Kleinunternehmer keine Umsatzsteuer zahlen, haben sie allerdings auch keinen Anspruch auf den Vorsteuerabzug.

Ausfuhrlieferungen sind umsatzsteuerfrei. Gleichwohl behalten die Unternehmer die Möglichkeit, die ihnen in Rechnung gestellten Vorsteuern abzuziehen. Durch die Befreiung der innergemeinschaftlichen Lieferungen und Ausfuhren von der Umsatzsteuer unter Beibehaltung des Vorsteuerabzugs wird erreicht, daß Exporte die Grenzen ohne umsatzsteuerliche Belastung überschreiten. Damit wird das Ziel verfolgt, die Wettbewerbsfähigkeit der nationalen Güterproduktion auf dem Weltmarkt zu stärken, gleichzeitig entspricht dies dem innerhalb der EG geltenden **Bestimmungslandsprinzip**, wonach Waren im Land des Verbrauchs der Umsatzsteuer unterliegen. Die am innergemeinschaftlichen Handel beteiligten Unternehmer erhalten eine Umsatzsteuer-Identifikationsnummer. Sie wird u.a. in einer Datenbank für den Abruf durch die Finanzbehörden des EU-Mitgliedstaates gespeichert, in dem der Abnehmer der Ware seinen innergemeinschaftlichen Erwerb versteuern muß.

Die **Einfuhrumsatzsteuer** ist eine Art der Erhebung der Umsatzsteuer, mit der Einfuhren belastet werden, weil sie regelmäßig von der Umsatzsteuer des Ausfuhrlandes entlastet sind. Die Einfuhrumsatzsteuer soll die umsatzsteuerliche Gleichbehandlung zwischen Waren aus inländischer und ausländischer Produktion herstellen. Von der Einfuhrumsatzsteuer wird der Vorgang des Grenzübertritts eines Gegenstandes erfaßt, unabhängig davon, ob der Gegenstand gegen Entgelt oder unentgeltlich eingeführt wird. Unter Gegenständen sind in erster Linie Waren im Sinne des Zollrechts zu verstehen. Im Warenverkehr zwischen den Mitgliedstaaten der EG ist die Einfuhrumsatzsteuer seit 1993 durch die Umsatzsteuer auf den innergemeinschaftlichen Erwerb ersetzt worden.

Die **Umsatzsteuer einschließlich der Einfuhrumsatzsteuer** ist von ihrem **Aufkommen** her neben der Lohnsteuer die **zweitgrößte Einzelsteuer** des deutschen Steuersystems. Sie macht mit über 240 Mrd. DM im Jahr 1997 rd. ein Drittel des Steueraufkommens insgesamt aus. Davon entfallen 200 Mrd. DM auf die nationale Mehrwertsteuer und etwa 41 Mrd. DM auf die Einfuhrumsatzsteuer. Die Anteilswerte der Einfuhrumsatzsteuer lagen im übrigen bis 1992 (vor der Realisierung des EU-Binnenmarkts) deutlich höher. Im allgemeinen kann bei der Umsatzsteuer eine weitgehend parallele Entwicklung mit der gesamtwirtschaftlichen Güterproduktion oder eine Aufkommenselastizität von etwa eins erwartet werden; allerdings lassen sich im Konjunkturverlauf auch immer wieder Abweichungen von diesem grundsätzlichen Zusammenhang erkennen. Hierbei können zum einen verstärkte (steuerbefreite) Exporte von Bedeutung sein, zum anderen kommen über den internationalen Reiseverkehr Verlagerungen zu einem größeren Konsum im Ausland hinzu und schließlich ist mit geänderten Zusammensetzungen des reinen Inlandskonsums zwischen Umsätzen mit Regelbesteuerung und solchen mit dem ermäßigten Steuersatz zu rechnen. Insbesondere in der kurzen Frist ergeben sich aus diesen und gegebenenfalls weiteren Gründen Einflüsse, die den Gleichlauf zwischen gesamtwirtschaftlicher Güterproduktion und Umsatzsteueraufkommen beeinträchtigen werden.

Gewerbesteuer

Der **Gewerbesteuer** unterliegt jeder stehende **Gewerbebetrieb**, soweit er im Inland betrieben wird. Gewerbebetrieb ist ein gewerbliches Unternehmen **im Sinne des Einkommensteuergesetzes** (§ 2 GewStG). Als Gewerbebetrieb gilt stets und in vollem Umfang die Tätigkeit der Kapitalgesellschaften, der Erwerbs- und Wirtschaftsgenossenschaften und der Versicherungsvereine auf Gegenseitigkeit. Der Gewerbesteuer unterliegt nicht eine Betätigung, die als Ausübung von Land- und Forstwirtschaft oder als Ausübung eines freien Berufs oder als ein andere selbständige Arbeit anzusehen ist. Der Gewerbesteuer unterliegen jedoch auch die Reisegewerbebetriebe, soweit sie im Inland betrieben werden (§ 35 a GewStG).

Rechtsgrundlagen des Gewerbesteuerrechts sind das **Gewerbesteuergesetz (GewStG)** sowie die **Gewerbesteuer-Durchführungsverordnung (GewStDV)**. Außerdem sind zur Klärung von Zweifels- und Auslegungsfragen **Gewerbesteuer-Richtlinien (GewStR)** als allgemeine Verwaltungsvorschriften herausgegeben worden.

Besteuerungsgrundlage für die Gewerbesteuer ist seit 1.1.1998 im gesamten Bundesgebiet ausschließlich der **Gewerbeertrag** (§ 6 GewStG). Der Gewerbeertrag ist der nach den Vorschriften des Einkommensteuergesetzes oder des Körperschaftsteuergesetzes zu ermittelnde **Gewinn** aus dem Gewerbebetrieb (§ 7 GewStG), **vermehrt und vermindert um Hinzurechnungen und Kürzungen**. Die Hinzurechnungen und Kürzungen sollen dem Objektsteuercharakter der Gewerbesteuer Rechnung tragen. Zu den **Hinzurechnungen** zählen u.a.: "Die Hälfte der Zinsen für Schulden, die wirtschaftlich mit der Gründung oder dem Erwerb des Betriebs ... zusammenhängen oder der nicht vorübergehenden Verstärkung des Betriebskapitals dienen" (§ 8, Nr. 1 GewStG). Diese **Dauerschulden** können mit ihrer Zinsbelastung bei der Gewinnermittlung abgezogen werden. Sie werden im Gewerbesteuerrecht aber als Ertrag des Gewerbes angesehen und insoweit dem Gewinn wieder hinzugerechnet. Zu den **Kürzungen** zählt u.a. der „Teil des Gewerbeertrags eines inländischen Unternehmens, der auf eine nicht im Inland belegene Betriebsstätte entfällt" (§ 9, Nr. 3 GewStG). Die Gewerbesteuer möchte sich damit wiederum auf die gewerbliche Tätigkeit der inländischen Betriebsstätte konzentrieren, der **im Ausland erzielte Gewinn** zählt insoweit **nicht** zum **Gewerbeertrag**.

Bei der Berechnung der Gewerbesteuer nach dem Gewerbeertrag ist von einem **Steuermeßbetrag** auszugehen (§ 11 GewStG). Dieser ergibt sich im allgemeinen nach der Formel:

$$\text{Steuermeßbetrag} = \text{Gewerbeertrag} \bullet \text{Steuermeßzahl}\,.$$

Die allgemeine **Steuermeßzahl** beträgt 5 % (§ 11, Abs. 2 GewStG). Für natürliche Personen und Personengesellschaften gilt darüber hinaus ein Freibetrag von 48.000 DM. Zudem werden Gewerbeerträge bis 144.000 DM mit ermäßigten Steuermeßzahlen (von 1 % bis 5 %) belegt. Die **Gewerbesteuerschuld** wird dadurch ermittelt, daß der **Steuermeßbetrag mit** einem Hundertsatz (**Hebesatz) multipliziert** wird. Der Gewerbesteuerhebesatz ist von der Gemeinde zu bestimmen, in der ein Gewerbebetrieb eine Betriebsstätte hat.

Sind im Erhebungszeitraum **Betriebsstätten** zur Ausübung des Gewerbes **in mehreren Gemeinden** unterhalten worden, so ist der **Steuermeßbetrag** in die auf die einzelnen Gemeinden entfallenden Anteile **zu zerlegen** (§ 28 GewStG). Der Zerlegungsmaßstab ist der Lohnsummenanteil der einzelnen Betriebsstätten (§ 29 GewStG). Der Gewerbesteuerhebesatz einer Gemeinde wird schließlich mit dem Zerlegungsanteil des Meßbetrags multipliziert, um die für die auf die einzelne Gemeinde entfallende Steuerschuld festsetzen zu können.

Mit dem Gemeindefinanzreformgesetz aus 1969 wurden die Gemeinden zur Zahlung der **Gewerbesteuerumlage** von etwa 40 % des Gewerbesteueraufkommens je zur Hälfte an Bund und Länder verpflichtet. Damit ging die Beteiligung der Gemeinden an der Lohnsteuer und der veranlagten Einkommensteuer einher. Die **Umlage wurde** danach mit der Abschaffung der Lohnsummensteuer ab 1.1.1980 und zum Ausgleich von Steuerausfällen durch Veränderungen der Hinzurechnungsvorschriften weiter **abgesenkt**. Im Zuge der Beteiligung der Gemeinden in den alten Ländern am Fonds „Deutsche Einheit" **(seit 1991) und** an den Länderlasten aus der Neuregelung des bundesstaatlichen Finanzausgleichs **(seit 1995) erhöhte sich der Umlagesatz wieder**. Die mit der Erhöhung verbundene Gewerbesteuerumlage steht allein den Ländern zu. Die Gemeinden in den alten Ländern führen rd. 20 % ihres Gewerbesteueraufkommens als Umlage ab. In den neuen Ländern beträgt die Gewerbesteuerumlage rd. 10 % des Gewerbesteueraufkommens.

Das **Aufkommen der Gewerbesteuer** stellt für die Gemeinden neben der Beteiligung an der Einkommensteuer die **zweitwichtigste steuerliche Einnahme** dar. Sie beträgt allerdings zwischenzeitlich weniger als 40 % der Steuereinnahmen, was seit Beginn der 90er Jahre teils auf den Einfluß der Konjunktur, teils auf die steuerlichen Verrechnungsmöglichkeiten im Zusammenhang mit Förderungsmaßnahmen für die neuen Bundesländer zurückzuführen ist. Die Hebesätze sind hierbei im Durchschnitt kaum noch gestiegen, zumal sie bereits in den 80er Jahren ein Niveau erreicht hatten, das aus Sicht der Betriebe und der an Gewerbeansiedlung interessierten Kommunen nicht mehr weiter zu überschreiten war. Nachdem im übrigen **seit 1998 die Gewerbekapitalsteuer** für das gesamte Bundesgebiet **abgeschafft** wurde, ist damit zu rechnen, daß das Aufkommen an Gewerbesteuer in den nächsten Jahren stagnieren wird. Diese Aussage steht jedoch unter dem Vorbehalt, daß die Gemeinden künftighin die Hebesätze nicht stärker anheben als in den vergangenen Jahren.

Die **Gewerbesteuer** ist eine **traditionelle Steuer** im deutschen Steuersystem, die als Realsteuer oder Ertragsteuer auf den Gewerbebetrieb selbst abstellt und die individuellen Verhältnisse des Betriebsinhabers nicht berücksichtigt. Obwohl sie mit der Einkommen- bzw. der Körperschaftsteuerschuld zu verrechnen ist, führt sie über die Hinzurechnungen zu zusätzlichen Belastungen, die insbesondere in Verbindung mit der bisherigen Gewerbekapitalsteuer bei Betrieben mit geringer Ertragskraft zur nachhaltigen Schwächung des Betriebes beitragen konnten. Die **Gewerbesteuer**, die **als Realsteuer** nach Art. 106, Abs. 6 des Grundgesetzes den Gemeinden zusteht, ist daher schon seit Jahrzehnten **in der finanzpolitischen** und wirtschaftspolitischen **Diskussion**, wobei die Vorschläge von einer völligen ersatzlosen Abschaffung bis hin zu einer Wiederbelebung mit verbreiterter Bemessungsgrundlage reichten (Vgl. u.a. das Gutachten zur Reform der Gemeindesteuern in der Bundesrepublik Deutschland, 1982).

Unabhängig von den grundsätzlichen steuerpolitischen Fragen, wie z.B. der Ertragsunabhängigkeit von Teilen der Gewerbesteuer und der Sonderbelastung für Gewerbebetriebe, gab und gibt es Aspekte der Gewerbesteuer, die sie in der Diskussion hielten. So ist einerseits die Gewerbesteuer nach Abschaffung der Mindestgewerbesteuer und nach Einführung der Freibeträge zu einer Steuer geworden, die keineswegs mehr alle Gewebebetriebe betrifft, sondern nur bei den größeren unter ihnen auch zu einer Zahllast führt. Wenn aber nur 10 bis 20 % der Gewerbebetriebe tatsächlich zur Gewerbesteuerzahlung herangezogen werden, so ist die **Gewerbesteuer eine Sonderabgabe für größere Betriebe,** bzw. sie wird gleich als Großbetriebssteuer eingeschätzt. Neben der Ungleichbehandlung zwischen Gewerbetrieben und Selbständigen tritt damit eine weitere Ungleichbehandlung zwischen den Gewerbebetrieben selbst hinzu. Dies verstärkt(e) die Forderung nach Abschaffung oder zumindest nach einer Ersetzung dieser Abgabe durch eine steuerliche Regelung, die dem Gleichheitsprinzip eher Rechnung trägt.

Die Abschaffung oder der Ersatz der Gewerbesteuer würden jedoch eine weitere Problematik hervorrufen. Der Einnahmeverlust für die Gemeinden ist dabei noch von geringerer Bedeutung, denn dieser ließe sich durch Umlagen oder Beteiligungen an als Ersatz dienenden anderen Steuern kompensieren. Was bei einer Abschaffung aus Sicht der Gewerbesteuer zahlenden Betriebe jedoch zu Schwierigkeiten führen könnte, ist die Tatsache, daß mit der **Gewerbesteuerzahlung** eines Betriebes an die Gemeinde auch **eine** erkennbare **Klammer** oder Verbindung **zwischen dem Betrieb und der Gemeinde** vorliegt, die dann ebenfalls entfallen würde. Eine Gemeinde trägt nämlich gegenwärtig nicht nur die Belastungen durch den Gewerbetrieb, sondern erhält auch einen finanziellen Vorteil durch die Existenz des Betriebs. Insoweit ergibt sich ein kommunales Interesse an der Ansiedlung und der Unterhaltung von Betrieben in einem Ort. Gewerbeansiedlungen sind wegen der Gewerbesteuer mit direkten Vorteilen für die Gemeinden verbunden, die nicht automatisch auch mit Umlagen oder Beteiligungen an anderen Steuern zu erreichen sind. Die Klammerwirkung der Gewerbesteuer für Gemeinde und Betrieb stellt inzwischen für beide Seiten eine anerkannte Ausgangsbasis dar, an der mögliche steuerliche Alternativen zu messen sind.

Im Zusammenhang mit dem Aufbau in den neuen Ländern einschließlich der Erschließung eigener kommunaler Abgaben sowie mit der Abschaffung der Gewerbekapitalsteuer ist die in den 80er Jahren intensiv geführte Diskussion um Gewerbesteuerreformen bzw. um die Abschaffung der Gewerbesteuer insgesamt etwas abgeflacht. Gleichwohl bleibt die Gewerbesteuer eine Abgabe, die im internationalen Vergleich eine Sonderbelastung für deutsche Gewerbebetriebe darstellt. Die wirtschaftlichen und steuerlichen Entwicklungen in der Europäischen Union sowie die von der Globalisierung ausgehenden Tendenzen lassen es erwarten, daß die Gewerbesteuer auch in ihrer heutigen Form der „reinen" Gewerbeertragsteuer in der Zukunft zumindest modifiziert oder durch eine größere Lösung im Rahmen einer generellen Reform der Unternehmensbesteuerung mit einbezogen werden wird. Ob dabei die gegenwärtige Beteiligung der Gemeinden an der Umsatzsteuer lediglich weiter auszubauen oder mit Hebesatzrechten bei den Umlagegrundlagen zu verknüpfen sein wird, ist dann von den finanzpolitischen Entscheidungsträgern festzulegen.

Grundsteuer

Gegenstand der Grundsteuer ist der Grundbesitz im Sinne des Bewertungsgesetzes. Darunter fallen zum einen die **Betriebe der Land- und Forstwirtschaft** und zum anderen die **Grundstücke** (§ 2 GrStG). Die beiden steuerlichen Grundlagen werden von der Grundsteuer in der Regel mit unterschiedlichen steuerlichen Bestimmungen erfaßt. Für die Betriebe der Land- und Forstwirtschaft gilt die Grundsteuer A; die Grundstücke (unbebaute Grundstücke, Mietwohngrundstücke, Geschäftsgrundstücke, gemischt genutzte Grundstücke, Einfamilienhäuser, Zweifamilienhäuser, sonstige bebaute Grundstücke) unterliegen der Grundsteuer B.

Rechtsgrundlage für die Erhebung der Grundsteuer ist das **Grundsteuergesetz (GrStG)**. Nicht unwesentliche rechtliche Grundlagen für die Erhebung der Grundsteuer enthält zudem das **Bewertungsgesetz (BewG)**, das u.a. die Ermittlungsverfahren zur Feststellung des Wertes von Grundvermögen normiert. Im übrigen war für die Grundsteuerfestsetzung auch das Zweite Wohnungsbaugesetz (II. WoBauG) von Bedeutung, da damit die Grundsteuervergünstigungen für Wohnungen, die vor dem 1. Januar 1990 bezugsfertig geworden sind, geregelt waren.

Bei der Berechnung der Grundsteuer ist von einem **Steuermeßbetrag** auszugehen. Dieser wird **in den alten Bundesländern** durch Anwendung eines Tausendsatzes (**Steuermeßzahl**) auf den **Einheitswert** oder seinen steuerpflichtigen Teil ermittelt, der nach dem Bewertungsgesetz im Veranlagungszeitpunkt für den Steuergegenstand maßgebend ist (§ 13 GrStG). Den Einheitswert selbst stellt das Finanzamt nach den Bestimmungen des Bewertungsgesetzes fest. Hierbei kommen vorwiegend das Ertragswertverfahren (bei Wohngrundstücken) oder das Sachwertverfahren (bei Geschäftsgrundstücken) zur Anwendung. Die Steuermeßzahl für Betriebe der Land- und Forstwirtschaft beträgt 6 vom Tausend (§ 14 GrStG). Für Grundstücke werden je nach Art Meßzahlen zwischen 2,6 und 3,5 vom Tausend zugrunde gelegt (§ 15 GrStG). Allgemein gilt also:

$$\text{Steuermeßbetrag} = \text{Steuermeßzahl} \bullet \text{Einheitswert.}$$

Die **Einheitswerte** werden **nach den Wertverhältnissen** der Hauptveranlagung ermittelt. Der letzte Hauptveranlagungszeitpunkt war der 1.1.1964. Die Wertverhältnisse **des Jahres 1964** werden im übrigen erst ab 1974 angewandt.

In den neuen Ländern wird bei Betrieben der Land- und Forstwirtschaft gleichartig vorgegangen, wobei allerdings kein Einheitswert, sondern nach dem Bewertungsgesetz ein **Ersatzwirtschaftswert** als Grundlage der Feststellung des Steuermeßbetrags dient. Für Grundstücke, für die ein Einheitswert vorliegt, beträgt die Steuermeßzahl je nach Art und Gemeindegruppe zwischen 5 und 10 vom Tausend. Die Steuermeßzahl wird wie oben mit dem Einheitswert multipliziert, um den Steuermeßbetrag zu ermitteln (§ 41 GrStG). Für die vor 1991 entstandenen Grundstücke, für die der Einheitswert nicht festgestellt oder festzustellen ist, wird die Grundsteuer nach der **Ersatzbemessungsgrundlage** (Wohn- oder Nutzfläche) festgelegt (§ 42 GrStG). In den neuen Ländern gelten für Betriebe der Land- und Forstwirtschaft die Ersatzwirtschaftswerte nach den **Wertverhältnissen des Jahres 1964**. Für Grundstücke, für die ein **Einheitswert** festgestellt ist, sind die Wertverhältnisse **des Jahres 1935** maßgeblich.

Soweit ein Meßbetrag auf der Grundlage des mathematischen Produkts von Meßbetrag und Einheitswert oder Ersatzwirtschaftswert vom Finanzamt errechnet und festgesetzt werden kann, wird dieser Meßbetrag vom Finanzamt der Gemeinde mitgeteilt. Die **Gemeinde wendet auf den Meßbetrag** ihrerseits **den von ihr bestimmten Hebesatz an** (§ 25 GrStG) und setzt damit die **Grundsteuerschuld** fest. In der Regel unterscheiden sich die Hebesätze für die Betriebe der Land- und Forstwirtschaft und für die Grundstücke. Daher wird entsprechend die Grundsteuer A und die Grundsteuer B unterschieden. Soweit in den neuen Ländern die Grundsteuer nach der Ersatzbemessungsgrundlage zu bemessen ist, hat der Steuerschuldner eine Steuererklärung abzugeben, in der er die Grundsteuer in vereinfachter Form selbst berechnet (Steueranmeldung) (§ 44 GrStG).

Die **Grundsteuer** wird **nach den Verhältnissen zu Beginn des Kalenderjahres** festgesetzt (§ 9 GrStG). Dieses **Stichtagsprinzips** bedeutet auch, daß Veränderungen im Verlaufe eines Jahres beim Steuerobjekt oder beim Steuerschuldner nicht zu einer Veränderung der Steuerschuldverhältnisse führen. Ein Grundstückseigentümer, der sein Grundstück im Verlauf des Jahres verkauft, bleibt damit so lange Steuerschuldner der Grundsteuer und Schuldner der Gemeinde, bis das Grundstück im Rahmen einer Neuveranlagung vom Finanzamt dem neuen Grundstückseigentümer zugerechnet wird und die Gemeinde einen entsprechend neuen Meßbescheid vom Finanzamt erhält. **Neuveranlagungen** (§ 17 GrStG) erfolgen grundsätzlich aus drei Gründen: (1) der Einheitswert eines Grundvermögens ändert sich um mehr als ein Zehntel oder um 5.000 DM, daraus ergibt sich eine **Wertfortschreibung**; (2) es ändert sich die Art des Grundstücks, z.B. wird ein unbebautes Grundstück bebaut, daraus ergibt sich eine **Artfortschreibung**; (3) es ändert sich der Eigentümer des Grundstücks, daraus folgt eine **Zurechnungsfortschreibung**, mit der das Grundstück dem neuen Steuerschuldner zugerechnet wird. Eine **Nachveranlagung** (§ 18 GrStG) wird vom Finanzamt beispielsweise dann durchgeführt, wenn ein Grundstück durch Parzellierung neu entsteht. Die nach dem Bewertungsgesetz regelmäßig durchzuführenden **Hauptveranlagungen** sind mit Ausnahme der Hauptveranlagung 1964 nicht umgesetzt worden.

Grundsteuerbefreiung wird nach dem Grundsteuergesetz u.a. gewährt für Grundbesitz, der von einer **inländischen juristischen Person des öffentlichen Rechts** für einen öffentlichen Dienst oder Gebrauch benutzt wird. Grundbesitz, der einer inländischen Körperschaft, Personenvereinigung oder Vermögensmasse für ausschließlich und unmittelbar **gemeinnützigen oder mildtätigen Zwecken** dient, ist ebenfalls befreit. Dies gilt zudem für Grundbesitz der **Kirchen** (§ 3 GrStG).

Das Grundsteuergesetz sieht schließlich die Möglichkeit des **Erlasses** der Grundsteuer vor. Die Grundsteuer ist zu erlassen **für Grundbesitz**, dessen Erhaltung wegen seiner Bedeutung **für Kunst, Geschichte, Wissenschaft oder Naturschutz** im öffentlichen Interesse liegt und wenn die erzielten Einnahmen unter den jährlichen Kosten liegen. Gleiches gilt für öffentliche **Grünanlagen, Spiel- und Sportplätze** (§ 32 GrStG). Außerdem kann ein Erlaß der Grundsteuer in Betracht kommen, wenn bei Betrieben der Land- und Forstwirtschaft und bei bebauten Grundstücken **der normale Rohertrag** des Steuergegenstandes **um mehr als 20 % gemindert** ist und der Steuerschuldner die Minderung des Rohertrags nicht zu vertreten hat (§ 33 GrStG).

Das **Aufkommen** der Grundsteuer **steht ausschließlich den Gemeinden zu**. In den 30er Jahren war die Grundsteuer die wesentlichste steuerliche Einnahmequelle der Gemeinden. Nach dem Zweiten Weltkrieg hat sie diese Vorrangposition verloren und ist in ihrem Anteilswert an den Steuereinnahmen der Gemeinden auf ein Sechstel bis ein Siebtel abgefallen. **Seit den 60er Jahren** ergeben sich **zwei** grundsätzliche **Trends im Grundsteueraufkommen**. **Zum einen stagniert die Grundsteuer A** trotz geringer Hebesatzerhöhungen weitgehend auf dem bereits damals erreichten absoluten Niveau. **Zum anderen steigt die Grundsteuer B leicht überproportional mit der gesamtwirtschaftlichen Entwicklung**. Diese Steigerungen treten im übrigen ein, obwohl seit 1964 keine neue Hauptveranlagung vorgenommen wurde, mit der die Wertverhältnisse der Grundstücke an die Preisentwicklung hätten angepaßt werden können. Nur zu einem geringen Teil wird die Aufkommensentwicklung von Hebesatzerhöhungen bei der Grundsteuer B getragen. Im wesentlichen geht der Anstieg beim Aufkommen der Grundsteuer B auf drei Gründen zurück: (1) Mit der verstärkten Ausweisung von Gewerbegebieten und Wohngebieten nimmt die Anzahl der Grundvermögensobjekte zu. (2) die Bewertungsverfahren nach dem Bewertungsgesetz führen bei Neuobjekten nicht zu den gleichen statischen Werten (auf der Basis 1964), sondern folgen abgeschwächt der Preisentwicklung im Bausektor. (3) Neuere Objekte werden wegen dem größeren Bauvolumen und der besseren Bausubstanz höher bewertet als die Objekte früherer Jahre. Die Grundsteuer B ist damit insgesamt eine sichere und dynamisch steigende steuerliche Einnahmequelle der Gemeinden (Vgl. Graf 1993).

6.4 Staatliche Kreditaufnahme

6.4.1 Messung der Staatsverschuldung

Die staatliche Kreditaufnahme stellt eine Art der Einnahmenbeschaffung dar, die neben den bereits erläuterten Finanzierungsalternativen für alle Staaten von Bedeutung ist. Sie steht dabei keinesfalls immer nur am Schluß einer möglichen Rangfolge der Einnahmen insgesamt, wie es kommunale Grundsätze der Einnahmenbeschaffung nahelegen, sondern wird vielfach als Einnahme mit eigener Qualität angesehen, die sich unabhängig von anderen Möglichkeiten der Einnahmenbeschaffung anbietet oder zu erwägen ist. Sofern die staatliche Kreditaufnahme kleinere Dimensionen behält, wird man ihrer Messung neben der verwaltungspraktischen, buchhalterischen Erfassung keine besondere Aufmerksamkeit widmen müssen. In vielen Staaten hat aber die Kreditaufnahme und die damit angewachsene **Staatsverschuldung** sowohl **für den** Sektor **Staat und** seine einzelnen Institutionen als auch für **die gesamte Volkswirtschaft** eine Dimension erreicht, daß hiervon auch gesamtwirtschaftliche **Einflüsse zu erwarten** sind. Die Messung der Staatsverschuldung soll ihre Gewichtigkeit veranschaulichen und dazu beitragen, die ökonomischen Aspekte der Staatsverschuldung erfassen zu helfen. Nachfolgend werden daher ausgewählte übliche Maße der Staatsverschuldung vorgestellt und erläutert.

Eine Art der **Messung der Staatsverschuldung** besteht darin, sie **in ihrer absoluten Größe, in ihrer Aufteilung auf öffentliche Haushalte** und zugleich in ihrer zeitlichen Entwicklung aufzuzeigen. **Tabelle 26** belegt den Verlauf der öffentlichen Verschuldung in Deutschland seit 1986 und ihre Aufteilung auf die öffentlichen Haushalte einschließlich einiger Nebenhaushalte. Der Zeitraum umfaßt mit den Angaben für 1986 und 1988 Jahre vor der deutschen Vereinigung mit den damals vorherrschenden finanzwirtschaftlichen Trends. Die Angaben ab 1990 beziehen sich auf das gesamte Staatsgebiet des vereinigten Deutschland und lassen dementsprechend die seither geltenden Entwicklungen erkennen.

Tab. 26: Verschuldung der öffentlichen Haushalte seit 1986

	Jahr						
	1986	1988	1990	1992	1994	1996	1997
	in Mio. DM						
Öffentliche Haushalte insgesamt	801	903	1.054	1.345	1.662	1.996	2.221
Bund	415	475	542	611	713	840	906
Westdeutsche Länder	264	303	329	367	415	477	505
Ostdeutsche Länder	-	-	-	23	56	81	90
Westdeutsche Gemeinden	115	119	126	140	156	161	163
Ostdeutsche Gemeinden	-	-	-	15	33	39	41
Fonds „Deutsche Einheit"	-	-	20	74	89	84	80
Kreditabwicklungsfonds/ Erblastentilgungsfonds	-	-	28	92	102	332	322
Bundeseisenbahnvermögen*	38*	43*	47*	48*	71	78	77

Quelle: Monatsberichte der Deutschen Bundesbank. Die Angaben beziehen sich jeweils auf das Jahresende. Die in der ersten Zeile ausgewiesene Verschuldung der öffentlichen Haushalte insgesamt umfaßt neben den angegebenen Teilwerten auch das ERP-Sondervermögen und den Ausgleichsfonds Steinkohleneinsatz/Entschädigungsfonds.

* Die Werte zum Bundeseisenbahnvermögen vor 1994 betreffen lediglich den Schuldenstand der Bundesbahn, der bis 1992 nicht in der Verschuldung der öffentlichen Haushalte enthalten ist. Das Bundeseisenbahnvermögen (ab 1994) schließt auch die Schulden der früheren Reichsbahn mit ein.

Es wird zunächst deutlich, daß mit der deutschen Vereinigung die **Staatsschulden erheblich ansteigen** und sich in kurzer Zeit mehr als verdoppeln. Tab. 26 weist daneben aus, daß die Verschuldung der öffentlichen Haushalte sich keineswegs nur auf den Bund beschränkt, sondern daß die anderen Gebietskörperschaften ebenfalls in nennenswertem Umfang Kredite aufgenommen haben sowie weiterhin aufnehmen. Hierbei spielen in den westdeutschen Ländern und Gemeinden nicht nur die Vereinigung und die damit verbundenen Lasten eine Rolle. Hervorzuheben ist die Dynamik der Verschuldung in den Ländern und Gemeinden Ostdeutschlands. Außerdem sind erhebliche Beträge der Gesamtverschuldung auf die mit der deutschen Vereinigung verbundenen Finanzierungserfordernisse zurückzuführen, was sich im Fonds „Deutsche Einheit“ und im Erblastentilgungsfonds niedergeschlagen hat. Schließlich wird aus Tab. 26 offenkundig, daß neben den durchgängig steigenden Schuldenvolumina der Gebietskörperschaften, die vereinigungsbedingten Sonderfonds zwischenzeitlich ihren Höchststand überschritten haben und per Saldo über die laufenden Tilgungen wieder geringere Schuldenstände ausweisen.

Die absoluten Größen der **Staatsschulden** mit ihrer Verdoppelung von rd. einer Milliarde DM 1990 auf weit über zwei Milliarden DM 1997 legen auch die Frage nahe, wer denn die **Gläubiger dieser Schulden** sein mögen, die bereitwillig die Mittel für den Staat zur Verfügung gestellt haben. Wem „gehören“ mithin die Forderungen an den Staat oder bei wem hat der Staat die Kredite aufgenommen, die insgesamt die Staatsverschuldung ausmachen. Die Frage nach den Gläubigern der Staatskredite läßt sich nicht völlig definitv beantworten, da viele Staatskredite in Form von handelbaren Wertpapieren begeben werden und die Gläubiger der Wertpapiere deshalb auch leicht austauschbar sind. Tabelle 27 zeigt die von der Deutschen Bundesbank ermittelte und publizierte Gläubigerstruktur auf, wobei ein Zeitrahmen betrachtet wird, der dem der Tab. 26 entspricht. Dabei wird deutlich, daß die inländischen Kreditinstitute jeweils etwa zur Hälfte die Staatsverschuldung finanziert haben. Die Bundesbank und die Sozialversicherungen tragen nur zu einem geringen und abnehmenden Teil zur Finanzierung der Staatskredite bei. Die Finanzierung seitens der Bundesbank beschränkt sich im übrigen vornehmlich auf den Gegenbuchungsposten für Ausgleichsforderungen im Zusammenhang mit der Einführung der DM im Jahre 1948. D.h. der Staat hat seine im Beobachtungszeitraum dynamisch steigenden Kredite nicht über den Weg der Geldschöpfung erhalten. Die sonstigen inländischen Kreditgeber bestehen u.a. aus privaten Haushalten, die dem Staat z.B. mittels Bundesschatzbriefen einen direkten Kredit gewähren. Es ist schließlich durchaus bemerkenswert, daß sich das Ausland im Beobachtungszeitraum in immer stärkerem Maße als Gläubiger für deutsche Staatsschulden engagiert und seinen Anteil, der 1986 noch unter 20 % liegt, deutlich ausweitet.

Tab. 27: Gläubiger der öffentlichen Schuld

	Jahr						
	1986	1988	1990	1992	1994	1996	1997
	in Mio. DM						
Öffentliche Verschuldung insgesamt	801	903	1.053	1.345	1.662	2.129	2.221
Bundesbank	15	13	13	19	12	9	9
Kreditinstitute, inl.	467	533	583	720	918	1.134	1.174
Sozialversicherungen	9	7	6	7	5	4	4
Sonstige, inl.	151	163	231	192	297	359	332
Ausland	159	186	221	470	430	624	702

Quelle: Monatsberichte der Deutschen Bundesbank

Berücksichtigt man die Tatsache, daß die inländischen Kreditinstitute ihre Mittel für die Staatskredite vornehmlich über die Ersparnisse der privaten Haushalte erhalten, so bleibt im Ergebnis zur Gläubigerstruktur der Staatskredite zwischenzeitlich ein Verhältnis von etwa zwei Drittel inländischer Haushalte (direkt und indirekt) zu einem Drittel ausländischer Anleger.

Die absoluten Beträge der Staatsschulden in den Tabellen 26 und 27 vermitteln zwar einen Eindruck von der Dimension und der Aufteilung der Schulden auf Schuldner und Gläubiger. Sie lassen jedoch den Bezug zu anderen volkswirtschaftlich bedeutsamen Größen nicht erkennen. Eine immer wieder verwendete Bezugsgröße der Staatsschulden ist die Bevölkerung, um somit die **Pro-Kopf-Verschuldung** zum Ausdruck zu bringen. Die Pro-Kopf-Verschuldung steigt in der Beobachtungsperiode der Tabellen (unter Berücksichtigung der größeren Bezugsbasis durch das vereinte Deutschland) von rd. 13.000 DM auf über 26.000 DM je Einwohner an. Die Staatsschulden sind damit deutlich rascher gewachsen als die Bevölkerung. Die Pro-Kopf-Verschuldung ist in ihrem absoluten Ausmaß allerdings wiederum nicht besonders gut zu interpretieren, da die Bezugsgröße Bevölkerung grundsätzlich keine wirtschaftlich verwertbare Aussage zur Schuldenhöhe zuläßt. Die Pro-Kopf-Verschuldung erlaubt mit anderen Worten keine ökonomische Beurteilung der errechneten Schuldenhöhe, da gleiche Schuldenbeträge ein ökonomisch völlig anderes Gewicht haben, je nachdem ob die Schuldner über eine mehr oder weniger große Fähigkeit verfügen, die Schuldenlast (Zinsen und Tilgung) zu tragen. Die Möglichkeiten für das Tragen von Schulden und für die Finanzierung des Schuldendienstes hängen vor allem vom (auf Dauer erwarteten) Einkommen ab. Höhere Einkommen erlauben eine größere Verschuldung, kleinere Einkommen lassen in der Regel keine höhere Verschuldung zu, da sie ansonsten von den Schuldendienstzahlungen ökonomisch überfordert wären. Der Mangel der Pro-Kopf-Verschuldung besteht mithin im Außerachtlassen der Einkommensbasis, die wesentliche Grundlage für die Finanzierung des Schuldendienstes ist. Die Pro-Kopf-Verschuldung kann allenfalls zwischen gleichartigen (staatlichen) Ebenen als ergänzendes Kriterium herangezogen werden, um auf mögliche Gründe für unterschiedliche Entwicklungen der Finanzlage aufmerksam zu machen. Selbst dann bleibt sie aber in ihrer ökonomischen Aussagekraft beschränkt.

Der Bezug der Verschuldung des Staates zu einer Einkommensgröße erfolgt gegenwärtig vornehmlich anhand der **Staatsschuldenquote**. Die Staatsschuldenquote besteht aus der **Relation von Staatsschulden zu** der volkswirtschaftlichen Leistungsgröße **Bruttoinlandsprodukt (BIP)**, die zwar nicht das Einkommen, sondern die Güterproduktion mißt, gleichwohl aber eine Vorstellung von der wirtschaftlichen Leistung und auch der Einkommensentstehung in einer Volkswirtschaft vermittelt. Die Staatsschuldenquote soll erkennen lassen, wieviel von der wirtschaftlichen Leistung eines Jahres erforderlich wäre, um die gesamte Staatsschuld zu finanzieren, bzw. tilgen zu können. Insoweit zeigt sie das Verhältnis von Verpflichtungen eines Staates zu seinen wirtschaftlichen Möglichkeiten eines Jahres an.

Staatsschuldenquoten stellen auf die **kurzfristig**en Gegebenheiten in einer Beobachtungsperiode ab. Sie zeigen deshalb nicht, inwieweit der Staat in der Lage ist, seine Schulden dauerhaft zu bedienen, ohne auf das Ausmaß der öffentlichen Güter oder der Abgabenbelastung einwirken zu müssen. Die Bezugsgröße Bruttoinlandsprodukt steht nämlich nicht nur zur ausschließlichen Finanzierung der Staatsschulden zur Verfügung, sondern dient der Güterversorgung in der Volkswirtschaft insgesamt. Im übrigen läßt ein einzelner Wert nicht die Dauerhaftigkeit der Leistungsgröße BIP erkennen. Gleichwohl kann aus der Entwicklung der Staatsschuldenquoten in einer Volkswirtschaft über einige Jahre hin und aus dem Vergleich der Quoten mit anderen Volkswirtschaften zumindest eine relative Stellung des Staates und seiner mit den Schulden verbunden Belastungswirkungen abgelesen werden. Tabelle 28 zeigt daher die Staatsschuldenquoten ausgewählter Länder seit 1980 auf.

Tab. 28: Staatsschuldenquoten ausgewählter Länder seit 1980

	Jahr				
	1980	1985	1990	1995	1997
	Bruttoschuld des Staates in vH des BIP				
Deutschland	31,5	41,5	43,2	57,1	60,5
Belgien	78,2	122,1	129,7	133,5	127,2
Frankreich	30,9	38,6	35,4	52,9	57,8
Großbritannien und Nordirland	54,0	58,9	39,4	54,0	54,1
Irland	72,7	104,6	95,2	81,6	69,0
Italien	58,1	82,3	98,0	124,4	123,3
Japan	51,2	67,0	65,1	80,6	90,8
Kanada	44,0	64,1	72,5	100,5	97,2
Niederland	46,9	71,7	78,8	79,5	74,5
Spanien	18,3	50,8	45,1	65,7	69,8
USA	37,0	49,5	55,5	63,4	63,8

Quelle: Finanzbericht 1998, Übersicht 20, S, 346.

Die Tabelle macht deutlich, daß es einerseits **große Unterschiede in** der Dimension **der Staatsschuldenquote**n gibt, die sich zum Teil mit der mehr oder weniger großen Neigung der Staaten zur Kreditfinanzierung ihrer Haushalte erklären läßt. Andererseits wird auch offenkundig, daß **keine einheitliche** oder zwangsnotwendige **Entwicklung der Staatsschuldenquoten** festzustellen ist. Vielmehr kommt es zu Veränderungen der Staatsschuldenquoten in den einzelnen Ländern, die durchaus die Vermutung unterstützen, daß die Staaten ihre **Kreditaufnahme** und ihre Staatsfinanzen **nach eigenen Vorstellungen** steuern können und nicht nur passiv einem unbeeinflußbaren Trend folgen müssen. Entsprechende Parallelitäten haben sich allerdings insofern beobachten lassen als die Länder sich einem ähnlichen finanzpolitischen Verhalten zuwenden, das zumindest teilweise auf keynesianischen Grundüberlegungen beruht und von daher Kreditausweitungen vielfach von vornherein positiv bewertet hat. Die Staatsschuldenquoten können daneben aus einer Vielzahl von anderen Gründen gestiegen oder gesunken sein; ihre Dimension läßt zudem keinen Schluß auf die Tragbarkeit der Schulden über die Zeit hin und zwischen den Ländern zu.

Weitere Maße der Staatsverschuldung bestehen u.a. in den Defizitquoten (s. Tab. 10) oder in Verhältniszahlen, die den Schuldenstand zu den laufenden staatlichen Einnahmen in Beziehung setzen. Außerdem kann der aus der Staatsverschuldung erwachsende Schuldendienst (Zinsen und Tilgung) als Anteil der laufenden Einnahmen oder der gesamten Ausgaben gemessen werden, um die Belastung der öffentlichen Haushalte durch die Kreditverpflichtungen deutlich zu machen und um damit den jeweiligen Spielraum anzugeben, der für die Finanzierung öffentlicher Güter verbleibt. Alle diese Maße haben bei zutreffender Interpretation sicherlich einen ökonomischen Aussagewert, der noch dadurch gesteigert werden kann, daß die zeitliche Entwicklung der Maßgrößen mit einbezogen wird. Es ist **im Einzelfall** aber **von der Zielrichtung der Untersuchung** oder der Aussage **abhängig**, auf welches Maß zurückgegriffen wird und welches in diesem Zusammenhang die geeignete ökonomische Untermauerung für finanzpolitische Überlegungen bietet.

6.4.2 Gründe der Staatsverschuldung

In der finanzpolitischen Diskussion über die Gründe der Staatsverschuldung findet sich vielfach an erster Stelle der Hinweis auf **staatliche Aufgaben**, die anwachsen, bzw. die unvermittelt auftreten und die gewissermaßen zwangsnotwendig oder unabweisbar sind, so daß der Staat fast gezwungen ist, auf Kredite zurückzugreifen, da andere Finanzierungsmöglichkeiten nicht oder nicht so schnell zur Verfügung stehen. Dieses Argument mag sicherlich berechtigt sein, wenn eine unerwartete Katastrophe eintritt oder überraschende wirtschaftliche oder politische Veränderungen vorkommen (wie z.B. die deutsche Vereinigung), auf die kurzfristig und vom ersten Impuls her nicht anders oder rascher geantwortet werden kann als über die Kreditaufnahme. Derartige Ereignisse sind jedoch in aller Regel selten, so daß sie kaum als Argument für die globale Staatsverschuldung in Frage kommen, die in Tabelle 28 ausgewiesen ist. Es kommt hinzu, daß diese (plötzlich) anwachsenden staatlichen Aufgaben mit ihrem nachhaltigen Finanzierungsbedarf grundsätzlich auf dem Wege der „regulären“ Staatsfinanzierung, d.h. über Steuern oder Zwangsabgaben insgesamt, abgewickelt werden könnten. Soweit Staaten lediglich Kredite in Erwägung ziehen, müssen andere Gründe eine Rolle spielen als die Tatsache der steigenden Ausgaben wegen zunehmender Aufgaben.

Kreditaufnahmen werden im Zusammenhang mit stabilisierungspolitischen Vorstellungen immer wieder **mit der Konjunkturentwicklung begründet**. Um mithin Rezessionen zu vermeiden oder um die Arbeitslosigkeit zu reduzieren, sind danach zusätzliche Staatsausgaben erforderlich, mit denen die Nachfrage nach Gütern unterstützt oder ausgeweitet werden soll. Die Staatsausgaben können dann nur mittels staatlicher Kreditaufnahmen finanziert werden. Ein nachhaltiger Anstieg der Staatsschulden wäre in diesem Fall aber nicht zu erwarten, wenn entweder die Rezession durch einen Konjunkturaufschwung mit steigenden Steuereinnahmen abgelöst würde, mit denen sich die Kredite tilgen ließen, oder wenn das kreditfinanzierte Staatsausgabenprogramm so wirksam wäre, daß aus dem Wachstum und der vermehrten Beschäftigung wiederum eine Steuermehreinnahme resultierte, aus der die Kredite zurückgeführt werden könnten. Die beobachtbare Staatsverschuldung läßt den Schluß nicht zu, daß die stabilisierungspolitische Vorstellung in der skizzierten Weise umgesetzt wurde oder überhaupt zum Tragen gekommen ist. Dies mag daran liegen, daß das stabilisierungspolitische Instrument der kreditfinanzierten Staatsausgabenerhöhung unwirksam bleibt oder daß prinzipiell weitere bzw. andere Gründe für die Staatsverschuldung vorliegen, auch wenn diese in den Verlautbarungen der staatlichen Entscheidungsträger nicht notwendigerweise genannt werden müssen. Die Wahrscheinlichkeit hierfür ist um so größer, je mehr die grundsätzliche Unwirksamkeit stabilisierungspolitischer Maßnahmen zu unterstellen ist.

Aufgabenzuwachs und konjunkturelle Stabilisierung erscheinen nach allem **keine besonders überzeugenden Gründe für** die staatliche **Kreditaufnahme** in längeren Zeiträumen und in wachsendem Umfang zu sein. Es müssen **vielmehr weitere Gründe** in Betracht gezogen werden, wenn die beobachtbare Staatsverschuldung erklärt werden soll. Tabelle 28 zeigt zwar nur für einige Staaten und für einen verhältnismäßig kurzen Zeitraum die Staatsverschuldung auf. Sie unterstützt jedoch auch insoweit folgende Frage nach der Staatsverschuldung: **Wieso haben alle Staaten zu allen Zeiten auf Kredite zurückgegriffen, obwohl** alle Staaten im Rahmen ihrer Hoheitsgewalt immer auch (kurzfristig) die Möglichkeit hatten und haben, alle ihre Ausgaben durch **Zwangseinnahmen** finanzieren zu können? Man könnte diese Frage auch direkt von der Seite der Zwangseinnahmen her stellen und danach fragen, **weshalb** alle Staaten ihre **Ausgaben** insgesamt **nicht vollständig** beispielsweise **über Steuern** finanzieren, sondern auf das Instrument der Staatsverschuldung ausweichen und sich Einnahmen in Form von Krediten besorgen?

Jeder Staat, der die Ziele seiner Entscheidungsträger verfolgt, weiß, daß nicht alle diese Ziele im Interesse seiner Bevölkerung liegen. Selbst wenn sich Ziele der Entscheidungsträger mit Wünschen aus der Bevölkerung decken, steht der Staat in der Gefahr, mit dem Verfolgen der Ziele und den dafür notwendigen Ausgaben auch die mögliche ökonomische Belastung der Volkswirtschaft offenkundig werden zu lassen. Diese Gefahr ist um so größer, je deutlicher die Finanzierungslast wird und je mehr sie für einzelne Wirtschaftssubjekte nachvollziehbar ist. Die **Spürbarkeit oder Merklichkeit der Belastung** durch den Staat führt mithin nicht nur dazu, daß der Staat auf eine Vielzahl von Steuern zurückgreift, sondern auch dazu, daß er versuchen wird, seine Zwangseinnahmen zu begrenzen. Die Kreditaufnahme ist hierbei eine besonders geeignete Alternative, denn die Kreditgeber stellen ihre Mittel dem Staat freiwillig zur Verfügung. Die Bevölkerung im allgemeinen kann bei einer vorgesehenen Kreditfinanzierung einer Ausgabe mit den positiven Wirkungen der Maßnahme vertraut gemacht werden, ohne ihr gleichzeitig die Finanzierungslast hinreichend zu offenbaren. Die mit jeder staatlichen Ausgabe verbundene ökonomische Belastung wird daher verborgen bleiben, sie steht hinter den positiven Seiten der Maßnahme zurück, und sie ist schließlich bei der Kreditfinanzierung nicht mehr einzelnen Personen oder Personengruppen zuordenbar. Eine Steuererhebung wäre zumindest für einige Betroffene spürbar und nachvollziehbar mit der Maßnahme verbunden. Die **Kreditfinanzierung verwischt die Belastungswirkung**, zumal selbst ökonomisch geschulte Beobachter vielfach die Finanzierungseffekte von kreditfinanzierten Staatsausgaben nur mit Mühe in einen Kreislaufzusammenhang einordnen können.

Werden mithin **Staatsausgaben mit Krediten** finanziert, resultiert daraus eine **geringere Merklichkeit und Spürbarkeit der mit den Ausgaben verbundenen Last**. Dies gilt sowohl für die güterwirtschaftliche Seite der Ausgaben als auch für die Finanzierungslast, die im Gesamtrahmen des Kreditmarktes keiner spezifischen Ursache mehr zugerechnet werden kann. Der geringeren Merklichkeit der Belastung steht jedoch die erkennbare und nachweisbare Ausgabe eventuell in Form einer allseits positiv begrüßten Investition gegenüber. Einwendungen oder ökonomische Bedenken gegen ein begrüßtes öffentliches Gut lassen sich schwerlich auf vorhandene aber kaum lokalisierbare Finanzierungseffekte gründen.

Das Ausweichen von Staaten auf die **Kreditfinanzierung** für Ausgaben ist mithin **aus Sicht der staatlichen Entscheidungsträger rational und nutzenmaximierend**. Die Aufnahme von Krediten verwischt zumindest die Finanzierungslast und läßt damit mögliche Widerstände gegen die Ausgaben geringer ausfallen. Staaten greifen deshalb immer wieder auf Kredite zurück, weil sie damit den **Steuerwiderstand** und auch einen möglichen **Politikwiderstand reduzieren** können. Die jederzeit mögliche „reguläre“ Finanzierung von staatlichen Ausgaben über Steuern könnte die Last erkennen lassen, die der Staat seiner Bevölkerung auferlegt. Er erreicht vielfach zwei Vorteile, wenn er stattdessen Kredite benutzt: er kann sich einerseits auf die positiven Wirkungen seiner Ausgaben konzentrieren, und er vermeidet andererseits in der Bevölkerung den Eindruck des rein hoheitlich und mit Zwang agierenden Steuerstaates. Die steuerliche Belastung der Bevölkerung kann infolgedessen begrenzt werden; Steuerwiderstände und auch Politikwiderstände lassen sich daher ebenfalls eingrenzen. Die staatlichen Entscheidungsträger greifen zudem mit Krediten auf Einnahmen zu, die ihnen freiwillig gewährt und die aus der individuellen Sicht der Kreditgeber trotz makroökonomisch zutreffender rationaler Erwartungen vorteilhaft sein werden.

Ein **weiterer Grund** für staatliche Kreditaufnahmen ist im Zusammenhang mit der keynesianischen Betrachtungsweise des Staatshandelns weit in den Hintergrund gerückt. Er darf allerdings nicht vernachlässigt, werden, da er einen wesentlichen ökonomischen Sachverhalt umschreibt. **Staatliche Kreditaufnahmen** sind auch dann **gesamtwirtschaftlich zu vertreten**, wenn sie Ausgaben zufließen, die sich als gesamtwirtschaftlich produktiv erweisen oder **eine globale Rentierlichkeit besitzen**. Gesamtstaatlich können manche positiven externen Effekte, die sich bei einem individuellen Entscheidungsträger nicht niederschlagen, internalisiert werden, so daß sich für den Staat insgesamt auch kreditfinanzierte Ausgaben „lohnen", die bei einem einzelnen Entscheidungsträger unwirtschaftlich sind, weil die Vorteile vielfach bei anderen anfallen. Derartige **rentierliche Ausgaben, die** eine **Kreditfinanzierung aus einem finanzmathematischen Kalkül rechtfertigen**, lassen sich allerdings nicht immer leicht ermitteln und hinreichend sicher belegen. Sie sind auch keinesfalls der wesentliche Grund für die oben ausgewiesene Staatsverschuldung der Länder, denn ansonsten dürften viele Maße der Staatsverschuldung nicht weiter ansteigen. Kreditaufnahmen für rentierliche Zwecke müßten nämlich zu derart steigenden staatlichen Einnahmen führen, daß die Kredite auch tatsächlich zurückgeführt und definitiv getilgt werden können. **In Einzelfällen** werden sich Kreditaufnahmen gleichwohl dieser Kategorie zuordnen lassen, für die überwiegende Zahl der Fälle dürften aber die oben genannten Gründe (Vermeidung von Steuerwiderstand und Politikwiderstand) von zentralerer Bedeutung sein oder gewesen sein.

6.4.3 Grenzen der Staatsverschuldung

Die Frage nach den Grenzen der Staatsverschuldung kann unter zwei Aspekten behandelt werden. **Zum einen** ist danach zu fragen, inwieweit der Staat sich selbst bindet und **im Rahmen seiner Rechtsnormen** solche **institutionellen Grenzen** vorsieht. **Zum anderen** hat jedes Wirtschaftssubjekt - so auch der Staat - die Konsequenzen seines wirtschaftlichen Handelns im Auge zu behalten und damit auch zu prüfen, ob er an **ökonomische Grenzen** stößt, wenn er seine Verschuldung weiter betreibt.

Eine **institutionelle Grenze** für die Kreditaufnahme ist in **Artikel 115** des **Grundgesetzes** enthalten. Danach dürfen die **Einnahmen aus Krediten** die Summe der im Haushaltsplan veranschlagten Ausgaben **für Investitionen** nicht überschreiten. Kredite stehen daher nicht als Finanzierung für laufende Ausgaben zur Verfügung, sondern sind auf investive Maßnahmen oder Maßnahmen, die mit Vermögensbildung einhergehen, beschränkt. Hinter dieser Begrenzung der Kreditaufnahme verbirgt sich noch teilweise die Vorstellung der Rentierlichkeit, die öffentlichen Investitionen unterstellt wird, teilweise aber auch die keynesianische Hypothese, daß öffentliche Investitionen besonders nachfragewirksam seien. Die Vorschrift des **Artikels 115** stellt jedoch insoweit **keine fixe Begrenzung** der staatlichen Kreditaufnahme dar, als die Bezugsgröße der Investitionen nicht fixiert ist. Bei einer Ausweitung der Investitionen lassen sich daher auch höhere Einnahmen aus Krediten rechtfertigen. Es kommt hinzu, daß der Artikel 115 Grundgesetz explizit **Ausnahmen** zu der zunächst aufgestellten Norm vorsieht und Kredite auch in einem die Investitionen übersteigenden Maß zuläßt, wenn eine Störung des gesamtwirtschaftlichen Gleichgewichts vorliegt. Die Ausnahme basiert auf der stabilisierungspolitischen Vorstellung des Stabilitätsgesetzes; sie läßt allerdings wegen der Unbestimmtheit des „gesamtwirtschaftlichen Gleichgewichts" weitere Interpretationen zu. Die institutionelle Grenze des Grundgesetzes, die sich ähnlich auch in Landesverfassungen und Kommunalordnungen wiederfindet, bildet insgesamt keine definitive oder eindeutig fixe Grenze der Staatsverschuldung.

Bis zu den Maastricht-Verträgen hatte lediglich das **Bundesbankgesetz** in seinem § 20 eine Grenze enthalten, wonach den öffentlichen Verwaltungen nur Kassenkredite gewährt werden dürfen. Eine direkte Kreditaufnahme des Staates zur Finanzierung seiner Ausgaben war nicht zulässig. Zwischenzeitlich, d.h. seit dem 1. Januar 1994, ist auch die Möglichkeit der Gewährung von Kassenkrediten seitens der Bundesbank für den Staat entfallen. Der **EG-Vertrag** formuliert in Artikel 104 ein **striktes Verbot für Überziehungs- und andere Kreditfazillitäten bei der Europäischen Zentralbank oder den Zentralbanken** der Mitgliedstaaten für staatliche Organe. Dieses Verbot ist als Grenze insoweit wirksam, als der Staat hierdurch zwar nicht an der Aufnahme von Krediten im allgemeinen gehindert wird, aber keinen Zugang zu Zentralbankgeld erhält und daher mit staatlichen Krediten auch keine Geldmengenvermehrung einhergehen kann. Eine Inflationswirkung durch staatliche Kreditaufnahme ist damit ausgeschlossen.

Die Maastricht-Verträge haben für die Staaten der Europäischen Union schließlich insgesamt eine bis dahin nicht vorhandene Begrenzung der staatlichen Kreditaufnahme eingeführt. In Artikel 104 c des **EG-Vertrages** ist nicht nur eine allgemeine Selbstbindung formuliert, wonach die Mitgliedstaaten übermäßige öffentliche Defizite vermeiden. Mit den **Konvergenzkriterien** der **Defizitquote** und der **Staatsschuldenquote** sind auch Grenzen festgelegt worden, die nachprüfbar sind und im Zusammenhang mit der Einführung des Euro **bereits Wirksamkeit** entfaltet haben, dadurch daß die Staaten ihre Finanzpolitik am Gebot der auf Dauer tragbaren Finanzlage orientieren. Die Konvergenzkriterien wirken sich im übrigen sowohl für den Staat insgesamt aus, sie führen darüber hinaus aber für einzelne staatliche Ebenen ebenfalls zu spürbaren Begrenzungen der Kreditaufnahme (Vgl. u.a. Wissenschaftlicher Beirat beim Finanzministerium 1994, Karl-Bräuer-Institut 1997b), auch wenn in Deutschland die entsprechenden Umsetzungen bis zum Jahr 1998 noch ausstehen. Die Defizitquote und die Staatsschuldenquote sind mit ihren Referenzwerten von maximal 3 % und maximal 60 % **keine absolut fixen Schuldengrenzen**. Sie gehen wegen der Bezugnahme zum jeweiligen Bruttoinlandsprodukt von relativen und sich mit der Wirtschaftsentwicklung ändernden Maßstäben für die Staatsverschuldung aus. Gleichwohl erscheinen sie nicht ohne Bedeutung, auch wenn die zahlenmäßigen Referenzwerte auf keiner besonderen wirtschaftstheoretischen Fundierung beruhen.

Ökonomische Grenzen der Staatsverschuldung lassen sich vielfach noch schlechter feststellen oder nachprüfbar formulieren als die institutionellen Grenzen, für die immerhin ein Rechtsrahmen existiert, wie z.B. die oben angeführten Artikel im Grundgesetz oder im EG-Vertrag. **Zunächst** mag es naheliegen, eine **Analogie zu privaten Schuldnern** zu suchen und danach zu fragen, wie dort eine Grenze für die Kreditaufnahme ermittelt werden kann. Für private Kreditnehmer ist hierbei die **Schuldendienstleistungsfähigkeit** von besonderer Bedeutung. Sie ergibt sich **als positive Differenz von laufenden Einnahmen und laufenden Ausgaben** in einer Periode, wobei zugleich noch die Annahme erforderlich ist, daß die Differenz über die Laufzeit des Kredits hin erhalten bleibt. Die Einnahmen müssen mithin die Ausgaben übersteigen und zu einem positiven Saldo führen, mit dem die fälligen Zinsen und die Tilgungsraten bezahlt werden können. Je größer dieser positive Saldo ist, um so größer ist auch die Schuldendienstleistungsfähigkeit und um so höhere Kredite lassen sich finanzieren und können folglich aufgenommen werden.

Es kommt bei der Interpretation der **Schuldendienstleistungsfähigkeit** hinzu, daß im Falle von begründeten **Erwartungen** beispielsweise über steigende Einnahmen bei Konstanz der Ausgaben die positive Differenz mit der Zeit steigt und somit eventuell von vornherein einen größeren Kredit rechtfertigt als bei alleiniger Betrachtung der Verhältnisse in der Ausgangsperiode. Entsprechend Umgekehrtes gilt bei der Erwartung steigender laufender Ausgaben bei Konstanz der Einnahmen; die dauerhafte Schuldendienstleistungsfähigkeit ist dann geringer als in der Ausgangsperiode. In Ergänzung zur Ermittlung des positiven Saldos der Einnahmen über die Ausgaben wird die **Schuldendienstleistungsfähigkeit** privater Wirtschaftssubjekte **auch dadurch beeinflußt, daß** sie **Sicherheiten** in Form von Vermögen besitzen. Die Vermögenswerte müssen dabei nicht notwendigerweise während der Kreditlaufzeit monetäre Erträge abwerfen. Wenn sie aber einen aus Sicht des Kreditgebers verläßlichen und notfalls kurzfristig realisierbaren Marktwert besitzen, steigt dadurch die Schuldendienstleistungsfähigkeit an. Die anhand dieser Überlegungen feststellbare Schuldendienstleistungsfähigkeit bildet somit die ökonomische Grenze für Kreditaufnahmen bei privaten Wirtschaftssubjekten.

Für den Staat läßt sich die Schuldendienstleistungsfähigkeit auf den ersten Blick nach ähnlichen Kriterien ermitteln. Ein **positiver Saldo zwischen laufenden Einnahmen und Ausgaben** würde auch hier für den Schuldendienst zur Verfügung stehen können und als **Ausgangsgröße für** die Bestimmung der Dimension der Kreditaufnahme dienen. Selbstverständlich steigt die **Schuldendienstleistungsfähigkeit**, wenn die erwarteten Zuwächse der Einnahmen größer sind als die der Ausgaben. Dies hängt u.a. von der Wirtschaftsentwicklung ab und auch davon, ob der Staat seine Kredite tatsächlich für rentierliche oder volkswirtschaftlich ertragbringende Maßnahmen verwendet. Der Staat ist, was die Größe des Saldos zwischen Einnahmen und Ausgaben angeht, aber in einer Situation, die sich von privaten Wirtschaftssubjekten fundamental unterscheidet. Er besitzt **über** seine **Hoheitsgewalt** die Möglichkeit, **mit Zwang auf Einnahmen und Ausgaben einzuwirken**. Er kann zwangsweise Steuern erhöhen, er kann gleichfalls seine Ausgaben zwangsweise reduzieren und sei es dadurch, daß gesetzliche Leistungen durch Gesetzesänderung verringert werden. Insoweit kann der Staat seine **Schuldendienstleistungsfähigkeit** nicht nur auf gegenwärtigen Finanzströmen oder gegenwärtigen Erwartungen über die künftige Entwicklung der Finanzströme aufbauen, er kann sie jederzeit durch hoheitlichen Eingriff **selbst gestalten**. Hierdurch unterscheidet sich der Staat prinzipiell von privaten Wirtschaftssubjekten, denen die hoheitliche Gestaltungsmöglichkeit ihrer gegenwärtigen oder künftigen Schuldendienstleistungsfähigkeit nicht zur Verfügung steht. Es kommt hinzu, daß der Staat im Zweifel Sicherheiten benennen kann, die über den Rahmen derjenigen der privaten Wirtschaftssubjekte weit hinausgehen. Seine **Sicherheiten sind gegebenenfalls die Ressourcen der Volkswirtschaft insgesamt**. Dies erklärt zum Teil, wieso trotz eines negativen Saldos der Einnahmen über die laufenden Ausgaben oder trotz eines laufenden Defizits Staaten weiterhin Kredit erhalten können. Selbst Staaten, die ihre laufenden Zinsverpflichtungen für bestehende Kredite völlig mit der Neuaufnahme weiterer Kredite finanzieren, stoßen daher kaum auf ökonomische Grenzen ihrer Verschuldung. Die Schuldendienstleistungsfähigkeit läßt sich insoweit nicht eingrenzen. Staaten besitzen nach allem Handlungsmöglichkeiten, um ihre Schuldendienstleistungsfähigkeit flexibel und offen zu definieren. Insoweit ist bei einem Staat, der nicht bereits durch politische Umstürze bedroht ist, die Grenze der Schuldendienstleistungsfähigkeit und die **Grenze der Staatsverschuldung nicht erfaßbar**.

Denkbar wäre allerdings eine Situation, in der **dem Staat** angesichts seiner bestehenden hohen Verschuldung seitens der potentiellen Kreditgeber **kein Vertrauen mehr entgegengebracht** wird, weil die hoheitlichen Eingriffe in die Gestaltung der Schuldendienstleistungsfähigkeit bereits weit fortgeschritten sind. Im Extrem müßte es dann zu einem rückläufigen Kreditangebot kommen, das zu **Zinserhöhungen für die Kredite des Staates** führen müßte (u.U. im Unterschied zu privaten Kreditnachfragern). Solche Grenzen sind kaum beobachtbar und waren näherungsweise nur in der Schlußphase der deutschen Hyperinflation in den 20er Jahren existent. Ähnliches gilt für die Gefahr, daß ein hoch verschuldeter Staat eine Entwertung seiner Schuldtitel durch den Kreditmarkt erfahren muß, so daß eine **weitere Kreditaufnahme nicht mehr durchsetzbar** wird. Solche Grenzsituationen mögen in Ausnahmefällen naheliegen. Es zeigt sich allerdings wiederum, daß diese Ausnahmen schlecht prognostizierbar sind und **historisch mit** zusätzlichen, **einmaligen** geschichtlichen oder wirtschaftspolitischen **Umständen verbunden** waren.

Bevor solche Extremsituationen eintreten, kann es zu einer Grenze der Staatsverschuldung in dem Sinne kommen, daß angesichts weitgehend ausgeschöpfter Schuldendienstleistungsfähigkeit eine weitere Staatsverschuldung nur mit verschlechterten Kreditkonditionen erreicht werden kann. Die Verschlechterung der Kreditkonditionen ist vielfach weniger an den Zinsen für Staatskredite abzulesen als an der Einschätzung der betreffenden Volkswirtschaft insgesamt. Eine solche **Bewertung einer Volkswirtschaft** und ihrer wirtschaftlichen Kapazität erfolgt unter anderem **im Wechselkurs** für die Währung einer Volkswirtschaft. Staaten, die an eine solche **Grenze** stoßen, werden daher im Verhältnis zu anderen mit einer Abwertung ihrer Währung rechnen müssen. Solche Abwertungen sind immer wieder beobachtbar. Wechselkursveränderungen spiegeln allerdings nur die relative Veränderung einer Volkswirtschaft gemessen an anderen Volkswirtschaften und deren u.U. ebenfalls wachsenden Staatsschulden wider. Wenn mithin der Wechselkurs der DM nach der deutschen Vereinigung und den damit zusammenhängenden Zuwächsen der Staatsverschuldung nicht gesunken, sondern eher gestiegen ist, dann liegt dies nicht zuletzt auch an der gleichzeitig eingetretenen Schuldenzunahme in anderen Volkswirtschaften. Auch die **Wechselkursveränderung** erlaubt daher **nur** ein eingeschränktes und **relatives Bild der Grenzen der Staatsverschuldung**.

Das Instrument der **Generationenkonten**, das im Abschnitt 4.4.3 vorgestellt wurde, enthält die Staatsverschuldung und die davon auf Dauer ausgehende Belastung der Bevölkerungsgruppen in der Volkswirtschaft. Generationenkonten können insoweit zur Definition einer **Grenze** der Staatsverschuldung beitragen, die gegebenenfalls dann erreicht wird, wenn (bei Konstanz der Staatsleistungen) eine **Abgabenbelastung einer nachfolgenden Generation** zu erwarten ist, die sich der Grenze von **100 % des erzielbaren Lebenseinkommens** nähert. Allerdings dürfte dann zuvor das Niveau der Staatsleistungen in Frage stehen, so daß die errechenbare Grenze durch hoheitliches Handeln wieder verändert wird.

Angesichts der in allen Staaten zu allen Zeiten beobachtbaren Staatsverschuldung ist schließlich danach zu fragen, **wie** die **Grenzen der Staatsverschuldung** immer wieder **erweitert**, bzw. **wie bestehende Staatsschulden „abgebaut" wurden**. Diese Frage ist deshalb von Bedeutung da Staaten sich nicht vorrangig auf das Verfahren konzentrieren, das für private Wirtschaftssubjekte kennzeichnend ist, die Kredite aufgenommen haben. Private Wirtschaftssubjekte tilgen in der Regel ihre Kredite, d.h. sie bezahlen den Schuldendienst aus Zins und Tilgung, so daß die Kreditbelastung zurückgeführt wird. Viele Staaten leisten zwar ihren planmäßigen Schuldendienst, finanzieren aber nicht selten die Schuldendienstzahlungen durch Neuaufnahmen von Krediten. Wie gelingt nun gleichwohl unter solchen Voraussetzungen ein **„Abbau“ der Staatsschulden**. Staaten bedienen sich hierbei einerseits, wenn auch seltener, des Mittels des **Schuldenerlasses**, den sie sich von ihren Gläubigern mit mehr oder weniger großem Nachdruck erbitten. Historisch häufiger ist das Instrument der **Inflation** oder Geldentwertung zu beobachten, mit dem der Realwert der Staatsschulden reduziert werden kann. Schließlich greifen Staaten auf das Instrument der **Annullierung** ihrer Kreditverpflichtungen zurück und entwerten ihre Staatsschulden völlig. Dieses häufiger beobachtete Verfahren führt in der Regel nur kurzfristig zu Enttäuschungen bei den Gläubigern der Staatsschulden und veranlaßt sie keineswegs, dem früheren Kreditnehmer nicht alsbald wiederum neue Kredite zur Verfügung zu stellen, zumal nach der Entwertung der Altschulden die Grenzen für die neu aufzubauende Staatsverschuldung wieder weit in die Ferne gerückt sein mögen.

6.5 Sozialbeiträge

6.5.1 Sozialbeiträge als Einnahmenart des Staates

Sozialbeiträge werden von Versicherten und Arbeitgebern an Institutionen der sozialen Sicherung gezahlt, um Ansprüche auf Sozialleistungen zu erwerben oder zu erhalten (vgl. Sozialbericht 1997, S. 269). **Sozialbeiträge** sind **in der Regel Zwangsbeiträge** für den Personenkreis, der unter die Beitragspflicht fällt. Die Institutionen der sozialen Sicherung, denen die Beiträge zufließen, zählen zum Staatssektor und verfügen damit über eine Einnahmenart, die im Vergleich zu der Zwangsabgabe „Steuern“ nur bestimmte Bevölkerungsgruppen trifft und zudem auch bei Arbeitgebern nicht für alle Beschäftigten zu zahlen ist. Insoweit stellen Sozialbeiträge eine **Sonderabgabe** dar, die von ihrer Aufbringung her wie eine Steuer wirken, aber nicht dem Gebot der Gleichmäßigkeit unterliegen.

Der Charakter der Sonderabgabe läßt sich **mit dem Aspekt der Äquivalenz begründen**, wonach durch Beitragszahlung auch Ansprüche auf Leistungen erworben werden. Damit wird dem Versicherungsprinzip Rechnung getragen. Der für Versicherungen typische Grundsatz der **Äquivalenz gilt** jedoch **keineswegs uneingeschränkt**, vielfach läßt er sich überhaupt nicht nachvollziehen. Einerseits gibt es im Sozialversicherungssystem Leistungen, ohne direkte Beiträge gezahlt zu haben. Andererseits orientiert sich eine Vielzahl Leistungen nicht an dem aktuellen oder früheren Beitragsniveau. Die Höhe der Sozialbeiträge ist vielmehr in der Regel am Prinzip der finanziellen Leistungsfähigkeit ausgerichtet und geht vom Bruttolohn als Bemessungsgrundlage für den Beitrag aus. Dies mag bei der gesetzlichen Rentenversicherung und der Arbeitslosenversicherung zu äquivalenten Gegenleistungen führen, obwohl selbst dort zumeist keine versicherungstechnische Äquivalenz vorliegt. Bei der gesetzlichen Krankenversicherung und der Pflegeversicherung (für gesetzlich Krankenversicherte) führt die Bezugsgröße jedoch fast generell nicht zur Äquivalenz der Gegenleistung für die Beitragszahlungen.

Sozialbeiträge besitzen auch deshalb eine Nähe zu einer Sonderabgabe oder Sondersteuer, weil im Zusammenhang mit dem Umlageverfahren, dem Finanzausgleich zwischen Sozialversicherungsträgern und direkten Zuschüssen des Staates aus allgemeinen Steuermitteln das Solidarprinzip vielfach gewichtiger ist als das Versicherungsprinzip. Damit nehmen Sozialleistungen teilweise den Charakter öffentlicher Güter an, zu deren Finanzierung die zweckgebundenen Sozialbeiträge herangezogen werden.

6.5.2 Finanzielle Bedeutung der Sozialbeiträge

Im Zusammenhang mit dem Sozialbudget im Abschnitt 4.5.4 sind u.a. bereits Ausführungen zur finanziellen Bedeutung der Sozialbeiträge gemacht worden. Tabelle 23 enthält entsprechende Angaben. An dieser Stelle soll mit Tabelle 29 die Entwicklung der Sozialbeiträgen nochmals hervorgehoben und in ihrer Struktur verdeutlicht werden.

Tab. 29: Entwicklung der Sozialbeiträge seit 1960

	Jahr					
	1960	1970	1980	1990	1995	1997
	in Mrd. DM					
Sozialbeiträge insg.	39,2	108,7	310,6	517,3	790,4	844,4
der Versicherten	14,7	41,9	124,6	219,6	364,3	404,3
Arbeitnehmer	11,9	32,8	91,1	157,0	244,4	266,0
Selbständigen	0,4	1,1	5,1	8,4	12,9	13,7
Leistungsempfänger	0,3	0,2	0,6	14,3	24,1	27,8
sonstigen Personen	0,9	2,9	7,2	11,9	17,2	20,4
Sozialversicherungsträger	1,3	4,9	20,6	28,0	65,8	76,4
der Arbeitgeber	24,4	66,8	185,9	297,7	426,1	440,1
Tatsächliche Beiträge	15,8	37,8	110,7	189,0	284,7	304,4
Unterstellte Beiträge	8,7	29,0	75,2	108,7	141,5	135,8

Quelle: Bundesministerium für Arbeit und Sozialordnung 1997, S. 681, Sozialbericht 1997, S. 254. Die Angaben ab 1990 beziehen sich auf Deutschland insgesamt, zuvor auf das frühere Bundesgebiet.

Die Sozialbeiträge insgesamt sind im Beobachtungszeitraum der Tabelle 29 um mehr als das 20-fache angestiegen. Dies belegt ihre besondere Bedeutung und Dynamik, zumal im gleichen Zeitraum das Bruttoinlandsprodukt nur um etwa das 12-fache angewachsen ist. Die Sozialbeiträge sind zudem in ihrem Anteil am Sozialbudget um rd. 10 Prozentpunkte gestiegen und machen in den 90er Jahren etwa zwei Drittel des Sozialbudgets aus. Als Einnahmenquelle des Staates stehen sie zwischenzeitlich kaum noch hinter den Steuern zurück. Aus Sicht des Staates, insbesondere der Sozialversicherungsträger, stellen Sozialbeiträge eine verläßliche Einnahmenart dar, mit der ein Ausgabenniveau des Sozialsystems finanziert werden kann, das sich nicht vorrangig an kurzfristigen Wirtschaftsentwicklungen, sondern an den Standards orientiert, die von nationalen finanzpolitischen Entscheidungsträgern als dauerhaft erstrebenswert angesehen werden.

Angesichts des **Gewichts und** der **Dynamik der Sozialbeiträge** spielen selbstverständlich ihre **ökonomischen Wirkungen** bei den Wirtschaftssubjekten, die sie überwiegend aufzubringen haben, eine nicht zu vernachlässigende Rolle. **Bei** den **Versicherten** selbst bedeuten Sozialbeiträge eine Minderung des verfügbaren Einkommens. Von daher ergibt sich die Tendenz, diese Zwangsabgaben möglichst zu vermeiden, u.a. durch versicherungsfreie Tätigkeiten oder durch das Ausweichen in die Schattenwirtschaft. Für **Arbeitgeber** sind Sozialbeiträge ein Bestandteil der Produktionskosten, insbesondere der Lohnnebenkosten, der ihre Güterproduktion verteuert. Sie haben angesichts der Dimension der Sozialbeiträge ebenfalls ein ökonomisches Interesse daran, diese Kosten zu begrenzen und werden daher versuchen, über sozialversicherungsfreie (Schein-) Selbständigkeit auszuweichen, versicherungsfreie Arbeitsverhältnisse auszuweiten sowie schließlich, sich in der Schattenwirtschaft zu engagieren. Alle diese Reaktionsmöglichkeiten werden um so eher erwogen, je höher die Belastung mit Sozialbeiträgen ist. Sozialbeiträge müssen außerdem in ihrer Belastungswirkung und in ihrem Charakter als Sonderabgabe im Zusammenhang mit internationalen Vergleichsniveaus gesehen werden, die für globalisierte Volkswirtschaften bedeutsam sind. Ebenso wie die Steuern allein werden die Sozialbeiträge allein jedoch nicht über die Konkurrenzfähigkeit von Kostenniveaus der Güterproduktion oder über die Vorteilhaftigkeit von Produktionsstandorten entscheiden. Sie besitzen allerdings ein nicht zu vernachlässigendes Gewicht und beeinflussen insoweit die aktuelle und die künftige Güterproduktion in der deutschen Volkswirtschaft.

7. Finanzausgleich

7.1 Ausgewählte Begründungen des Finanzausgleichs

7.1.1 Fiskalischer Föderalismus

Der Staat steht im Rahmen seiner Hauptaufgabe, dem Verfolgen von allokativen Zielen, wozu er vielfach öffentliche Güter bereitstellt, einer Bevölkerung gegenüber, die sich keinesfalls durch Einheitlichkeit ihrer Präferenzen auszeichnet. Die Bevölkerung ist darüber hinaus regional verteilt, so daß über regional unterschiedliche Lebensbedingungen auch andere öffentliche Güter angestrebt werden. Die Frage nach der Art und Weise der Wahrnehmung von allokativen Staatsaufgaben, insbesondere nach ihrer Verteilung auf unterschiedliche staatliche Träger, wird in der normativen Finanzwissenschaft unter dem **Begriff des fiskalischen Föderalismus** behandelt. Nach Musgrave (Musgrave 1959, S. 179 ff) stellt der fiskalische Föderalismus darauf ab, daß sich die Allokationsaufgaben und damit Umfang und Qualität der öffentlichen Güter zwischen den regionalen Untergliederungen eines Staates in Abhängigkeit von den Wünschen der Bevölkerung unterscheiden sollen. Die Zentralregierung sollte sich auf die Aufgaben beschränken, die für den Gesamtstaat von Bedeutung sind, wie z.B. Verteidigung oder Außenpolitik, während die regionalen Regierungen jene Leistungen anbieten sollten, deren Vorteile sich auf ihre jeweilige Region beschränken, wobei die in der Region lebende Bevölkerung ihr Niveau der Versorgung mit öffentlichen Gütern selbst bestimmt. Als Ergebnis wären unterschiedliche steuerliche Belastungen durchaus möglich, da in den Regionen die Wünsche nach öffentlichen Gütern und damit auch die Finanzierungsnotwendigkeiten differieren.

Musgrave vergleicht diesen individualistischen Ansatz des fiskalischen Föderalismus mit der Sicht, wonach die Funktion der Zentralregierung eines Staates nicht auf wenige gesamtstaatliche Leistungen beschränkt ist, sondern darin besteht, innerhalb der Volkswirtschaft eine einheitliche Mindestausstattung mit öffentlichen Gütern sicherzustellen, auch wenn deren Finanzierung von der Bevölkerung vor Ort nicht aufgebracht werden kann. Damit würden Ausgleichszahlungen zwischen den Regionen erforderlich. Ein Finanzausgleichssystem entsteht mithin vornehmlich durch den Wunsch, eine gleichartige Versorgung mit öffentlichen Gütern in einer Volkswirtschaft zu erreichen, in der einige Regionen, die aufgrund ihrer ökonomischen (Einkommens-)Verhältnisse nicht selbständig dazu in der Lage wären, mit öffentlichen Gütern versorgt werden, die sie sich nur durch Zuweisungen von anderen Regionen finanziell leisten können.

Diese grundsätzliche Frage nach der Aufgabenverteilung des Staates auf die Zentralregierung und die untergeordneten Regionalregierungen läßt sich nicht aus der positiven ökonomischen Analyse ableiten. Sie kann vielmehr nur normativ, d.h. auf der Grundlage von Werturteilen behandelt oder entschieden werden, wobei die Werturteile ihrerseits aber durchaus auf zuvor nachprüfbaren Argumenten beruhen können. Eine solche normative Frage ergibt sich beispielsweise insoweit als im Rahmen des individualistischen Ansatzes das Ausmaß der - unterschiedlichen - Versorgung mit öffentlichen Gütern zwischen den Regionen festzulegen ist. Damit wird konkretisiert die Frage danach aufgeworfen, wer soll das Ausmaß der öffentlichen Güter in den Regionen bestimmen und wieviel davon sollen angeboten werden?

Eine mögliche Antwort auf diese Frage gibt eine Analyse von Tiebout (Tiebout 1956), die als **Tiebout-Modell** in die finanzwissenschaftliche Literatur eingegangen ist. Tiebout unterstellt, daß die Zentralregierung eines Staates die Präferenzen der Bevölkerung als gegeben ansieht und sich über das Wählerverhalten an diesen Präferenzen orientiert, was auch zu einer entsprechenden Anpassung der hoheitlichen Finanzströme führt. Auf der lokalen oder regionalen Ebene sind hingegen die Finanzströme weitgehend fixiert und lassen keine Reaktionsmöglichkeiten auf veränderte Wünsche der Bevölkerung zu. Infolgedessen werden die Personen ihren **Wohnsitz** dorthin **verlagern** oder dorthin ziehen, wo ihre Präferenzen am besten erfüllt werden. Mit steigender Zahl unabhängiger lokaler oder regionaler (staatlicher) Entscheidungseinheiten werden auch unterschiedliche Vorstellungen der Mitglieder der Bevölkerung immer besser aufgegriffen und umgesetzt werden können. Sofern die Mobilität der Bevölkerung und ihr Wissen über die Unterschiede der lokal angebotenen öffentlichen Güter zunimmt, wird eine immer bessere **Übereinstimmung zwischen den Wünschen der Menschen nach öffentlichen Gütern und deren Angebot** erreicht. Es liegt dann im Ergebnis eine **fiskalische Äquivalenz** vor, so daß diejenigen, die Präferenzen für ein öffentliches Gut haben und dieses (lokal) zur Verfügung gestellt bekommen, auch die Last für dessen Finanzierung im gleichen Ausmaß tragen. Finanzströme zwischen unterschiedlichen staatlichen Ebenen wären nicht erforderlich.

Das **Tiebout-Modell** beschreibt sicherlich ein **gedankliches Extrem für die Lösung der Aufgabenverteilung zwischen staatlichen Ebenen** in einer Volkswirtschaft. Dies liegt nicht nur an der Annahme der vollständigen Mobilität der Wirtschaftssubjekte, sondern auch an der Annahme, daß öffentliche Güter in ihrer Produktion und in ihrem Konsum auf eine lokale Einheit abgestimmt werden können und es nicht zu externen Effekten jenseits des lokalen Verantwortungsbereichs kommt. Die Extremposition des Tiebout-Modells berücksichtigt zudem besonders weitgehend die Selbstverantwortung und Selbstbestimmung der Wirtschaftssubjekte, die sich nicht nur in Entscheidungen über Art und Ausmaß von privaten Gütern, sondern auch bei öffentlichen Gütern durchsetzt.

Ergänzend zu dem Tiebout-Modell ist ein Ansatz zu erwähnen, der ebenfalls versucht, die Aufgabenverteilung in einem Staat auf unterschiedliche Ebenen mit grundsätzlichen und ökonomisch fundierten Argumenten zu erklären. M. Olson, Jr. (**Olson 1969**) hat diesen Ansatz vorgelegt und will sich damit der Frage nähern, weshalb es in einer Volkswirtschaft wie in den USA eine solch große, kaum überschaubare und sich vielfach überschneidende Aufteilung staatlicher Aufgaben und Verantwortungen auf verschiedene staatliche Ebenen mit regionalem oder lokalem Wirkungskreis gibt. **Ausgangspunkt** ist dabei wiederum die gedankliche Situation einer **fiskalischen Äquivalenz**, die dann vorliegt, wenn eine Übereinstimmung zwischen denjenigen Wirtschaftssubjekten herrscht, die ein öffentliches Gut als Kollektivgut von einer staatlichen Ebene erhalten, und denen, die dafür bezahlen. Die räumlichen Grenzen der Vorteile aus dem Kollektivgut und die Grenzen des Hoheitsbereichs der einzelnen staatlichen Ebene sollten die gleichen sein. Angesichts der **Vielzahl von öffentlichen Gütern**, die von den Wirtschaftssubjekten angestrebt werden, kann nicht erwartet werden, daß die räumlichen Grenzen für den **Wirkungsbereich der Kollektivgüter** von vornherein immer mit der gleichen staatlichen Ebene übereinstimmen. Es wird daher aus den ökonomischen Gründen der fiskalischen Äquivalenz notwendig sein, eine größere Anzahl staatlicher Hoheitsebenen einzurichten, um die **Deckung der räumlichen Grenzen von Hoheitsbereichen und** der Vorteile bzw. der Finanzierung der **öffentlichen Güter** zu erreichen. Damit ergibt sich eine Rechtfertigung für unterschiedlichste staatliche Organisationsformen und es lassen sich sowohl eine zentralisierte Staatsstruktur als auch eine dezentralisierte Aufgabenerfüllung des Staates begründen. Internationale staatliche Organisationen finden insoweit ihre Berechtigung, außerdem aber auch alle Zwischenstufen staatlicher Hoheitsgewalt bis hin zur eng abgegrenzten kommunalen Entscheidungseinheit Sie werden jeweils die Kollektivgüter anbieten, bei denen die räumlichen Wirkungen dem Hoheitsbereich entsprechen.

Es kommt hinzu, daß die **Produktion der öffentlichen Güter nicht generell zu gleichen Kosten** stattfinden kann, vielmehr sind die Produktionskosten unterschiedlicher öffentlicher Güter für mehr oder weniger große staatliche Hoheitsebenen nicht gleichartig. Daraus ergeben sich **gegebenenfalls externe Effekte**, wenn beispielsweise ein öffentliches Gut durch eine kostengünstige Produktion in einem Hoheitsbereich für andere Bereiche zu Vorteilen führt, die dort nicht finanziert werden müssen. Wie ist im übrigen dann vorzugehen, wenn nur über eine Zentralregierung alle Externalitäten vermieden (internalisiert) werden könnten und wenn gleichzeitig die Zentralregierung so hohe Kostennachteile hätte, daß nur ein lokales Angebot des öffentlichen Gutes wirtschaftlich tragbar wäre? Die lokalen Hoheitsträger sollten in diesem Fall das öffentliche Gut auf die kostengünstigste Weise anbieten, zugleich aber eine Zuweisung von der Zentralregierung erhalten, um sie für die externen Vorteile zu entschädigen, die in anderen Gebieten der Volkswirtschaft anfallen. Wenn auf der lokalen Ebene nur Kollektivgüter bereitgestellt werden, die in ihrer Wirkung auf den lokalen Bereich beschränkt sind, sollte die Zentralregierung keine Zuweisungen vorsehen. Sollte jedoch ein lokaler Hoheitsträger öffentliche Güter produzieren und anbieten, die fast nur außerhalb seines Bereichs zu Vorteilen führen und bei ihm selbst nicht, so wäre die Zentralregierung aufzufordern, die gesamten Kosten dieser Güter zu übernehmen, ebenso wie sie andere Güter kauft oder finanziert, die im Interesse des Gesamtstaates liegen. Ein **großes und zunehmendes Volumen von Zuweisungen der Zentralregierung** an die untergeordneten staatlichen Ebenen **läßt sich** auf der Grundlage dieser Argumentation **durchaus vertreten**.

Schließlich ist zu berücksichtigen, daß **nicht für jedes öffentliche Gut eine eigenständige Hoheitsebene** mit einer eigenen Grenze existiert. Auch wenn die Grenzen der Hoheitsbereiche so angepaßt werden können, daß die geringsten Produktionskosten für die dort bereitgestellten Güter insgesamt anfallen, verbleiben aber noch externe Vorteile für andere Bereiche, die **wiederum ein Grund für Zuweisungen** von übergeordneten Hoheitsbereichen an die kleineren Produzenten der öffentlichen Güter wären. Insgesamt gibt es daher eine Reihe berechtigter Gründe für ein Zuweisungssystem und einen Finanzausgleich zwischen den staatlichen Ebenen.

Erweiterungen der Tiebout-Modelle lassen ebenfalls eine weite Reihe von staatlichen Ebenen zu. Derartige neuere Untersuchungen finden sich u.a. bei Inman und Rubinfeld (1997) sowie bei Kollman, Miller und Page (1997). Es geht jeweils um die Frage nach der Mehrzahl der staatlichen Hoheitsbereiche und ihrer Aufgabenabgrenzung mit dem Ziel, ein wirtschaftlich besseres Ergebnis für die Wirtschaftssubjekte in der Volkswirtschaft zu erreichen.

7.1.2 Der föderale Bundesstaat in der Rechtsordnung

Die Rechtssordnung basiert wie die dargestellten ökonomischen Ansätze des fiskalischen Föderalismus auf normativen Voraussetzungen, wenn sie Festsetzungen zu den staatlichen Hoheitsbereichen in einer Volkswirtschaft macht. Die normativen Grundlagen und Ziele sind dabei nicht immer hinreichend deutlich, sie müssen keineswegs einem einzigen Ordnungsprinzip entstammen und geben damit auch Anlaß zu Überschneidungen. Sie können schließlich im Widerspruch stehen zu den ökonomischen Ansätzen sowie den daraus abzuleitenden Postulaten für die Verteilung von staatlichen Aufgaben in einer Volkswirtschaft und den dazu erforderlichen Finanzmitteln. Eine wesentliche Grundlage für Finanzausgleichssysteme liegt zunächst in der grundgesetzlichen Festlegung eines **Bundesstaates** (Art. 20, Abs. 1 Grundgesetz). Ein Bundesstaat umfaßt von vornherein mehrere staatliche Ebenen, mit denen eine Aufgabenaufteilung einhergeht. Art. 30 Grundgesetz sieht die **Ausübung der staatlichen Befugnisse** und die Erfüllung der staatlichen Aufgaben als **Sache der Länder** an, soweit im Grundgesetz selbst keine andere Regelung getroffen oder zugelassen ist, was beispielsweise für die Pflege der Beziehungen zu auswärtigen Staaten gilt (Art. 32, Abs. 1 Grundgesetz), die Sache des Bundes ist. Soweit man die Untergliederung des Bundesgebietes in Länder nicht bereits als selbstverständlich akzeptiert, lassen sich aus Art. 29 Grundgesetz Hinweise entnehmen, wie eine Neugliederung der Länder vorgenommen werden kann. Als Prinzipien für die Neugliederung sind neben ökonomischen Aspekten (Größe und Leistungsfähigkeit, um die obliegenden Aufgaben wirksam zu erfüllen, bzw. die wirtschaftliche Zweckmäßigkeit), auch die landsmannschaftliche Verbundenheit, die geschichtlichen und kulturellen Zusammenhänge sowie die Erfordernisse der Raumordnung und der Landesplanung zu berücksichtigen. Eine solche Fülle von Kriterien für die Aufteilung der staatlichen Aufgaben auf Länder wird vielfach nicht im Gleichklang mit „rein" ökonomischen Gründen stehen, die für eine Zuordnung der staatlichen Aufgaben auf unterschiedliche Hoheitsebenen entscheidend sind. Landsmannschaftliche oder kulturelle Zusammenhänge könnten allenfalls als Grund für relativ übereinstimmende Wünsche nach öffentlichen Gütern in einem Land betrachtet werden. Es kommt allerdings hinzu, daß für den Zuschnitt einiger Bundesländer ausschließlich historische Zufälligkeiten aus der Nachkriegszeit von wesentlicher Bedeutung waren. Einheitliche Kriterien für die Aufgabenverteilung im Bundesstaat liegen daher nicht vor.

Innerhalb der Bundesländer besitzen die **Gemeinden** das Recht, alle **Angelegenheiten der örtlichen Gemeinschaft** im Rahmen der Gesetze **in eigener Verantwortung zu regeln** (Art. 28, Abs. 2 Grundgesetz). Dies schließt insbesondere das Ausmaß der örtlich angebotenen öffentlichen Güter ein. Insoweit könnte auch ein fiskalischer Föderalismus Platz greifen, der das Ausmaß des Angebots von öffentlichen Gütern an die Finanzierung koppelt.

Das Grundgesetz enthält allerdings nicht nur Vorschriften zur **Aufgabenaufteilung** auf unterschiedliche Hoheitsbereiche **oder** zum **passiven Finanzausgleich** (Vgl. Pfeffekoven 1980), es legt auch Vorschriften zum **aktiven Finanzausgleich** fest und fixiert wesentliche Grundzüge, wie die **Einnahmen aus Steuern den einzelnen Körperschaften zugewiesen** und wie damit die Aufgaben finanziert werden sollen. Das Grundgesetz greift in diesem Zusammenhang auf **mehrere Verteilungssysteme** für die Steuern zurück.

Zum einen findet sich dabei das sogenannte **Trennsystem** wieder, wonach bestimmte Steuern unterschiedlichen Gebietskörperschaften jeweils ausschließlich zugewiesen sind. Art. 106 Grundgesetz enthält hierzu Festlegungen, dadurch daß es dem Bund, den Ländern und den Gemeinden das Aufkommen einzelner Steuern ausschließlich zuordnet. Das Trennsystem wird gleichwohl nicht umfassend realisiert, da mit der Zuweisung der Steuern nicht auch die Gestaltungsfreiheit der Gebietskörperschaften über die Steuern verbunden ist. Die Steuern werden vielmehr weitgehend auf der Grundlage der Gesetzgebungshoheit des Bundes erhoben. Damit entfällt für die einzelnen Gebietskörperschaften - soweit sie nicht wie die Gemeinden bei den Realsteuern über Hebesatzrechte verfügen - die Abstimmung der Einnahmenbeschaffung mit den selbst gewählten Aufgaben. Es kommt hinzu, daß der Zusammenhang zwischen Aufgaben und zugewiesenen Steuern nicht ausschließlich mit ökonomischen Überlegungen nachvollziehbar ist.

Zum anderen ist Art. 106 Grundgesetz auch eine Basis für das **Verbundsystem,** wonach **mehrere Hoheitsebenen am Aufkommen einer Steuer beteiligt** sind. Als besonders kennzeichnend für das Verbundsystem lassen sich die **Gemeinschaftsteuern** (Einkommensteuer, Körperschaftsteuer, Umsatzsteuer) hervorheben. Die Gewerbesteuerumlage kann daneben als ein weiteres Beispiel für das Verbundsystem gewertet werden. In Art. 106 Grundgesetz ist das Verbundsystem wiederum lediglich anhand der Steuereinnahmen festgelegt, ein Bezug zu den Aufgaben der Hoheitsebenen wird nicht hergestellt. Eine **andere Art des Verbundsystems** zeigt sich in den **Gemeinschaftsaufgaben**, die in den Artikeln 91 a und 91 b des Grundgesetzes normiert sind. Dort wird die staatliche **Aufgabe als Kern des Verbunds** definiert und als Gemeinschaftsaufgabe bezeichnet, die aus den nicht näher fixierten Mitteln von Bund und Ländern gemeinsam zu finanzieren ist.

Schließlich sieht das Grundgesetz auch Zuweisungen vor, mit denen einzelnen Hoheitsebenen Steuermittel zufließen, die nicht nur vom Steueraufkommen abhängen, sondern auch vom Zweck bestimmt werden, der mit ihnen - beispielsweise im Rahmen des Finanzausgleichs - erreicht werden soll. Ein **Zuweisungssystem**, wie es Art. 107 Grundgesetz mit dem **Finanzausgleich** normiert, kann unterschiedlichen und wechselnden Zielsetzungen angepaßt werden und strebt somit immer eine Verknüpfung zwischen Aufgaben und Finanzmitteln der Hoheitsbereiche an. Einen **direkten Zusammenhang zwischen (übertragenen) Aufgaben und den Finanzmitteln** gibt es zudem **bei** den sogenannten **Ersatzleistungen**, mit denen eine übergeordnete Ebene die Mehrausgaben oder Mindereinnahmen (Sonderbelastungen) ersetzt, die bei den nachgeordneten Ebenen eintreten. Art. 106, Abs. 8 des Grundgesetzes stellt dieses Rechtsinstitut für vom Bund in einzelnen Ländern oder Gemeinden veranlaßte Einrichtungen vor. Ähnliches gilt für die Übernahme der Kosten bei Auftragsangelegenheiten gemäß Art. 104 a, Abs. 2 Grundgesetz, wonach der Bund die Ausgaben trägt, wenn die Länder im Auftrag des Bundes handeln.

Das **Finanzausgleichssystem** in Deutschland verfolgt insgesamt **vorrangig das Ziel der Einheitlichkeit der Lebensverhältnisse**, dadurch daß die Finanzkraft der Länder angemessen ausgeglichen wird. Es geht dem Staat mithin nicht darum, nur Mindestausstattungen an öffentlichen Gütern in allen Regionen der Volkswirtschaft sicherzustellen und im übrigen durchaus regionale Unterschiede in Art und Ausmaß der angebotenen öffentlichen Güter zuzulassen. Das Grundgesetz fordert vielmehr im Bundesgebiet eine weitgehende Gleichheit mit öffentlichen Gütern. Mögliche Unterschiede in den Wünschen der Bevölkerung nach der Versorgung mit öffentlichen Gütern und vielfach auch nach der grundsätzlichen Art der öffentlichen Güter finden insoweit keine Berücksichtigung. Dies bedeutet andererseits auch, daß angesichts unterschiedlicher ökonomischer Leistungen in den Regionen und Ländern die leistungsfähigeren oder leistungsbereiteren über das Finanzausgleichssystem zur Finanzierung des einheitlichen Niveaus an öffentlichen Gütern herangezogen werden. Weniger leistungsfähige oder weniger leistungsbereite Regionen oder Länder haben dementsprechend keinen ökonomischen Anreiz, sich in verstärktem Maße an den Finanzierungslasten für das ihnen verfügbare Niveau der Ausstattung mit öffentlichen Güter zu beteiligen.

Dieses Einheitlichkeitsgebot läßt sich seinerseits mit den beiden Zielen der Finanzpolitik, dem allokativen und dem distributiven, begründen. Sowohl die (öffentliche) Güterausstattung als auch deren Nutzungsmöglichkeiten sollen danach innerhalb der Volkswirtschaft gleichartig sein. Das Ziel der Einheitlichkeit (der Lebensverhältnisse) kontrastiert im übrigen deutlich gegenüber dem Ansatz des Tiebout-Modells, wonach die einzelnen Regionen in unterschiedlichem Maße mit keineswegs gleichartigen öffentlichen Gütern ausgestattet sein können oder sollen, und die Bevölkerung über die Wahl des Wohnsitzes darüber entscheidet, welches Versorgungsniveau sie anstrebt und welchen finanziellen Beitrag sie vor Ort dazu zu leisten willens ist. Das Finanzausgleichssystem in Deutschland läßt mithin solche individuellen Entscheidungen gar nicht zu, da das Versorgungsniveau mit öffentlichen Gütern über die Regionen der Volkswirtschaft hin weitgehend vereinheitlicht ist.

Das Finanzausgleichssystem in Deutschland verfolgt seine Zielsetzungen mit zwei konkreten Regelungsmöglichkeiten für Finanzströme. Einerseits greift es auf einen **vertikalen Finanzausgleich** zurück, womit Finanzbeziehungen zwischen übergeordneten und nachgeordneten Hoheitsebenen gemeint sind. So gewährt beispielsweise der Bund den leistungsschwachen Ländern aus seinen Mitteln Bundesergänzungszuweisungen. Gleicherweise erhalten im Rahmen des kommunalen Finanzausgleichs Gemeinden oder Gemeindeverbände einen Anteil am Steueraufkommen ihres Bundeslandes. Daneben läßt sich ein **horizontaler Finanzausgleich** unterscheiden, mit dem Finanzbeziehungen zwischen gleichgeordneten Hoheitsebenen geregelt werden, wobei wie beim Finanzausgleich zwischen den Bundesländern finanzstärkere Bundesländer Finanzmittel abgeben, die zur Finanzierung, d.h. zum Ausgleich geringerer Steuereinnahmen in finanzschwächeren Bundesländern verwendet werden.

7.2 Der Finanzausgleich zwischen den Bundesländern

Der Finanzausgleich zwischen den Bundesländern kann nicht unabhängig von den Finanzbeziehungen der Länder mit dem Bund gesehen werden. Einerseits legt das **Grundgesetz** in Art. 106, Abs. 3 bereits die **Anteile** von Bund und Ländern an **der Einkommensteuer und der Körperschaftsteuer** fest. Diese Steuern werden unter Berücksichtigung des Gemeindeanteils an der Einkommensteuer je zur

Hälfte auf Bund und Länder verteilt. Die Aufteilung der Umsatzsteuer sowie die Regelungen der Finanzausgleichsbeziehungen zwischen den Bundesländern sind andererseits in dem „Gesetz über den Finanzausgleich zwischen Bund und Ländern (**Finanzausgleichsgesetz** - FAG)" normiert (vgl. Bundesgesetzblatt vom 26. Juni 1993).

Das **Finanzausgleichsgesetz** legt zunächst die **Anteile** von Bund und Ländern an **der Umsatzsteuer** fest. Seit 1998 gilt beispielsweise (nach dem Gesetz zu Fortsetzung der Unternehmenssteuerreform vom 29. Oktober 1997), daß vom Aufkommen der Umsatzsteuer den Gemeinden 2,2 % zustehen und vom verbleibenden Aufkommen der Bund 50,5 % sowie die Länder 49,5 % erhalten (§ 1, Abs. 1 Finanzausgleichsgesetz). Aus dem Länderanteil an der Umsatzsteuer erhält der Bund einen Betrag zur Finanzierung der Bundeszuschüsse an den Fonds „Deutsche Einheit", der sich nach einem komplizierten Schlüssel errechnet (§ 1, Abs. 2 Finanzausgleichsgesetz). Die eigentliche Verteilung der Umsatzsteuer auf die Länder erfolgt nach § 2 Finanzausgleichsgesetz derart, daß der Länderanteil an der Umsatzsteuer zu 75 % im Verhältnis der Einwohnerzahl der Länder und zu 25 % nach einem Schlüssel verteilt wird, der insbesondere für die neuen Länder eine Anhebung ihrer Umsatzsteuerbeteiligung über Ergänzungsanteile vorsieht. Das Finanzausgleichsgesetz enthält daneben (§ 3) die Vorschrift, wonach die **Gewerbesteuerumlage** den Ländern insoweit zusteht, als die Gewerbesteuer in dem Gebiet des einzelnen Landes vereinnahmt wird.

Der **Finanzausgleich** unter den Ländern besteht darin, daß ausgleichspflichtige Länder Zuschüsse an ausgleichsberechtigte Länder leisten. **Ausgleichspflichtig** sind die **Länder, deren Finanzkraftmeßzahl** in dem Rechnungsjahr, für das der Ausgleich durchgeführt wird, **ihre Ausgleichsmeßzahl übersteigt**, während die Länder ausgleichsberechtigt sind, deren Finanzkraftmeßzahl ihre Ausgleichsmeßzahl nicht erreicht (§ 5 Finanzausgleichsgesetz).

Die **Finanzkraftmeßzahl** eines Landes ist die **Summe der Steuereinnahmen des Landes** und der Einnahmen aus der bergrechtlichen Förderabgabe **sowie** der Steuereinnahmen **der Gemeinden**, die allerdings nur zur Hälfte Berücksichtigung finden. Einige Sonderbelastungen, die den Ländern Bremen, Hamburg, Mecklenburg-Vorpommern und Niedersachsen aus der Unterhaltung und Erneuerung der Seehäfen erwachsen, werden von den Einnahmen als finanzkraftmindernd abgezogen (§ 7 Finanzausgleichsgesetz). Die Finanzkraft knüpft also im wesentlichen an die Steuereinnahmen an, die im Gebiet eines Landes einschließlich seiner Gemeinden anfallen. Dabei wird die Finanzkraftmeßzahl jedoch nicht nach der absoluten Höhe der Steuereinnahmen errechnet, sondern aus der Relation von Steuereinnahmen bezogen auf die jeweilige Einwohnerzahl der Länder. Die **Finanzkraftmeßzahl** besteht daher aus einer Zahl, die die Höhe der **Steuereinnahmen pro Kopf** der Einwohner eines Landes zum Ausdruck bringt.

Die **Ausgleichsmeßzahl** entspricht der **länderdurchschnittlichen Finanzkraft**. Bei der Ermittlung der länderdurchschnittlichen Finanzkraft wird für die Länder Berlin, Bremen, Hamburg eine stärkere Gewichtung ihrer Einwohner (135 % statt 100 %) vorgenommen, um ihrer Sondersituation als Hauptstädte ohne Umland Rechnung zu tragen. Die rechentechnisch ermittelte Finanzkraft der drei Stadtstaaten wird somit abgesenkt. Außerdem gehen die Einwohnerzahlen der Gemeinden ebenfalls nicht einheitlich in die Ermittlung der Meßzahlen ein, sondern es wird durch eine nach der Einwohnerzahl und Siedlungsdichte abgestufte Einwohnergewichtung berücksichtigt, daß mit der Zunahme der Siedlungsdichte in einem Land ein steigender Finanzbedarf vorliegt (§ 9 Finanzausgleichsgesetz).

Ausgleichszuweisungen sollen nun Länder, deren Finanzkraft unterhalb der länderdurchschnittlichen Finanzkraft liegt (sog. **finanzschwache Länder**), der durchschnittlichen Finanzkraft annähern. Hierbei werden die Ausgleichszuweisungen so festgesetzt, daß für jedes finanzschwache Land 92 % der länderdurchschnittlichen Finanzkraft erreicht wird, bzw. daß die zu 92 % der länderdurchschnittlichen Finanzkraft bestehenden Fehlbeträge vollständig ausgeglichen werden. Die darüber hinaus zwischen 92 % und 100 % bestehenden Fehlbeträge in der Finanzkraft der finanzschwachen Länder werden zu 37,5 % durch Ausgleichszuweisungen ausgeglichen, so daß **die finanzschwachen Länder** grundsätzlich **auf mindestens 95 % der länderdurchschnittlichen Finanzkraft angehoben** werden.

Die **Zuweisungen werden** durch **Ausgleichsbeiträge** der ausgleichspflichtigen Länder (sog. **finanzstarke Länder) finanziert**. Die Ausgleichsbeiträge hängen dabei wiederum von der Höhe der Finanzkraft ab und sind gestaffelt, wobei die Finanzkraft zwischen 100 und 101 % der länderdurchschnittlichen Finanzkraft mit 15 %, die zwischen 101 und 110 % mit 66 % und die 110 % den Länderdurchschnitt übersteigende Finanzkraft mit 80 % zum Ausgleich herangezogen wird. Diese Zuweisungen der ausgleichspflichtigen Länder werden dann prozentual so erhöht oder abgesenkt, daß ihre Summe mit der Summe der Ausgleichszuweisungen übereinstimmt (§ 10, Abs. 1 und 2 Finanzausgleichsgesetz). Schließlich sieht § 10, Abs. 4 und 5 des Finanzausgleichsgesetzes vor, daß Ausgleichszuweisungen und Ausgleichsbeiträge die Finanzkraftreihenfolge der Länder zu wahren haben und daß keine finanzielle Überforderung finanzstarker Länder zustande kommt. Diese Regelung ist schließlich, d.h. im Rahmen der weiteren Regelungen des Finanzausgleichs zwischen Bund und Ländern, jedoch nur von eingeschränkter Bedeutung.

Tabelle 30 stellt den **Länderfinanzausgleich im Jahr 1996** dar, wobei die Finanzkraft vor und nach den Zahlungen des Länderfinanzausgleichs (LFA) in der relativen Höhe in Prozent angegeben ist und außerdem die absoluten Beträge ausgewiesen werden, die von einzelnen Ländern als Ausgleichbeiträge zu zahlen waren sowie als Ausgleichszuweisungen eingenommen wurden. Die Tabelle macht die nivellierende Wirkung gemessen an der Finanzkraft recht deutlich. So besaß im Jahr 1996 das Land Hessen vor dem Länderfinanzausgleich die höchste Finanzkraft, die zugleich mehr als 60 Prozentpunkte über der Finanzkraft von Berlin lag, das als Land mit der geringsten Finanzkraft ausgewiesen ist. Durch den Länderfinanzausgleich reduzierte sich die Spanne der Finanzkraft auf knapp 10 Prozentpunkte, wobei insbesondere die finanzschwächeren Länder auf das Mindestniveau von 95 % der länderdurchschnittlichen Finanzkraft angehoben worden sind.

Tab. 30: Länderfinanzausgleich 1996

Bundesländer	Finanzkraft vor LFA in %	Finanzkraft nach LFA in %	Ausgleichs-beiträge in Mio. DM	Ausgleichs-zuweisungen in Mio. DM
Hessen	117,2	104,1	3.245	
Baden-Württemberg	108,8	102,9	2.525	
Bayern	108,6	102,8	2.866	
Hamburg	107,9	102,8	485	
Nordrhein-Westfalen	106,4	102,2	3.135	
Schleswig-Holstein	99,6	99,8		16
Rheinland-Pfalz	96,2	97,6		235
Niedersachsen	95,4	97,1		553
Saarland	89,7	95,0		238
Brandenburg	85,1	95,0		1.039
Sachsen	84,5	95,0		1.971
Thüringen	84,0	95,0		1.130
Sachsen-Anhalt	83,9	95,0		1.244
Mecklenburg-Vorpommern	83,5	95,0		859
Bremen	79,2	96,4		634
Berlin	72,3	95,0		4.335

Quelle: Bundesministerium der Finanzen (1998, S. 33); Finanzbericht 1998, S.145.

Tabelle 30 weist allerdings nur ein Zwischenergebnis aus, das sich gewissermaßen aus dem traditionellen Länderfinanzausgleich ergibt. Das Finanzausgleichsgesetz enthält nämlich neben den bereits angeführten Regelungen **weitere** für die Finanzlage der Bundesländer bedeutsame **Festlegungen, die** vorwiegend mit Blick auf die unterschiedliche Finanzausstattung der Bundesländer getroffen werden und **einen zusätzlichen finanziellen Ausgleich** zur Folge haben. Dieser Ausgleich erfolgt über **Bundesergänzungszuweisungen, die der Bund aus seinen Mitteln** den Ländern zur ergänzenden Deckung ihres allgemeinen Finanzbedarfs sowie zum Ausgleich von Sonderlasten **gewährt** (§ 11 Finanzausgleichsgesetz).

Die **Bundesergänzungszuweisungen bestehen** ihrerseits **aus fünf** besonderen **Zuweisungsarten**, die mit einer jeweils eigenen Begründung einhergehen. Im einzelnen handelt es sich um folgende Zuweisungen:

(1) **Fehlbetrags-Bundesergänzungszuweisungen**. Leistungsschwache alte und neue Länder erhalten Fehlbetrags-Bundesergänzungszuweisungen in Höhe von 90 % ihrer nach Durchführung des Länderfinanzausgleichs verbleibenden Fehlbeträge der Finanzkraftmeßzahlen gegenüber den Ausgleichsmeßzahlen des Ausgleichsjahres zur ergänzenden Deckung ihres allgemeinen Finanzbedarfs.

(2) **Sonderbedarfs-Bundesergänzungszuweisungen (Kosten politischer Führung)**. Die Sonderbedarfs-Bundesergänzungszuweisungen sollen die überdurchschnittlich hohen Kosten politischer Führung und der zentralen Verwaltung in kleineren alten und neuen Ländern ausgleichen (helfen). Damit können die im Verhältnis zur Bevölkerungszahl vergleichsweise hohen Kosten u.a. für Landesparlament und Landesregierung in den kleineren Ländern eher finanziert werden.

(3) **Sonderbedarfs-Bundesergänzungszuweisungen (neue Länder)**. Diese Sonderbedarfs-Bundesergänzungszuweisungen erhalten die neuen Länder zum Ausgleich teilungsbedingter Sonderbelastungen sowie zum Ausgleich unterproportionaler kommunaler Finanzkraft.

(4) **Übergangs-Bundesergänzungszuweisungen**. Die Übergangs-Bundesergänzungszuweisungen fließen einigen alten Ländern zu und sollen überproportionale Belastungen aus der Einbeziehung der neuen Länder in den Länderfinanzausgleich ausgleichen. Sie vermindern sich ab 1996 jährlich um 10 % der Ausgangsbeträge.

(5) **Sonder-Bundesergänzungszuweisungen**. In den Jahren 1995 bis 1998 erhalten die Länder Bremen und Saarland jährlich Sonder-Bundesergänzungszuweisungen zum Zwecke der Haushaltssanierung. Diese Sanierungsmittel sind im Unterschied zu den anderen Bundesergänzungszuweisungen keine frei verfügbaren Haushaltsmittel, sondern sind unmittelbar zur Schuldentilgung zu verwenden.

Tabelle 31 gibt einen Überblick über Art, Höhe und Empfängerkreis der **Bundesergänzungszuweisungen** im Jahr 1996. Die Bundesergänzungszuweisungen konzentrieren sich auf insgesamt elf Bundesländer. Die finanzstärkeren Bundesländer Hessen, Baden-Württemberg, Bayern, Hamburg und Nordrhein-Westfalen werden davon nicht begünstigt und sind daher in Tab. 31 nicht aufgeführt. Die in der vorangegangenen Tabelle 30 ausgewiesenen Finanzkraftverhältnisse für die fünf Länder, die keine Bundesergänzungszuweisungen erhalten, bleiben somit in der Beobachtungsperiode bestehen. Länder, die jedoch in den Genuß der Bundesergänzungszuweisungen kommen, erreichen ein zum Teil viel höheres Niveau der Finanzkraft als es Tabelle 30 ausweist, da dort nur ein Zwischenergebnis des Finanzausgleichs dargestellt wird. Nicht wenige der finanzschwächeren Ländern gelangen somit unter Einschluß der Bundesergänzungszuweisungen zu einer Finanzkraft, die die der finanzstärkeren Länder deutlich übersteigt und dabei Werte von 120 % und mehr der Ausgleichsmeßzahl erreicht (Vgl. Bundesministerium der Finanzen, 1998, S. 34/35).

Tab. 31: Bundesergänzungszuweisungen (BEZ) 1996 in Mio. DM

Empfängerländer	Fehlbetrags-BEZ	Sonder-bedarfs-BEZ (Kosten pol. Führung)	Sonder-bedarfs-BEZ (neue Länder)	Übergangs-BEZ (alte Länder)	Sonder-BEZ (Sanierung)
Niedersachsen	830	-		456	
Rheinland-Pfalz	352	219		406	
Schleswig-Holstein	24	164		204	
Saarland	201	153		72	1.600
Bremen	120	126		72	1.800
Berlin	859	219	2.662		
Sachsen	846	-	2.658		
Sachsen-Anhalt	506	164	2.208		
Thüringen	462	164	2.008		
Brandenburg	471	164	1.985		
Mecklenburg-Vorpommern	337	164	1.479		
Gesamt	5.008	1.537	14.000	1.211	3.400

Quelle: Finanzbericht 1998, S. 146.

Die neuen Bundesländer sind erst **seit 1995** im Rahmen des Gesetzes zur Umsetzung des Föderalen Konsolidierungsprogramms **vollständig in den gesamtdeutschen Finanzausgleich integriert**, zu dem der Bund u.a. über die Bundesergänzungszuweisungen finanzielle Leistungen beisteuert. In den Jahren **1990 bis 1994** hat der **Fonds „Deutsche Einheit"** zum Finanzausgleich mit den neuen Ländern beigetragen. Die neuen Länder erhielten in dem Zeitraum 1990 bis 1994 über den Fonds „Deutsche Einheit" nicht zweckgebundene Finanzmittel von insgesamt 160,7 Mrd. DM, von denen 40 % den Kommunen zugute kamen. Die Finanzierung des Fonds erfolgte über die Haushalte des Bundes (49,6 Mrd. DM), der alten Länder (16,1 Mrd. DM) sowie über Kredite.

Die neuen Länder erhalten außerdem - neben dem allgemeinen Finanzausgleich - auf der Grundlage des **Investitionsförderungsgesetzes Aufbau Ost** vom Bund seit 1995 über einen Zeitraum von 10 Jahren zusätzliche Finanzhilfen für besonders bedeutsame Investitionen in Höhe von 6,6 Mrd. DM jährlich. Schließlich ist im Rahmen der Finanzausgleichsbeziehungen zwischen Bund und Ländern auf die **Gemeinschaftsaufgaben** nach Art. 91 a und b des Grundgesetzes zu verweisen. Hiernach wirken Bund und Länder u.a. bei der Förderung der wissenschaftlichen Forschung durch ein Hochschulsonderprogramm zusammen. Es kommen Förderungsmaßnahmen zur Verbesserung der regionalen Wirtschaftsstruktur hinzu, mit denen vornehmlich den neuen Ländern und zu einem geringeren Maße auch den alten Ländern finanzielle Unterstützungen zufließen. Die Verbesserung der Agrarstruktur und des Küstenschutzes führt ebenfalls zu einer Lastenaufteilung, an der sich der Bund beteiligt. Im Rahmen der Bildungsplanung und der Förderung der wissenschaftlichen Forschung werden weitere zwischen Bund und Ländern abgestimmte gemeinsame Aufgaben wahrgenommen (und finanziert).

Die behandelten Regelungen zur Verteilung von Finanzmitteln zwischen den Bundesländern im engeren sowie zwischen dem Bund und den Ländern im weiteren lassen eine Struktur des Finanzausgleichs erkennen, die sehr weitgehend vom Ziel der Einheitlichkeit der Lebensverhältnisse ausgeht und zur Durchsetzung des Ziels auch akzeptiert, daß zumindest vorübergehend offenkundige Unterschiede in der Finanzkraft der Länder auch durch Überkompensation reduziert und so eventuell rascher abgebaut werden können. Die Überkompensation, die nicht nur die neuen Länder betrifft, ist seit einigen Jahren Gegenstand politischer Widerstände in den ausgleichspflichtigen Ländern und wird auch in der Finanzpolitik immer häufiger diskutiert.

7.3 Der kommunale Finanzausgleich

Der kommunale Finanzausgleich findet seine rechtliche Grundlage in den **Finanzausgleichsgesetzen der Länder**. Er verfolgt das Ziel, den Gemeinden und Gemeindeverbänden Geldmittel zur Verfügung zu stellen, die erforderlich sind, um die eigenen und die übertragenen Aufgaben durchzuführen. Die **Zuweisungen** fließen dabei den Gemeinden und Gemeindeverbänden aus dem Steueraufkommen des Landes zu, wobei von einer **Steuerverbundmasse** ausgegangen wird, die sich ihrerseits aus den Länderanteilen der Gemeinschaftsteuern und weiteren Ländersteuern zusammensetzt. Die Finanzausgleichsgesetze regeln die näheren Details für die Bestimmung der Verbundmasse und legen insbesondere den **Anteilssatz** fest, mit dem die den Ländern zufließenden Steuern in die Steuerverbundmasse einfließt und insoweit an die zu begünstigenden Gemeinden und Gemeindeverbänden weitergeleitet wird. Die Zuweisungen werden unterteilt in allgemeine Zuweisungen, die im wesentlichen als allgemeine Deckungsmittel zur Verfügung stehen, und zweckgebundene Zuweisungen.

Der größte Teil der **allgemeinen Zuweisungen** besteht aus den sogenannten **Schlüsselzuweisungen**, mit denen **die allgemeinen Einnahmen** der Gemeinden und Gemeindeverbände **verstärkt und** gleichzeitig die **interkommunalen Steuerkraftunterschiede verringert** werden sollen. Die Schlüsselzuweisungen werden ihrer Höhe nach im Verhältnis der Steuerkraft und der auf den Einwohner bezogenen durchschnittlichen Aufgabenbelastung der Gemeinden und Gemeindeverbände verteilt. Für die konkrete Ermittlung der Schlüsselzuweisung ist von einer **Bedarfsmeßzahl** und einer **Steuerkraftmeßzahl** auszugehen. Die Bedarfsmeßzahl orientiert sich an den Einwohnerzahlen und ausgewählten besonderen Aufgaben der Gemeinde. Die Steuerkraftmeßzahl wird im wesentlichen berechnet aus den Steuerkraftzahlen der Grundsteuern, der Gewerbesteuer und des

Gemeindeanteils an der Einkommensteuer. Ist die Bedarfsmeßzahl höher als die Steuerkraftmeßzahl erhält eine Gemeinde eine Schlüsselzuweisung, die einen Teil des Unterschieds ausgleicht. Dieser Ausgleich strebt eine Annäherung der Kommunen auf ein landeseinheitliches Niveau der Steuerkraft oder der Finanzkraft an, um ein vergleichbares Angebot an öffentlichen Gütern zwischen den Gemeinden zu erreichen.

Die **zweckgebundenen Finanzzuweisungen** bestehen aus Erstattungen von Ausgaben für Aufgaben, die den Gemeinden zur Ausführung übertragen sind, wie z.B. die Ausgaben der örtlichen Sozialhilfe. Daneben umfassen sie Zuweisungen für sonstige laufende Zwecke, die dann auch zweckgebunden zu verwenden sind, beispielsweise für Schulen. Schließlich zählen zu den zweckgebundenen Finanzzuweisungen auch Investitionszuweisungen, mit denen die Bundesländer besondere Investitionen in den Kommunen fördern, hierzu zählen u.a. Trinkwasseranlagen, der kommunale Straßenbau oder kommunale Kinderbetreuungseinrichtungen.

Die **Finanzausgleichsgesetze** der Länder sehen im übrigen noch **weitere Finanzausgleichssysteme** vor. Zu erwähnen sind dabei Kreisumlagen, Krankenhausumlagen, Umlagen für Umlandverbände oder für Landschaftsverbände. Zum Teil soll damit das Ziel der Einheitlichkeit der Lebensverhältnisse innerhalb eines Landes vollständiger erreicht werden, zum Teil werden die Verbände auch mit dem Argument begründet und finanziert, daß sie gegebene öffentliche Aufgaben besser realisieren können als es kleineren Kommunen je für sich möglich wäre.

Die **Zuweisungen** der Länder an ihre Kommunen machen **rd. ein Drittel der kommunalen Einnahmen** aus. Insoweit sind die Kommunen **einerseits** in Einkommens- und Steuerentwicklung der gesamten Volkswirtschaft eingebunden und **von finanziellen Gegebenheiten vor Ort relativ unabhängig**. Längerfristige Planungen der Aufgaben und der Ausgaben lassen sich von daher eher realisieren. Dies gilt insbesondere, wenn der kommunale Finanzausgleich nicht nur Schwankungen bei einzelnen Einnahmenarten ausgleicht, sondern auch eine nachhaltige Finanzierung von spezifischen Aufgaben (z.B. Krankenhäuser, Theater) in Aussicht stellt. **Andererseits** dienen vielfach Zweckzuweisungen der **Beeinflussung der allokativen Entscheidungen in Kommunen**, d.h. mit Zweckzuweisungen verfolgt ein Land inhaltliche finanzpolitische Ziele, die es auch in den Kommunen umgesetzt haben will. Die Zweckzuweisungen verändern die relativen Preise der öffentlichen Güter untereinander und können deshalb dazu führen, daß die finanzpolitische Vorstellung des Landes auch in Kommunen zum Tragen kommen, die von sich aus diese Vorstellung nicht vor Ort umsetzen würden. Mit Zweckzuweisungen kann ein Land somit auf das kommunale Angebot öffentlicher Güter einwirken und seinen finanzpolitischen Zielen Nachdruck verleihen. Daneben kommt es beobachtbar mit Anteilsfinanzierungen durch zweckgebundene Zuweisungen auch zu **finanziellen Folgelasten** für die Kommunen, die zunächst nicht hinreichend erkennbar sein mögen, weil die Kommunen anfänglich nur einen geringen Teil, beispielsweise der Investitionskosten einer Maßnahme, zu tragen haben. Nach der Anschubfinanzierung entstehen jedoch vielfach steigende laufende Kosten, die den ursprünglichen Eigenanteil der Kommune weit überschreiten und die längerfristige Vorteilhaftigkeit der Maßnahme aus Sicht der Kommune in Frage stellen können.

7.4 Internationaler Finanzausgleich

7.4.1 Ausgewählte Erscheinungsformen des internationalen Finanzausgleichs

Beim internationalen Finanzausgleich stehen **Fragen der Aufgabenverteilung, der Ausgabenverteilung und der Einnahmenverteilung für Staaten** an, **die die Grenzen einer nationalen Volkswirtschaft übersteigen**. Wie werden mithin staatliche Aufgaben wahrgenommen, die nicht nur eine Volkswirtschaft betreffen und die insoweit nicht ausschließlich von nationalen finanzpolitischen Entscheidungsträgern festgelegt werden können? Wo und wann ergibt sich auch die Notwendigkeit der Abgrenzung der nationalen staatlichen Zuständigkeiten und politischen Gestaltungsmöglichkeiten?

Eine **einfache Form** der **Abgrenzung** der Verantwortlichkeit **für staatliche Einnahmen** zeigt sich beispielsweise bei der Belastung von exportierten und importierten Gütern, die den Verbrauchsteuern unterliegen. In aller Regel werden exportierte Güter von der Verbrauchsteuer des Exportlandes freigestellt. Importierte Güter werden hingegen mit den Verbrauchsteuern des importierenden Landes belegt. Damit ergibt sich bereits eine Abgrenzung für die hoheitlichen Einnahmen bei länderübergreifenden Transaktionen. Bei der Einkommensteuer und der Körperschaftsteuer gibt es im Rahmen von Doppelbesteuerungsabkommen oder von Anrechnungen bei der Steuerveranlagung entsprechende Begrenzungen der nationalen Hoheitsrechte über staatliche Zwangseinnahmen. Diese Abgrenzung der Einnahmenmöglichkeiten geht selbstverständlich einher mit einer Beschränkung der Aufgaben des Staates auf das Gebiet der nationalen Volkswirtschaft.

Sofern mehrere Staaten **gemeinsam gleichartige Aufgaben** übernehmen, folgt daraus zumeist auch eine gemeinsame Finanzierung dieser Aufgaben, so daß Finanzierungsregeln oder Finanzausgleichsregeln zu finden sind, die aus Sicht der Staaten von allen akzeptiert werden können. Vielfach genügen hierbei **Mitgliedsbeiträge** für eine **internationale Organisation**, die mit der Wahrnehmung der gemeinsamen Aufgabe betraut wird. Es kommt aber auch vor, daß die Länder sich zunächst mit einer **Kapitaleinlage an** einer internationalen Organisation oder **einem Fonds** beteiligen. Die internationale Organisation oder der internationale Fonds kann mit dieser Grundausstattung dann die Aufgaben wahrnehmen und benötigt im günstigsten Fall nur hin und wieder weitere Zuschüsse oder Aufstockungen des Kapitals. Insbesondere im Bereich der Entwicklungshilfemaßnahmen sind solche Fonds bzw. die Gründung einer gemeinsamen Bank üblich. Zu erwähnen sind hierbei beispielsweise deutsche Kapitalbeteiligungen an der internationalen Bank für Wiederaufbau und Entwicklung (Weltbank), dem Regenwald-Treuhandfonds, der Afrikanischen Entwicklungsbank, der Asiatischen Entwicklungsbank oder der Interamerikanischen Entwicklungsbank (Vgl. Finanzbericht 1998, S. 174). Die Erledigung von international gemeinsamen Aufgaben mittels Mitgliedsbeiträgen oder Fondslösungen erfordert im jeweiligen Fall noch eine Einigung auf die zwischen den Ländern unterschiedlichen Beitragshöhen oder die zu übernehmenden unterschiedlichen Fondsanteile. Damit ist eine typische Problemstellung des internationalen Finanzausgleichs angesprochen, bei der sowohl Fragen der Belastbarkeit eines Landes als auch Fragen der erzielbaren Vorteile für ein Land aus der Beteiligung an der gemeinsamen Aufgabe geprüft werden müssen. Eine Arbeit von Olson und Zeckhauser (1966) legt hierzu wesentliche Überlegungen vor.

7.4.2 Die Finanzen der EU

Das Finanzierungssystem der EU ist seit 1970 ein **Eigenmittelsystem**, nachdem zuvor der EU-Haushalt über Finanzbeiträge der Mitgliedstaaten finanziert wurde. Art. 201 des EG-Vertrags sieht dementsprechend vor, daß der Haushalt unbeschadet der sonstigen Einnahmen vollständig aus Eigenmitteln finanziert wird. Eigenmittel sind Finanzmittel, die der EU direkt oder auf dem Umweg über die nationalen Haushalte zufließen und die nicht weiter von nationalen Finanzentwicklungen der öffentlichen Haushalte selbst abhängen. Die Eigenmittel bestehen aus vier Einnahmenarten: Agrarabschöpfungen, Zölle, Mehrwertsteuer-Eigenmittel und Bruttosozialprodukt-Eigenmittel.

Agrarabschöpfungen, Zuckerabgaben und Zölle, die bei Importen aus Drittstaaten an den Außengrenzen der EU erhoben werden, stehen der EU nach Abzug einer Kostenpauschale für die Erhebung und Abführung dieser Abgaben vollständig zu. Die **Mehrwertsteuer-Eigenmittel** ergeben sich durch einen Prozentsatz auf die Mehrwertsteuerbemessungsgrundlage der Mitgliedstaaten. Die Bemessungsgrundlage entspricht der Summe der steuerpflichtigen Umsätze auf der Stufe des Endverbrauchers. Der Beteiligungsprozentsatz, der bis 1999 auf 1 % absinkt, wird im übrigen nur auf die Hälfte (in 1999) der Bemessungsgrundlage angewandt (Kappungsgrenze). Die Mitgliedstaaten zahlen aus ihren nationalen Haushaltseinnahmen den so ermittelten Betrag als Mehrwertsteuer-Eigenmittel an die EU. Schließlich erhält die EU als Restfinanzierung, wenn die Ausgaben durch die anderen Einnahmen nicht gedeckt werden können, **Bruttosozialprodukt-Eigenmittel**. Diese ergeben sich, indem das Bruttosozialprodukt jedes

Mitgliedstaates mit einem EU-einheitlichen Prozentsatz (Bruttosozialprodukt-Eigenmittelsatz) multipliziert wird. Dieser Prozentsatz wird im Haushaltsverfahren so festgelegt, daß die Restfinanzierung, d.h. die Deckung der Ausgaben durch Einnahmen gesichert ist. Die Bruttosozialprodukt-Eigenmittel gehen zu Lasten der nationalen Steueraufkommen der Mitgliedstaaten. Die der EU zufließenden Finanzmittel sind im übrigen begrenzt. Sie durften bis 1994 die Obergrenze von 1,20 % des Bruttosozialprodukts der Gemeinschaft nicht übersteigen. Diese Obergrenze wurde schrittweise erhöht und erreicht im Jahr 1999 den Wert von 1,27 %.

Mit den Eigenmitteln kann sich die EU fast vollständig finanzieren. Ein Restbetrag von unter einem Prozent der Einnahmen entfällt auf Überschüsse aus vorangegangenen Haushaltsjahren und auf Einnahmen aus Verwaltungstätigkeit sowie einer Steuer auf die Einkommen der EU-Bediensteten. Die Erzielung von Einnahmen durch **Kredite** zur Finanzierung des Haushalts ist **bei der EU nicht möglich**. Tabelle 32 weist die für 1998 geplanten Einnahmen der EU aus.

Tab. 32: Einnahmen der EU (geplant) für 1998

Einnahmen	in Mio. ECU
Agrarzölle und Zuckerabgaben	1.671,0
Zölle	11.144,3
Mehrwertsteuer-Eigenmittel	34.134,5
Bruttosozialprodukt-Eigenmittel	37.147,6
Sonstige Einnahmen	630,0
Summe	84.727,4

Quelle: Finanzbericht 1998, S. 173.

Die Ausgaben der EU sind in Tabelle 33 dargestellt, wobei die Werte für das Jahr1998 aus dem Vorentwurf des EU-Haushalts zugrunde liegen.

Tab. 33: Ausgaben der EU (geplant) für 1998

Ausgaben	in Mio. ECU
Gemeinsame Agrarpolitik	40.987,00
Strukturpolitische Maßnahmen	33.461,10
Interne Politikbereiche	5.629,00
Externe Politikbereiche	5.624,00
Verwaltungsausgaben	4.331,37
Reserven	1.176,00
Ausgleichszahlungen	99,00
Summe	91.307,47

Quelle: Finanzbericht 1998, S. 173. Die Zahlenwerte sind Verpflichtungsermächtigungen.

Aus Tab. 33 ist zu entnehmen, daß der **größte Ausgabenposten** auf die gemeinsame **Agrarpolitik** entfällt. Die Haushaltsmittel werden dabei innerhalb des **Europäischen Ausrichtungs- und Garantiefonds** für die Landwirtschaft veranschlagt (EAGFL). Die Abteilung Garantie dieses Fonds finanziert die gemeinsamen Marktordnungen in der Landwirtschaft. Marktordnungen bestehen ihrerseits in Maßnahmen zur Stützung von Preisen für Agrarprodukte. Sie können aber auch Prämien oder Erzeugerbeihilfen umfassen, die sich auf die erzeugten Produkte, die verarbeiteten Mengen oder auf die bebaute Fläche beziehen. Die Abteilung Ausrichtung des Fonds enthält Mittel für agrarstrukturpolitische Maßnahmen, z.B. zur Verbesserung der ländlichen Infrastruktur, der Betriebsstruktur landwirtschaftlicher Unternehmen, zur Produktionsumstellung der Landwirtschaft oder für Maßnahmen in benachteiligten Gebieten.

Die **Strukturpolitik** wird **mit Hilfe von Strukturfonds** umgesetzt. Hierzu zählen der **Europäische Fonds für regionale Entwicklung**, der in rückständigen Gebieten Anpassungsmaßnahmen finanziert, um zum Ausgleich der wichtigsten regionalen Ungleichgewichte beizutragen. Der **Europäische Sozialfonds** hat die Aufgabe, zur Verbesserung der Beschäftigungsmöglichkeiten der Arbeitskräfte innerhalb der Union die berufliche Verwendbarkeit und die örtliche und berufliche Freizügigkeit der Arbeitskräfte zu fördern. Die **Abteilung Ausrichtung** des EAGFL dient der Verbesserung der Agrarstruktur. Das Finanzierungsinstrument zur **Ausrichtung der Fischerei** fördert Maßnahmen im Bereich der Fischerei, der Aquakultur sowie der Verarbeitung und Vermarktung der entsprechenden Erzeugnisse. Schließlich erhalten die Mitgliedstaaten Spanien, Portugal, Griechenland und Irland Mittel aus dem **Kohäsionsfonds** zur Finanzierung von Umweltvorhaben und für die Verkehrsinfrastruktur.

Zu den **interne**n **Politikbereiche**n zählen Maßnahmen zur Förderung von Bildung, Jugend, Kultur und Soziales. Außerdem fließen Mittel u.a. in den Bereich der Umweltpolitik, den Verbraucherschutz, die Förderung erneuerbarer Energiequellen und werden für Forschung und technologische Entwicklung eingesetzt.

Im Rahmen der **externen Politikbereiche** werden Förderungsmaßnahmen der Entwicklungshilfe und der humanitären Hilfe finanziert. Darüber hinaus erhalten Mittel- und Osteuropa sowie die Staaten der früheren Sowjetunion Hilfen für die Umgestaltung ihrer Wirtschaft.

Aus deutscher Sicht ist bei der Finanzierung der Aufgaben der EU immer auch das Verhältnis von Zahlungen an die EU einschließlich der aus der deutschen Volkswirtschaft fließenden Eigenmittel gegenüber den Erstattungen von der EU, die direkt der deutschen Volkswirtschaft zugute kommen (z.B. im deutschen Agrarsektor), von Bedeutung. Aus dem Vergleich von Zahlungen und Erstattungen läßt sich entnehmen, ob eine Volkswirtschaft **Nettozahler** ist. Der Finanzbericht (Finanzbericht 1998, S. 227) weist hierfür Zahlenwerte aus, wonach

Deutschland als Nettozahler in den 90er Jahren im Durchschnitt mehr als 20 Mrd. DM jährlich an den EU-Haushalt abgeführt hat. Das heißt, den Zahlungen an die EU von zuletzt über 40 Mrd. DM stehen lediglich direkte Rückflüsse von rd. 13 Mrd. DM gegenüber. Dieser direkte Vergleich der Zahlungsströme läßt aber nicht in jedem Fall die vollständige ökonomische Belastung der deutschen Volkswirtschaft erkennen, da wie bei allen staatlichen Finanzströmen auch indirekte oder übertragene Wirkungen zu erwarten sind, deren zahlenmäßiger Einfluß nicht einfach ermittelt werden kann.

Im Zusammenhang mit dem Finanzausgleichssystem der EU-Länder stehen über die im europäischen Haushalt abgewickelten Finanzströme weitere Regelungen an, die in naher Zukunft für die Finanzwirtschaft der Mitgliedstaaten von Bedeutung sein werden. Nachdem zum Jahresbeginn 1999 der Euro als gemeinsame Währung existiert, wird zumindest in zweierlei Hinsicht mit ergänzenden Maßnahmen zu rechnen sein. **Zum einen** wird in dem einheitlichen Währungsraum der Druck wachsen, eine föderative Finanzverfassung einzuführen, mit der die Steuerpolitik koordiniert wird. Der EU-Binnenmarkt erfordert unbeschadet der nationalen Finanzautonomie eine **größere Einheitlichkeit der Steuerordnung** in den Mitgliedstaaten (Genser 1995).

Zum anderen gehen von den europäischen Verträgen und Vereinbarungen Rückwirkungen auf die nationalen öffentlichen Haushalte aus, wobei **sowohl** der **Haftungsausschluß für Verbindlichkeiten** der nationalen Körperschaften, **als auch** die Absicht des Defizitabbaus oder des **Haushaltsausgleich**s eine Rolle spielen wird. Es kommt hinzu, daß die Forderung nach ausgeglichenen öffentlichen Haushalten jenseits der EU ebenfalls verstärkt gestellt und in das Handeln von Regierungen einfließt (Poterba 1996). Für die politischen Entscheidungsträger in den Mitgliedstaaten der EU wird dies nicht ohne Einfluß sein. Es kann daher durchaus damit gerechnet werden, daß die Mitgliedstaaten ihr Ausgabeverhalten an der gemeinsamen Beschlußlage in der EU orientieren sowie ihre Steuerpolitik an dem Ziel einer größeren Einheitlichkeit ausrichten.

Die Notwendigkeit für einen weitergehenden internationalen Finanzausgleich in Form von internationalen Zuweisungen nach dem Vorbild des deutschen Finanzausgleichssystems besteht keineswegs. Sie ist weder vertraglich vorgesehen, noch von der ökonomischen Anreizstruktur her sinnvoll. Die Beachtung des EG-Vertrags, insbesondere die Vermeidung übermäßiger öffentlicher Defizite und die Einhaltung der Haushaltsdisziplin in den Mitgliedstaaten, ist vielmehr für das Zusammenwachsen des Wirtschaftsraums in den europäischen Staaten ebenso erfolgversprechend, da damit die Erwartungen der Wirtschaftssubjekte stabilisiert werden und die Wirtschaftstätigkeit sich auf die Herausforderungen aus den globalisierten Märkten konzentrieren kann.

Literaturverzeichnis

Alesina, A.; Perotti, R. (1996), Fiscal Discipline and the Budget Process, American Economic Review, Papers and Proceedings, Vol. 86, S. 401-407

Andel. N. (1977), Subventionen, Handwörterbuch der Wirtschaftswissenschaft (HdWW), Bd. 7, Stuttgart, Tübingen, Göttingen, S. 491- 510

Andel, N. (1992), Finanzwissenschaft, 3. Aufl., Tübingen

Apolte, Th. (1995), Die Theorie der Clubgüter, WiSt Dezember 1995, S. 610-616

Auerbach, A.J.; Gokhale, J.; Kotlikoff, L.J. (1991), Generational Accounts: A Meaningful Alternative to Deficit Accounting, in Bradford, D. (Hrsg.), Tax Policy and the Economy, Vol. 5, Cambridge, S. 55-110

Auerbach, A.J.; Gokhale, J.; Kotlikoff, L.J. (1994), Generational Accounting: A Meaningful Way to Evaluate Fiscal Policy, Journal of Economic Perspectives, Vol. 8, S. 73-94

Barr, N. (1992), Economic Theory and the Welfare State: A Survey and Interpretation, Journal of Economic Literature, Vol. 30, S. 741-803

Biehl, D. (1980), Internationaler Finanzausgleich, Handwörterbuch der Wirtschaftswissenschaft (HdWW), Bd. 2, Stuttgart, Tübingen, Göttingen, S. 689-713

Blankart, Ch.B. (1998), Öffentliche Finanzen in der Demokratie, 3. Aufl., München

Blinder, A.S.; Solow, R.M. et al. (1974), The Economics of Public Finance, Washington, D.C.

Blüm, N. (1997), Sozialstaat als Gestaltungsauftrag, Einführung zur Übersicht in das Sozialrecht, Bundesministerium für Arbeit und Sozialordnung (Hrsg.), 4. Aufl., Bonn, S. 23-27

Bohnet, A. (1994), Finanzwissenschaft: Staatliche Verteilungspolitik, München

Börsch-Supan, A. (1996), Sozialpolitik, Springers Handbuch der Volkswirtschaftslehre, Bd. 2 (J.v. Hagen et al. Hrsg.), Heidelberg, S. 181-234

Boley, F.W; Graf, G. et al. (Hrsg.) (1998), Öffentliche Verwaltungen nachhaltig modernisieren, Frankfurt a. M.

Breyer, F. (1996), Wirtschaftspolitik und Public Choice, Springers Handbuch der Volkswirtschaftslehre, Bd. 2, (J.v. Hagen et al. Hrsg.), Heidelberg, S. 1-38

Brümmerhoff, D. (1977), Zur Beeinflussung der Verteilung der Jahres- und der Lebenseinkommen durch die Finanzpolitik, Tübingen

Brümmerhoff, D. (1996), Finanzwissenschaft, 7. Aufl., München, Wien

Buchanan, J.M.; Flowers, M. J. (1980), The Public Finances, 5. Aufl., Homewood, Ill.

Buchanan, J.M.; Brennan, G. (1985), The Reason of Rules, Cambridge (Deutsche Übersetzung: Die Begründung von Regeln, Tübingen 1993)

Buchanan, J.M. (1987), The Constitution of Economic Policy, American Economic Review, Vol. 77, S. 243-250

Bundesministerium für Arbeit und Sozialordnung (Hrsg.) (1997), Übersicht über das Sozialrecht, 4. Aufl., Bonn

Bundesministerium der Finanzen (Hrsg.), Finanzbericht, Bonn, (jährlich)

Bundesministerium der Finanzen (Hrsg.) (1982), Gutachten zur Reform der Gemeindesteuern in der Bundesrepublik Deutschland, Gutachten des Wissenschaftlichen Beirats beim Bundesministerium der Finanzen, Bonn

Bundesministerium der Finanzen (Hrsg.) (1994), Zur Bedeutung der Maastricht-Kriterien für die Verschuldungsgrenzen von Bund und Ländern, Gutachten des Wissenschaftlichen Beirats beim Bundesministerium der Finanzen, Bonn

Bundesministerium der Finanzen (1997a), Haushalt und Finanzen der EU

Bundesministerium der Finanzen (1997b), Einführung von Kosten- und Leistungsrechnung in der Bundesverwaltung, Dokumentation 5/97

Bundesministerium der Finanzen (Hrsg.)(1997c), Umweltsteuern aus finanzwissenschaftlicher Sicht, Gutachten des Wissenschaftlichen Beirats beim Bundesministerium der Finanzen, Bonn

Bundesministerium der Finanzen (1998), Die Finanzverteilung in der Bundesrepublik Deutschland, Bonn

Bundesregierung (1996), Stand der Umweltökonomischen Gesamtrechnung, Bundestagsdrucksache 13/4435 vom 23.04.1996

Bundesregierung (1997), Sechzehnter Subventionsbericht, Bundestagsdrucksache 13/8420 vom 29. 08. 1997

Deutsche Bundesbank, Monatsbericht (monatlich)

Coase, R.H. (1960), The Problem of Social Cost, Journal of Law and Economics, Vol. 3, S. 1-44

Corsetti, G.; Roubini, N. (1996), European versus American Perspectives on Balanced-Budget Rules, American Economic Review, Papers and Proceedings, Vol. 86, S. 408-413

Cropper, M.L.; Oates, W.E. (1992), Environmental Economics: A Survey, Journal of Economic Literature, Vol. 30, S. 675-740

DIW (1996), Mehrwertsteuererhöhung trifft die Haushalte unterschiedlicher Einkommenshöhe annähernd gleichmäßig, Deutsches Institut für Wirtschaftsforschung, Wochenbericht 38-39/96, S. 625-631

Donahue, J.D. (1997), Tiebout? Or Not Tiebout? The Market Metaphor and America's Devolution Debate, Journal of Economic Perspectives, Vol. 11, S. 73-82

Donges, J.B.; Freytag, A. (1998), Die Rolle des Staates in einer globalisierten Wirtschaft, Stuttgart

Downs, A. (1957), An Economic Theory of Democracy, New York (Deutsche Übersetzung: Ökonomische Theorie der Demokratie, Tübingen 1968)

Downs, A. (1965), Non-Market Decision Making. A Theory of Bureaucracy, American Economic Review, Papers and Proceedings, Vol. 55, S. 439-446

Freeman, R.B. (1995), The Large Welfare State as a System, American Economic Review, Papers and Proceedings, Vol. 85, S. 16 -21

Frey, B.S. (1980), Umweltökonomik, Handwörterbuch der Wirtschaftswissenschaft (HdWW), Bd. 8, Stuttgart, Tübingen, Göttingen, S. 47-58

Frey, B.S.; Kirchgässner, G. (1994), Demokratische Wirtschaftspolitik, 2. Aufl., München

Genser, B. (1995), Auf der Suche nach einer föderativen Finanzverfassung für Europa, Diskussionsbeitrag im Sonderforschungsbereich 178 „Internationalisierung der Wirtschaft“, Serie II - Nr. 290, Univ. Konstanz

Genser, B.; Haufler, A. (1996), Tax Policy and the Location Decision of Firms, Diskussionsbeitrag im Sonderforschungsbereich 178 „Internationalisierung der Wirtschaft“, Serie II - Nr. 306, Univ. Konstanz

Gokhale, J.; Raffelhüschen, B.; Walliser, J. (1995), The Burden of German Unification: A Generational Accocunting Approach, Finanzarchiv, NF 52, S. 141-165

Graf, G. (1977), Beschäftigungstheorie, Handwörterbuch der Wirtschaftswissenschaft (HdWW), Bd. 1, Stuttgart, Tübingen, Göttingen, S. 513-543

Graf, G. (1988), Zur Idee einer kommunalen Getränkeverpackungssteuer - Eine erste Bewertung -, Zeitschrift für Kommunalfinanzen, 38. Jg., S. 172-175

Graf, G. (1993), Die Entwicklung des Grundsteueraufkommens in der Bundesrepublik Deutschland, WiSt Juli 1993, S. 371-373

Graf, G. (1997), Grundlagen der Volkswirtschaftslehre, Heidelberg

Grüske, K.-D. (1985), Personale Verteilung und Effizienz der Umverteilung, Göttingen

Guttmann, E. (1995), Geldvermögen und Schulden privater Haushalte Ende 1993, Wirtschaft und Statistik, S. 391-399

Hamm, W. (1977). Sektorale Strukturpolitik, Handwörterbuch der Wirtschaftswissenschaft (HdWW), Bd. 7, Stuttgart, Tübingen, Göttingen, S. 479-491

Harberger, A.C. (1998), A Vision of the Growth Process, American Economic Review, Vol. 88, S. 1-32

Haveman, R. (1994), Should Generational Accounts Replace Public Budgets and Deficits?, Journal of Economic Perspectives, Vol. 8, S. 95-111

Hayek, F.A.v. (1971), Die Verfassung der Freiheit, 3. Aufl., Tübingen (Übersetzung aus dem Englischen: The Constitution of Liberty, London 1960)

Homburg, S. (1993), Eine Theorie des Länderfinanzausgleichs: Finanzausgleich und Produktionseffizienz, Finanzarchiv, NF 50, S. 458-486

Huber, B. (1996), Gestaltungsprinzipien eines Steuersystems und die Theorie optimaler Besteuerung, WiSt August 1996, S. 404-409

Hummels, D.; Rapoport, D.; Yi, K-M. (1998), Vertical Specialization and the Changing Nature of World Trade, Federal Reserve Bank of New York Economic Policy Review, Vol. 4, S. 79-99

Inman, R.P.; Rubinfeld, D.L. (1997), Rethinking Federalism, Journal of Economic Perspectives, Vol. 11, S. 43-64

Jürgensen, H. (1981), Raumwirtschaft - Politik -, Handwörterbuch der Wirtschaftswissenschaft (HdWW), Bd. 6, Stuttgart, Tübingen, Göttingen, S. 429-441

Karl-Bräuer-Institut des Bundes der Steuerzahler (1997), Versicherungsfremde Leistungen in der Gesetzlichen Rentenversicherung, Sonderinformation 32, Wiesbaden

Keynes, J.M. (1936), The General Theory of Employment, Interest and Money, London

Kirsch, G. (1993), Neue Politische Ökonomie, 3. Aufl., Düsseldorf

Kitterer, W. (1988), Staatsverschuldung und intertemporale Allokation, Jahrbücher für Nationalökonomie und Statistik, Bd. 204, S. 346-363

Kitterer, W.; Schlag, C.-H. (1995), Sind öffentliche Investitionen produktiv? Eine empirische Analyse für die Bundesrepublik Deutschland, Finanzarchiv, NF 52, S. 460-477

Kitterer, W. (1998), Öffentliche Finanzen und Notenbank, in: Deutsche Bundesbank (Hrsg.), Fünfzig Jahre Deutsche Mark, München, S. 199-256

Kollman, K.; Miller, J.H.; Page, S.E. (1997), Political Institutions and Sorting in a Tiebout Model, American Economic Review, Vol. 87, S.977-992

Knorr, A. (1998), Globalisierung, WiSt Mai 1998, S. 238-243

Kommunale Gemeinschaftsstelle (1993 a), Das Neue Steuerungsmodell, KGSt-Bericht 5/1993, Köln

Kommunale Gemeinschaftsstelle (1993 b), Budgetierung: Ein neues Verfahren der Steuerung kommunaler Haushalte, KGSt-Bericht 6/1993, Köln

Kommunale Gemeinschaftsstelle (1995), Das Neue Steuerungsmodell, Erste Zwischenbilanz, KGSt-Bericht 10/1995, Köln

Krause-Junk, G. (1977), Steuern - Verteilungslehren -, Handwörterbuch der Wirtschaftswissenschaft (HdWW), Bd. 7, Stuttgart, Tübingen, Göttingen, S. 332-356

Külp, B (1991), Unterschiedliche Finanzierungssysteme der gesetzlichen Rentenversicherung und ihr Einfluß auf die Verteilung zwischen den Generationen, Hamburger Jahrbuch für Wirtschafts- und Gesellschaftspolitik, S. 35-54

Laffer, A.B. (1979), The Economics of the Tax Revolt: A Reader, New York, S. 75-79

Lampert, H. (1977), Staatliche Sozialpolitik, Handwörterbuch der Wirtschaftswissenschaft (HdWW), Bd. 7, Stuttgart, Tübingen, Göttingen, S. 60-76

Lampert, H. (1996), Lehrbuch der Sozialpolitik, 4. Aufl., Berlin, Heidelberg, New York

Laue, E. (1995), Grundvermögen privater Haushalte Ende 1993, Wirtschaft und Statistik, S. 488-497

Lindbeck, A. (1995), Hazardous Welfare-State Dynamics, American Economic Review, Papers and Proceedings, Vol. 85, S. 9-15

Lucas, R.E. (1976), Econometric Policy Evaluation: A Critique, Carnegie-Rochester Conference Series on Public Policy 1, S. 19-46

McGuire, M.C.; Olson, Jr., M.(1996), The Economics of Autocracy and Majority Rule: The Invisible Hand and the Use of Force, Journal of Economic Literature, Vol. 34, S. 72-96

Meadows, D.L. et al. (1972), Die Grenzen des Wachstums, Stuttgart

Molitor, B. (1991), Staatsversagen, Hamburger Jahrbuch für Wirtschafts- und Gesellschaftspolitik, S. 55-69

Musgrave, R. A. (1959), The Theory of Public Finance, New York, Toronto, London, Tokyo

Musgrave, R.A.; Musgrave, P.B.; Kullmer, L. (1994), Die öffentlichen Finanzen in Theorie und Praxis, Bd. 1, 6. Aufl., Tübingen; Bd. 2, 5. Aufl., Tübingen 1993, Bd. 3, 4. Aufl., Tübingen 1992

Neumark, F. (1977), Steuern - Grundlagen - , Handwörterbuch der Wirtschaftswissenschaft (HdWW), Bd. 7, Stuttgart, Tübingen, Göttingen, S. 295-309

Niskanen, W.A. (1968), The Peculiar Economics of Bureaucracy, American Economic Review, Papers and Proceedings, Vol.58, S. 293-305

Niskanen, W.A. (1974), Bureaucracy and Represenative Government, 2. Aufl., Chicago

Niskanen, W.A. (1971), Bureaucrcay and Representative Government, Chicago

Nowotny, E. (1996), Der öffentliche Sektor, Einführung in die Finanzwissenschaft, 3. Aufl., Berlin, Heidelberg, New York

Olson, Jr., M. (1965), The Logic of Collective Action, Cambridge, Mass., (Deutsche Übersetzung: Die Logik des kollektiven Handelns, Tübingen 1968)

Olson, Jr., M. (1969), The Principle of „Fiscal Equivalence“: The Division of Responsibilities Among Different Levels of Government, American Economic Review, Papers and Proceedings, Vol. 59, S. 479-487

Olson, Jr., M. (1995), The Devolution of the Nordic and Teutonic Economies, American Economic Review, Papers and Proceedings, Vol. 85, S. 22-27

Olson, Jr., M. (1996), Distinguished Lecture on Economics in Government: Big Bills left an the Sidewalk: Why Some Nations are Rich, and Others Poor, Journal of Economic Perspectives, Vol. 10, S. 3-24

Olson, Jr., M.; Zeckhauser, R. (1966), An Economic Theory of Alliances, Review of Economics and Statistics, Vol. 47, S. 266-279

Pareto, V. (1927), Manuel d'économie politique, 2. Aufl., Paris

Peffekoven, R. (1980), Finanzausgleich - Wirtschaftstheoretische Grundlagen, Handwörterbuch der Wirtschaftswissenschaft (HdWW), Bd. 2, Stuttgart, Tübingen, Göttingen, S. 608-636

Peffekoven, R. (1996), Einführung in die Grundbegriffe der Finanzwissenschaft, 3. Aufl., Darmstadt

Peters, H.-R. (1995), Wirtschaftspolitik, 2. Aufl., München , Wien

Petersen, H.G., Finanzwissenschaft I, 3. Aufl., Stuttgart

Pöschl, H. (1993), Ausstattung privater Haushalte mit langlebigen Gebrauchsgütern im Januar 1993, Wirtschaft und Statistik, S. 924-928

Poterba, J.M. (1996), Budget Institutions and Fiscal Policy in the U.S. States, American Economic Review, Papers and Proceedings, Vol. 86, S. 395-400

Qian, Y.; Weingast, B.R. (1997), Federalism as a Commitment to Preserving Market Incentives, Journal of Economic Perspectives, Vol. 11, S. 83-92

Rat von Sachverständigen für Umweltfragen (1974), Umweltgutachten, Stuttgart und Mainz

Romer, P.M. (1994), The Origins of Endogenous Growth, Journal of Economic Perspectives, Vol 8, S. 3-22

Romer, D. (1996), Advanced Macroeconomics, New York

Rose, M. (Hrsg.) (1997), Standpunkte zur aktuellen Steuerreform, Heidelberg

Sachverständigenrat zur Begutachtung der gesamtwirtschaftlichen Entwicklung, Jahresgutachten (jährlich)

Sachverständigenrat „Schlanker Staat“ (Hrsg.) (1997), Band 1 Abschlußbericht, Band 2 Materialband, Band 3 Leitfaden zur Modernisierung von Behörden, Bonn

Samuelson, P.A. (1954), The Pure Theory of Public Expenditure, The Review of Economics and Statistics, Vol. 36, S. 387-389

Samuelson, P.A. (1955), Diagrammatic Exposition of a Theory of Public Expenditure, The Review of Economics and Statistics, Vol. 37, S. 350-356

Sargent, Th.D. (1983), Stopping Moderate Inflations: The Methods of Poincaré and Thatcher, in: Dornbusch, R.; Simonsen, M.H. (Hrsg.), Inflation, Debt, and Indexation, Cambridge, Ill., S. 54-96

Schemmel, L. (1997), Defizitbegrenzung im Bundesstaat - Umsetzung des europäischen Stabilitätspakts bei Bund und Ländern, Karl-Bräuer-Institut des Bundes der Steuerzahler, Heft 85, Wiesbaden

Schlieper, U. (1980), Externe Effekte, Handwörterbuch der Wirtschaftswissenschaft (HdWW), Bd. 2, Stuttgart, Tübingen, Göttingen, S. 524-530

Schmidt, K. (1991), Mehr Chancen für die Vernunft: Hemmnisse einer rationalen Finanzpolitik und Möglichkeiten ihrer Überwindung, in: Sitzungsberichte der Wissenschaftlichen Gesellschaft an der Johann-Wolfgang-Goethe-Universität Frankfurt, Main, Stuttgart

Schoch, D. (1995), Sozialhilfe: ein Leitfaden für die Praxis, Köln

Schreiber, U. (1998), Internationale Mobilität von Steuerbasen - Ist nationale Steuerpolitik noch möglich?, in: Krause-Junk (Hrsg.), Steuersysteme der Zukunft, Berlin, S. 29-88

Siebert, H. (1978), Ökonomische Theorie der Umwelt, Tübingen

Sommer, B. (1994), Entwicklung der Bevölkerung bis 2040, Wirtschaft und Statistik, S. 497-503

Stadler, G.W. (1994), Real Business Cycles, Journal of Economic Literature, Vol. 32, S. 1750-1783

Statistisches Bundesamt (Hrsg.), Statistisches Jahrbuch, jährlich

Tanzi, V. und Schuknecht, L. (1997), Reconsidering the Fiscal Role of Government: The International Perspective, American Economic Review, Papers and Proceedings, Vol. 87, S. 164-168

Tanzi, V. (1998), Globalization, Tax Competition and the Future of Tax Systems, in: Krause-Junk (Hrsg.), Steuersysteme der Zukunft, Berlin, S. 11-27

Tiebout, Ch.M. (1956), A Pure Theory of Local Expenditures, Journal of Political Economy, Vol. 64, S. 416-424

Wagner, A. (1863), Ordnung des österreichischen Staatshaushalts, Wien

Wagner, A. (1876), Allgemeine oder theoretische Volkswirtschaftslehre, Leipzig und Heidelberg

Wagner, R.E. (1997), Choice, Exchange, and Public Finance, American Economic Review, Papers and Proceedings, Vol. 87, S. 160-163

Weber, M. (1922), Wirtschaft und Gesellschaft, Tübingen

Weinmann, J. (1996), Umweltökonomik, Springers Handbuch der Volkswirtschaftslehre, Bd. 1 Grundlagen, J.v. Hagen et al. (Hrsg.), Heidelberg, S. 305-346

Weizsäcker, R.K.v. (1996), Finanzpolitik, Springers Handbuch der Volkswirtschaftslehre, Bd. 2 , J.v. Hagen et al. (Hrsg.), Heidelberg, S. 123-180

Wicke, L. (1993), Umweltökonomie, 4. Aufl., München

Zimmermann, H.; Henke, K.-D. (1994), Finanzwissenschaft, 7. Aufl., München

Stichwortverzeichnis

Abgaben 232
Abgabenordnung 139, 234
Abgabenquote 13 f.
Abwasserabgabe 117
Agent 67
Agrarabgaben 246
Agrarabschöpfungen 299
Agrarpolitik 301
Allokationspolitik 69 ff.
Allokationsziel 17 f.
Angebot 132
-, elastisch 134 f.
-, starr 134 f.
Anpassung, passive 138
Antizyklische Finanzpolitik 210 f.
Äquivalenzprinzip 183, 229 232, 281,285 f.
Arbeitsförderungsgesetz (AFG) 197 ff.
Arbeitslosengeld 198 f.
Arbeitslosenhilfe 198
Arbeitslosenversicherung 171, 197 ff.
Armenwesen 184
Asylbewerberleistungsgesetz 186
Aufkommenselastizität 244 f.
Aufwandsteuern 87 f., 147, 246
Ausgaben 70, 74 ff.
Ausgabenerschleichung 143
Ausgabeninzidenz 124 f.,140 f.
Ausgleichsbeiträge 292 f.
Ausgleichspflicht 291 f.
Ausgleichszuweisungen 292
Außergewöhnliche Belastungen 250 f.
Ausschlußprinzip 33
Ausweichung 128 f.
-, global 227
-, räumlich 128 f.
-, sachlich 128
-, zeitlich 129
Bedarfsmeßzahl 296 f.
Beiträge 124, 232 ff.
Benutzungsgebühren 233
Berufsgenossenschaften 192
Besitzsteuern 247
Besteuerungsperiode 168 f.
Besteuerungsprinzipien 234 f.
-, Allgemeinheit 235
-, Bequemlichkeit 235
-, Bestimmtheit 235
-, Billigkeit 235
-, Gleichmäßigkeit 235
Bevölkerungsvorausberechnung 195
Bewertungsgesetz (BewG) 265
Biersteuer 88, 246, 247
Branntweinsteuer 88, 246, 247
Bruttoallphasenumsatzsteuer 258
Bruttosozialprodukt-Eigenmittel 299 f.
Budgetierung 28
Budgetinzidenz 126 f
Budgetrestriktion 175
-, gesamtwirtschaftlich 213 f.
-, intertemporal 175
Bürokratie 61 f.
-, Nutzenmaximierung (in) 63 f.
Bundesanstalt für Arbeit 198
Bundesergänzungszuweisungen 293 ff.
-, Fehlbetrags-Bundesergänzungszuweisungen 294 f.
-, Sonderbedarfs-Bundesergänzungszuweisungen (Kosten politischer Führung) 294 f.
-, Sonderbedarfs-Bundesergänzungszuweisungen (neue Länder) 294 f.
-, Sonder-Bundesergänzungszuweisungen 294 f.
-, Übergangs-Bundesergänzungszuweisungen 294 f.

Bundessozialhilfegesetz (BSHG) 184 ff.
Bundessteuern 246
Bundeszuschuß 196
Chancengleichheit 147
Clubgüter
Coase-Theorem 112
Controlling 28
Crowding-out 214 f.
Defizitquote 83 f., 273
Demografische Entwicklung 195
Diktatur 42 f.
Distributionsziel 18 f.
Effizienz
-, Güterproduktion 18, 48
-, verwaltungsinterne 25 f.
-, staatsinterne 26
Eigenbetriebe 29 f., 230
Eigengesellschaften 30 f., 230
-, AG 31
-, GmbH 30 f.
Eigenmittelsystem 299 f.
Eigentumsrechte 110, 112, 156
Einfuhrumsatzsteuer 246, 247, 257, 261
Einfuhrumsatzsteuer-Befreiungsverordnung (EUStDV) 257
Einheitlichkeit der Lebensverhältnisse 100
Einheitswert 266
Einholung 137
Einkommen 238
-, Sättigung 238
-, zu versteuerndes 251
Einkommensarten 149
Einkommensdifferenzierung 144, 150
Einkommensklassen 148 f.
Einkommensnivellierung 144, 145, 150
Einkommensteuer 130, 145, 159, 168, 169 f., 246, 247, 249 ff., 290
-, Aufkommen 254
-, Bemessungsgrundlage 251
-, Besteuerungsgrundlagen 250
-, Einkunftsarten 250
-, Grundtabelle 252
-, Jahressteuer 251
-, Spitzensatz 253
-, Splitting (Tabelle) 253
-, Reform, der 254 f.
Einkommensteuer-Durchführungsverordnung (EStDV) 249
Einkommensteuergesetz (EStG) 249 ff.
Einkommensteuerpflicht 249
-, beschränkte 249
-, unbeschränkte 249
Einkommensteuer-Richtlinien (EStR), 249
Einkommensteuertarif 251 f.
Einkommensverhältnisse 149
Einkommensverteilung 122
Einkommensverteilungspolitik 143 f.
Einkommensverwendung 145 f.
Einkommenszufluß 145 f.
Einkommens- und Verbrauchsstichprobe 148 f., 161 f.
Einkunftsarten 250
Einnahmenerzielung 22, 64, 231
Einnahmengestaltung 87 f.
Einnahmeninzidenz 123 f.
Einzelsteuer 236
Erbschaftsteuer 158, 246, 247
Ertragskompetenz 245 f.
Ertragsteuer 246
Erwerbseinkünfte 124, 229 ff.
Erwerbstätigkeit 171
Europäischer Ausrichtungs- und Garantiefonds 301
Europäischer Regionalfonds 103, 301
Europäischer Sozialfonds 301
Europäische Union 102 f.
-, Ausgaben 299 f.
-, Eigenmittel 299 f.
-, Einnahmen 300
-, Finanzen, der 299 ff.

Externe Effekte 104 f
-, negative 104, 105
Fälligkeitssteuern 248
Feuerschutzabgabe 246, 247
Finanzämter 247
Finanzausgleich 100,102, 107, 284 ff.
-, aktiver 288
-, Aufgabenaufteilung 288
-, Einheitlichkeit der Lebensverhältnisse 289 ff.
-, Fiskalische Äquivalenz 284 ff.
-, Fiskalischer Föderalismus 284 ff.
-, horizontaler 290
-, internationaler 298 ff.
-, kommunaler 296 ff.
-, passiver 288
-, Trennsystem 288 f.
-, Verbundsystem 289
-, vertikaler 290
-, Zuweisungssystem 289
Finanzausgleich zwischen den Bundesländern (Länderfinanzausgleich) 102, 290 ff.
-, Ausgleichsbeiträge 292 f.
-, Ausgleichsmeßzahl 291 f.
-, Ausgleichszuweisungen 292 f.
-, Finanzkraftmeßzahl 291 f.
-, finanzschwache Länder 292 f.
-, finanzstarke Länder 292 f.
-, Überkompensation 294 f.
Finanzausgleichsgesetz 291 f.
Finanzausgleichsgesetze (der Länder) 296 f.
Finanzhilfen 78 f.
Finanzierungssaldo 10, 85
Finanzkraft 292 f.
Finanzkraftmeßzahl 291
Finanzstatistik 5
Finanzpolitik 16 f.
-, diskretionäre 208
-, bei globalisierten Märkten 226 ff.
-, Ziele 16 f.
-, rationale 20 f.
Finanzwirtschaft 22
-, Ziele 22 f.
Finanzwissenschaft 1
-, positive 1
-, normative 1, 235, 284
Fischereisteuer 246
Fiskalischer Föderalismus 284 ff.
Fiskalisches Ziel 22 f.
Föderalismus 287 f.
Folgelasten 297 f.
Fonds „Deutsche Einheit" 102, 246, 263, 295
Fortwälzung 131
Freibeträge 145
Fürsorgepflichtverordnung 184
Fürsorgeprinzip 183
Gebühren 117, 124, 232 ff.
Geldmarkt 213 f.
Geldvermögen 161 f.
Gemeindesteuern 246
Gemeinlastprinzip 109
Gemeinschaftsaufgaben 101, 295
Gemeinschaftsteuern 246, 289
Gemeinwohl 42 f.
Generational Accounting 175 ff., 217
Generationen 168
Generationenkonten 176 ff., 280
Generationenvertrag 173
Gesundheitsversorgung (als freies Gut) 191
Getränkesteuer 88, 246
Getränkeverpackungsteuer 116
Gewerbebetrieb 262
Gewerbeertrag 262
-, Hinzurechnungen 262
-, Kürzungen 262
Gewerbekapitalsteuer 247, 263
Gewerbesteuer 246, 247, 262 ff.
-, Aufkommen 263 f.
-, Großbetriebssteuer 264
-, Hebesatz 263
-, Reform 264 f.

-, Steuermeßbetrag 262 f.
-, Steuermeßzahl 262 f.
-, Umlage 263, 291
-, Zerlegung 263
Gewerbesteuergesetz (GewStG) 262
Gewerbesteuer-Durchführungsverordnung (GewStDV) 262
Gewerbesteuer-Richtlinien (GewStR) 262
Gewinn 250
Gini-Koeffizient 154
Gleichbehandlung 139
Gleichverteilung 153
Globalisierung 224 ff.
Grunderwerbsteuer 246, 247
Grundsicherung 184
-, soziale 184 ff.
Grundsteuer 246, 247, 265 ff.
-, A 265 f.
-, Aufkommen 267 ff.
-, B 265 f.
-, Befreiung 267
-, Hebesatz 266
-, Steuermeßbetrag 266
-, Steuermeßzahl 266
Grundsteuergesetz (GrStG) 265
Grundsteuerpflicht 265
-, Betriebe der Land- und Forstwirtschaft 265
-, Grundstücke 265
Grundsteuerveranlagung 267
-, Artfortschreibung 267
-, Einheitswert 266
-, Ersatzbemessungsgrundlage 266
-, Ersatzwirtschaftswert 266
-, Hauptveranlagung 267
-, Nachveranlagung 267
-, Neuveranlagung 267
-, Wertfortschreibung 267
-, Zurechnungsfortschreibung 267
Grundvermögen 165 f.
Gruppen 56 f.
-, kleine 59 f.
-, große 57 f.
Gruppeninteressen 57 f.
Güter 103
-, freie 103
-, knappe 103
Gütermarkt 213 f.
Haftung 111
Haftungsausschluß 302
Hauptzollämter 247
Haushaltsbruttoeinkommen 149 f.
Haushaltsnettoeinkommen 149 f.
Hilfe in besonderen Lebenslagen 185
Hilfe zum Lebensunterhalt 185
Hinterziehung 138 f.
Hundesteuer 88, 246
Infrastrukturpolitik 101
Impuls 123 f., 136, 139
-, erster steuerlicher 128, 136
-, verteilungspolitischer 131
Individualprinzip 182, 183
Informationsaustausch, internationaler 225
Informationstechnologie 225
Inputsteuerung 26
Intergenerationelle Verteilung 168 ff.
Internationaler Finanzausgleich 298 ff.
Invaliditätsversicherung 189
Investitionsausgaben 77, 125, 211, 220
Investitionsförderungsgesetz Aufbau Ost 295
Investitionszuweisungen 297
Inzidenz 123
-, effektive 123
-, formale 123
-, materielle 123
Inzidenzanalyse 122 f.
IS-LM-Modell 214
Jahressteuer 251
Jagdsteuer 246
Kaffeesteuer 246, 247
Kapitaldeckungsverfahren 172, 173, 196 f.

Kapitalertragsteuer 247, 254
Keynesianismus 212 f.
Kohäsionsfonds 103, 301
Kollektivgut 33
Kaffeesteuer 88, 246
Körperschaftsteuer 246, 247, 255 ff., 290
-, Anrechnungsverfahren 256
-, Aufkommen 257
-, Satz 256
Körperschaftsteuer-Durchführungsverordnung (KStDV) 256
Körperschaftsteuergesetz (KStG) 256
Körperschaftsteuerpflicht 255
-, beschränkte 255
-, unbeschränkte 255
Körperschaftsteuer-Richtlinien (KStR) 256
Kollektives Handeln 56 f.
Kommunalabgabengesetze 233
Kommunaler Finanzausgleich 296 ff.
-, Bedarfsmeßzahl 296 f.
-, Investitionszuweisungen 297
-, Schlüsselzuweisungen 296 f.
-, Steuerkraftmeßzahl 296 f.
-, Steuerverbundmasse 296 f.
-, zweckgebundene Finanzzuweisungen 296 f.
Konsensdemokratie 44
Kontraktmanagement 27
Kopfsteuer 235 f.
Kostenüberschreitungsverbot 233
Kosten-Nutzen-Untersuchungen 24
Kraftfahrzeugsteuer 88,114, 246, 247
Krankenversicherung 171, 189 ff.
-, Beiträge 190
-, freiwillige 189
-, gesetzliche (GKV) 171, 189 ff.
-, Kostendämpfungsgesetze 191
-, Leistungen 190
-, Pflichtversicherung 189
-, private (PKV) 172
-, Risikostrukturausgleich 190
-, Träger 189 f.
-, Versicherungsprinzip 190
Kreditaufnahme, staatliche 124, 268 ff.
Kreislauf 6 f.
Kreislaufzusammenhang 124,127,139,154, 155, 216
Laffer-Kurve 89 f.
Länderfinanzausgleich 290 ff.
-, Finanzausgleichsgesetz 291 f.
Landessteuern (Ländersteuern) 246
Lastenausgleich 156 f.
Lastenausgleichsgesetz 156
Leasing 31 f.
Lebenseinkommen 168
Lebensunterhalt 184
Lebenszeitsteuersatz 178, 179 f.
Leistungsfähigkeit, finanzielle 145, 237 ff.
Lenkungssteuer 114 f., 235
Leviathan 50
Lohnnebenkosten 195, 283
Lohnsteuer 246, 247, 253 f.
Lohnsteuer-Richtlinien (LStR), 249
Lohnsummensteuer 263
Lorenzkurve 153 f.
Makroökonomische Analyse 1,
Marktversagen 47
Medianwähler 54 f.
Mehrwertsteuer 145, 258 f.
-, Regelsatz 146
-, ermäßigter Satz 147
-, Steuerbefreiung 147
-, Vorsteuerabzug 258 f.
Mehrwertsteuer-Eigenmittel 299 f.
Mengensteuer 131
-, Erhebung 131
-, Überwälzung 131 ff.
Meritorische Güter 39 f., 97
Mikroökonomische Analyse 1, 132 ff.
Mindesteinkommen 144
Mindestniveau

-, kulturabhängig 184
Mineralölsteuer 88, 115, 246, 247
Mischgüter 37
Mitnahmeeffekte 142, 228
Monopolbetriebe 229
Nachfrage 133 f.
-, elastisch 133 f.
-, starr 133 f.
Nachfragesteuerung 206 f.
Neues Steuerungsmodell 25 f.
Nichterwerbstätigkeit 171
Nicht-Rivalität 33
Normen 86
NSM, s. Neues Steuerungsmodell
Nutzen 238
-, abnehmender Grenznutzen 38
Nutzwertanalyse 25
Objektsteuern 248
Öffentliche Güter 32 f., 147 f., 285 ff.
-, Ausmaß 37 f.
-, fiskalische Äquivalenz 285 ff.
-, Hoheitsbereich 285 f.
-, Präferenzen 38 f.
Ökonomische Theorie der Politik 41
Ökosteuern 114 f.
Opfer 237
Opfertheorie 237 ff.
-, gleiches absolutes Nutzenniveau 241 f.
-, gleiches absolutes Opfer 239 f.
-, gleiches relatives Opfer 240 f.
Outputsteuerung 26
Parafisci 4
Pareto-Effizienz 48
Parallelpolitik 206
Parteien 50 f.
Parteiengesetz 51 f.
Parteienkonkurrenz 52 f.
Pensionen 175
Personalausgaben 76 f.,125
Pflegeversicherung 172, 175, 200 ff.
-, Pflegestufen 201
-, Versicherungspflicht 200
-, Versicherungsträger 200
Politikwiderstand 275
Preiserhöhung 132
-, durch Überwälzung 132 ff.
Preisstabilität 206
Primärverteilung 143 f., 154
Principal-Agent-Ansatz 67 f.
Prinzipal 67
Privatisierung 29 f., 158
-, formelle oder unechte 29 f.
-, materielle oder echte 29
Produktionspolitik 229
Qualitätsmanagement 27
Rat von Sachverständigen für Umweltfragen 106, 113
Rationale Erwartungen 216 f.
Realsteuern 248, 264
Reduzierung der Zahllasten 130 f.
Regelsteuerung 210
Regiebetriebe 230
Rehabilitation 194
Rennwett- und Lotteriesteuer 88, 246, 247
Rentenformel 194
-, Entgeltpunkte 194
-, Rentenartfaktor 194
-, Rentenwert 194
-, Zugangsfaktor 194
Rentenversicherung 171, 193 ff.
-, gesetzliche (GRV) 171, 172 f., 193 ff.
-, versicherungsfremde Leistungen 196
-, Versicherungspflicht 193
-, Versicherungsträger 193
Renten 173
-, Altersrenten 194
-, Berufsunfähigkeitsrenten 194
-, Erwerbsunfähigkeitsrenten 194
-, Zahlungen 173
Repräsentative Demokratie 45
Ressourceneinsatz (durch Staatstätigkeit) 73 ff.
-, Produktionsfaktor Arbeit 80 f.

-, Produktionsfaktor Kapital 82 f.
Ressourcenverantwortung
-, dezentrale 27 f.
Rückwälzung 131
Sachausgaben 76 f., 125, 141, 147
Sachvermögen 82 f.
Satzungen, kommunale 232 f.
Schankerlaubnissteuer 246
Schattenwirtschaft 93
Schaumweinsteuer 88, 246, 247
Schenkungsteuer 158
Schlüsselzuweisungen 296 f.
Sekundärverteilung 144
Solidaritätsprinzip 182
Solidaritätszuschlag 246, 247
Solidarhaftung 171
Sonderausgaben 157, 250 f.
Sozialbeiträge 281 ff.
-, Äquivalenz 281 f.
-, Aufkommen 282 f.
-, Sonderabgabe 281 f.
Sozialbericht 202
Sozialbudget 184, 202 ff.
Soziale Rechte 181 f.
Sozialgesetzbuch (SGB) 181, 188 ff.
Sozialgesetzgebung 171
Sozialhilfe 171, 184 ff.
-, außerhalb von Einrichtungen 186 f.
-, finanzielles Gewicht 186 f.
-, innerhalb von Einrichtungen 185 f.
-, Mehrbedarfszuschläge 185
-, Regelsatz 185
Sozialleistungen 202 ff.
Sozialleistungsquote 204 f.
Sozialpolitik 181 ff.
-, Prinzipien (der) 182 f.
Sozialpolitische Ziele 181
Sozialstaatsgebot 181
Sozialsystem 171 ff.
Sozialversicherung 4, 184, 188 ff.
-, freiwillige Versicherung 189
-, Pflichtversicherung 189
Sozialversicherungsbeiträge 95 f., 188 ff.
Sozialversicherungsträger 188 ff.
Sparförderung 157
Sparprämiengesetz 157
Sparsamkeit 23 f., 65
Spielapparatesteuer 88, 246
Spielbankabgabe 246, 247
Spitzensteuersatz 253
Splitting 253
Staat 2
-, Diktatur 42 f.
-, Finanzstatistik 5
-, Gebietskörperschaften 3
-, Hoheitsfunktion 3
-, Konsensdemokratie 44
-, Repräsentative Demokratie 45
-, Sozialversicherungen 4
-, Volkswirtschaftliche Gesamtrechnung 4, 8 f.
-, Wirtschaftssubjekt 41 f.
Staatsausgaben 74 f.
-, Arten 76 f.
-, Aufgabenbereiche 74 f.
-, Finanzhilfen 78 f.
-, Verteilungswirkungen 140 f.
Staatsquote 11 f.
Staatsschuldenquote 271 f.
Staatstätigkeit 69 f.
-, Gesetz der zunehmenden Staatstätigkeit 69 f.
Staatsverbrauch 8 f., 220
Staatsversagen 66
Staatsverschuldung 268 ff.
-, Abbau 280 f.
-, Annullierung 281
-, Defizitquote 273, 277
-, Gläubiger, der 270
-, Grenzen 276 ff.
= institutionelle 276 f.
= ökonomische 278 f.
-, Gründe 273 ff.
-, Inflation 277, 281
-, Maße 269 ff.

-, Merklichkeit 275
-, Politikwiderstand 275
-, Pro-Kopf-Verschuldung 271
-, Rentierlichkeit 276
-, Schuldendienstleistungsfähigkeit 278 f.
-, Schuldenerlaß 281
-, Staatsschuldenquote 271 f.
-, Steuerwiderstand 275
Stabilisierungspolitik 206 ff.
-, Unwirksamkeit 217 f.
Stabilisierungsziel 19 f.
Stabilisatoren, automatische 210
Stabilitätsgesetz 156, 207 f.
Starkverschmutzerzuschläge 117
Steueraufkommen 132 f.
Steuerbemessungsgrundlage 242
Steuerdestinatar 243, 247 f.
Steuererhebung 128
-, Anpassungen (auf) 128 f.
Steuerfreibetrag 243
Steuerfreigrenze 243
Steuergegenstand 242
Steuergläubiger 243
Steuerinzidenz 123 f.
Steuerkraftmeßzahl 296 f.
Steuern 87 ff., 234 ff.
-, abgeschaffte 236
-, Anpassungen (auf) 92 f.
-, auf Einkommensentstehung 92 f.
-, auf Einkommensverwendung 92 f.
-, auf Vermögen 93 f.
-, Deckungsmittel , allgemeines 235
-, Erkennbarkeit 236
-, direkte 92 f., 247 f.
-, indirekte 92 f., 247 f.
-, Spürbarkeit 36
-, Zwangsabgabe 235
Steuerobjekt 242
Steuerparadoxon 90
Steuerpflicht 243
Steuerpflichtiger 243
Steuerquelle 242
Steuerquote 14 f.
Steuerrecht 130
Steuersatz 243
-, Durchschnittssteuersatz 243
-, Grenzsteuersatz 243
-, marginaler Steuersatz 243
Steuerschätzung 245
Steuerschuld 243
Steuerschuldner 243
Steuersubjekt 243
Steuersystem 236
Steuertarif 239 ff., 242 ff.
-, Einkommensteuertarif 251 f.
-, progressiv 240, 241, 244
-, proportional 241, 244
-, regressiv 244
Steuerträger 243, 247 f.
Steuerverbundmasse 296
Steuervergünstigungen 94 f.
Steuerwettbewerb 226
Steuerwiderstand 275
Steuerwirkungen 114
Stimmenmaximierer 54
Strukturhilfegesetz 102
Strukturpolitik 97 ff.
-, Gemeinschaftsaufgabe „Verbesserung der regionalen Wirtschaftsstruktur" 101
-, regionale 100 f.
-, sektorale 97 f.
Subjektsteuern 248
Subsidiaritätsprinzip 182 f.
Substitutionsverhalten 87, 120, 122, 227
Subventionen 78 f., 94 f., 113
-, Anpassungshilfen 99
-, Erhaltungshilfen 99
-, Produktivitätshilfen 99
Tabaksteuer 87, 246, 247
Tariflehre 242 ff.
Theorie der realen Konjunkturzyklen 217
Transferausgaben 6 f., 141, 144 f.
Übertragungen 7 f., 141
Überwälzung 92, 131 ff., 247 f.

Umlageverfahren 172, 173, 190, 195 f., 201
Umsatzsteuer 147, 246, 247, 257 ff., 291
-, allgemeiner Steuersatz 260
-, Aufkommen 261
-, Befreiung 260 f.
-, ermäßigter Steuersatz 260
-, proportionale Belastung 147
Umsatzsteuerverfahren 257
-, Bestimmungslandprinzip 261
-, Drittlandsgebiet 257 f.
-, Gemeinschaftsgebiet 258
-, innergemeinschaftlicher Erwerb 258
-, Vorsteuerabzug 258 f.
Umsatzsteuer-Durchführungsverordnung (UStDV), 257
Umsatzsteuergesetz (UStG) 257
Umverteilung 171
-, intergenerationelle 172, 175, 176 ff.
-, zwischen Personen 173, 175
Umwelt 104 f.
-, freies Gut 104
-, knappes gut 104
-, Kollektivgut 106
-, als Vermögensgegenstand 110
Umweltadministration 113
Umweltlizenzen 118
Umweltökonomische Gesamtrechnung 108
Umweltpolitik 103 ff
-, mit Ausgaben 112 f.
-, mit Gebühren 117
-, mit Normen 110f.
-, Prinzipien 106 f.
-, Wirkungen 119 f.
Umweltqualität 107
Umweltschutz 107
-, als Staatsziel 107
Umweltstandard 108
Umweltsteuer 114 f.
Unfallversicherung (GUV) 171, 192 f.
-, freiwillige Versicherung 192
-, Pflichtversicherung 192
-, Versicherungsträger 192
Veranlagungssteuern 248
Verbrauchsteuern 87 f., 145 f., 169 f., 246, 247, 257 ff.
-, allgemeine 145, 257 ff.
-, spezielle 87 f., 145
Verflechtung, internationale 224
Vergnügungsteuer 88, 246
Verkehrsteuer 88, 147, 247
Vermeidung 128 f.
Vermögensaufbau 155, 159,170
Vermögensbestände 155
-, Differenzierung 155, 160, 167
-, Finanzvermögen 155
-, Humankapital 155, 160
-, Nivellierung 155, 157
-, Realvermögen 155
-, Umbewertungen 155
Vermögensbeteiligungsgesetz 157
Vermögensbildungsgesetz 157
Vermögensverwaltung 230
Vermögensteuer 93 f., 158, 246, 247
Vermögensverteilung 155 ff., 161 ff.
Vermögensverteilungspolitik 155 ff.
-, direkt 155, 158
-, indirekt 155, 158
Verpackungsteuer 88,116
Versicherungspflicht 188
Versicherungsprinzip 182, 183
Versicherungsteuer 88, 246, 247
Versorgungssicherheit 97
Versorgungsvermögen 159
Verteilungspolitik 122 ff.
-, intergenerationelle 168 ff.
-, Wirksamkeit 150, 154,168
Verteilungswirkungen 122 f., 176 ff.
Vertikale Spezialisierung 224
Vertragstheorie 49
Verursacherprinzip 108, 111
Verwaltungsgebühren 233

Verwaltungshandeln 61 ff., 96
Verzögerungen (lags) 208 f.
-, Durchführungsverzögerung 209
-, Entscheidungsverzögerung 209
-, Erkennungsverzögerung 209
-, Wirkungsverzögerung 210
Vollbeschäftigung 206
Volkswirtschaftliche Gesamtrechnung 4 f.
Vorsorgeprinzip 109
Vorwälzung 131
Wachstum 107
-, nachhaltiges 107
Wachstumspolitik 219 ff.
Wachstumswirksamkeit 220
-, Qualität der staatlichen Institutionen 222 f.
-, reale Kostenreduktionen 221 f.
-, staatliche Investitionen 220
-, staatlicher Konsum 220
Wagner'sches Gesetz der zunehmenden Staatstätigkeit 69 f.
Wahlen 50 f.
Wechselkurs 280
Werbungskosten 250
Wirtschaftlichkeit 23 f., 65
Wirtschaftskreislauf 6 f.
Wirtschaftslenkung 229
Wirtschaftswachstum 219
Wohnungsbauförderung 157
Wohnungsbauprämiengesetz 157
Zahllasten 130 f.
Zinsabgeltungsteuer 170
Zinsabschlagsteuer 170, 254
Zinsausgaben 77, 125
Zuckerabgaben 299 f.
Zölle 246, 247, 299 f
Zuweisungen 77, 125, 292 ff. 296 ff.
Zweitwohnungsteuer 88, 246
Zwischenerzeugnissteuer 246, 247

Druck- und Bindearbeiten: Legoprint, Italien